国家社会科学基金项目

西方粮食战略

与我国粮食安全保障机制研究

余 莹/著

XIFANG LIANGSHI
ZHANLUE
YU WOGUO
LIANGSHI ANQUAN
BAOZHANG
JIZHI YANJIU

中国社会科学出版社

图书在版编目（CIP）数据

西方粮食战略与我国粮食安全保障机制研究／余莹著．—北京：
中国社会科学出版社，2014.5
ISBN 978 - 7 - 5161 - 2575 - 5

Ⅰ.①西… Ⅱ.①余… Ⅲ.①粮食 - 国际贸易 - 研究②粮食
问题 - 研究 - 中国 Ⅳ.①F746.21②F326.11

中国版本图书馆 CIP 数据核字（2013）第 084791 号

出 版 人	赵剑英	
责任编辑	任 明	
特约编缉	乔继堂	
责任校对	王雪梅	
责任印制	李 建	

出 版	中国社会科学出版社	
社 址	北京鼓楼西大街甲 158 号 （邮编 100720）	
网 址	http：//www.csspw.cn	
	中文域名：中国社科网 010 - 64070619	
发 行 部	010 - 84083685	
门 市 部	010 - 84029450	
经 销	新华书店及其他书店	

印刷装订	北京市兴怀印刷厂	
版 次	2014 年 5 月第 1 版	
印 次	2014 年 5 月第 1 次印刷	

开 本	710 × 1000 1/16	
印 张	20.75	
插 页	2	
字 数	369 千字	
定 价	58.00 元	

凡购买中国社会科学出版社图书，如有质量问题请与本社联系调换
电话：010 - 64009791
版权所有 侵权必究

目　录

导　　论

一　粮食危机的爆发及影响：问题的提出

　　2007 年至 2008 年上半年世界范围内爆发了粮食危机，主要体现为国际粮价不断上涨甚至呈加剧之势。根据世行的统计数据，在 2008 年，美国出口的大米价格从 1 月的 375 美元/吨涨至 5 月的 440 美元/吨，泰国出口大米则从 365 美元/吨涨至 562 美元/吨。总体上看，2008 年 2 月前的 36 个月世界小麦价格涨幅超过 140%，全球粮价总体上涨了 83%。[1] 对许多低收入发展中国家而言，食品价格上涨直接威胁到了生存，无疑是比由美国次贷危机引发的全球金融危机更为严重的事件。海地首都太子港的居民已经因为米价问题，与粮食零售商发生了冲突，骚乱持续近一周。菲律宾、埃及、印度尼西亚、墨西哥等 30 多个国家也因粮价上涨爆发抗议示威，粮价飙升引发的恐慌弥漫众多发展中粮食进口国。

　　粮食出口国开始紧缩粮袋控制粮食出口。在马来西亚，未经许可出口面粉等产品就属于犯罪，中国也下文控制粮食的出口。许多大米生产国为保证国内供应纷纷限制本国大米出口，例如越南将 2008 年的大米出口量降至 350 万吨，比 2007 年的出口 450 万吨减少 1/4；印度除价格最昂贵的大米外，其他所有等级的大米均列入了禁止出口的行列。[2]

　　与以往粮食危机爆发的情况不同，2007 年到 2008 年粮价上涨的原因不

---

　　[1]　*Rising food prices*：*Policy options and World Bank response*，http://siteresources. worldbank. org/ NEWS/Resources/risingfoodprices_ backgroundnote_ apr08. pdf，2009 - 9 - 20.

　　[2]　彭珂珊：《2008 年全球粮食危机与中国粮食安全问题观察》，http：//www. agri. gov. cn/fxy-cpd/ls/t20090206_ 1213192. htm，2009 - 9 - 29.

能完全归结于粮食生产和供给的短缺。按照美国农业部数据，2006年世界粮食价格加速上涨，而2006—2007年度世界谷物贸易量较上年度增加720万吨，其中"金砖四国"净出口增加240万吨；生产方面，2007—2008年度小麦、玉米、大米产量分别比上年度增加1370万吨、6690万吨和470万吨，总量增加8530万吨；国际谷物理事会（IGC）的数据显示，2007—2008年度世界粮食总产量在上年度丰收的基础上又增长了8900万吨，达16.6亿吨，创历史新高。[①]可见此次粮价上涨并非粮食生产和供给紧张所致。

国际粮食贸易市场是一个高度专业化、自由化的市场，理论上在粮食生产、供给不断增加的情形下，进口国粮食需求能够在国际市场上随时、自由地获得。那么在粮食生产和供应并不短缺的情形下突然爆发波及全球的粮食危机，给许多发展中国家民众生活以及这些国家的政局造成极大冲击，其原因不得不令人深思。2008年之后国际市场粮价开始回落，但从2010年6月开始，粮价开始再次快速飙升，很多专家预测粮价在未来10年左右将保持在相对高位，粮价波动风险和高粮价风险将成为影响我国经济平稳发展的长期、关键性因素，粮食危机引发的动荡使得我们从更深层面思考下列问题：

- 什么是推动这次粮食危机的幕后推手？
- 西方粮食大国在粮食危机中起了什么作用？
- 为什么一些发展中国家一遇到粮价上涨就会首当其冲受到冲击？
- WTO国际贸易规则下发展中国家粮食安全是否能够得到保障？
- 国际粮价持续上涨和西方跨国公司对我国粮食产业链的投资对我国粮食安全有何影响？
- 如何在全球化时代、产业分工专业化进程不断深化的背景下维系我国粮食安全？

对这些问题的回答，需要对西方国家粮食战略与国际粮食贸易规则的具体内容及其关联进行系统、深入的研究才能得出恰如其分的解答。

二　几个核心概念的界定

（一）粮食安全的概念

联合国粮农组织（FAO）在1983年4月将粮食安全定义为："粮食安全的最终目标是确定所有人在任何时候，都能买得到和买得起所需要的基本食

---

① 贾善和：《全球粮食危机的深层原因、影响及启示》，《经济研究参考》2008年第35期。

物。"这个界定，强调实现粮食安全目标的关键在于"买得到和买得起"。即在粮食的供给状况充足和人们的购买能力都满足的条件下才能实现粮食安全。这就是说既要在国际市场上保证充足的粮食供应，又要强调各国粮食生产的自力更生；既要强调粮食生产，提高粮食自给率，又要增加收入，提高粮食购买力。

根据 FAO 的阐释，保障粮食安全有一些基本要素，具体而言包括以下几个方面：（1）确保生产足够多的食品，即适应人口增长和饮食结构变化提供持续有保障的食品供应的能力；（2）强调增加收入，提高粮食购买力，使得消费者能够承担得起食品销售价格；（3）提出通过贸易实现粮食安全的途径。

FAO 关于粮食安全的界定对我国学者影响较大，很多人都从"买得到和买得起"的视角来认识我国的粮食安全，这涉及生产、流通和消费等环节。众多关于粮食安全的定义都强调粮食供应能力和购买能力是粮食安全的基本要素。

相形之下中央研究室朱泽关于粮食安全的定义则更有特色，他提出粮食安全是指"国家在工业化进程中满足人民日益增长的对粮食的需求和粮食经济承受各种不测事件的能力"，他是从国家整体来讨论粮食安全问题，针对我国粮食安全问题的现状，他认为粮食安全从本质上讲，指一个国家抵御粮食经济中可能出现的各种不测事件的能力，导致粮食不安全的因素有自然灾害、市场波动等，可能发生在生产环节或流通环节，也可能来自国内或国外。尽管中国粮食安全水平已处于发展中国家的前例，某些指标甚至达到了发达国家的水平，但仍然有许多不安全的因素。[①]

朱泽提出的这个概念，较为接近本书粮食安全研究的范畴，首先，他指出粮食安全不仅仅是国内生产供应能力的问题，威胁国家粮食安全的事件有可能来自国外；其次，他指出我国粮食安全整体状况良好，但在某些方面存在不安全因素。

总之，从不同角度出发对粮食安全就会有不同的理解和认识，这说明粮食安全牵涉生产、加工、贸易等领域，受多种因素影响。在诸多因素中，粮食生产供应和粮食购买能力最为重要，而国际粮食贸易是连接粮食生产供应和粮食购买的重要环节，但是除了 FAO 提出贸易是实现粮食安全的途径之

① 刘剑文：《贸易自由化与中国粮食安全政策》，华中农业大学 2003 年博士学位论文，第 8 页。

一外，其他概念都没有涉及国际粮食贸易与粮食安全的关联。

本书的粮食安全概念仅涉及国家层面，认为：粮食安全是国家满足人民日益增长的对粮食的需求和粮食经济承受各种不测事件的能力，粮食安全不仅包括国家粮食供需之间的平衡，还包括粮食产业安全，即国内粮食生产、储备、加工、运输、销售等粮食相关产业具有抵御外国竞争冲击的能力；粮食安全既包括国家总体需求安全，也包括单个粮食品种安全；粮食安全可以通过国际贸易方式进口适当比例粮食来实现，但国内粮食生产能力是保障一国粮食安全的基础。

（二）国际粮食贸易规则与粮食安全

在完全自给自足的经济条件下，一国粮食生产能力只有通过拓荒、提高生产力才能得以保障，随着国际贸易的发展，贸易自由化随着贸易量和贸易范围的扩大而加深，绝对依赖于自给自足解决粮食安全在贸易自由化条件下既不经济，也无法真正实现高品质的粮食安全。比较优势理论提出并论证了各国需要通过参与国际贸易提高自身的福利、提高效率促进生产。例如在粮食供应和生产方面，有些国家如美国、加拿大有大量肥沃的土地，加之生产种植技术水平很高，具有粮食生产的比较优势，适宜生产较多的粮食出口，而日本有大量的技术工人，可以在制造业、精密仪器等产业具有比较优势，但是不具有粮食生产比较优势，按照比较优势理论，日本就可以通过适当放弃部分粮食生产，转而生产自己具有比较优势的电子、制造等工业品，获取外汇去购买自己需要的粮食。粮食国际贸易能使各国发挥各自的优势实现资源互补，从而更好地解决粮食生产供应等问题。

在当前国际粮食市场上，只有少数西方粮食大国和一些具有丰富粮食生产资源的发展中国家是粮食出口国，绝大多数国家都需要进口粮食弥补国内生产不足，当然各国进口比重存在许多差异，进口比重越大，对国际市场就越依赖。

在进口模式下粮食安全的实现取决于两个因素：第一，进口国具有很强的购买能力，拥有相当的外汇储备；第二，粮食贸易市场是自由的、充分竞争的，能够保证进口国随时通过市场竞价购买方式获得粮食满足其国内需求，也就是说，国际粮食市场不能受人操控，一旦国际粮食市场被某些集团或某些国家掌控，粮食进口国的粮食安全就会受到实质性威胁。

值得指出的是，比较优势理论是建立在几个必不可少的假定前提之上，即假定国际贸易规则是完全自由开放和平等竞争的，而且假定资源得到充分利用并易于配置到有比较优势的部门。不过这种假定在现实经济生活中不可能完全存在，以粮食生产为例，粮食是一种公共物品，无论是发达国家还是发展中国家都对粮食生产和流通进行干预，各国出于调节国内供应和保护国内粮食安全的政策需要，往往对国际粮食贸易采取鼓励或限制的政策，这样国际粮食贸易就会受到政府管制贸易措施的扭曲和限制。自从多边贸易体制建立之后，各国贸易政策又受到多边贸易体制所确立的国际贸易规则的制约和影响。因此，从国际贸易规则的角度考察粮食安全问题，必须分析这些国际贸易规则下交易是否遵循公平、自由的买卖原则，是否为某些国家或集团所操纵，唯有如此，粮食进口国才能采取适当的进出口政策，而不是将事关重大的粮食安全置于一个自身无法掌控的国际市场。

三　西方国家的霸权战略下保障我国粮食安全的重要意义

"西方"和"西方国家"，最初是一个地理概念，指基督教文明的地区；二战后演变为政治、社会、经济制度和意识形态概念，指美国、西欧（欧盟）、澳大利亚、加拿大、新西兰和日本等发达资本主义国家。本书中所指的西方国家，主要指美、欧、加等拥有丰厚粮食生产资源并在世界粮食出口市场上占据主要份额的西方粮食大国。

第二次世界大战后，美国取代英国等欧亚列强成为世界一流强国，雄厚的经济实力、强大的军事实力和政治影响力为美国确立世界霸权地位奠定了坚实基础，领导世界、谋求世界霸权成为战后美国对外战略的基本目标。冷战的爆发赋予了美国成为西方资本主义国家盟主地位的机遇，在美国领导下，西方国家以美国为首在政治、经济、军事上协调行动，还曾一道实行共同的粮食战略，对苏联实行粮食禁运。冷战结束后经济全球化在统一的世界市场基础上伴随着通信、交通等科技的迅猛发展而从贸易向生产、投资领域进一步深化，国家之间对世界市场份额展开的竞争已经取代了对领土进行的竞争。不过，经济全球化的进程仍然由美国为首的少数西方大国主导，他们利用自身在资本、技术等方面的优势，通过国际货币基金组织、世界贸易组织和世界银行等主要国际经济组织对国际经济秩序的制定和维持发挥重要影响，以继续在政治、经济、文化等领域维系霸权地位。

在西方战略实施规划中，粮食一直被认为是具有与石油一样重要地位的战略物资，主导全球粮食贸易也一直是美国对外政策的核心。美国前国务卿基辛格的一句名言曾被广泛引用，即"如果你控制了石油，你就控制了所有的国家；如果你控制了粮食，你就控制了所有的人"。这句话无疑是美国政府战略意图的真实流露。在这种战略意图构想下，美国联合其他西方国家对苏联发起粮食禁运，粮食成为霸权国争夺霸权的"武器"。事件演变的结果表明，如果实施禁运方没有有效控制国际粮食市场，而被打击对象又采取了进口粮食多元化的策略，把粮食作为政治武器不容易行得通。因此随着经济全球化的兴起和深入，西方国家的战略思想也进行了调整和修改，20 世纪 90 年代开始，美国将"领导世界责任"与"全球一体化"联系起来，认为在国际相互依存日益加深的形势下，美国应通过不断制定体现自身战略意图的国际规则加强霸权后的国际合作，这样的合作方式维持霸权的成本较低。① 为此，美国极力推动 WTO 国际贸易组织的建立，并主导了自由化的贸易规则，谋求在复杂的国际贸易和区域贸易规则中"嵌入"体现自身战略意图的粮食贸易规则，一方面对发展中国家和粮食进口国的粮食贸易管制措施进行限制，降低这些国家的市场准入水平，以推动西方国家的粮食占领这些国家的粮食市场；另一方面通过对外投资粮食产业链、加强对转基因粮种技术的控制以达到控制粮食产业链的目的。从而使得粮食进口国对西方国家的粮食产生依赖，最终沦为西方发达国家霸权体系的附庸。

中国是正在崛起的发展中大国，按照国际货币基金组织 2012 年 4 月公布的世界各国 GDP 最新排名统计，截至 2011 年底按国际汇率计算，中国为 7.2981 万亿美元，位居世界第二。② 尽管我国与先进的西方国家相比在各方面还存在非常大的差距，我国政府也多次宣示我国永不称霸，但中国经济持续高速发展和不断上升的经济地位已使美国将中国视为美国全球霸主地位的挑战者，因此防范、遏制对华的政策理念在美国历届领导人头脑中挥之不去。新时期中国对外战略需要采取灵活务实的方针，既要避免全面与美国发生战略竞争，又要坚持我国的核心利益不受侵犯，推动国际经济治理机制改革，以维护我国的政治经济利益。粮食安全始终是关系我国国民经济发展、社会稳定和国家自立的全局性重大战略问题，只有把粮食安全解决好，我国才具备经济持续发展的基础条件，也才能够具备实力以真正的大国身份参与并获得国际事务的话语权和规则制定权。我国粮食安全不可能依赖以美国为首的西方国家粮食，否则在国际关系中我国会陷入被动，受制于人。我国参与国际粮食贸易主要是积极利用国际市场调节国内供需，并且中国应该在国际粮食贸易规则的制定方面发挥发展中大国的影响。

---

① 陈岩：《冷战后经济全球化与美国的"合作"霸权》，《国际政治研究》2003 年第 4 期。
② http：//www.imf.org/external/chinese/，2012 – 8 – 15.

四　国内外相关研究综述

近年来发生的粮食危机给许多发展中国家经济和社会稳定带来严重冲击，当前学界纷纷关注粮食危机后面隐藏的西方国家粮食战略及其对我国的影响，相关研究主要体现在以下几方面：

第一类是对西方国家粮食战略及其粮食贸易政策进行介绍和研究。李昌平、贾善和等均认为近年粮食危机主要是美国、欧盟的绿色能源法案促使大量粮食被用作生物燃料以及美元持续贬值所致，并指出美国等西方大国的粮食战略是控制国际粮食定价机制、操纵国际粮食市场。蓝海涛、马文杰、冯中朝、陈阵等认为欧洲、美国等劳动力价格很高，粮食生产实际成本远高于发展中国家，但其通过实施各种农业国内支持政策稳定了国内粮食生产，又通过出口补贴增强其粮食国际竞争力，将国内剩余粮食在国际市场倾销，因此西方国家的粮食贸易政策主导国际粮食市场的走向。Nicholas C. Baltas、赵昌文、Nigel Swain、龚宇、程国强等认为，欧、美以及其他国家对粮食贸易自由化态度不一，欧、美的策略是保护国内市场，控制国际市场。具体办法是设置一些灵活条款使得其国内农业支持政策可以转化为 WTO 农产品贸易规则所允许的"绿箱补贴"，而在取消扭曲国际粮食贸易市场的出口补贴上又设置重重障碍。总之，国际粮食贸易规则主要反映了美国、欧盟的立场，同时也均衡了其他国家的利益。

第二类是围绕粮食安全的界定和我国粮食安全的国内保障机制展开。联合国粮农组织（FAO）界定了粮食安全的几个因素，丁声俊、高帆等则基于我国国情提出判断我国粮食安全的几个因素，针对 Lester Brown 提出的中国粮食安全危机问题，刘振伟、朱泽、龙方等分别从耕地、水资源、购销体制、粮食储备体制等方面对我国粮食安全存在的隐患进行分析并提出改进对策。

第三类是对 WTO 国际贸易体制与我国粮食安全问题进行研究。刘剑文从世界粮食供给趋势、杨涛从我国主要粮食品种的进出口数量及在世界贸易总量的地位等方面指出 WTO 体制下我国适度进口粮食有利于我国粮食安全。崔卫杰、沈大勇、程国强等研究了多哈回合农业谈判的最新进展，认为多哈农业谈判屡次陷入僵局，原有的国际粮食贸易规则不公平引起发展中国家强烈不满，我国与一些发展中国家组成"20 国集团"，强烈要求国际农产品贸易规则应对发展中国家利益予以特别考虑，我国的主要立场是应获得新加入国家特殊待遇，不应继续削减关税，发达国家的农产品出口补贴应大幅削减。

可见现有研究成果虽涉及西方国家粮食战略的内容，但未从国际关系理论方面更深入剖析西方粮食战略的产生机理；也未从制度层面揭示国际粮食贸易规则的特殊性以及这些规则对实现西方粮食战略的重要作用。现有研究侧重以经济学数据论证进出口贸易不危及我国粮食安全，但忽略了西方国家粮食战略下国际粮食贸易特殊规则对我国保障粮食安全制度的影响，没有建立对该议题的国际政治、经济、法律制度的综合分析体系，未能对西方国家粮食战略——国际粮食贸易规则——我国粮食安全三者间关系进行系统、全面研究；还有国内研究很少从区域性和双边贸易协定（FTA）论及粮食安全问题，而中国—东盟协议等给国内农产品带来的冲击必须引起重视。

五　本书研究思路、创新和不足

本书基于国际形势和学界现有成果，运用国际关系理论、法学、经济学的研究方法，系统分析西方国家粮食战略对国际粮食贸易规则的影响，并研究如何构建保障我国粮食安全的粮食贸易规则体系。

本书第一部分（第一章）是从国际关系理论阐释西方霸权国家主导了国际贸易规则的制定。首先，运用现代国际关系理论分析国际贸易规则在现代国际关系中的重要意义，新现实主义流派——霸权稳定论认为国际规则（自然包括国际贸易规则）是维护霸权国统治和国际关系稳定的重要方式和主要工具；新自由主义流派——复合相互依赖模型指出霸权之后合作形式包括制定 WTO 国际贸易规则、区域贸易协定等，霸权国与其他国家相互依赖，在争议—妥协中达成维系国际关系的各类国际经贸规则。其次，通过解释国际贸易体制演进的历程——从帝国特惠制演进到 GATT（关贸总协定）多边贸易体制，进而发展到 WTO 多边贸易体制与区域贸易协定、双边自由贸易协定（FTA）并存的状况，深刻分析了西方霸权国家（主要是美国）主导国际贸易规则实现霸权的战略，同时中小发展中国家不甘被主宰，也积极参与国际贸易规则的制定，因此国际贸易规则也在某些方面反映了中小发展中国家的利益。

第二部分（第二章）阐述西方粮食大国的粮食战略，其中重点介绍美国的粮食战略。长期困扰美国的粮食剩余问题促使美国把粮食出口作为首要战略任务，此后在冷战时期美国开始将粮食援助与解决粮食剩余、外交战略结合起来；低价倾销占领国际粮食市场战略使得美国财政负担很重，因此在跨国粮食集团的努力和配合下，美国粮食战略向海外投资控制粮食产业链、发展转基因粮食转变；当前又实施生物能源战略，从而实现通过粮食与能源挂钩以控制国际能源和粮食市场、推高国际粮价获取高额利润等多重战略目标。其他西方粮食大国如加拿大、澳大利亚、欧盟等粮食战略的主要内容是出口剩余粮食或维持本区域内部粮食高度自给，与美国粮食战略存在一些差异甚至冲突，因此在制定国际粮食贸易规则时，这些西方粮食大国之间不断争斗，又不断妥协相互配合。

第三部分（第三章到第五章）介绍和分析国际粮食贸易规则。首先，分析国际粮食贸易规则从小麦协定到GATT/WTO粮食贸易规则的演进历程，指出国际粮食贸易一般性规则虽然在市场准入方面有助于西方国家向粮食进口国输出粮食，但无法实现西方国家控制粮食产业链等深层次战略。其次，第四章和第五章分析研究国际粮食贸易特殊规则及最新发展态势，指出西方国家推动了WTO框架下的《TRIMs协议》和《TRIPs协议》达成，并继续推动国际投资自由化、更高标准的知识产权立法和区域贸易协定，以实现其控制粮食产业链的战略。不过在粮食贸易特殊规则中，仍有许多规则，例如国营贸易企业规则、特殊保障条款、卫生与植物检疫措施、发展中国家特殊待遇等，也为粮食进口国保障粮食安全提供了安全屏障。

第四部分（第六章到第八章）分析西方国家粮食战略下我国粮食安全的国际贸易保障机制。首先分析西方国家粮食战略对我国粮食贸易、粮油加工产业和转基因专利归属权的影响，然后分析现有国际粮食贸易规则对我国保障粮食安全有何影响、需要如何应对，最后提出了我国参与制定国际粮食贸易规则的应有态度，以及如何利用国际粮食贸易规则保障我国粮食安全。

本书研究方法注重交叉学科和跨学科综合研究，力图做到实证分析与调研考察相统一、比较分析和历史分析相结合。在理论和实践方面具有以下创新：

首先，本书研究成果对西方国家粮食战略的研究在内容和研究方法上均有突破，研究发现当前西方国家粮食战略的核心内容不再是通过在国际粮食市场低价倾销粮食以打击中小发展中国家的粮食生产能力，从而使得这些国家依赖西方国家粮食，最终不得不沦为西方发达国家霸权体系的附庸。而是一方面发展生物能源推高国际粮价，从而实现通过粮食与能源挂钩以控制国际能源和粮食市场、推高国际粮价获取高额利润等多重战略目标；另一方面，美国粮食战略已向海外投资控制粮食产业链、发展转基因粮食转变。这一研究成果不仅有助于我们深刻、理性认识西方国家粮食战略，而且对构建我国粮食安全战略具有重大参考价值。

其次，本书首次系统对国际粮食贸易特殊规则及发展态势进行研究，许多内容，如国营贸易企业规则、农产品特殊保障措施条款、粮食出口限制规则等，都是当前学术界尚待深入研究的内容，而且这些规则对维护我国粮食贸易安全具有重要作用，我国应学会如何灵活运用这些规则调控粮食进出口。同样，WTO 生物能源贸易规则和区域粮食贸易规则是目前学术界前沿问题，鲜有人进行研究，本书的研究成果不仅加深了这一方面的研究进程，而且所提出的我国缔结 WTO 生物能源贸易规则和区域农产品贸易规则的建议具有针对性、可行性。

再次，本书研究成果——西方国家粮食战略对我国粮食进出口贸易、粮油加工产业和转基因知识产权归属的影响具有重大应用价值和社会效益。国内关于西方国家粮食战略的研究大都建立在定性分析基础之上，大而化之对西方国家粮食战略的后果和危害下结论，而本书采用大量数据进行实证分析，研究成果更为科学准确，对国家采取相应的对策更具有参考价值。

最后，本项目跨学科研究方法为国际问题研究学界研究国际关系和国家战略问题提供了一条全新的思路，通过定量分析、实证分析、调研方式等得出的研究结论更为科学可靠。

但是，如何通过国际贸易规则限制西方国家生物能源战略这种危及国际粮食安全、推高国际粮价的行为，还需要进一步深入研究。

第 一 章

西方国家霸权与国际粮食贸易规则

第一节 国际关系理论视野下的国际贸易体制

一 现代国际关系理论关于国际贸易规则的基本观点

从本质上看，国际法律规则是某些国际关系法制化的结果，国际关系理论对国际关系进行系统深刻的阐释、研究，能够帮助我们更加深入理解国际法律规则的形成与演进。国际贸易关系是国际关系的重要组成部分，随着经济全球化的加速加深发展，贸易问题在全球经济中的地位不断上升，国际贸易规则开始成为涉及国家间基本的经济合作和竞争的问题，并逐渐发展为国家经济战略层面的基本问题。无论是对国际贸易发展本身还是调整规范其的国际贸易规则，以及相互依赖的贸易关系对国家安全战略产生的影响，都需要国际关系理论对这些问题进行系统的解读和预测。现代国际关系理论主要有两大流派，即新现实主义和新自由主义，它们对国际规则的发展具有重大影响，或具有不同的解释功能。

（一）新现实主义流派——霸权稳定论对国际贸易规则的阐释

新现实主义流派认为，国家的根本目标是寻求生存与安全，当国家的存在与安全受到世界市场经济的威胁时，国家应当动员一切政策手段确保国家安全。同时为了保证国家安全，就必须形成整个社会的凝聚力，为此可以牺牲财富、自由、公正等其他价值目标，或将它们推后实现。在国家、企业与公民的关系上，强调公民与企业的活动应当服从于国家"富国强兵"的目标。国家的政治目标决定市场经济活动。强调"相对获益"而不是"绝对获益"。①

新现实主义流派中研究国际机制的代表理论——霸权稳定论对国际体制的产生运作机理作了更为深入的分析。首先，它认为国际贸易规则依附于霸权存在。霸权稳定论的代表人物罗伯特·吉尔平对此作了深入分析，认为，霸权国所创造的霸权体系能够有效维护国际经济秩序的稳定，霸权的存在对国际体系的稳定具有重要意义。因此霸权能维持国际政治秩序的稳定，也能促进国际经济秩序的稳定与发展。霸权国的实力越强，国际政治与国际经济秩序越稳定，当霸权国实力衰退，国际秩序就会陷入动荡，国际制度不能起到应有的维系国际秩序的作用。②

其次，霸权稳定论认为，法律规则对维护霸权国以及国际体系的稳定具有重要的作用，也是霸权国实现统治的重要方式或主要工具。用霸权稳定论审视国际粮食贸易规则的演进历程，我们不难发现每一类型的国际贸易规则的确立背后确乎有英、美等霸权国极力运作的痕迹，这些霸权国家运用其超强的政治经济乃至军事实力，主导国际贸易规则的制定，霸权国利用这些国际贸易规则实现自己的经济战略目标，并最终服务于国家长期的安全和霸权的稳固等终极目标。

再次，霸权国也极力维护国际规则的稳定。霸权国构建维护国际贸易规则的目的是确保自身存在、安全以及确保对国际体系统治的长治久安，霸权国对国际体系的统治毕竟不是依赖强权和暴力，所以必须自身首先遵守这种规则，才能得到其他国家认同并随同遵守规则，从而实现对国际社会的继续统治，这是霸主地位的合法性基础。③

最后，霸权国并未将规则置于权力之上，而仅仅将国际贸易规则视为实现自身战略的工具，一旦已有规则与自身利益发生矛盾甚至冲突，霸权国会毫不犹豫违反规则甚至抛弃规则。霸权稳定论把霸权国的权利资源作为唯一的决定性的变量，认为国际规则只是权利的一种表现形式或利益的一种实现形式，受制于国际体系中的权力结构，因此国际机制的运作完全由霸权国的

---

① 王勇：《国际贸易政治经济学：全球贸易关系背后的政治逻辑》，中国市场出版社2008年版，第9页。

② 罗伯特·吉尔平：《全球政治经济学：解读国际经济秩序》，杨宇光、杨炯等译，上海人民出版社2003年版，第99—103页。

③ 罗伯特·吉尔平：《世界政治中的战争与变革》，武军等译，中国人民大学出版社1994年版，第29—39页。

实力强弱决定。① 从这个角度我们也不得不承认，国际粮食贸易规则形成与发展很大程度上归因于美、欧大国的粮食战略，规则本身的内容、效力经常因为西方粮食大国的自身利益诉求不得不修改，实施效果受到影响。

不可否认，霸权稳定论不仅有效地揭示了国际社会军事、安全领域的合作动因，同时在试图回答国际贸易规则的产生、维系、变更乃至消亡等问题上都作出了极为深刻的解读，对我们理解西方国家主导粮食国际贸易规则以及预测国际粮食贸易规则的走向均有重要指导作用；事实上，英帝国的特惠制、关贸总协定（General Agreement on Tariffs and Trade，一般简称 GATT）体制以及其所代表的国际自由贸易法律规则、粮食贸易规则在冷战时期游离于美国霸权维持下的 GATT 管制之外，经常成为霸权稳定论用来论证霸权与国际体系的稳定，或者霸权周期与霸权兴衰的常用案例，这些案例更有助于我们厘清国际粮食贸易规则运作的脉络。但是，我们也应该看到霸权稳定论的内容、理论框架都存在不少缺陷，并且在某种程度忽视了霸权国家可能滥用权力地位，从而存在削弱国际体制和霸权国统治稳定性的重大风险。

第一，霸权稳定论将霸权假设为国际合作的充分条件与必要条件，基本上否定了霸权衰退之后国际经济秩序得以维系、国际贸易规则得以保持的可能性，也否定了在没有霸权的情况下国际规则仍可能缔结以及存续，这显然不符合国际粮食贸易规则发展的历史规律。在整个冷战时期，在农产品剩余处理渠道不畅的背景下，霸权国美国走上了粮食援助外交之路，以此拉拢第三世界国家，稳固抵抗共产主义的西方阵营，因此当时的美国对利用国际贸易规则实施粮食战略以及实现政治外交目标的积极性并不高。所以当时 GATT 体制将农产品排除在贸易规则约束范围之外，仅仅通过约束力极弱的国际粮食商品协定与其他西方粮食大国一道瓜分世界粮食市场。但是上述事实并不能证明国际法律规则仅仅依附于霸权而存在，20 世纪 80 年代以来，国际贸易规则真正迎来了蓬勃发展的高潮，这不仅有西方粮食大国运作的因素，也有很大一部分原因在于其他国家对建立在国际规则基础之上有序的国际秩序的追求。在 GATT 时期，GATT 一直被许多第三世界国家视为富国俱乐部，对参与多边贸易体制不积极、不热心，但是 20 世纪末经济全球化的发展，发展中国家开始分享经济全球化带来的好处，开始积极参与并推动 WTO 规则的建立，没有广大发展中国家的配合和努力，仅仅是西方霸权国家的主导，国际贸易规则不可能顺利构建，即使建立也无法得到认可和有效

---

① 门洪华：《和平的纬度：联合国集体安全机制研究》，上海人民出版社 2002 年版，第 97 页。

的执行。

第二，霸权稳定论强调霸权必然衰落，任何霸权都难以摆脱衰落的命运，美国也不例外，由于霸权的衰落霸权国对市场的控制能力越来越弱，竞争力逐渐减弱，崛起的大国开始向昔日的霸权国挑战，这必将引起重大战争。这一论断并不科学，连新现实主义的许多学者也不支持这一观点，如苏珊·斯特兰奇在《国家与市场》一书中就认为"美国衰落"只不过是美国人不愿意承认国际责任、别有用心的骗局罢了。而且她认为，世界权力由四种结构性权力组成，即安全、生产、金融与知识，美国在这些结构性权力均占优势，她举例指出，在国际货币体系中，布雷顿森林体系的瓦解看似美元地位的衰落，但实际上美元因此获得更大的自由度，对世界的影响更大了。这一论述显然为20世纪90年代后美国在经济全球化中的"一超独霸"的地位所证实。①

第三，霸权稳定论忽视了霸权国可能滥用权力地位，为自己谋取更多利益而置其他国家利益不顾，导致全球经济发展变得更加不平衡的后果，最终会使得国际规则"纲纪废弛"。对美国滥用霸权废弃规则的应对，显然，霸权稳定论也没有合适的应对办法。20世纪80—90年代，美国无视多边贸易规则要求通过双边或多边机制解决争端，而采取单边报复措施，频频使用301大棒，在国际社会造成极为恶劣的影响。如何制约美国这种咄咄逼人的单边主义，自然成为WTO成立后的重要任务。

综上所述，立足于权力基础之上的霸权稳定论对解释国际合作和如何建立有效的国际规则存在缺陷，它能够合理解释第二次世界大战结束至70年代期间在美国霸权下的国际贸易体制，但是无法对经济全球化时代的国际规则的形成与走向做出合理的解释，这就需要我们借助新自由主义的观点寻求更为圆满的答案。

(二) 新自由主义流派——复合相互依赖模型及其对国际贸易规则的解读

新自由主义学派是在新现实主义面对经济全球化纵深发展无力提供理论支持下发展起来的，新现实主义将国际体系的权力置于国际法律规则之上，只有霸权国家存在的情况下，各国的合作才能维持，没有霸权国家各国就会处于纷争状态。而新自由主义对这种以权力合作为基础的理论提出质疑，认

---

① 王勇：《国际贸易政治经济学：全球贸易关系背后的政治逻辑》，中国市场出版社2008年版，第76页。

为霸权之后合作是可能的，也是必要和可行的。为了解释这种合作的必要性和可能性，新自由主义引入了国际机制的概念。[①] 他们认为制度性因素是影响国家行为的最重要变量，国际机制是独立存在的，不需要依附强权，国际机制自身可以促进相互合作；国际机制的内在惯性、各国的共同利益、"另起炉灶"建立新机制的高昂代价以及不确定的效果前景等因素，决定霸权衰退之后在霸权时期建立的国际机制可以继续运行下去。

新自由主义的代表人物罗伯特·基欧汉提出了霸权合作存在的三种形式：（1）和谐，指无须协调，不同国家目标利益完全一致；（2）合作，虽有利益冲突，但是可以通过协调和谈判，开展一致行动；（3）争斗，利益目标难以协调下的关系状态。他提出的维护"后霸权"国际合作的建议应当包括三个核心观点：第一，美国战后建立的国际体系仍有必要维持下去；第二，维持体系需要盟国的集体合作；第三，创造让第三世界国家参与的国际机制。他的观点是符合逻辑的，也反映了当代国际贸易规则的变化与革新，我们已经看到，WTO 国际贸易规则就是对 GATT 体制的继承与发展，在具体规则的设计方面，已经开始不断增加向发展中国家利益倾斜的规则。

1970 年罗伯特·基欧汉和约瑟夫·奈提出了一个新的观点——"复合相互依赖模型"，对全球化国家之间相互合作的国际关系作了合乎情理的解释。他们认为，随着信息技术革命和全球化的迅猛发展，世界开始进入一个相互依赖的世界，由于国家之间存在相互依赖关系，无须使用武力或武力威胁，所以国际立法的重心从侧重"生存法"转变到侧重"发展法"。[②] 例如在《联合国宪章》生效以及联合国建立以前，国际立法主要是国际公法，重点确立国家主权、国际安全等制度，二战结束之后，冷战局势下大国之间仍进行着激烈的权力斗争，因此国际立法上"生存法"与"发展法"并重，即既重视裁军、控制军备等政治军事方面的制度建设，也重视对国际金融货币秩序、国际贸易秩序的管理。随着冷战局势逐步缓解乃至结束以及全球化的迅猛发展，国际经济立法开始以经济发展与合作为目标，WTO 的成立、双边自由贸易协定（Free Trade Agremnent，FTA）大量缔结、区域经济立法

---

① 罗伯特·基欧汉：《霸权之后：世界政治经济中的合作与纷争》，苏长和等译，上海世纪出版集团 2006 年版，第 6 页。在罗伯特·基欧汉等人的表述中，国际机制是个国际关系理论的术语，是在国际关系议题领域中所形成的一系列隐含的或明确的原则、规范、规则以及决策程序。我们也应该可以把它理解为包括国际规则在内。

② 刘志云：《复合相互依赖：全球化背景下国际关系与国际法的发展路径》，《中国社会科学》2007 年第 2 期。

如雨后春笋，这些都是促进经济发展的国际规则，它们的订立为相互依赖的自由主义理论提供了生动翔实的例证。

此外，在相互依赖的背景下，各社会主体之间联系渠道增加，所以参与到国际立法中的非政府组织、跨国公司等非国家主体也不断增加。这一点在国际粮食贸易规则方面表现得非常明显，跨国公司在推动生物技术知识产权立法保护、转基因粮食上市贸易、将投资措施纳入 WTO 法律框架等方面的努力可谓"功不可没"。

总之，无论是新现实主义还是新自由主义，都为我们深入理解西方粮食大国与国际粮食贸易规则的关系提供了系统的帮助，也为我们在国际体制内寻求应对之策提供了理论支持。

二　西方国家霸权更替与国际贸易体制的演进

国际政治的现实是一个持久的斗争进程，所有的国家都是在一个检验权力平衡的，并且将在决定出谁是最强大的进程中努力奋斗。① 追求权力是每个国家参与国际关系的目的，对于在国际政治经济外交舞台上长期占据优势的西方国家而言，追求的不仅仅是保证自己在国际竞争中的优势地位，而且是对国际事务的领导、支配地位，即所谓的"霸权领导"地位。基欧汉和奈明确指出，所谓的"霸权领导"就是指一国所拥有的制定、维护和修改支配国家间关系的基本规则的权力。基欧汉还进一步对霸权国家进行界定：从经济上讲，霸权国家是指拥有高附加值的比较优势产品及由此带来的相对高工资和高利润的国家，这些产品具有某种程度的垄断性，这种垄断性源自政治权力或技术优势；从政治上讲，霸权国家是指拥有足够实力以维持支配国家间关系的基本规则并愿意这样做的国家。②

关于霸权对国际贸易规则的影响，新现实主义国际关系理论的代表吉尔平作了更为明确的阐述，认为获得霸权的途径是订立国际条约或国际协定，而且涵盖国家间经济关系及相关领域的体系规则应特别值得重视，因为"在现代世界，驾驭国际贸易、技术合作以及此类事务的规则和制度已经成为影响国家间相互行为的最重要的规则之一"。③ 与此同时，另一学者沃勒

---

① Vincent Ferraro, *Ideals and International Relations: A Talk to the Antioch New England Graduate School*, https://www.mtholyoke.edu/acad/intrel/iraq/ideals.htm, 2009 – 10 – 28.

② 舒建忠：《多边贸易体系与美国霸权》，南京大学出版社 2008 年版，第 2 页。

③ 罗伯特·吉尔平：《世界政治中的战争与变革》，武军等译，中国人民大学出版社 1994 年版，第 34—35 页。

斯坦也强调了经济因素在谋求和维护霸权中的作用，指出霸权的物质基础在于经济优势，这就要求追逐并获致霸权的国家应在三个主要的经济领域——工农业生产、贸易和金融——取得更高的效率。正是基于这些效率优势，霸权国家才能在广阔的世界市场上，包括在竞争对手本国的市场上与之较量并超过它们。在获取霸权地位之后，霸权国家均致力于倡导所谓的"自由"制度，借以消除其他国家抗衡其经济优势的任何努力；而且"霸权国家之所以推崇自由贸易理念，就是因为最大限度的自由市场将有助于确保霸权国家的……最大利润"，但沃勒斯坦也明确指出切不可夸大霸权国家的自由主义国际经济政策，因为它所标榜的反重商主义经常出现例外，只要这样做对其有利。①

近代史上不少西方国家先后登上世界霸权国宝座，并获取对世界贸易规则的制定、维护、变更的权力，国际贸易体制的演进历史就是以英、美为核心的霸权国掌控国际贸易规则制定权的真实写照。

（一）从帝国特惠制到互惠贸易：国际经济霸权从英国转移至美国

20 世纪初第二次技术革命发生时，许多新兴的资本主义国家后来居上，在国际经济方面对老牌的霸权国——英国构成了越来越紧迫的挑战，英国在海外贸易的优势逐渐丧失而日渐衰退，英国开始从原来主导的自由贸易政策回撤。1929 年的大萧条加剧了国家间在国际贸易领域的竞争，以美国斯穆特—霍利关税法为导火索，各国纷纷实行"以邻为壑"的贸易政策，即限制进口、增加出口。在这种背景下，英国不得不放弃实施了一个世纪之久的以金本位和英镑为基础的开放性国际经济和自由贸易政策，这也是英国作为当时世界唯一的霸权国所确立的国际经济贸易规则体系。为了维系自身的霸权地位，英国转而推行在英联邦内部建立相互优惠的贸易规则——帝国特惠制。

1932 年 7 月 21 日至 8 月 17 日，英国、加拿大、澳大利亚、新西兰、印度、南非等英联邦国家和殖民地在加拿大渥太华召开帝国经济会议，会议结果是英国答应给予来自帝国内部食品和其他一些特定重要商品以优惠，各联邦国家答应在增加进口关税时给英国以例外，这就是著名的帝国特惠制。②英国的战略思想是通过帝国特惠制在英联邦确立以英国为核心的世界贸易体系，然后以此为基础，把更多的国家纳入这一体系当中来。

---

① 舒建忠：《多边贸易体系与美国霸权》，南京大学出版社 2008 年版，第 2 页。

② 张振江：《从英镑到美元：国际经济霸权的转移》，人民出版社 2006 年版，第 48 页。

但是英国的计划在 1933 年的伦敦世界经济会议上受到新兴霸权国——美国的强烈抵抗，罗斯福总统拒绝接受英国主导的国际贸易规则，而是推销反映美国经济战略的互惠贸易制度。互惠贸易的核心是对外签订贸易条约并在条约中确立无条件最惠国待遇原则，任何国家一旦签订了包含无条件最惠国待遇条款的贸易协定，在享受美国给予其他国家优惠关税待遇的同时，也必须把自己给予任何第三方的优惠给予美国的进口商品。按照当时美国国务卿赫尔的解释，别的国家绝不是无条件得到美国的关税减让，而是以赋予美国平等待遇为条件，它不会导致美国有所付出而无回报，也不会带来外国产品倾销美国的现象，因为每个国家的出口优势不尽相同，而且对某种商品进行关税减让的最终主动权掌握在美国手里。[①] 只要掌握这一点，美国在任何贸易谈判中就会永远处于最有利地位。

1934 年 3 月 30 日，美国通过了《互惠贸易法案》，把无条件最惠国待遇原则和对外推动美式贸易条约作为核心内容，完成了把美国国际经济战略法制化的进程，其所确立的无条件最惠国待遇原则也与英国帝国特惠制所包含的对第三国的歧视形成了鲜明对比。由此以重塑国际贸易规则为突破口，美国在全球范围内走上了一条建立美国经济霸权和对国际经济领导权的道路。

（二）多边贸易体制与美国霸权的确立

二战的爆发全面改变了世界政治经济格局，美国以强大的军事实力和经济基础毫无疑义地登上了世界霸主的宝座。美国的政治精英相信美国在战后必须充当领导世界的大国责任，并应按照美国的价值标准和制度模式重塑战后国际秩序。1941 年 5 月 18 日，在美国"全国对外贸易周"活动开幕式上，赫尔正式向外公布了美国关于建立战后国际贸易体制的基本原则，主要内容有：第一，设置额外的贸易限制不能再是极端民族主义的表现形式；第二，不歧视必须成为国际贸易关系的准则，为此国际贸易才能繁荣发展；第三，所有国家都能不受歧视地获取原料；第四，有关货物供应的国际协议必须以充分维护消费国及其人民的利益为原则；第五，必须进行有关国际安排，建立国际机构，向所有国家的基本产业与稳定发展提供援助，以确保国际间的贸易支付，有助于各国经济的增长。[②] 这说明在国际贸易方面，美国

---

① 因为乙、丙等第三国在这一商品上没有比较优势，自然不需要美国作出关税减让，美国对甲国的优惠，乙、丙通过最惠国待遇可以自动获得，但无实际意义。

② 张振江：《从英镑到美元：国际经济霸权的转移》，人民出版社 2006 年版，第 164 页。

的战略构想是建立以削减贸易壁垒和非歧视原则为基础的多边贸易体制。多边贸易体制并非完全要求废除一切形式的关税和贸易壁垒，而是要求对严重妨害国际贸易流通的关税和壁垒进行一定程度的控制与削减，其核心在于要求各个国家对外贸易必须得到不歧视待遇，国际贸易规则应公平地适用于所有国家，同时建立一个国际贸易组织对国际贸易规则的执行、修订、争端进行管理。

美国的这一战略构想将矛头直指英国的"帝国特惠制"。如前所述，帝国特惠制是英国利用自己的影响与其重要贸易伙伴，特别是原料进口国达成的一种集团性的特惠协定，这些协定大多数对第三方具有一定歧视性，它能够使得英国垄断集团内部的贸易，进而还可用来孤立或惩罚竞争对手，因此从政治经济意义上讲，特惠制被视为多边主义和多边贸易体制的对立面。作为当时世界上最大的经济体之一，美国深受其害，因此坚决反对特惠与歧视，主张公平与机会均等，在美国看来，既然美国有能力充当世界领导者，在多边基础上构筑美国领导下的国际贸易规则能够带领世界走向繁荣和平之路，因此必须以多边贸易体制取代帝国特惠制，完成霸权统治的更替。

二战不仅摧毁了英、法等老牌霸权国领导下的国际经济体系，使得它们继续维系旧有的贸易体制变得极为困难，也使美国意识到战后国际经济秩序重建对美国既是机会也是挑战。一方面美国有充分实力获取战后国际经济霸权，另一方面，美国也面临从战时经济过渡到和平时期经济的艰难和复杂。其中最主要的难题是：维持战争期间严重扩张了的工农业生产规模和水平，保持现有就业水平的同时还要吸收大量复原士兵参加就业。面对维持经济繁荣和增加就业机会的双重压力，美国认为必须拓展海外市场，为美国强大的生产能力寻找机会，让美国的产品占领世界市场。如此看来，选择多边自由贸易体制，能够极大实现美国的经济利益，进而获取贸易霸权地位。

战后美国采取各种有力措施推动多边贸易谈判，并计划建立国际贸易组织。在谈判中美国主张，把最惠国待遇制度作为多边自由贸易制度的基石，明确了削减关税壁垒、取消数量限制等作为多边自由化的重要内容，同时美国还不失时机地把削减关税与削减或取消特惠关税挂钩，这体现了美国谋求以多边关税减让为谈判筹码、伺机打破英国实行多年的帝国特惠制的战略意图。经过多次紧张激烈的谈判，1946 年 10 月，23 个国家在日内瓦会议上达成《关税和贸易总协定》（GATT）。后来随冷战形势的发展，美国对外战略转变为构建冷战同盟体系和采取对抗、遏制苏联的政策，建立国际贸易组织计划失去了紧迫性，同时《国际贸易组织宪章》受到美国国会的阻挠与拖延，无法对美国生效，其他国家也采取骑墙观望的态度，美国国会不批准《国际贸易组织宪章》使得建立一个正式的国际贸易组织的计划最终流产，从此 GATT 就以"临时适用"的方式运作了 47 年。

关贸总协定制度虽然是临时适用的形式，但美国主导多边自由国际贸易规则实现国际贸易霸权的战略意图已经基本实现。首先，多边关税减让成果最大限度地实现了美国的利益目标，美国庞大的经济规模和产能需要广阔的国际市场才能容纳，关税壁垒的降低无疑对美国产品的输出极为有利。据美国贸易协定委员会估计，美国从日内瓦多边关税减让中的直接获益为 10.5亿美元，而间接获益将超过 1.5 亿美元。其次，关贸总协定许多规则，如国内税与国内规章的国民待遇条款、数量限制条款、国营贸易条款、有关电影产品的特殊规定等等，都是建立在美国政策计划基础之上的，反映了美国的利益与要求，这些制度与规则的建立标志着美国霸权在战后多边贸易体系的确立。①

（三）WTO 多边贸易体制与区域贸易协定、双边自由贸易协定（FTA）并存

二战后，除了多边贸易体制的建立与运转取得巨大成功之外，区域经济贸易合作也出现前所未有的发展态势，第一阶段是战后初期以欧共体为代表的区域经济联合，第二阶段则是出现于 20 世纪 80 年代盛行于 90 年代的区域经济集团化以及双边自由贸易协定普遍化的浪潮，这种贸易合作区域化、双边化是伴随着 WTO 全球多边贸易体制而同时蓬勃发展的。多边贸易体制与区域贸易协定、FTA 并存的局面也印证了霸权稳定论和相互依赖学说关于当代国际贸易关系的解读。

首先，欧共体/欧盟与美国共同主导了国际粮食贸易规则的制定，双方的矛盾与妥协显示了霸权国在相互依赖的时代进行全球治理需要盟国的配合。

二战严重削弱了西欧列强的实力，其生存受到苏联的"威胁"。为了增强自身实力、繁荣复兴，也为了共同的经济利益，1957 年欧洲 6 国依据《罗马条约》成立了欧洲共同体，共同体内部实行关税同盟，取消成员国之间关税，并建立共同的对外关税，此后欧共体以关税同盟为基础、共同市场为目标，逐步实现人员、资本、货物及服务业的完全自由流通。在 20 世纪最后 10 年，欧洲一体化建设明显加快，1991 年的《马斯特里赫特条约》

---

① 舒建忠：《多边贸易体系与美国霸权》，南京大学出版社 2009 年版，第 165—177 页。

（又称《欧洲联盟条约》）签署之后，"欧共体"更名为欧洲联盟（简称欧盟），欧洲实现了向成立经济货币联盟的质的飞跃。[1] 参与欧洲一体化的成员国现已扩大到27国，欧盟成为一个经济高度一体化并在多边贸易规则制定上具有举足轻重发言权的超国家实体；尤其需要指出的是，欧共体/欧盟不仅统一了各成员国的贸易政策，还建立了卓有成效的共同农业政策，使得西欧国家粮食自给率大为提高并能大量出口。

早期美国强烈支持欧共体的建立，美国根据冷战局势需要联合西欧以遏制苏联，因此对欧洲一体化强烈支持。1958年，美国成为第一个同欧洲经济共同体建立正式外交关系的国家。[2] 然而随着欧共体经济日渐复苏繁荣，美国开始对欧共体变得强大心生警惕，美国开始转变为有条件支持欧洲一体化，要求欧洲的一体化进程必须在大西洋联盟的框架内进行。[3] 在经济贸易领域，欧美的矛盾和摩擦增多，竞争加剧，美国希望通过关贸总协定内的谈判促使美国产品更容易进入欧共体市场，并担心欧共体内部市场有可能变成一个"欧洲堡垒"。同样，欧共体经济实力的增强、共同农业政策的实施也让欧共体对美国独自主持国际贸易规则的制定心怀不满，双方在狄龙回合、肯尼迪回合、东京回合的农业谈判中不断上演着斗争—破裂—妥协的大戏，都在争夺粮食贸易规则主导权。从霸权稳定论的角度理解，20世纪六七十年代，美国的经济实力相对下降，以美元为中心的布雷顿森林体系宣告解体，霸权处于衰退期，以法国戴高乐总统为首，欧洲向美国霸权发起挑战，所以美国无力建立并维系一个稳定的国际粮食贸易规则。至冷战结束，苏联解体，美国经过新技术革命又重新确立了在世界超强独霸的地位，美国推动了WTO的建立，也如愿以偿将农产品纳入多边贸易体制管制范围之内，美国试图将欧洲共同农业政策撕开一道裂口，实现对欧盟的共同农业政策的调整和控制，但此时的国际社会已经进入如新自由主义学者所言的"相互依赖"时代，粮食贸易规则的制定需要欧共体/欧盟的配合，最终在不断反复的磋商妥协中诞生了充满保护主义色彩的《WTO农产品协议》。

其次，新区域经济集团和双边贸易协定的兴起表明西方国家之间围绕霸权的争斗更为复杂，大国之间的竞争日益表现为国际区域经济合作组织之间

---

① 贝亚特·科勒-科赫、托马斯·康策尔曼、米歇勒·克洛特：《欧洲一体化与欧盟治理》，顾俊礼、潘祺昌等译，中国社会科学出版社2004年版，第44—72页。

② 赵怀普：《从"特殊关系"走向"正常关系"——战后美欧关系纵论》，《国际论坛》2006年第2期。

③ 赵怀普：《战后美国对欧洲一体化政策论析》，《美国研究》1999年第2期。

的竞争，这需要"霸权稳定论"和"相互依赖理论"共同对之做出解释。

霸权国力量强弱的变化意味其力量资源的变化，这种变化也预示着国际贸易规则可能的变化。也就是说，当一国霸权的力量足够强大，它就可以主导某种国际法律规则的强势发展，而当霸权国的力量削弱时，也就不会有足够的力量去强行维持某种国际经济法律机制。与此同时，原来属于二等地位国家的兴趣也发生了转变，它们开始积极地支持有利于自己的国际经济法律机制，甚至重新制定对于自己有利的机制。[①] 当然霸权国不会自动放弃国际贸易体制的主导权，仍会采取一切手段维系原有机制，也会调整策略对原有机制进行修改。霸权国及新兴霸权国之间围绕国际机制主导权的争斗开始以各自缔结区域贸易协定和双边贸易协定网的形式展开。

20 世纪 80 年代以前，美国在全球多边贸易体制的规则制定中发挥重要作用，欧共体的发展还不构成对美国霸权地位的威胁。20 世纪 70 年代美国经济面临着来自欧共体集团和日本的激烈竞争，美国经济相对衰退，美国新保护主义势力开始抬头。所以美国在 20 世纪 80 年代中期开始大幅修改自己的多边主义政策，美国政府不再强调多边谈判，但加强了单边主义、双边主义，同时为了应对欧共体不断扩大所带来的压力，将美加自由贸易区同步扩展为北美自由贸易区。当欧盟成立后又在 2000 年底的尼斯会议上正式决定实施欧盟"东扩"计划时，美国也采取了相应的措施，开始推进签署涵盖除古巴之外的所有 34 个美洲国家的《美洲自由贸易协定》，这些都突出地反映了美国与欧盟之间的关系日益呈现出激烈竞争的态势。

在世界其他地区，美欧以双边贸易协定或跨区域多边贸易协定为手段也在进行着类似的竞争，欧盟与地中海国家、中东欧国家、南非、墨西哥、智利等缔结了自由贸易区协定。而美国先后与中东及北非地区的约旦、摩洛哥、巴林、阿曼，东亚地区的新加坡、韩国，大洋洲的澳大利亚等国家签署了跨区域的双边 FTA。此外，美国与马来西亚、泰国等的双边 FTA 谈判正在进行中。[②]

随着世界形势的变化，现实主义的霸权稳定论对于国际贸易关系发展的现实越来越缺乏解释能力，因此新自由主义的国际关系理论就应运而生了。

---

① 刘志云：《霸权稳定论与当代国际经济法——一种国际政治经济学视角的诠释》，《太平洋学报》2007 年第 1 期。

② 孙玉红：《跨区域双边自由贸易协定的政治经济动机分析》，《世界经济与政治》2008 年第 3 期。

新自由主义的国际关系理论的基石就是基欧汉教授的"相互依赖理论"，该理论为理解当代蓬勃发展的双边贸易协定（FTA）提供了一个很好的视角，即我们生活在一个相互依赖的世界。① 相互依赖的现实增强了各国对共同利益的意识，从而调动了各国参与创建区域机制的积极性，进而导致大量的FTA 被缔结。

最后，区域、双边贸易协定网的构建有利于霸权国提升影响力，最终实现对国际经济规则的控制权。

美国 FTA 战略是选取具有高度战略地位及与美关系良好的国家作为谈判对象，通过缔结 FTA 美国强化与这些战略国家的经济联合，不仅使得这些国家与美国的外交政策目标保持一致，还能增加美国在 WTO 多边谈判的实力，促使形成有利于美国的谈判议题和规则。例如《北美自由贸易区协定》（NAFTA）的订立，美国签订 NAFTA 后不仅成为区域内墨西哥、加拿大经济力量的主导者，而且在多边贸易谈判中可以整体行动，具有加大的发言权和筹码，进而获得制定国际经济规则的主导权。②

第二节　西方国家粮食战略形成的基础

一　西方粮食大国剩余粮食问题的产生

（一）西方粮食大国具有丰富的自然资源发展粮食生产

西方粮食大国自然资源丰富，发展农业有着得天独厚的条件。如美国国土面积936.3 万平方公里，居世界第 4 位，土质肥沃，海拔 500 米以下的平原占国土面积的 55%，适宜现代农业机械化大规模生产。美国气候适宜，大部分地区雨量充沛，美国还有丰富的淡水资源，五大湖总面积有24.5 平方公里。美国曾长期位居世界粮食生产国和出口国首位，自 20 世纪 80 年代初粮食产量被中国超过，从而退居为世界第二大产粮国，但是许多重要粮食品种如大豆、玉米、小麦等和畜产品、棉花等的产量仍居世界前列。

---

① 罗伯特·基欧汉、约瑟夫·奈：《权力与相互依赖》，门洪华译，北京大学出版社 2002 年版，第 1 页。

② 马述忠、刘文军：《双边自由贸易区热的政治经济学分析》，《世界经济研究》2007 年第10 期。

表 1-1　　　　　2010 年世界排名前八位的国家谷物产量　　　　单位：千吨

国家	1999—2001	2003—2005	2007	2008	2009
中国	420308	406219	457813	480054	483680
美国	334389	367898	415125	403541	419810
印度	238034	235479	260486	267022	246774
巴西	50148	62357	69442	79744	71288
加拿大	49520	50310	48109	56031	49059
德国	46473	45470	40632	50105	49748
澳大利亚	36231	38678	24428	35368	34942
法国	3552	3823	4135	4229	4261

资料来源：FAO, Statistical Yearbook, 2010, FAO CountrySTAT 数据库。

美国农产品进出口总量十分巨大，美国农业部统计数据显示，从 1935 年到 1960 年的 25 年间，有 16 年的农产品进口额超过了出口额，但是从 1960 年开始，农产品贸易一直是顺差，1969—2010 年的 41 年间，有 20 年顺差超过 100 亿美元，另外 20 年的顺差也超过 10 亿美元以上。[1] 以 2002 年数据为例，2002 年美国出口小麦 2500 万吨，价值 37.8 亿美元，居世界第一位；出口大米 300 万吨，价值 7.75 亿美元，居世界出口大米第三位（泰国和越南分居第一、第二位）。此外 2002 年美国谷物类粮食（除小麦和大米）产量达 2.45 亿吨，出口 5400 万吨，价值 58.38 亿美元；大豆产量 7500 万吨，出口额 73.43 亿美元，产量出口均居世界第一；肉类产量 3800 万吨，居世界第二位，出口 400 万吨，价值 57.7 亿美元，谷物类粮食（除小麦和大米）与大豆产量和出口值居世界第一位。因此，美国是当之无愧的世界农产品大国。[2]

加拿大国土面积约 997.06 万平方公里，地广人稀。加拿大的淡水和水利资源都十分丰富，领土的 7.5% 由淡水覆盖，占世界淡水水面的 15%，加拿大粮食产区土壤肥沃，农业劳动生产率水平很高，粮食生产实现了产业化、规模化；加拿大粮食生产量远远大于国内的消费量，其中用于国内消费量不足 40%，因此生产的大量粮食用于出口。作为世界主要的粮食出口国，小麦出口量每年大约在 2000 万吨，仅次于美国、澳大利亚、欧盟，居世界

---

① http://www.ers.usda.gov/topics/international-markets-trade/us-agricultural-trade, 2009 - 11 - 11.

② 2002 年美国等西方国家粮食产量、出口量数据均出自 FAO, Summary of the World Food and Agricultural Statistics, 2004, pp. 40 - 43.

第四位，大麦每年的出口量在 300 万—600 万吨，加拿大大麦国际市场占有率为 6%，居世界第三位。[①]

至于其他西方国家，从表 1-1 数据中可以看到，德国、澳大利亚、法国的谷物产量也很高，居于世界前列。此外，其他西方发达国家出口粮食也位居世界前列，2002 年澳大利亚和法国各出口小麦 1500 万吨，居世界第二和第三位，2002 年法国谷物类粮食（除小麦和大米）产量居世界第五位，但是出口达到 1300 万吨，价值 18.25 亿美元，居世界出口第二位。

（二）农业科技进步对粮食生产的推动：西方国家粮食剩余问题日益严重

发达国家借助农业科技革命的成果，依靠先进的科学技术和现代化工业基础，基本实现了农业现代化，经过逐步的粮种改良和不断的机械化投入，西方粮食大国粮食产量不断增长。例如在法国，小麦平均产量从每公顷 1800 公斤增加到每公顷 7100 公斤，肥料施用量从每公顷 45 公斤增加到每公顷 250 公斤。[②] 农业生产力提高导致生产专业化，进而把农业生产引向高投入、高产出的大规模农场生产的道路。最后在发达国家，尽管农业人口减少至不到全部职业人口的 5%，却能够养活全部人口。

优越的自然条件和科技进步的推动，西方粮食大国粮食生产率不断提高的同时也产生了严重的粮食剩余问题，以美国为例，历史数据表明，1951 年美国粮食库存[③]处于较低水平，期末库存为 2770 万吨，相当于当年粮食产量的 22.3% 和国内消费量的 23.2%，以后逐年增加。1960 年粮食库存达到 1.19 亿吨，相当于当年粮食产量的 66% 和国内消费量的 76.4%，即相当于当年国内 9 个多月的消费量。从 1950 年到 1986 年，美国粮食库存量平均为 7826 万吨，相当于 6.1 个月的国内消费量。美国是个高度商品化的社会，粮食生产的目的就是及时销售出去并转入下一年生产，而且美国粮食生产潜力巨大，一旦需要可以立即扩大生产满足需求，美国交通运输设施发达，一旦国内某地需要调剂粮食可以立即从国内其他地方调运。因此美国不需要花费巨额资金并且承担霉烂变质风险去储存大批粮食。一般而论，美国粮食库

---

① 冯志强：《加拿大粮食经济模式研究》，《消费导刊》2008 年第 24 期。

② FAO, world food and agriculture: lessons from the past 50 years, The State of Food and Agriculture, 2000.

③ 期末粮食库存并不等于粮食的过剩量，因为作为一个国家必须保有一定粮食库存以应对天灾人祸，但是如果库存数量过大就需要消耗大量资金保管，并存在霉变风险。

存达到 4 个月左右的国内消费量是较为适宜的，从 1950 年至 1988 年的 38 年间，有 1 年的库存量超过 4 个月的国内消费量，有 24 年超过 5 个月，有 7 年超过 6 个月。可见二战后美国的粮食库存远远超过理想水平，粮食过剩问题十分突出。[①]

二 西方国家占据生物技术的优势地位

21 世纪以来，以生物技术为主导的农业新技术革命在一些主要粮食生产国推广和普及，生物技术能够创造出抗病虫害的新作物品种，减少有毒农药的使用，还能提高主要粮食如水稻和木薯的营养品质，从而促使粮食获得更多的保健和其他工业用途。其中，基因工程能够在粮食作物中植入某些高产和抗病虫害基因，从而提高产量、作物品质和节约使用化学农药。转基因生物技术在美国、加拿大、巴西等国得到广泛应用、推广，转基因粮食是生物技术中最直接影响发展中国家农业的一个领域，也是引起公众最强烈关注并引起政策问题的一个领域。

由于农业新技术革命对未来粮食生产可能产生巨大影响力，世界各国特别是西方发达国家投入大量的资金用于生物技术的基础与开发研究。据统计，对转基因技术研究投资的 96% 是由发达国家进行的（见表 1－2）。相形之下，发展中国家，例如巴西、中国和印度，它们各自每年的预算还不到 5 亿美元。发达国家和发展中国家在农业生物技术研究经费方面形成鲜明的对比，即使将发展中国家的所有公共资金对生物技术的投入（包括国家、捐赠国和国际农业研究磋商小组各中心的经费）都加在一起，发达国家用于公共部门生物技术研究的经费仍是发展中国家的 4 倍。

表 1－2 全球对转基因农作物研发支出的估计

资金来源		支出（百万美元）
工业国（96%）	私营（70%）	3100
	公共投资（30%）	1120
	总计	4220

---

① 以上关于美国剩余粮食问题的数据均引自徐更生《美国农业政策》，中国人民大学出版社 2007 年版，第 260—261 页。

续表

资金来源		支出（百万美元）
发展中国家（4%）	中国	115
	印度	25
	巴西	15
	其他	25
	总计	180
全球总计		4400

资料来源：Albert K. A. Acquaye and Greg Traxler, *Monopoly Power*, *Price Discrimination*, *and Access to Biotechnology Innovations*, AgBioForum, Vol. 08, Nomber. 2 & 3（2005）. http：//agbioforum. org/v8n23/v8n23a09-acquaye. htm. 2009 – 7 – 20.

　　与推动绿色革命的科研比较，大部分的农业生物技术研究和几乎所有的商业化推广都由西方国家的私营公司承担。这与绿色革命完全不同，在绿色革命时期，公共部门在科研和技术推广中，发挥了强有力的作用，也能够帮助发展中国家免费或者低价获得粮食生产技术，从而在一定程度上改善了发展中国家的饥饿问题。但是在以转基因技术为核心的新技术革命中，不再是公共部门主导科技研发工作，而是由西方私营公司特别是跨国公司在生物技术领域占据领导地位，并远远地把发展中国家抛在身后。据粮农组织的统计，世界前十强跨国生物技术公司每年用于农业研发的总经费近 30 亿美元。而如前所述，对转基因生物技术的研发支出只有 4% 来自发展中国家，几乎没有发展中国家或国际公共部门机构拥有发明创造生物技术独立源的资源。[①] 这一变化对生物技术的推广方式产生了重要影响，并很有可能导致未来发展中国家粮食生产与供应要受制于西方国家。

　　西方发达国家特别是私营跨国集团在研发转基因农产品上投入巨资，发展中国家不仅无法在研发上与之抗衡，而且在新分子生物技术和新育种技术运用到小农生产系统中的作物和家畜品种上时，发展中国家也会面临一些困难，比如缺乏可靠的长期研究资金来源，技术和操作能力不足，作物和家畜的商业价值不高，缺乏足够的常规育种计划，等等。由于技术应用存在诸多困难，许多发展中国家无力大规模推广种植转基因农作物。

　　按照粮农组织的统计数据，至 2003 年，转基因作物已在 18 个国家 6770

———————————

　　① FAO：《农业生物技术：是否在满足贫困人口的需要？》，粮农组织出版物 2004 年（SOFA），第 33 页。

万公顷土地上进行商业化生产，比 1996 年增长 280 万公顷。虽然总体技术
推广率是令人鼓舞的，但推广的地区分布很不均匀。仅 6 个国家、4 种作物
就占到了全球转基因作物生产的 99%。其中美国种植了世界上 50% 的转基
因作物，达 42.8 百万公顷。阿根廷、巴西、加拿大、中国和南非则分别种
植了 13.9 百万、4.4 百万、3.0 百万、2.8 百万和 0.4 百万公顷。[①]

就目前而言，农业生物技术的进步与发展不能有效解决一些发展中国家
面临的粮食短缺问题，主要原因在于发达国家的私营部门在农业生物技术中
占据主导地位，私营跨国公司对利润的追求导致粮食生产技术获得门槛大为
增高，技术过于昂贵以及无力进行适当的技术创新，都会妨碍发展中国家提
高粮食生产潜力，人们普遍担心发展中国家的农民特别是贫穷农民无法从中
受益，其结果就是在未来的生物技术战中，发展中国家无法像过去绿色革命
那样获得相关技术支持农业生产，不断增加的人口迫使其不得不依赖西方国
家的技术和粮食。

三　西方跨国粮食集团对粮食产业链的整合与控制

二战以来到 20 世纪 80 年代，伴随农业的高速发展，美国农场走向集中
化、大型化：农场数量在 1935 年为 681 万家，1950 年下降到 564 万家，
2009 年下降为 220 万家。农场数量的减少带来美国农场平均规模不断扩大，
由 1950 年的 213 英亩，上升到 1957 年的 273 英亩，到 2006 年为 443 英
亩。[②] 随着农场规模的扩大，大型农场开始成为农业生产的主要力量。

美国的农业经济研究者对此认为：在现代农业生产环境下，只有大农场
能够以更低的成本运作，所以，大农场取代小农场，从经济意义考虑是必然
的选择，因此发达国家农业生产必然向典型的资本密集型过渡。[③]

然而，在农—工综合体产业链条中，耕作只是一个重要步骤而已，因为
超额生产导致的剩余粮食问题以致粮食价格不断下降，竞争加剧又使得农场
不断加大对技术、设备等的投入，农场在种子、肥料等方面支出也不断增

---

① FAO：《农业生物技术：是否在满足贫困人口的需要?》，粮农组织出版物 2004 年（SOFA），
第 37 页。

② USDA, National Agricultural Statistics Service, *Land In Farm*, Washington Field Office, ht-
tp：//www. nass. usda. gov/Statistics _ by _ State/Washington/Historic _ Data/economics/landinfm. pdf，
2009 - 11 - 1.

③ Brian Halweil, *Where Have All the Farmers Gone?* https：//www. worldwatch. org/node/490，
2009 - 11 - 1.

加，而在以前种子、肥料等都可以依靠农场内部而获得，所以西方农业现代化、大型化和专业化的最终结果是农场在现代农业体系中丧失了主导权，而食品公司和生产农药、化肥的化学公司开始成为农业经济中的中坚力量，大型农业集团公司的联合和垄断不断进行。[1]

首先，为了获取更多的利润，农药化学公司与农业种子公司开始纵向联合。农用化学品公司预见到杀虫剂市场需求将会下降，因此转而涉足转基因作物研究和开发。化学品公司首先在工业化国家中收购现有的种子公司，随后继续在发展中国家收购。这些国家种子公司和跨国公司的合并具有经济意义，因为二者在种子品种开发和种子营销方面各有专长。这一过程就是一个纵向合并的过程，其上游活动是了解有用的基因并开发转基因植物，然后接下来的下游活动则是进行相应的农药生产活动，开发针对该转基因农作物的农药，从而形成一个种子—农药的产业链，这种并购方式在一些发展中国家大量进行，形成对种子等产业的垄断。例如，在东南亚的泰国、菲律宾、越南和印度尼西亚的玉米种子的集中已经到了警戒水平，嘉吉、先锋和CP-DeKalb三家公司控制了亚洲的种子市场，而随着孟山都公司的兼并行为，导致玉米种子市场只有两家公司竞争孟山都和先锋，先锋公司是由杜邦控制的，杜邦则是一家大型化学跨国公司。[2]

其次，跨国公司开始在粮食贸易、加工乃至终端销售等粮食食物链进行全方位整合，以达到最终控制从粮食育种到粮食销售整个食物链的目的。到了20世纪90年代，西方国家的跨国农业食品公司迅速壮大，粮食食品产业日益集中。在加拿大，3家公司就控制了70%的肥料销售，5家公司控制了超过70%的食品零售，在美国，Philip Morris和Nabisco的合并，将创造一个获得每个美国消费者在食物上所花费的10%的食品帝国。[3]西方四大跨国农业集团ADM、邦吉、嘉吉、路易达孚在农业生产、种子、加工、贸易领域不断渗透，成为影响举足轻重的垄断势力。表1-3列出了在全球农业食品链条上的各大主要跨国公司。

---

[1]　Lewontin, R. C. , "The Maturing of Capitalist Agricultural: Farmers as Proletarian", *Monthly Labor Review*, July, 1998, p. 74.

[2]　Sophia Murphy, "Market Power in Agricultural Markets-Some Issues for Developing Countries", *South Centre Working Papers*, November 1999.

[3]　Brian Halweil, *Where Have All the Farmers Gone*? https: //www. worldwatch. org/node/490, 2009 - 11 - 1.

表 1 - 3 **食品链条上的各大主要跨国公司**

食物链条	转基因种子、农业化学品	食品与纤维制品、贸易、初加工	深加工、制品	超级市场（零售）
主要跨国企业	先正达 孟山都 杜邦 拜耳	ADM 路易达孚 邦吉 嘉吉	雀巢 卡夫食品 联合利华 百事	沃尔玛 卡瑞福 米求

转引自：Actionaid Internationa，*Power hungry*，*six reasons to regulate global food corporations*，http：//www. actionaid. org. uk/＿ content/documents/power＿ hungry. pdf，2009 - 8 - 20.

如表 1 - 4 所示，全球玉米种子（中国除外）、大豆种子和农业化学品市场主要由孟山都、先正达、杜邦和陶氏所控制，其中杜邦和孟山都两家就控制了玉米种子市场的 65%，大豆种子市场的 44%。

表 1 - 4 **四家跨国公司对种子和农药市场的控制**

公司　　种子	玉米种子（中国除外）	大豆种子	农业化学品
孟山都	38%	29%	11%
杜邦	27%	15%	6%
先正达	7%	4%	19%
陶氏	5%	1%	10%
合计	77%	49%	46%

资料来源：Actionaid International，*Power hungry*：*six reasons to regulate global food corporations*，http：//www. actionaid. org. uk/＿ content/documents/power＿ hungry. pdf，2009 - 8 - 20.

西方国家跨国公司对粮食产业链的控制势必对某些发展中国家粮食安全带来不利影响。例如孟山都公司控制了转基因大豆的专利权，1994 年在阿根廷推广时不收取任何专利费，而且农民可以将自己收获的转基因大豆种子用于播种。因此到 2002 年孟山都转基因大豆就占据阿根廷大豆种植面积的99%。阿根廷农民对种植转基因大豆产生依赖之后，孟山都公司开始要求阿根廷农民支付高额专利费用，为此孟山都公司多次与阿根廷政府产生争执，在阿根廷拒付专利使用费之后，孟山都转而要求进口阿根廷大豆的欧洲进口商支付相关费用。[①] 这件事情被视为发展中国家不注重粮食生产知识产权和科技投入以及西方跨国公司垄断控制技术的经典案例。

---

① 曲哲：《孟山都 VS 阿根廷》，《农经》2010 年第 11 期。

第三节 国际粮食贸易规则的特殊性问题

一 国际粮食贸易的特点

当今支撑、指引国际贸易的主要是比较优势理论，因此自由贸易成为贯穿于战后国际贸易体制的理念。虽然这种自由贸易的观念不断与形形色色的政府干预措施与贸易保护主义发生冲突，但是战后的国际贸易体制基本遵循的还是体现自由贸易的规则。不过，由于粮食在各国经济中的特有地位，自由贸易的法则一直没有有效、充分地发挥作用，反而是严重的政府干预机制彻底扭曲了国际粮食贸易的格局。究其原因，主要是粮食事关民生，粮食生产、贸易具有与一般工业品和其他普通农产品不同的特性。

（一）粮食是重要战略性产业，各国政府积极主动干预粮食贸易

粮食是人类生存的第一需求，在任何国家粮食生产都是第一位的，当粮食受到任何可能危及安全的波动、减产时政府都会出面进行干预，这与一般商品不同。一般商品的有无、多少一般不会危及生存，不需要政府实施强制干预政策，而市场不能自动保障公民在发生重大自然灾害、战争时期能够得到足够的粮食，粮食不安全的威胁时刻存在，完全依赖于市场或通过完全的自由贸易对粮食进行供需调节，是行不通的，国家或政府必须干预粮食的生产、贸易、分配诸环节，这是政府的基本职能之一。

再者，粮食产业是一个弱质产业，面临自然和市场的双重风险。一方面粮食生产极易受到气候、灾害等自然条件的影响，现代污染、温室效应等带来的自然环境恶化加剧了粮食生产的不稳定性，扩大了对粮食安全的威胁，也时刻威胁着粮食贸易。另一方面，由于粮食生产周期长，供求又相对缺乏弹性，市场常常处于失灵状态，农民不能及时对市场条件和信息做出反应，供需之间相对缺乏弹性带来的后果是一旦任何一方发生了轻微变动，都会引发价格更大幅度甚至是剧烈波动，价格波动可能会夸大供需之间实际的变化程度，给农民以虚假的市场信号，从而导致农民盲目增加或减少粮食生产，最终带来买难卖难的局面，不仅使农民经济蒙受不小损失，还会给粮食安全带来负面影响，甚至引发社会动乱。基于此，为保护农民利益，稳定粮食市场，政府就应建立相应的保护机制，干预粮食生产、供应、需求，建立足够的粮食储备体系，还要对来年产量进行适度评估，并通过贸易适当对粮食供给进行调解，防止粮食市场剧烈波动。

此外，粮食是一种战略物资。众所周知，粮食是人类赖以生存的最基本的必需品。粮食生产、供应的多少直接关系到一个国家的稳定，我国历史上的多次社会动乱均与粮食不安全有关。当一个国家自身生产的粮食有限，就需要从国际市场进口粮食，当其过度依赖国际贸易方式解决粮食问题时，其粮食安全系数是很低的，极易受制于粮食出口国，这时候粮食大国就能够把粮食作为国际政治斗争中的战略武器和政治筹码，以攫取超额的政治经济利益。对于霸权国来说，获得对粮食的控制是实现霸权的重要前提条件，为了取得维系霸权，霸权国就会不惜代价，提高本国的粮食生产能力，同时垄断粮食国际贸易市场，以达到获取超额垄断利润、控制弱小国家的目的。

（二）西方发达国家成为国际粮食贸易的主要出口方，并在粮食生产技术和粮食加工投资方面占据主导地位

在现代科技条件下，粮食生产早已摆脱了人耕田、牛犁地的传统劳作模式，西方发达国家凭借强大的科技实力大力推动农业科技的发展，因此粮食产业已成为资本和技术密集型产业，粮食成本大为降低，在国际贸易竞争中比依靠低廉劳动力的发展中国家更具竞争优势。

现代西方发达国家粮食生产及贸易的特点，是以生物技术开发为核心、以私营跨国农业集团为主体形成了粮食生产、加工、销售一条龙的产业体系。美国、加拿大、澳大利亚等发达国家纷纷对农业生物技术进行大量投资和技术支持，大批跨国公司纷纷进入这一具有广阔前景的领域，通过不断整合、兼并，出现了专门从事转基因作物及生物农药研究、生产和贸易的大型跨国公司，这些公司主要集中在发达国家，如美国孟山都、杜邦、先正达等都是在国际生物技术市场上具有绝对优势的巨头，而其他跨国公司则能够把持粮食生产、加工、销售产业链，例如嘉吉控制着全球谷物贸易的45%，在61个国家进行运营。由于技术被少数发达国家的跨国垄断集团控制，更加剧了西方国家和广大发展中国家在粮食生产成本上的差距，其后果是发展中国家逐渐丧失在粮食国际贸易市场的竞争力，并沦为需要从西方国家进口粮食的农业弱国。

从现状来看，世界粮食贸易地区间发展极不平衡，粮食出口集中在少数几个发达国家。FAO最新数据显示，小麦传统出口国（阿根廷、澳大利亚、加拿大、欧盟和美国）2010/2011年原出口量达9200万吨，占世界贸易量的77%，而2011/2012年原上述5国出口量预计将达8850万吨，占年度预

测世界贸易量的70%。[①]

总之，FAO近几年的统计数据表明，主要粮食出口国基本没有什么变动，主要就是美国、加拿大、欧盟、阿根廷、澳大利亚、加拿大等；而且FAO的报告显示，过去的40年，全球农产品出口中发达国家占有越来越大的份额，欧盟国家占增长的绝大部分；其农产品总出口的份额已经从20世纪60年代初的20%多一点增加到了目前的40%多。相反，在过去的40年中，发展中国家在世界农产品出口中的份额却从近40%下降到20世纪90年代初期的25%，之后又反弹到目前的约30%。这与发展中国家在商品总出口中稳定增长的份额形成了反差。同期，全球农产品进口中发展中国家购买的份额从不到20%增加到约30%。[②] 这也说明西方发达国家在粮食生产和贸易的竞争优势不断加强，而一些国家由于政策、资源、内乱、气候诸多因素影响，不得不从西方发达国家进口粮食，特别是一些低收入粮食进口国，例如一些非洲国家、加勒比海及一些沿海国家，如摩洛哥、非洲布隆迪、科摩罗、埃塞俄比亚、肯尼亚、卢旺达、索马里、苏丹等等，这些国家长期没有实现粮食自给，名字常常赫然列在联合国粮农组织公布的需要提供粮食援助的名单之列。这些国家受到了粮食危机和经济危机的严重影响，在2007年至2008年间，食物不足人口数量在亚洲基本保持稳定（增长率为0.1%），而非洲则上升了8%。这些国家未来粮食安全堪忧。[③]

（三）西方粮食大国经常在粮食贸易中施加政治影响，对国际粮食贸易市场份额的激烈竞争削弱了西方国家对粮食贸易的控制能力

基于粮食资源的战略主导地位，在粮食进口国面前特别是在世界粮食减产对粮食需求紧迫的情况下，粮食出口国自然能够享有更多的讨价还价能力。所以西方粮食大国将粮食视为战略武器和外交筹码，力图在粮食贸易中施加政治影响。极端的例子就是一旦与政治对手发生激烈的冲突，就不惜终止双方的粮食贸易，实行粮食禁运，例如美国率领加拿大、澳大利亚、欧共体等于1980—1981年对苏联实施的粮食禁运，但是禁运并没有取得预期效果，事实上，苏联1979—1980年贸易年度进口粮食高达3120万吨，与其计

---

① FAO：《粮食展望：全球市场分析》，2011年6月、11月。

② FAO：《农产品贸易与贫困贸易能为穷人服务吗》，粮农组织出版物2005年（SOFA），第2部分。

③ FAO：《国际粮价波动如何影响各国经济及粮食安全?》，粮农组织出版物2011年（SOFI），第8页。

划进口规模仅相差 10% 左右。[①] 禁运失败的一个重要原因是苏联是工业化国家，不会像接受粮食援助的穷国那样轻易受到某一个集团发起的禁运的伤害，国际粮食市场是一个高度市场化的场所，苏联可以高价从其他不参与禁运国家进口所需粮食，阿根廷就因害怕参与禁运受到经济损失而拒绝站到美国阵营中去。

对苏联禁运失败的案例也使许多学者思考在国际粮食市场中到底是出口方掌握优势还是进口方更有主动权，对这一问题的回答直接关系到一国对待国际贸易粮食进口，解决自身粮食供需问题的态度。

美国哈佛大学国际事务研究中心的罗伯特·帕尔伯格在《粮食进口的影响》中就认为无论是在国际粮食价格上涨还是下降时，粮食进口方均能保持谈判优势。当国际食品价格低或正在下跌时，进口方可以获得政治上的优势和节省外汇的选择权，即低价使进口方获益。[②]

罗伯特·帕尔伯格的研究成果具有一定的参考价值，世界粮食市场的实际发展状况也表明"人口增长率小于粮食生产增长率、粮食生产增长率小于粮食贸易增长率"，粮食剩余现象是不争的现实问题，粮食主产国超量供给加剧了国际粮食市场竞争的激烈程度，这些都有具体的数据作支撑。

首先，世界粮食生产稳步发展。根据联合国粮农组织的统计数据，1961—2005 年世界粮食产量从 9.07 亿吨增长到 24.29 亿吨，年均增长 2.21%。[③] 表 1-5 显示，进入 21 世纪之后，世界粮食产量仍在缓步上升。

表 1-5　　　　　　　　　1999—2009 年世界粮食产量　　　　　　单位：千吨

1999—2001	2003—2005	2007	2008	2009
2084499	2212315	2353652	2520700	2489302

资料来源：FAO Statistical Yearbook，2010. FAO CountrySTAT 数据库。

http：//faostat. fao. org/DesktopDefault. aspx? PageID = 339&lang = en&country = 231，2011 - 8 - 10.

其次，主要产粮国经常处于粮食过剩状态。如在第二节所述，美国粮食就经常处于过剩状态。

第三，世界粮食贸易增长快于粮食生产增长。1961 年，世界粮食出口仅 8364 万吨，到 2004 年出口量达到 3.33 亿吨，年均粮食出口增长 3.19%，

---

① 卢峰：《粮食禁运风险与粮食贸易政策调整》，《中国社会科学》1998 年第 2 期。

② 严瑞珍、程漱兰：《经济全球化与中国粮食问题》，中国人民大学出版社 2001 年版，第 331 页。

③ 朱四海：《粮食安全与国家粮食贸易政策》，《中共南京市委党校学报》2008 年第 6 期。

而同期年均产量增加是 2.21%，世界粮食贸易的增长速度超过了世界粮食生产的增长速度，粮食生产商品化程度稳步提升。[①] 商品化程度最高的是大豆，其次是小麦和玉米，大米的商品化程度最低。

在超量供给的国际粮食市场上，粮食价格长期低迷，除物价上涨因素后，国际市场的粮价曾在 20 世纪 60 年代初至 21 世纪初出现了大幅下降，达到了历史最低点。[②] 使得西方粮食大国之间为争夺市场相互杀价竞争。例如萨里斯和弗里贝恩在 1983 年做的小麦局部平衡模型显示，假定其他商品市场没有相互作用，政府支出也无限制，估计世界平均价格将降低 11%，而世界价格变动将比整个世界都没有贸易限制时高 35.3%。世界小麦价格扭曲最重要的原因是共同农业政策，它在压低世界价格方面占 80% 以上，在世界价格不稳定方面占 50% 以上。而安德森和泰尔斯 1984 年的随机模拟模型研究结果表明，如果所有发达市场经济国家取消对小麦、粗粮、大米等的支持和保护，将使世界小麦市场价格上升 20%。[③] 众多的研究成果都在论证同一个事实：对小麦等主要粮食的干预导致粮食在世界粮食市场低价销售，其原因非常简单，对于粮食主产国而言，国内市场无法吸收的粮食超量供给必须出口，以保障政府公共投入的价值实现，哪怕价格低廉也在所不惜。

（四）一旦发生粮食危机，缺粮国极易受到各种贸易限制措施的损害

粮食危机爆发后，有些粮食出口国减少粮食出口的数量甚至禁止出口，例如越南将 2008 年的大米出口量从前一年的 450 万吨调低到 350 万吨，减少 1/4；在马来西亚，未经许可出口面粉等产品就属于犯罪。[④] 有些国家采取出口关税限制粮食出口，例如哈萨克斯坦和俄罗斯联邦提高了小麦的出口税，俄罗斯联邦另外还对大麦征收 30% 的出口税，马来西亚对棕榈油征收出口税，阿根廷提高了对小麦、玉米、大豆及大豆制品的出口税。[⑤] 这加剧了国际粮食市场的紧张气氛，对缺粮的进口国无异于雪上加霜。

[①] 朱四海：《粮食安全与国家粮食贸易政策》，《中共南京市委党校学报》2008 年第 6 期。

[②] FAO：《国际粮价波动如何影响各国经济及粮食安全?》，粮农组织出版物 2011 年（SOFI），第 11 页。

[③] 澳大利亚初级产品部农业经济局编写：《欧共体的农业政策》，厉为民、熊存开、黎淑英、网易兵摘译，中国商业出版社 1987 年版，第 105 页。

[④] 彭珂珊：《2008 年全球粮食危机与中国粮食安全问题观察》，http：//www.agri.gov.cn/fxy-cpd/ls/t20090206_ 1213192.htm，2009-9-29。

[⑤] 王国庆：《从多边贸易体系角度谈解决全球粮价高涨的途径》，《国际经济合作》2008 年第 11 期。

二　国际粮食贸易规则的特殊性

（一）GATT 时期，因出口国相互争夺市场份额而经常不遵守协议，粮食贸易规则约束力不强

纵观国际粮食市场变化情况，虽然供需经常围绕歉收—粮价上涨—次年扩大生产—供给充足—粮价下降这一周期进行波动，但是从 20 世纪 30 年代以来，粮食剩余品问题成为困扰西方粮食生产大国的老大难问题，为此这些国家不得不低价在国际市场倾销粮食，为保证市场份额，西方粮食大国还与进口国通过国际小麦协定稳定粮食市场供给。但是由于这种协定效力很低，仅仅为政府间行政协定，更重要的是出口国特别是美国常常不遵守协定所确立的定价机制，导致国际小麦协定常常被违反，成为一纸空文。

及至多边贸易体制 GATT 建立之后，国际粮食贸易规则也没有被纳入多边法律框架之内。其中很大一部分原因在于冷战形势使得西方粮食大国特别是美国将粮食作为战略武器，粮食外交成为输出粮食的重要方式，政治性援助协议更多地取代了商品性粮食协议，西方大国制定粮食贸易规则的意愿不强烈。

可见，粮食作为公共物品、战略物资，贸易规则的形成路径也与普通商品贸易规则有很大不同，一方面深受西方粮食大国政治战略的影响，另一方面又因供给剩余问题、出口国相互竞争无法缔结一个有强约束力的规则。即使冷战结束之后，国际粮食贸易规则仍然因各国的矛盾无法像一般货物贸易规则那样形成清晰的规则，弹性极大，保护主义色彩浓重，这是粮食作为特殊商品的属性、国际粮食贸易错综复杂的特点所决定的。

（二）后冷战时期西方发达国家开始推行新粮食战略，粮食贸易规则向投资、知识产权领域发展

冷战时期美国等西方大国通过粮食援助外交，甚至通过粮食禁运来实现对抗苏联、拉拢第三世界国家的政治与外交战略，国际粮食贸易规则没有遵循市场经济规律运行，但结果证明这是一种成本极高、效果有限的方式。以美国为例，粮食援助规定采取信贷优惠、无偿援助或者粮食交换的方式，这几种方式成为美国对外粮食援助的主要方式，特别是美国援助法案 480 公法第一章项下的优惠信贷所提供的粮食援助更是极为重要，虽然粮食援助极大缓解了美国粮食剩余的问题，有力促进了美国粮食的出口，但毕竟给国际粮食市场带来一些消极影响，导致国际粮价长期低迷。至于粮食禁运代价更高，禁运发起者的代价不仅包括实施者本身为此需要付出的利润损失以及失

去一部分粮食销售的市场，而且还包括对同盟者的商业损失。所以后冷战时期，即 20 世纪 70 年代末期至 80 年代开始，西方粮食大国不再采取这种成本极高的粮食输出战略，开始转向以获取商业利润为主的商业性粮食输出战略。具体方式是一方面通过补贴扩大粮食出口，继续占领国际粮食市场的垄断地位，另一方面开始通过对外投资粮食产业链、加强对转基因粮种技术的控制以达到控制粮食产业链的目的。

在这一时期，无论是具有生产粮食自然禀赋的美国还是不具有粮食竞争力的欧共体/欧盟，对国内粮食生产都采取补贴和保护的贸易政策，但是美国与欧共体/欧盟对具体粮食贸易规则的态度是存在差异的，美国具有对外大量输出廉价粮食的条件，而欧共体/欧盟高额补贴输出粮食是共同农业政策畸形发展的结果，其粮食战略主要还以满足区域内部粮食自给为基础，因此双方围绕 WTO《农产品协议》的内容展开了激烈的交锋，美国是力主推动达成自由化的粮食贸易规则，但欧共体/欧盟则极力谋求获得更多的保护和例外规则，由于当时美国处于霸权衰退期，"相互依赖"的关系使得欧美在妥协中接受了充满保护主义色彩的 WTO《农产品协议》。

WTO《农产品协议》充满保护主义色彩，有利于西方粮食大国对国内粮食产业继续维持高额的国内支持政策，也仍能借出口补贴增强竞争力以输出粮食。随着 WTO 调整范围的扩大、自由贸易区的兴起，国际粮食贸易规则逐渐在投资和知识产权立法方面形成了对粮食产业有重要影响的规则。这是值得作为粮食进口国的我国警惕和深思的。

（三）在 WTO 多边贸易体制和区域贸易协议并存的框架下，粮食贸易规则始终没有纳入彻底贸易自由化轨道

二战后 GATT/WTO 多边贸易体制是美国霸权取代英国霸权的背景下建立的，当时美国需要通过自由贸易输出强大生产力所生成出来的剩余产品，因此美国主导了战后多边自由贸易规则的确立，最惠国待遇原则、国民待遇原则、关税减让原则和一般取消数量限制原则、透明度原则等成为贯穿 GATT/WTO 体制的基本贸易规则，即使多边贸易法律框架下还保留了许多例外，让成员国在某种情形下实施贸易保护主义，但美国主导多边自由国际贸易规则实现国际贸易霸权的战略意图已经基本实现。

至 20 世纪 90 年代开始盛行的区域经济集团化带来 WTO 多边贸易规则和区域贸易协议并存的局面，区域贸易协议和双边自由贸易协定的大量签订是霸权国相互竞争的产物，也是协议成员国相互依赖的产物，而且区域（双边）自由贸易协定能够更深入地推动贸易自由化的发展。

但是有意思的是，无论是 GATT/WTO 多边贸易规则还是区域（双边）自由贸易协定，都没有将粮食贸易纳入彻底自由化的轨道。鉴于粮食在各国经济中的敏感地位，大部分区域协议都把粮食排除在关税自由化进程之外，或者实施较长的自由化过渡期，以保护自身粮食安全。研究数据表明，西方粮食大国与某些成员之间的区域贸易协定能够有效促进西方国家的粮食输出，例如 NAFTA 实施之后，墨西哥谷物和油料作物从美国进口在 2005—2007 年间增长了 173% 和 191%，但数据同样表明美国通过在墨西哥投资食品加工行业更有效地增加了粮食输出。这说明西方国家粮食战略在跨国垄断集团的影响下日趋复杂化，不再是简单的粮食贸易出口，而是对外投资等方式成为效果更佳、更为隐形的输出方式，自然在这种战略下，粮食贸易自由化不再是西方粮食大国追求的唯一目标。

第 二 章

西方国家的粮食战略

第一节　美国的全球粮食市场控制战略

美国是传统粮食生产大国，在很长时期内，美国一直是世界上最大的粮食生产国和出口国。美国大豆、玉米、小麦等粮食产品和畜产品、棉花等重要农产品的产量在世界仍居前列，因此美国一直将粮食输出作为基本粮食战略。依据现代国际关系理论主要流派新现实主义代表学者罗伯特·吉尔平提出的霸权稳定论，霸权国家必须控制原料、资本的来源、市场以及在高附加值产品的生产上具有竞争优势。[①] 作为二战后一直处于世界核心领导地位的霸权国，无论从经济角度还是政治战略角度，将粮食视为与石油一样的可交换、可控制的战略商品是美国必然的政策选择。为此，冷战时期美国大力开展粮食援助外交，甚至发动粮食禁运，这些大大加强了粮食在美国国家战略中的重要性，也一度缓解了美国的粮食剩余问题。冷战局势趋缓之后，美国仍力图通过各种农业补贴加强其粮食的全球竞争力，同时为了攫取更多的超额利润和占据更大的优势地位，谋取在全球市场的控制地位，大力对外投资和发展转基因生物技术。

一　美国粮食出口战略的历史演变与发展态势

美国拥有丰厚的生产粮食的自然资源，加上农业科技的不断进步和生物改良品种的广泛运用，粮食生产率自 1948 年以来一直以年均 1.52% 的比例

---

① 罗伯特·吉尔平：《国际关系政治经济学》，杨宇光等译，经济科学出版社 1989 年版，第 37 页。

稳步增长，粮食生产率增长速度不仅高于大部分工业行业的增长速度，也高于大多数国家农业部门的增长率。[1] 从 1933—1935 年到 1984—1986 年间，美国小麦的收获面积只增加了 33.7%，而单位面积产量却增加了 2.1 倍，总产量增加了 3.2 倍；同期玉米的收获面积减少了 26%，而单产和总产却分别增加了 4.5 倍和 3 倍。[2] 而国内外农产品的消费量却缓慢得多，这样日积月累，美国粮食经常处于过剩状态。严重的粮食剩余问题成为 20 世纪以来一直困扰美国政府和农民的老大难问题。

因此，通过贸易向其他国家出口乃至倾销粮食一直是美国粮食战略的主要内容，但是美国粮食出口面临来自其他产粮大国的激烈竞争，为了保持竞争力，争夺粮食市场份额，美国一方面对外采取出口补贴推动和促进本国粮食的销售，另一方面对内采取各种国内支持手段鼓励粮食生产，增强本国粮食竞争力。

（一）确保粮食出口份额、推动粮食出口是美国的基本粮食战略，当粮食出口受到威胁时，就不惜发动贸易战捍卫其对粮食市场的控制地位

早在 20 世纪 30 年代，美国就通过了《1933 年农业调整法》，从控制粮食产量和促进粮食出口两个方面解决粮食剩余危机。该法首先对自愿减少耕地或生产的农场主予以补贴；其次，该法 1935 年修正案规定，农业部长有权用海关收入的 30% 来促进农产品出口和国内消费，此时美国的农业出口战略已初步形成，不过此阶段美国粮食出口并不多，1934—1938 年出口只有几百万吨。二战期间和冷战初期美国主要采取粮食援助方式缓解粮食剩余危机，例如在大米出口中，就有一半以上是根据美国对外援助法案 480 公法计划下的优惠出口。随着冷战形势趋缓，商业性粮食出口在美国占有越来越重要的地位，而粮食援助出口比重逐渐下降，480 公法下的大米出口就只占总出口份额的 10%—20%。到 1969—1971 年，美国出口的粮食已经达到近 4000 万吨，到 70 年代末期美国作为出口国已占据世界粮食出口的绝对地位。[3]

为了促进商业性粮食出口，美国农产品信贷公司曾长期向小麦、大米、饲料谷物等粮食出口商提供现金和实物出口补贴，1956—1960 年，商业性

① Sun Ling Wang, "Is U. S. Agricultural Productivity Growth Slowing?", USDA Economic Research Service, Online Magazine, *Amber Waves*, volume 8, issue 3, 2010.

② 徐更生：《美国农业政策》，中国人民大学出版社 2007 年版，第 88 页。

③ Alan J. Webb, Jerry Sharples, Forrest Holland and Philip L. Paarlberg, *World Agricultural Markets and U. S. Farm Policy*, www. ers. usda. gov/Publications/aer530/aer530f. pdf, 2009 – 10 – 3.

农产品出口总额的 54% 是根据实物出口补贴计划销售的，60 年代根据政府资助计划出口的农产品也有 50%—80% 得到了出口补贴，对小麦、大米等的现金补贴直到 1971 年才停止。[①]

20 世纪 70 年代初期是美国粮食出口的黄金时期，粮食危机和苏联大规模采购美国粮食，使得美国的粮食出口持续增长，农民的生产积极性空前高涨，农场主几乎耕种了所有能够耕种的土地，致使农产品产量急剧增加，1970—1976 年，美国小麦产量增长了 59%，玉米增长了 51%，大米增长了 38%，花生增长了 25%。此时国际市场对粮食需求旺盛价格不断提高，1979—1983 年间美国粮食出口几乎超过 1 亿吨，所以政府减少了对农业的财政支付，到 20 世纪 70 年代中期，政府实际上都没有支出补贴。[②]

好景不长，1977 年开始又出现了农产品挤压和价格下跌的现象，20 世纪 80 年代初期，在价格下跌和美元升值的影响下，美国粮食出口减少，美国农产品贸易额从 1981 年的 260 亿美元跌至 1986 年的不到 50 亿美元。而此时欧共体从美元升值中受益匪浅，从粮食进口国转变为粮食净出口国。为了挽回日益缩小的世界市场份额，美国于 1983 年 1 月重新使用出口补贴，使得美国的面粉要比欧共体的便宜 10—25 美元/吨，由此得到埃及的承诺，在 1984 年 6 月之前不从美国之外的国家进口粮食。美国的补贴计划不久就遇到欧共体的强烈回应，1983 年春天，欧共体宣布向埃及出口含有补贴的 32 万吨小麦，随后又将出口到伊朗、利比亚、阿尔及利亚的小麦给予出口补贴，对美国传统出口粮食的市场——中国和拉丁美洲，欧共体都采取了咄咄逼人的进攻出口策略，以强大的补贴为后盾与美国展开了争夺粮食市场的补贴战。1983 年 10 月欧共体更是宣布对其出口的面粉补贴 10%，成功向曾宣布不从美国之外进口的埃及再次出口 50 万吨面粉。[③]

为了与欧共体的粮食出口补贴竞争，美国在 1985 年的农业法案中出台了新的出口增强计划（Export Enhancement Programs），由农业部以现金方式向出口商提供补贴以增强美国农产品的竞争力和抵消欧共体出口补贴的不利影响，这样出口补贴正式纳入美国的农业法案中来。尽管在与欧共体的面粉补贴战中，美国实施出口补贴的财政支出过大，超过了所获得的利益，并且

①　徐更生：《美国农业政策》，中国人民大学出版社 2007 年版，第 236 页。

②　陈阵：《美国农产品贸易政策研究》，吉林大学 2009 年博士学位论文，第 25 页。

③　Chris Rittgers, *A review and analyses of the export enhancement program*, http://ageconsearch. umn. edu/handle/10999，2009 – 11 – 25.

效果也不佳，欧共体在许多市场挤占了美国的份额，但是美国的立法表明，在美国粮食战略中，一旦商业性粮食出口遇到竞争，为了确保粮食出口份额，美国会不惜代价。

此后，美国不断修订农业立法，形成了一套完善的农产品出口支持体系。这些体系大致可以分为以下几类：第一类，出口信用担保计划，包括商业出口信贷担保计划、供货方信用担保计划、设施担保计划等；第二类，市场开发计划，包括市场增长计划、国外市场开发合作者计划、优良样品计划、新兴市场计划、网上协助出口商行动等；第三类，针对技术贸易壁垒计划，包括生物技术与农业贸易计划、特产农作物技术支持计划等；第四类，出口补贴计划，包括出口增强计划、奶制品出口奖励计划等。① 这些出口支持计划从市场开发、技术扶持到直接出口补贴，体现了美国对海外市场的重视，凸显出口粮食在美国战略中的重要地位。虽然由于 WTO 协议的要求，自 1996 年起美国就不再为出口增强计划提供资金，并最终取消了供货方信用担保计划和出口增强计划，但是美国对粮食出口的支持政策并不会改变，正如美国农业部在 2001 年对粮食和农业政策进行评论时，就指出扩大农业贸易、出口更多的农产品对美国的农业长期健康发展至关重要，美国有必要扩大对国外市场的销售。而未来发展中国家和中等收入国家对粮食需求将越来越多，美国应该采取更多方式拓展海外市场。②

（二）建立全面的国内支持农业政策，增强粮食国际竞争力

自 20 世纪 30 年代美国对农业进行干预和保护政策以来，美国基本上每隔 5 年根据国内外农业生产发展形势修订其农业法案，经过近 80 年的不断补充、修订和完善，美国形成了一套复杂的对农业生产扶持的政策体系。最新的 2008 年《食物、保护与能源法案》共有 15 章，主要涉及以下内容：收入和商品价格支持、农业信贷和风险管理；土地休耕保护、土地和水资源的管理以及农地保护；促进美国农产品扩大国际市场的食物援助和农业发展计划；食品券计划、国内食物分配和营养计划；农村社会和经济发展的举措，包括地区发展、农村能源使用效率、供水和废弃物处理设施以及宽带接入技术；对农业和食品部门中关键领域的研究；林业的可持续发展；对农业和农村可再生能源生产和使用的鼓励；保护处于社会不利地位的农民和大农

---

① 该处内容主要引自傅兵《美国农产品出口支持政策研究》，《世界农业》2004 年第 3 期。

② *Food and Agricultural Policy—Taking Stock for the New Century*，http：//www. usda. gov/news/pubs/farmpolicy01/fpindex. htm，2009 - 11 - 25.

场主的计划等内容。

虽然美国的农业法案不断修订，但前后政策基本保持了一定的延续性，并且美国政府主导农业支持政策的思想没有发生根本变化，概言之，美国国内农业支持的政策目标体现在三个方面：第一，要控制主要农产品的供给，鼓励农户按政府计划减耕土地；第二，对主要农产品给予价格补贴，保证农民收入；第三，保护资源与环境。在美国复杂的国内支持体系中居于核心地位且对农业生产能够产生直接影响的是价格支持和收入支持政策，经过历次修订，现在的收入支持政策包括直接支付、反周期支付、灾害援助计划、市场援助贷款和贷款差额补贴等。价格支持则包括商品贷款计划、政府采购等。

直接支付（direct payments provide）是根据历史产量和种植面积给予农民的收入支持，主要补贴对象为小麦、大米、高地棉、油料种子和花生。农民在接受直接支付后有很大的自由决定种植何种作物。直接支付与美国初期实施的目标价格和差额补贴不同，对农民的生产没有直接影响。美国1996—2001 年对主要粮食生产者提供的生产灵活性合同（production flexibility contract，PFC）与直接支付性质类似。

反周期支付（counter-cylical payments，CCP）也主要针对小麦、大米、高地棉、油料种子和花生的生产者提供，对上述农产品法律规定一个目标价格，当产品市场价格低于目标价格时，反周期支付就会对所涵盖的产品提供支持。其目的是在农产品市场价格下降时对农场主收入提供补贴，维护和稳定农场主的收入，并使之不因当前市场价格下降而减少生产。

灾害援助计划是对生产者因恶劣气候、自然灾害和恶劣的经济环境所受到的损失给予补贴。

表 2-1　　　　美国对粮食的支持力度高于其他农产品　　（1999—2001 年）

产品	谷物	油料种子	糖	牛奶	牛肉	猪肉	家禽鸡蛋
各种农产品在农业补贴中的比例	42%	12%	4%	35%	4%	1%	3%

资料来源：Mary Anne Norrmile, Anne. B. W. Effland and C. Edwin young, "U. S. and EU Policy- How similar?", U. S. -EU Food and Agriculture Comparisons. WRS - 04 - 04. Economic Research Service, USDA, p. 14.

销售支持贷款和贷款差额补贴（marketing assistance loans and loan deficiency）：1985 年农业法案为了促使市场价格下跌和提高农产品的国际竞争力，新采用了销售贷款（marketing loans），允许农场主在市场价格低于贷款率的情况下出售农产品，然后以低于贷款率的现金（在一定比例之内）偿还政府贷款。得到销售贷款支持的除了棉花之外主要是粮食作物，如小麦、饲料、大豆、大米、油料种子。贷款率和销售贷款的规定都在 2008 年农业法案中得以继续维持，纳入支持的农产品仍主要是小麦、大麦、高粱、大米、大豆等粮食作物。① 如今，价格支持在美国农业政策中的重要性已经下降，而且现在主要是提供给糖、土豆和奶制品。

从美国农业支持政策的发展历程来看，由于高额的农业补贴对政府财政压力过大，美国几度尝试市场化改革，希望减少乃至取消对农业的保护。例如 1985 年农业法案采取了冻结目标价格、冻结补贴基础面积等方式削减农产品价格支持，而 1996 年农业法案则进行了美国历史上最为重要的市场化导向改革。1996 年农业法案题为《联邦农业促进与改革法案》，该法案用市场灵活性合同支付替代了之前历次法案采取的根据目标价格和市场价格之间差额进行支付的差额补贴，农户只要与政府签订 7 年的弹性生产合同，即可每年得到该计划下的补贴，农民可以自己根据市场行情决定种植农产品的种类。这种补贴实质是对农民的直接收入补贴，政府不再通过价格支持干预粮食生产，而以市场供求引导农民市场决策。

1996 年农业法案的实施并没有预想中的那样顺利。该项法案签署后不久，1997 年亚洲金融危机导致国际农产品市场需求渐现疲软，农产品价格下跌，美国农产品出口额大幅下降，美国政府在农业利益集团的压力之下，开始逐渐增加对农业的支持和补贴。从 1998 年到 2001 年，美国政府推出多项措施，增加农业补贴、促进农产品出口，到 2002 年的农业法案继续大幅度提高农业补贴，增加直接支付，重新使用在 1996 年法案中停止的目标价格和差额补贴，将之命名为反周期补贴，提高补贴上限，决定全面增加对农业的补贴和投资，年均农业补贴支出大致为 190 亿—210 亿美元，比上一度法案年均净增 57 亿—77 亿美元。② 由此可见，2002 年《农场法案》扭转了近 10 年来的农产品贸易自由化趋势，标志着美国农产品贸易政策重新走上了贸易保护的轨道。

2007 年国际粮食价格上升，美国农户收入大幅提高，这应该是美国对农业进行市场化改革的大好时机，同时也能够更好地推动 WTO 多哈谈判，但是在国内利益集团的强烈要求下，2008 年法案仍然维持了贸易保护主义。

---

① http：//www. ers. usda. gov/FarmBill/2008/，2009 - 7 - 25.

② 冯继康：《美国农业补贴政策：历史演变与发展走势》，《中国农业经济》2007 年第 3 期。

该法案延续了 2002 年法案采用的固定直接补贴、反周期补贴、销售支援补贴、贷款差额补贴等措施，还提高了对一些粮食产品的补贴力度，如小麦、高粱、大麦、燕麦、大米、大豆 6 种产品的目标价格都从 2010 年起上调 3%—26%。[①]

总之，美国国内粮食补贴政策的演进历程表明，每当国际粮食市场繁荣和美国粮食大量出口时，美国对国内农民的补贴就较少，一旦市场不景气，美国粮食出口下降可能会使农业陷入困境时，美国就会采取增加农业补贴等措施来挽救农业。长期对粮食进行扶持的结果，不仅使得粮食的增长远远高于供给的速度，更形成了一个长期依赖农业补贴的利益集团。这些利益集团在美国农业政策制定过程中发挥重要作用，它们协力游说国会议员，对损害其利益的粮食改革建议及法案投反对票。农业利益集团与美国的政治战略决策部门在决定美国粮食出口战略问题上找到了共同点，美国粮食的优势竞争力、美国控制其他国家粮食的政治战略、农业利益集团对输出粮食和农业补贴的利益追求交集在一起，形成了后冷战时期美国长期的输出粮食战略。

（三）美国的粮食关税政策

由于美国粮食在世界具有优势竞争力，所以美国粮食的进口关税并不高，例如美国在 WTO 框架下承诺谷物产品和油料种子的最终约束关税分别为 3.5% 和 4.6%，而整个农产品最终约束关税也只有 4.8%。在美国向WTO 通报的最新农产品进口关税税率表中，正在实施的谷物类产品和油料种子的平均关税分别为 3.5% 和 4.6%，说明其粮食进口关税水平已经削减至向 WTO 承诺的最终关税水平，不过其中最高关税可达 62% 和 164%，在通报表中，进口谷物和油料种子分别只占当年进口产品的 0.7% 和 0.3%。见表 2 - 2。

表 2 - 2　　　　　　　　美国进口农产品的关税　　　　　　　单位:%

产品组	最终约束关税				已实施的最惠国关税		
	平均关税	免税比例	最高税率	产品受关税约束率	平均关税	免税	最高关税
动物产品	2.3	31	26	100	2.3	31.0	26

① 韩春花、李明权：《美国 2008 年农业法中农业补贴政策的主要内容及特点分析》，《世界农业》2009 年第 1 期。

续表

产品组	最终约束关税				已实施的最惠国关税		
	平均关税	免税比例	最高税率	产品受关税约束率	平均关税	免税	最高关税
乳制品	19.8	0.3	88	100	23.0	0.3	98
水果蔬菜植物	4.8	23.3	132	100	4.9	20.1	132
咖啡茶	3.5	53.5	63	100	3.2	53.3	63
谷物和预备食物	3.6	20.8	62	100	3.5	20.9	62
含油种子油脂	4.3	27.6	164	100	4.6	24.0	164
糖果	12.1	2.9	41	100	10.3	2.1	41
饮料烟草	16.3	27.7	350	100	15.6	26.8	350
棉花	4.9	38.3	20	100	4.1	40.0	20
其他农产品	1.1	62.5	68	100	1.1	59.7	68

资料来源：http：//stat. wto. org/TariffProfiles/US_ E. htm. 2009 - 12 - 25.

美国关税重点保护的是乳制品、糖果类和烟草，不仅关税较高，而且还实行关税配额制度。美国向 WTO 通知的实行关税配额的农产品为 54 种，主要为牛肉、橄榄、烟草、糖、花生、棉花及乳制品，实行关税配额的无一种是粮食产品。这也说明美国粮食极具竞争力，不需要关税及关税配额进行保护。

所以美国粮食贸易的战略是对外倾销，而不担心外来粮食的竞争。在高额的农业补贴支持下，美国粮食得以在国际市场上大量倾销，例如 2002 年，小麦以其生产成本 58% 的价格出口，玉米出口价是成本的 67%，大米是成本的 77%。① 总之，在美国的粮食出口战略中，美国希冀凭借高度发达的粮食生产力和强有力的国内支持和出口补贴打败其他竞争者，从而占据世界粮食供应的主导地位，控制粮食贸易的发展。

二　大力发展农业垄断集团，并通过对外直接投资控制粮食产业链

二战之后，美国农业经历了大规模、集中化发展的趋势，这种趋势体现为两个方面：一是农场规模不断扩大，大型农场利润越来越高；二是农业产业链的整合不断加强，农业综合企业的垄断局面开始形成，纵向联合越来

---

① The World Bank. Realizing the Development Promise of the Doha Agenda, Global Economic Prospects 2004, p. 126.

普遍，呈现从粮食贸易、加工乃至终端销售等粮食食物链都受到大型农业垄断集团控制的态势。这一切事实上是美国新粮食战略的重要组成部分，美国制定了一系列政策、法律确保这一战略的实施。

（一）农业补贴政策向大农场倾斜

在美国，农场的结构主要分为家庭农场和非家庭农场，家庭农场是指生产成员由家庭成员构成，所有权完全归属于个人的农场，它是美国农业生产的主力。非家庭农场则组成股份公司或合作企业，雇佣员工进行生产。美国对农场规模的划分从 1982 年起依据农场销售收入进行划分，因为销售额能够更清晰地反映农场的经济状况，而以前的划分依据只能反映农场的投入价值，不能反映其产出情况。[①] 美国将年销售额少于 25 万美元的视为小型家庭农场，年销售额在 25 万—49 万美元的为大型农场，而销售额超过 50 万美元以上的为超大型农场。

二战以来到 20 世纪 80 年代，美国农业在高速发展的同时，农场发展出现了集中化、大型化趋势：农场数量由 1935 年最高峰的 681 万家，下降到 1950 年的 564 万家，到 2006 年进一步下降到 209 万家，2009 年的最新数字为 220 万家。1935 年以来，470 多万家农场破产兼并，而主要农作物耕作面积并没有减少，兼并带动了美国农场平均规模一路上升，由 1950 年的 213 英亩，上升到 2006 年的 443 英亩，平均规模扩大了一倍多。[②] 生产规模的扩大使得大型农场在美国粮食生产中具有举足轻重的地位，超大型农场的产值从 1989 年占总产值的 32% 上升至 2003 年的 45%，超大型农场数量也增加了，从 1989 年的 39700 个升至 2003 年的 66700 个，与此同时，非家庭农场的产值也得到增加，从 1989 年占总产值的 6.2% 上升至 2003 年的 13.7%。[③]

美国农业生产向大型农场集中的原因体现为以下几个方面：

首先，由于面临"要么变大，要么走人"的强大市场压力，只有大农场能够以更低的成本运作，更具有效率，所以，大农场取代小农场，从经济意义考虑是必然的选择。在激烈的市场竞争中，只有投入大量资金购置设备和技术，才能提高生产率，小型家庭农场无力购置这些设备，因而在成本上无法与大型农场竞争，利润率一直呈负数，收入靠非农业生产支撑，而大型

---

① http：//www. usda. gov/factbook/chapter3. htm，2009 – 12 – 25.

② http：//www. nass. usda. gov/Statistics_ by_ State/Washington/Historic_ Data/economics/landin-fm. pdf，2009 – 12 – 25.

③ James MacDonald, Robert Hoppe, and David Banker. "Growing Farm Size and the Distribution of Farm Payments", *ERS/USDA. ECONOMIC BRIEF NUMBER* 6, March2006, p. 2.

以上农场实现了专业化机械化生产，劳动生产率很高，利润率和收入都较高，大型农场利润率达到 10.6%，超大型农场利润率达到 16.4%，非家庭农场则有 15.3%。[1]

其次，美国的农业政策在不断向大型农场倾斜，也促使生产向大型农场集中。从美国农业信贷政策以及美国各时期的农业法案所给予的农业补贴来看，美国对大型农场的支持是高于小型农场的。美国的农产品支持计划种类繁多，但主要是支付给粮食作物，支付多少是依据农民参与政府支持计划的面积和产量而定，虽然对小麦、饲料等有支付限额，如 1980 年对每户的小麦、大米、饲料等农作物的总支付限额是 5 万美元，但是支付给农场的无追索权贷款和差额补贴（后改为反周期支付）则不受支付限额的限制，因此大型农场的产值越多，获得的补贴越多。[2] 据统计，超大型农场在 1989 年获得各种农作物支持计划的 13%，到 2003 年这一数据就上升至 32%。[3]

美国倾向于支持大型农场的政策还可从美国农业部（USDA）试图重新定义"农场"的概念中发现不少蛛丝马迹，美国农业部在 1972 年 5 月末发布的一份题为"美国农业政策的新方向"的报告中，认为销售额在 5000 美元及以上的农场才能称为"农场"，并试图修改官方对农场的定义，虽然之后仍维持了之前销售额在 1000 美元即为农场的标准，但美国官方对小型农场的态度显露无遗，这份报告明确宣称美国农业政策应该将农业发展成为一种有用的工业产业，而不是将农业视作一种生活方式。[4] 小型农场成本高，如果对其支持需要政府付出更多的财政资金，对实施推动美国大型综合农业企业的战略有不利影响，所以 USDA 非常想重新界定农场，从而把小型农场排除在政府支持计划之外。

即便美国大型农场在生产以及获得政府农业补贴中占据不少优势，但是在农—工综合体产业链条中，耕作只是一个重要步骤而已，超额生产导致的剩余粮食问题使粮食价格不断下降，而竞争的加剧又使得农场不断加大对技术、设备等的投入，这些都压低了农场的利润空间，农场在种子、肥料和饲

① USDA：2003 Agricultural Resource Management Survey（ARMS）.

② Earl O Heady. "Public Policies in Relation to Farm Size and Structure", *South Dakota Law Review*, Summer 1978, p. 614.

③ James MacDonald, Robert Hoppe, and David Banker, "Growing Farm Size and the Distribution of Farm Payments", *ERS/USDA. ECONOMIC BRIEF NUMBER* 6, March2006, p. 3.

④ Howard S. Scber., "Agriculture at the Expense of Small Farmers and Farmworkers", *Toledo Law Review*, *Spring* 1976, pp. 844 – 847.

料等方面支出也不断增加，这样在农业食品体系中耕作价值只占食品价值的10%，投入占25%，其余65%归农产品的运输、加工、营销。而在20世纪初，耕作价值占农产品价值的40%，因为那时很多农业生产投入如种子、肥料和饲料等都可以依靠农场内部而获得。所以现代西方农业现代化、大型化和专业化的最终结果是农场在现代农业体系中丧失了主导权，而提供农业投入和将农产品转化为消费品等环节的大型农业联合企业在农业经济中开始取得支配地位。[1] 从如上价值分割可见，这种控制方式使大的食品公司和生产农药、化肥的化学公司获利极大。所以，对大型农业垄断集团的扶持才能够最终实现美国控制全球食物链的战略。

（二）对农业合作组织给予反垄断法豁免，并对农业垄断集团的纵向垄断行为进行宽松的反垄断法对待

20世纪80年代以来跨国公司开始在粮食贸易、加工乃至终端销售等粮食产业链进行全方位整合，以达到最终控制从粮食育种到粮食销售整个食物链的目的。这种整合体现在两个方面：一方面是粮食生产者之间相互联合组成合作社，进行销售、加工、运输、存储等行为，这种联合行为能够提高农场主的议价能力，有效降低农场主面临的生产资料上涨和销售价格降低的风险；另一方面，非农业公司（特别是大型农业综合企业）对粮食产业进行横向与纵向的兼并和联合，其联营的范围既有农业生产资料投入行业（例如种子和化学工业的联合，即为典型的纵向合并），也有对粮食产品生产、加工、销售环节的兼并。这种兼并范围极大，兼并集中的程度也很高。

美国是世界上最早颁布实施反垄断法的国家，作为资本主义市场经济国家，美国的基本政策就是推动和保护市场竞争，以竞争作为配置社会资源和推动经济发展的根本途径。当美孚石油公司掀起在美国的企业兼并高潮并带来滥用市场权利、推高产品价格等一系列危及市场经济运作的问题时，美国于1890年就颁布了谢尔曼法，对企业兼并行为进行管制。由于谢尔曼法规定过于原则和含混，只禁止那些"不适当地"或者"以不公平的方式"限制竞争的行为，美国又于1914年通过了克莱顿法，使得法院可以采取预防性措施及时对垄断行为进行控制。以后美国司法部和联邦贸易委员会陆续颁布合并指南，如1982年司法部合并指南、1992年横向合并指南等，总之，美国构建了世界上最完备的反垄断立法和执法体系。

---

① Lewontin, R. C., "The Maturing of Capitalist Agricultural: Farmers as Proletarian", *Monthly Labor Review*, July, 1998, p. 74.

　　但是美国完善、严格的反垄断法对农业行业的集中和垄断行为却网开一面。首先是对农场主组成的联合体的行为进行反垄断法豁免，克莱顿法案第6条就把劳工组织、农业合作组织等排除在反竞争法管制之外。[①] 但是克莱顿法没有明确规定上述组织的何种行为不受反竞争法管制，为了弥补这一立法不足，美国于1922年又颁布"凯伯—沃尔斯塔德法案"（Capper - Volstead Act），该法案规定农产品生产者只要在形式上满足该法案的要求就可以组成各种形式的联合体，或者是通过合同，或者雇用共同的销售代理，联合体共同加工、处理、销售其所生产的农产品，不受垄断法的约束，值得指出的是不受反垄断法管制的"销售"不仅包括在美国的跨州销售也包括对国外市场的销售。该法案的目的是为了保护单个农户的利益，因为他们在与大的采购公司和食品制造企业谈判时往往数量众多分散，不能与大公司处于平等的谈判地位谋求获得更好的价格，在反垄断法豁免的前提下组成联合体就能很好地改变这种局面，因此法案出台后受到了美国农产品生产者的普遍欢迎。在"凯伯—沃尔斯塔德法案"之后，美国于1926年又颁布了"合作销售法案"（Cooperative Marketing Act），允许农民通过其联合体或代理就产品、市场和价格等交换信息、加强协调，联合体之间的合作行为也在反垄断法豁免之内，此外，为了鼓励农民组成的联合体顺利在市场进行交易，美国于1967年还颁布了"农业公平行为法案"（Agricultural Fair Practices Act），规定如果与农民组成联合体进行交易时采购商采取抵制态度时，农民可以就美国农产品购买商的不当行为向农业部起诉。[②]

　　上述法案有力推动了农民及农场主自身的联营，美国的农民联合体不断扩大，并成为跨州乃至全国性的组织，从事的活动范围也扩及销售、运输，如几家大的联合体，Land O'Lakes、Ocean Spray、Welch's and Sun-Maid，就实现了纵向一体化服务，把农民的产品直接加工并销售到消费者手中。到1995年，美国已经有4006个农民联合体，拥有资产402亿美元，从事的交易额达到1122亿美元。[③] 这些联合体，一方面能抵制其他大型农业垄断集团的不公平竞争行为，另一方面还能在国际贸易及国内贸易中发挥集体的力量，并成为一种新兴的垄断势力。

[①]　Clayton Act of 1914, 15U. S. C. §17.

[②]　卢先堃：《出口国营贸易与美国反垄断法的农业例外》，《WTO 经济导刊》2005 年第 5 期。

[③]　Donald M. Barnes and Christopher E. Ondeck, *The Capper-Volstead Act: Opportunity Today and Tomorrow*, http://www.uwcc.wisc.edu/info/capper.html, 2010 - 2 - 25.

　　其次对大型农业综合企业的纵向垄断行为，美国反垄断法并没有进行严格管制。《克莱顿法》第 7 条规定，如果取得他人股份或股份资本的全部或一部分会导致严重减少竞争或者产生垄断趋势，联邦贸易委员会就将调查并裁决禁止。而实践中不少垄断集团并不采取入股方式控制其他农业实体，而采取整体购买被兼并方财产的方式，为了防止企业通过购买财产规避上述条款，《克莱顿法》1950 年的修订又增加了禁止取得财产的内容。即便如此，《克莱顿法》也不能有效管制大型农业综合企业的垄断行为，因为这些企业的垄断行为很多是通过与农场达成合同来控制农场的产品和产权的。针对法律的漏洞，美国司法部反竞争局的负责人布鲁斯（Bruce B. Wilson）却在提交给国会关于家庭农场法案的陈述中指出反竞争局认为现有法律足以应付农业方面的集中和纵向合并，如果发生垄断行为仍可采取个案处理方式解决。[1] 可见，美国的相关部门是在有意识对农业垄断集团进行偏袒。众所周知，美国农业垄断集团的政治势力及影响力都很大，据美国政治反应中心（Center for Responsive Politics）对 2003—2004 年的选举周所作的报告统计，有 274 个政治行动委员会在为农业垄断集团的利益活动，农业垄断集团为此支付了 1714 万多美元。[2] 而且农业垄断集团在美国许多重要部门都安插了代言人，例如农业部部长安·威尔曼就曾在一家名为卡基因的生物技术公司任职（该公司后为孟山都收购），他的许多助手和农业部的负责人都曾长期在农业垄断集团工作，他们在农业部制定相关政策时就自然会为这些利益集团考虑。[3]

　　事实证明，无论是《谢尔曼法》还是《克莱顿法》，都不能阻止农业综合企业对农场土地兼并的潮流，而且美国也没有制定新的法律针对纵向垄断行为。对司法部门而言，除非农业综合企业的垄断行为非常容易证明，否则他们是不会采取行动的。因此，在美国农业综合企业兼并农场引发的反垄断案例非常少见。据美国农业部部长助理麦克·顿涅在 1997 年的一份报告显示，从 1994 年 10 月到 1996 年 9 月，美国农业部（USDA）

---

① James Abourezk, "Agriculture, Antitrust and Agribusiness", *South Dakota Law Review*, Summer, 1975, p. 503.

② Sophia Murphy, "Concentrated Market Power and Agricultural Trade", *Discussion Papers*, *Eco-Fair Trade Dialogue*, *Discussion Paper No. 1 / August 2006*.

③ Philip Mattera, "USDA INC: How agribusiness has hijacked regulatory policy at the U. S. department of agriculture", *Released At the Food and Agriculture Conference of The Organization for Competitive Markets*, July 23, 2004, Omaha, Nebraska.

的粮食审查、包装和牲畜行政部（GIPSA）收到了 2000 多份违反 GIPSA
规则的投诉，GIPSA 估计有 800 起明显违反了法律，但由于种种原因只对
84 起进行了调查，最终只有 3 起被处理。[①] 至于农业垄断集团对种子、加
工等环节的纵向兼并行为，同样有许多法律障碍，在美国反垄断法中，如
果某一市场的竞争程度很高就会触发反垄断调查，但是在反垄断法中，对
农产品相关市场的界定十分困难，涉及的范围过宽，农业产业合并的目的
有时又不像工业那样易于确定，所以法院往往也会认为农业部门的兼并行
为是合理的、可接受的。[②]

　　美国对农业垄断集团的反垄断豁免政策，既来自于对农业部门这一弱质
产业进行特殊保护的需要，同时也符合美国了粮食战略，难怪美国司法部反
竞争局的负责人布鲁斯就认为纵向兼并和集中并不是一件坏事。

　　（三）美国鼓励粮食垄断集团到海外投资，控制全球粮食产业链

　　随着经济全球化的发展以及一些发展中国家经济水平的不断提高，人们
粮食消费结构也随之发生变化，许多发展中国家对高品质的粮食需求越来越
多，加工食品[③]日益占据人们的餐桌，成为人们粮食消耗的主要方式。相应
地，加工食品贸易在粮食和农产品贸易中开始占据越来越多的份额，并最终
成为粮食贸易的主要方式。从 1972 年到 1993 年，世界加工食品贸易额占食
品和农产品贸易总值的比例由 58% 升至 67%，超过了大宗粮食商品的贸易
额（见表 2 - 3）。

表 2 - 3　　　　　　　　　　　世界食品和农产品贸易

	1972 年	1982 年	1993 年
农产品	42%	38%	33%
加工食品	58%	62%	67%

　　资料来源：Economic Research Service, USDA. 转引自 Ian M. Sheldon, *Trade and Overseas Invest-ment in the Food Processing Industry*, http：//s3. amazonaws. com/zanran_ storage/www2. montana. edu/ContentPages/17442827. pdf 2010 - 1 - 25.

　　加工食品附加值高于原粮产品，出口价值大、利润率高。但是最初美国

---

　　① Sophia Murphy, "Market Power in Agricultural Markets-Some Issues for Developing Countries", *Trade-related agenda, Development and Equity, Working papers, South Central*, 11/1999.

　　② James Abourezk, "Agriculture, Antitrust and Agribusiness", *South Dakota Law Review*, Summer, 1975, p. 503.

　　③ 按美国商业部的定义和分类，加工食品分为 9 大类，包括肉制品、奶制品、快餐食品、蜜
饯、面（米）粉、烘烤制品、食物油、饮料、糖果。

并没有把发展粮食加工业作为粮食战略的中心，主要关注的只是大宗粮食的出口，因此在 20 世纪 80 年代中期，美国加工粮食竟出现了 50 亿美元的逆差。从那以后，美国逐步改变了粮食产业发展战略，加工食品出口贸易开始增加，增加了肉制品、食物油和谷物研磨产品的出口，到 1997 年美国的加工食品进出口贸易基本保持平衡，总体而言，美国加工食品出口占总粮食出口的 40% 左右。[1] 与欧盟相比，美国的加工食品出口优势似乎并不明显，但是美国采取的是到海外直接投资的策略，各大跨国农业垄断集团纷纷在海外设立各种分公司、子公司，在 1993 年的统计数据中，美国垄断集团就拥有世界 762 个外国食品制造分支机构的 10%，这些海外食品制造企业的销售额达到了 1130 亿美元，几乎是美国自身加工食品出口的 4 倍！而从销售额来看，世界十大食品公司美国就有 6 个，美国海外食品加工企业 79% 的产品在东道国销售，21% 的产品销往其他第三国，仅有 2% 的产品回售到美国。[2]

很显然，美国跨国粮食垄断集团采取的是一种更为高明的粮食输出战略，通过设立海外分支机构，既可以绕开东道国对高附加值的加工粮食设置的关税升值和其他贸易壁垒，还可以通过这些粮食加工企业使用来自美国的粮食原材料以扩大粮食出口份额。

为了配合跨国粮食垄断集团在海外的投资，美国自 20 世纪 80 年代开始推行与接受美国投资的东道国缔结自由化双边投资条约（Bilateral Investment Treaty，BIT）和区域性多边投资条约的政策。到 2000 年，美国已经对外缔结新式双边投资条约 46 个。[3] 在国际投资法领域，东道国对外资是否准入（外资准入）和如何进入（是否采取合资形式）都拥有无可置疑的主权，所以很多发展中国家都会根据自身经济发展状况在外资准入问题上设置一些限制，有些自身经济较为薄弱的部门就会禁止或限制外商投资。而美国对外订立双边投资条约则对东道国外资开放提出了很高的标准，其最主要的特征就是将国民待遇、最惠国待遇引入投资准入领域，扩大适用于投资设业前（pre-establishment）阶段而不是仅仅适用于投资设业后（post-establishment）阶段。

① Ian. M. Sheldon, *Trade and Overseas Investment in the Food Processing Industry*, http://s3. amazonaws. com/zanran_ storage/www2. montana. edu/ContentPages/17442827. pdf, 2010 - 3 - 15.

② Henderson, "Globalization of the Processed Foods Market", *Agricultural Economic Report Number 742*, ERS, USDA, September, 1996.

③ http://www. state. gov/www/issues/economic/bit_ treaty. html, 2010 - 3 - 25.

以美式 BIT 范本为例，美国1994 年双边投资条约范本第2 条规定："每一缔约方应尽力为其境内的另一缔约方国民和公司提供较优惠的投资环境，这些投资的设业和运作的条件，应不低于该缔约方给予其本国国民和公司在相同情况下的待遇，或其给予任何第三国的国民和公司在相同情况下的待遇，以其中更优惠的待遇为准。"① 上述规定有力地排除了东道国对外国投资进入领域和进入条件的普遍审查权，使得东道国只能在条约附件中，基于国家安全理由或在经双方同意的少数部门领域拒绝外资进入。也就是说，除非缔约双方同意的某些例外情况，缔约各方应给予来自对方的投资以本国国民同等的待遇，并且如果以后给予其他第三方更优惠待遇时，这种更优惠待遇也应无条件给予缔约对方。这种规定的核心在于对东道国外资准入审查权进行限制，让东道国的大门为美资大开。

在美国与农业大国阿根廷的 BIT 中，阿根廷实施国民待遇的例外为：边境地区的房地产，空运、核能、铀矿开采、保险、采矿和渔业，不包括农业部门。② 从粮食生产与加工习惯来看，阿根廷的粮食产品与美国生产的品种非常类似，而且阿根廷的粮食生产及加工成本都要低于美国，所以，阿根廷粮食市场对美国而言容量是非常有限的。但是在自由化的 BIT 推动下，美国粮食集团能够在阿根廷长驱直入，大力投资谷物加工、食物油加工等与粮食相关的产业，所以自90 年代以来美国在阿根廷投资的加工粮食产品销售迅猛增加，1984 年直接投资额为 1.96 亿美元，1998 年增加至 10.13 亿美元，美国在阿根廷分支机构加工食品销售额是美国向阿根廷出口加工食品的 36 倍多。美国分支机构 1982 年销售额为 6.3 亿美元，到了 1992 年销售额就增至 20.4 亿美元，1998 年更高达 34.09 亿美元。③ 美资对阿根廷粮食市场和产业链的控制可见一斑。

美国一方面通过双边投资条约为跨国粮食垄断集团在众多发展中国家投资粮食加工企业铺平道路，另一方面也加紧多边自由化投资条约的谈判和签订。1993 年在美国主导和推动下，美国、加拿大、墨西哥三国签署《北美自由贸易协定》（North American Free Trade Agreement, NAFTA），NAFTA 第11 章为投资规则，美国在国际投资领域的立场和主张在 NAFTA 中得到很好

---

① Treaty Affairs Office, *U. S. Dep't of State*, *United States*: 1994 *Model Bilateral Investment Treaty Art* 2.

② *U. S. -Argentina Bilateral Investment Treaty.*

③ Christine Bolling, "U. S. Foreign Direct Investment in the Western Hemisphere Processed Food Industry". *Economic Research Service /USDA. AER* - 760, pp. 46 - 52.

的体现与贯彻，它不仅照搬了美式 BIT 的关于投资准入方面的规定，还在资金转移、投资保护、投资争端解决等方面确立了更为全面和严格的规则，使得美资利润、资本能够不受限制地从东道国转移，并且不受国有化征收的威胁；在与东道国政府之间发生投资争议时，争端解决途径由国际投资争议仲裁机构解决，而不是在东道国国内解决。这些规则消除了长期困扰着跨国公司的进行海外投资时面临的政治法律风险，因而被西方学者视为多边投资自由化的有代表性的立法。

　　NAFTA 在推动美资在墨西哥投资加工食品产业的效应十分明显，1987年在墨西哥的美资食品加工企业投资仅为 2100 万美元，到 1997 年就高达 50 亿美元。相对于美国直接出口加工食品至墨西哥，美资在墨西哥的加工企业的销售额显然要大得多，数据显示，1998 年美国直接出口额是 25 亿美元，而在墨西哥的美资企业的销售额则达到 65 亿美元。①

三　美国的转基因粮食战略

　　虽然美国为了粮食输出付出了相当的财政补贴，但是面临欧盟共同农业政策所提供的巨额补贴，美国粮食出口还是受到很大打击。为了抢占市场，美国与主要竞争对手欧盟经常发生贸易纠纷，为粮食补贴争吵不休，也为此两败俱伤。国际粮食是个高度商业竞争化的市场，加之澳大利亚、加拿大、阿根廷等传统的农产品出口国也不断参与这个激烈的市场竞争，因此美国的粮食面临出口数量下降、国际竞争力减弱的问题。针对这一情况，为使经济摆脱不景气的局面，继续维持世界农业强国与世界农产品出口第一大国的地位，美国一方面通过加快对外直接投资扩大并占领新兴国家市场；另一方面，为提高农业生产效率与国际竞争力，美国将其占绝对优势的生物技术应用于农业，以转基因技术支持农业，实施提高农产品产量与质量、降低农业生产成本为目标的转基因粮食战略。

　　1991 年 2 月，"美国竞争力总统委员会"在其《国家生物技术政策报告》（Report of National Biotechnology Policy）中明确提出"调动全部力量进行转基因技术开发并促其商品化"的方针，所以美国发展转基因生物技术的主要目标在于通过国际贸易推销其转基因产品并获得高额垄断利润。众所周知，转基因粮食品种的研发门槛很高，既需要很高的技术支持，又需要雄

---

　　①　Chris Bolling, Javier Calderon Elizalde, and Charles Handy, *U. S. Firms Invest in Mexico's Processed Food Industry*", http: //pdic. tamu. edu/pdicdata/pdfs/frmay99g. pdf, 2010 - 5 - 25.

厚的营运资本，只有像美国这样的少数大国才具有生产、推广转基因产品的能力和实力。更为重要的是，随着转基因技术的发展，不断有具有抗病虫害和满足特定质量要求的品种（如富含不饱和脂肪酸大豆）问世，甚至还出现了需要使用配合特定农药的转基因粮食品种——抗农达大豆。这些新型转基因品种的技术专有权控制在少数几个大的跨国公司手上，当新型转基因粮食作物得到广泛种植时，各地农民都不得不从控制该品种技术的垄断公司手上高价购买种子和农药才能维持生产。在美国，农药化工企业与种子公司的纵向合并行为是非常普遍的现象，如孟山都、杜邦等既研发、生产销售转基因玉米、大豆种子，又生产化学农药。产业链整合的结果是美国占据转基因技术的尖端地位，对粮食生产的源头种子、农药具有无可竞争的技术优势，自然在攫取高额利润的同时，还能够有效控制国际粮食生产、实现粮食霸权战略。

在美国的市场经济体制下，转基因农作物的开发和应用、推广都是由大型农业化工、医药企业进行的，美国政府并没有直接参与私营跨国公司的生物技术研发，但是美国政府的控制全球粮食战略与跨国农业垄断集团推广转基因粮食产品的目标高度一致，或者说，拥有相当政治影响力的巨型农业垄断集团已经和美国政府结成了利益共同体。在共同目标指引下，美国构建了一套法律规则扶持转基因粮食作物的研发、生产和销售。

（一）对转基因作物进行知识产权保护

美国是当今世界上生物技术实力最强的国家，也是第一个将转基因技术应用于粮食生产的国家，美国种植了世界上 1/2 的转基因作物。美国企业为了推广转基因粮食作物付出了长期、大量的人力和资金投入，自然也需要相应的制度对其技术、品种进行保护。

目前世界上对转基因植物品种进行保护有两种模式，即植物新品种保护法的"单一模式"以及植物新品种保护法和专利法共同保护的"复合模式"。植物新品种保护法在授权条件、保护方法上与专利法有很大不同，相对而言，植物新品种保护法的授权条件较为宽松，具备新颖性、特异性、一致性和稳定性就可获得保护，它所要求的新颖性与专利法中新颖性所强调的首创性相比要求低得多，而且特异性、一致性和稳定性等条件都相对较为容易满足。专利法的保护范围要比植物新品种权要宽得多，一般而言，一切符合条件的与植物相关的发明、技术方案或构思等都可纳入专利权的保护范围之内，这样转基因粮食品种本身的基因、作物的种子等以及培育该转基因作物所用的方法、技术都可得到专利法保护。而植物新品种权仅能保护转基因植物品种本身及其繁殖材料的生产和销售，而转基因粮食生产最有价值的不仅仅是培育出的转基因粮食作物新品种，还包括转基因培育技术和基因本身，植物新品种权显然不能周全地保护发明者在发现、培育基因时所应有的知识产权，相形之下，同时采用专利和植物新品种权制度更能全面保护相关知识产权人利益。①

美国对转基因等新型植物品种采取"复合模式"进行保护，这样既可以因植物新品种保护法的授权条件较为宽松对转基因粮食新品种及时提供保护，又可以用专利法对转基因技术和基因提供全面而强制性的保护。具体而言，美国对植物新品种发明通过授予植物专利（PPA）、植物新品种权（PVPA）和实用专利（utility patent）三种制度进行保护。1930 年 5 月美国颁布了世界上第一部对无性繁殖植物给予保护的专门性法律——《植物专利法》，该法后并入《普通专利法》第 15 章第 161—164 条，并于 1953 年和1998 年两次修正。《植物专利法》的保护对象主要是无性繁殖的观赏植物和果树，虽然美国种子贸易协会曾游说国会将有性繁殖的种子（自然包括粮食作物种子）纳入植物专利法保护范围，但国会在农民的反对压力下以及担心将粮食作物纳入专利法有可能影响粮食安全，所以最终未将包含粮食作物品种的有性繁殖植物纳入专利法保护。

到 20 世纪 70 年代，植物育种技术快速发展，1961 年国际植物新品种保护联盟（UPOV）成立，并通过了《国际植物新品种保护公约》保护植物新品种。② 在此背景下，1970 年美国也相应通过了《植物品种保护法》对有性繁殖植物予以保护，该法于 1994 年修订。但是《植物品种保护法》保护范围仅限于植物本身，并不包括植物的基因系列、细胞组织等，《植物品种保护法》还规定了农民留种权免责以及研究免责，即允许农民储存为原耕地播种所需要的种子，允许科研人员在未经授权的情况下利用受保护的品种研发新的品种，这种免责规定，对于投入巨资开发转基因粮食作物新品种的企业而言，显然具有不利影响，他们需要更有利的制度提供更完善的保护。

在 1985 年 Exparte Hibberd 案中，美国正式开始对植物授予实用专利，在该案中，美国专利商标局的专利申诉与冲突委员会裁定，即使植物可以通过 PPA 或 PVPA 进行保护，它仍旧可以受到美国专利法第 101 条项下的实

① 王迁：《植物新品种保护体制研究》，《电子知识产权》2004 年第 4 期。
② 1983 年美国加入 UPOV 联盟，1999 年接受 UPOV 公约 1991 年文本。

用发明专利的保护。① 在实用专利制度下，植物的不同部位包括基因序列、细胞组织等均可申请专利，而且，实用专利法没有规定农民免责条款。上述受实用专利保护的各部分不在《植物品种保护法》所赋予的品种权范围之内，《植物品种保护法》给育种者提供保护显然不及实用专利。至此，对转基因植物等，美国采取植物专利、植物品种保护和实用发明专利的重叠保护方式，申请人可以申请任一单个制度进行保护，也可同时申请专利和植物新品种权法保护。上述规定大大提高了对转基因粮食作物、技术的保护水平，此举也大大促进了美国转基因技术的研发和应用。

（二）宽松的转基因生物安全管理制度

转基因等生物技术在粮食种植、食品制造、制药等领域得到广泛应用，并已实现大规模商业化生产。然而，由于转基因技术人为改变了生物经过数亿年进化而成的稳固基因，加之人类目前对转基因是否可能具有危害并没有确凿的科学证据，致使各国对转基因粮食产品对人类健康和生态环境是否安全态度存在很大不同。以欧盟为代表的国家和地区对转基因产品的生产和市场投放就采取了较为严格的管理体制，建立了诸如风险评估、风险监控体系，更为重要的是其对转基因食品和饲料采取了强制性标识制度，对转基因产品的商业推广产生了消极影响。

而美国则采取宽松的转基因生物安全管理制度。美国是转基因产品大规模商业化生产的国家，早在 1986 年白宫科技政策办公室就颁布了"生物技术合作框架"作为联邦机构监管生物技术产品研发和商业化的基本指导规则。这个管理框架的核心原则是实质同等原则，即应该根据产品的性质和特征来管理转基因产品，而不是依据其制造的方法，因此，只要转基因产品与传统生产方式市场的产品无实质差别，那么就不需要进行特别管制，转基因产品被批准投入生产之后，也不需要带有特别的标识表明其含有转基因成分。②

目前，美国有三个部门负责管理转基因生物安全，它们是农业部（US-DA）下动植物健康检验局（Animal and Plant Health Inspection Service，A-PHIS）、环境保护局（Environmental Protection Agency，EPA）以及食品与药物管理局（Food and Drug Administration，FDA），它们有各自的职权范围。

---

① 李剑：《美国植物品种法律保护制度研究》，《法律适用》2008 年第 6 期。

② Geoffrey S. Becker, Charles Hanrahan, "U. S. Agricultural Biotechnology in Global Markets: An Introduction", *CRS Report for Congress*, June 19, 2003.

APHIS 负责批准转基因生物的实验、对转基因生物的健康检查，以确定转基因生物是否对农业或环境造成危害，如果没有发现任何不利影响，则该转基因生物无须受到 APHIS 核准便能够自由投放市场。环保局负责管理含有杀虫或杀死杂草的成分的转基因生物。

这里特别值得一提的是美国的转基因食品安全审查和标识制度，是由食品和药品管理局（FDA）负责管理。首先在进行安全审查时，根据实质同等原则，FDA 并不要求在转基因食品投放市场之前进行安全评估，但销售者可以在将转基因食品投放市场之前请求 FDA 对拟销售的产品进行评估，以免日后因不安全受到 FDA 处罚。其次，FDA 对转基因食品采取自愿标识的管理办法，法律并未规定转基因食品必须进行特殊的标识，是否进行标识由生产者或销售者自行决定。美国的自愿标识制度与欧盟的强制标识形成了鲜明的对比，并在美国的消费者之间引起较大的反响，也在一定程度上妨碍了消费者知情权的实现，以至于在美国发生多起围绕转基因食品标识问题产生的诉讼。例如 2000 年发生的著名的 Shalala 案，在该案中，原告认为 FDA 的转基因自愿标识制度侵害了消费者的知情权、宗教自由和环境安全，因为转基因食品与同类传统食品并非实质等同，因此起诉至美国哥伦比亚特区地方法院，但是法院在尊重 FDA 的理念下，驳回了社团的所有诉讼请求。①

纵观美国对转基因农作物的管理政策以及美国的转基因食品标识案例，可以肯定在转基因粮食商业化生产所带来的高额利润面前，美国是不愿意对转基因生物技术采取严格管制手段的，这一点已经在立法机构、行政管理部门乃至法院获得共识。

（三）发起贸易争端推动美国转基因粮食销售

欧盟由于出现过疯牛病、口蹄疫及二噁英事件，认为转基因产品对人体健康及环境可能具有潜在威胁，因此欧盟及其成员国一直对转基因技术持保守态度，在管制理念、管制措施和方法上较为严格。早在 1990 年，欧盟的"90/220/EEC 号指令"就要求转基因产品在进入市场前要进行风险评估，以检查其对人类健康、动植物健康及环境是否有不利影响，但该指令没有要求上市的转基因产品必须进行分类和标识。在欧盟公众对转基因食品安全问题强烈关注和呼吁下，法国、丹麦、希腊、意大利、卢森堡、奥地利、比利时、芬兰、德国、荷兰、西班牙和瑞典等国对转基因产品上市申请采取极为审慎的态度，1998—2003 年的 5 年间，转基因产品在欧盟申请上市几乎不

---

① 张忠民：《美国转基因食品标识制度法律剖析》，《社会科学家》2007 年第 6 期。

能得到任何许可，这使得美国、加拿大等国的转基因食品、饲料等产品投放欧盟市场的申请在不同阶段受阻，无法进入欧盟市场。在此期间，欧盟对"90/220/EEC 号指令"进行了修改，还颁布了"258/97/EC 号指令"规范含有转基因成分的食品。这些规定比美国的实质等同原则严格得多，它们要求对转基因产品进行个案评估，只有通过严格审查确认不会对人类健康和环境风险造成损害才能得到批准销售，此外，欧盟还要求对转基因产品建立严格的转基因产品标识，并能回溯其生产源头。①

欧盟成员国的做法和措施引起了美国、加拿大等国的激烈反对，并与欧盟在世界贸易组织内进行多次磋商，但是所有磋商均无结果。在一些国会议员和农业利益集团的大力呼吁下，美国贸易代表于 2003 年 8 月 7 日要求 WTO 成立专家小组，一并提起诉讼的还有加拿大、阿根廷。2003 年 8 月 29 日专家组正式成立，由于案情复杂，涉及面广，直到 2006 年 9 月 29 日才完成了 1000 多页的报告，裁定欧盟对转基因上市申请审批的"事实上暂停"等措施违反了《SPS 协定》，构成了对美国、加拿大和阿根廷等国利益的损害。2006 年 11 月 21 日，WTO 争端解决机构通过了专家小组的裁决报告，2007 年 6 月 21 日，WTO 争端解决机构同意欧盟暂缓执行裁决 12 个月的申请，裁定欧盟自 2007 年 11 月 21 日开始执行裁决。

美欧转基因案是 WTO 第一起关于转基因产品销售管制的案件，影响极为深远。美国希望借助 WTO 争端解决机构确立转基因产品的合法地位，并由此强迫欧盟打开市场，还可以警告其他国家不要对美国等生产的转基因粮食采取类似限制，该案专家小组主要就欧盟管制转基因的程序问题进行裁决，而对事关重要的转基因产品是否安全，对转基因食品风险评估的依据、过程等采取了回避态度。虽然案件的最终裁决并未达到美国的预期效果，但也使得各国对转基因食品进行管制时不得不更加谨慎。

四　美国的粮食援助战略：从冷战时期的外交工具到冷战后的出口促进手段

美国自 20 世纪 30 年代开始就存在粮食过剩问题，为解决粮食过剩，美国曾采取了救济国内穷人、缔结国际小麦协定稳定出口份额等措施，但并不能有效缓解经常性的过剩危机。二战时期，根据 1941 年《租借法案》的授

---

① 江保国：《WTO 转基因农产品贸易争端第一案述评》，《法商研究》2007 年第 4 期。

权，战时美国向欧洲盟国提供了 60 多亿美元的农产品援助。[①] 战后，因为实施马歇尔计划和对希腊、土耳其的援助计划，美国向上述国家和地区输送了大量农产品，其中粮食占美国对这些国家援助计划的较大比重。1950 年朝鲜战争的爆发，美国通过向南朝鲜、日本、中国台湾等国家和地区援助大量粮食也在一定程度上缓解了美国粮食剩余的压力。二战时期和战后美国政府处理剩余粮食的经验表明，向国外援助粮食是处理剩余粮食问题的有效渠道。随着二战后国际政治局势的变化和冷战格局的形成，以外援形式解决粮食剩余问题成为一种现实的政策选择，实施粮食援助战略开始成为美国政府的正式工作规划。

（一）制定专门的粮食外援法律：将处理剩余粮食与外交政策相联系

美国最主要的对外粮食援助立法是 1954 年 6 月通过的《1954 年农产品贸易开发和援助法案》，即 480 公法（Public Law 480）。该法案是艾森豪威尔总统时期在农业利益集团推动下订立的，农业利益集团希望通过粮食援助以优惠价格扩大美国粮食的销售来减轻粮食积存的压力。

此外美国还制定了一系列关于粮食援助的法案，如美国农业法案 416 节（b）条款、支持进步粮食法案（Food for Progress Act）、麦克格伦—多尔教育和儿童国际粮食援助计划（简称 PPE 计划）。[②] 但是 480 公法是美国粮食援助最重要的法律，是美国粮食援助的基石，奠定了美国粮食援助体制的基本法律框架。

作为专门的农产品销售与援助法案，480 公法首要目标仍是处理美国的剩余农产品，480 公法第 106 节规定，"剩余农产品"是指在美国生产，由美国政府或私人拥有，超过国内需求和足够存量以及商业出口量的任何农产品。该法案还规定，只有确定为剩余品的农产品才可以进行粮食援助，粮食援助不能干扰农产品世界价格。其次，该法案还体现了美国通过粮食援助扩大粮食海外市场的意图，法案序言要求第一章项下的有偿粮食援助应"对发展和扩大美国农产品的海外市场给予特别考虑"，并且"应确保受援国在增加商业性粮食的购买时给予美国农产品公平的份额"。[③]

---

①　王慧英：《肯尼迪与美国对外经济援助》，中国社会科学出版社 2007 年版，第 160 页。

②　马有祥主编：《中国与联合国粮农机构合作战略研究》，中国农业出版社 2007 年版，第 36 页。

③　Food for Peace, 1954 - 1978 - Major Changes in Legislation, prepared by the Congressional Research Service, Library of Congress, for the Subcommittee on Foreign Agricultural Policy of the Committee on agriculture, Nutrition and Forestry, U. S. Senate (Washington, D. C.: Government Printing Office, 1979, pp. 35 - 36.

　　虽然早期的 480 公法仍以推动美国剩余粮食的处理和扩大海外市场为目的，但该法案已开始体现美国政府一种新的粮食战略，即将处理剩余粮食与政治联系在一起，把剩余粮食作为实现外交政策的工具。美国粮食援助的对象被界定为"友好国家"，即非共产党国家。该法甚至要求美国总统帮助确保所销售或转移的农产品不被转移给非"友好国家"。此后美国通过各种文件、规定以及设立专门的机构强化粮食援助在外交战略中的地位。1959 年 1 月 29 日，艾森豪威尔总统将 480 公法计划重新命名为"以粮食换和平"计划，并由随后的肯尼迪政府加以实行和扩大。为了配合冷战形势发展的需要，美国还延长 480 公法的期限和增加援助额，并将粮食援助的使用扩大到 100 多个国家，使得美国的影响遍及亚非拉等广大欠发达国家和地区。① 粮食援助成为美国政府实现外交战略的有效工具。

　　（二）粮食援助采取优惠贸易与无偿贸易的方式

　　480 公法制定初期的内容主要有三个方面：第一章是"以外国货币销售"。其主要内容是提供优惠信贷给发展中国家，允许其以本国货币购买美国粮食并在国内市场出售，这是一种优惠信贷条件的有偿粮食援助。第二章为"饥荒救济和其他援助"，根据该章美国政府可以从商品信贷公司的库存中拨付剩余粮食，在饥荒救济等紧急事件发生时向与美国友好的任何国家和人民提供直接援助，这是一种无偿的捐赠。第三章是"捐赠和以货易货"，包括用剩余粮食向国内外的救济计划提供赠予和同受援国交换战略物资。

　　经过历年的修订，现在实施的 480 公法基本保留了前面三节内容，并增加了第五章"农场—农场计划"和第六章企业振兴计划，"农场—农场计划"通过美国农业人员、私人公司等在发展中国家、中等收入国家、撒哈拉国家、加勒比海盆地国家的农场自愿工作，给予技术支持，帮助这些国家提高粮食产量和农业生产水平。后面增加的章节或采取减轻贷款方式，或采取技术援助方式，不直接处理美国的剩余粮食，所以能够对粮食国际贸易市场产生影响的仍然是前面三章的规定。

　　480 公法前三章对粮食援助规定采取信贷优惠、无偿援助或者粮食交换的方式，这几种方式构成了美国对外粮食援助的主要部分，特别是依据 480 公法第一章规定的优惠信贷所提供的粮食援助更是极为重要。

　　（三）冷战后期美国粮食援助政策的变动

　　冷战后期，国际组织多边援助和非政府组织的粮食援助比例也不断上

---

① 王慧英：《肯尼迪与美国对外经济援助》，中国社会科学出版社 2007 年版，第 175—185 页。

升，于1963年成立的联合国国际粮食计划署（WFP）援助比例达到全球援助的38%，而双边援助和非政府组织（私人自愿组织）援助比例为34%和28%。这反映了当前国际粮食援助不再主要是成员国处理剩余粮食问题的工具，例如欧盟粮食援助也更多采取当地购买和第三国购买方式，1989—1991年度该方式比例为16%，1992—1994年比例为24%。① 这种变化表明西方国家粮食援助的目标已经从冷战时期的政治目标转向人道主义目标。

冷战结束后，美国仍出于某些政治目的进行粮食援助，但总体而言粮食援助在美国的外交作用已经大为降低，美国逐步减少粮食援助，并谋求通过多边国际组织推动粮食援助。肯尼迪回合之后，美国把谷物援助公约作为缔结谷物协定的前提条件，美国的做法是一箭双雕，既可以减少美国对外粮食援助的压力，又可以强迫其他缔约国捐助粮食或等值现金，从而减少国际粮食市场的供应量。② 20世纪80年代美国的援助量只相当于60年代的1/3，1997年援助不超过300万吨。冷战后期美国开始占世界粮食援助比例也由1973年的超过90%下降到1996年的44%，欧盟在1996年的粮食援助则占世界粮食援助总额的35%。③

虽然美国推动多边援助机构的建立，但是美国的大部分粮食援助仍是以双边形式进行，1990—2002年间美国75%的粮食援助就是以双边形式给予的，其余的才是通过WFP进行。其原因在于美国并不愿意放弃通过粮食援助对受援国施加政治、经济影响，甚至将粮食援助作为出口促进手段。

按美国480公法第一章提供的粮食援助具有补贴出口的作用，在欧盟等国家的压力下美国不得不逐渐改变其粮食援助政策，2000—2004年美国粮食援助的43%通过非政府组织进行，其中通过WFP和国际紧急粮食储备的粮食援助占35%，这些都是直接援助，主要是应对紧急情况的，不存在信贷优惠。自从1980年以来480公法第一章的粮食援助额已经下降了93%（按通胀调整后计算），现在仅占美国全部粮食援助的6.6%。2007年布什政府财政预算计划下第一章和《1949农业法》416（b）部分的援助甚至降

①　Christopher B. Barrett，"Food Aid and Commercial International Food Trade"，*Background paper prepared for the Trade and Markets Division*，OECD，March 2002.

②　Christopher Brendan Barrett，Daniel G. Maxwell，*Food aid after fifty years: recasting its role*，Published July 7th 2005 by Routledge，p. 56.

③　Christopher B. Barrett，"Food Aid: Is It Development Assistance, Trade Promotion, Both, or Neither?" *American Journal of Agricultural Economics*，Vol. 80，No. 3（Aug.，1998），pp. 566 – 571.

到零，而第二章下粮食援助①占到美国全部粮食援助的 77.7%，比 1980 财年的 34.4% 翻了一倍，而且第二章援助开始提高货币化比例②，1990—1991年，美国 480 公法第二章下的非紧急援助中只有 10.3% 货币化，2001—2004年这个比例上升到 60.1%。③ 项目粮食援助货币化具有进口替代的效果，因此，美国国际开发总署在 1997 年的报告中说美国 480 公法第二章下的援助更具有开发性。④

美国把粮食援助作为促进商业性出口的措施，但实践证明受援国并未因此增加美国粮食的进口，受援国自身粮食生产率提高、都市化进程加快等因素会影响受援国进口粮食数量。但是美国农业垄断集团和运输船主们不愿意放弃粮食援助，因为他们从中可以得到利益，因此 1996 年美国农业法案仍将粮食援助作为促进粮食出口的四大措施之一。

（四）美国援助外交战略对美国粮食出口的促进

据统计，1957—1963 年财政年度，480 公法计划下的粮食援助约占美国对外粮食援助总额的 90%，而第一章计划下出口的农产品金额就占整个 480公法计划援助总额的 2/3 左右。可见美国对外粮食援助在性质上非常类似于一种出口补贴，这种优惠方式的粮食援助不仅极大缓解了美国粮食剩余的问题，也有力促进了美国粮食的出口。例如，在 480 公法开始实施的 9 年内，小麦、玉米、棉花、奶粉、豆油、棉籽油等占 480 公法计划下的对外援助额的 80% 多。至 1959 年 6 月 30 日，480 公法与共同安全法等特别计划下出口的小麦占美国小麦总出口的 75%，大米的这一比例为 59%，植物油为57%，饲料谷物为 36%，棉花为 35%，1963 年粮食援助仍占总出口相当高的比例。⑤ 美国学者也认为这一阶段只有 480 公法计划促进了出口，减少了

---

① 480 公法第二章粮食援助是把粮食捐赠给私人自愿组织（简称 PVOs）、联合国世界粮食计划署或需要紧急救助的国家，用于满足紧急援助需求；把粮食捐赠给私人自愿组织、合作组织和政府间组织，用于应对非紧急情况下的粮食援助需求。

② 粮食援助的货币化（monetized）是指受援国政府把援助的粮食在受援国市场上销售，而不是将其直接分发给那些买不起粮食的贫困人群，非政府组织在执行粮食援助计划时，会销售一部分援助的粮食，把这些资金用于弥补粮食援助分配成本和资助发展项目。联合国世界粮食计划署禁止把援助的粮食货币化，要求援助国提供资金来支付粮食援助的分配成本。

③ Christopher B. Barrett, "U. S. Food Aid: It's Not Your Parents' Program Any More!", *Journal of Agribusiness Spring*, 2006, p. 6.

④ Linda M. Young and Philip C. Abbott, "Food Aid Donor Allocation Decisions After 1990", *Canadian Journal of Agricultural Economics*, Volume (Year): 56 (2008), p. 30.

⑤ 王慧英：《肯尼迪与美国对外经济援助》，中国社会科学出版社 2007 年版，第 165—179 页。

剩余农产品的压力。①

　　但是，粮食援助势必给国际粮食市场的正常贸易额和市场价格带来一些消极影响。由于采取的是优惠乃至无偿捐赠的方式，受援国自然会减少从国际市场以正常商业贸易方式进口粮食，因此粮食援助事实上促进了援助国的粮食出口，同时也会给其他国家的粮食出口带来不利影响。例如在20世纪30年代，美国仅出口粮食几百万吨，到1969—1971年，也是480公法计划大量实施的年度，美国出口的粮食已经达到近4000万吨，50—70年代，美国出口的小麦占到世界小麦市场的30%—45%，大米占10%—25%，到70年代末期美国作为出口国已占据世界粮食出口的绝对地位。② 这种优势地位当然与粮食援助出口密切相关。

第二节　欧共体/欧盟的区域内粮食自给战略

　　从1958年1月1日欧洲经济共同体成立到1993年欧盟正式成立，欧共体历经多次扩大。1967年7月1日欧洲共同体正式成立，1973年后，英国、丹麦、爱尔兰、希腊、西班牙和葡萄牙先后加入欧共体，成员国扩大到12个。1993年11月1日《马斯特里赫特条约》（简称"马约"）正式生效，欧共体更名为欧盟。1995年，奥地利、瑞典和芬兰加入，使欧盟成员国扩大到15个。之后欧盟经历了多次扩大，成为一个涵盖27个国家、总人口超过4.8亿、国民生产总值高达12万亿美元的当今世界上经济实力最强、一体化程度最高的国家联合体。③ 虽历经多次扩大，共同农业政策却一直是指导和规范欧共体（欧盟）内部农产品生产、贸易、加工的一项最重要的共同政策。不过在欧共体/欧盟自身不断扩大过程中，由于成员各自粮食生产能力的差异和经济发展水平不一，共同农业政策所确立的欧洲粮食战略目标也依据形势变化有所变动，即逐渐从自给自足的粮食战略过渡到竞争性输出剩余粮食，抢占世界粮食出口份额，最后又迫于欧盟财政压力和世界其他产粮国的要求，不得不逐步改革其畸形的粮食出口政策，取消出口补贴。但是无论欧盟如何改革，对欧盟区域内粮食生产实行高度保护的战略将维系不

　　① Daniel G. Amstuta, "International Impact of U. S. Domestic Farm Policy", *American Agricultural Economics Association*, December 1984.

　　② Alan J. Wcbb. Jerry Sharples. Forrest Holland. and Philip L. Paarlberg, *World Agricultural Markets and U. S. Farm Policy*, www. ers. usda. gov/Publications/aer530/aer530f. pdf, 2009 – 10 – 3.

　　③ http: //news. xinhuanet. com, 2010 – 5 – 10.

变，保障自身粮食安全、实行粮食自给自足是欧共体/欧盟基本的粮食战略。

一 欧共体成立初期：建立自给自足、高度保护的共同体粮食市场

20 世纪 50 年代，农业是共同体各国经济的薄弱部门，劳动生产率不高，自身粮食生产不能满足西欧 6 国的需要，粮食主要依赖进口。

1958—1961 年，欧共体年均谷物进口量为 1450 多万吨，占世界谷物进口量的 20% 以上，其中小麦 570 万吨，饲料谷物 880 万吨，进口的这些谷物绝大部分来自欧共体以外的国家，主要是美国每年大约向欧共体输入 500 万吨谷物。直到 60 年代末，欧共体一直是世界上农产品进口量最大的单位。在农业一体化实行之前，欧共体成员国之间提供的农产品进口量只占欧共体全部农产品进口量的 20%，欧共体进口的粮食的 4/5 主要来自未加入欧共体的西欧国家、美国、加拿大等。[①]

经济命脉的重要部分粮食主要由美国等供应，导致欧共体在美国面前仰人鼻息，这是战后经济逐渐复兴的欧共体各国所不乐见的；欧共体内部农业发展很不平衡，法国在战后农业生产发展迅速，到 50 年代末、60 年代初，法国每年都有大量过剩谷物。而其他的欧共体成员国每年购买法国谷物只有 40 万吨左右，而法国每年需要出口的过剩谷物却达 500 万吨以上。此外，荷兰有大量过剩畜产品，意大利有大量过剩的蔬菜、水果，也急需解决市场问题。但是，无论是法国的谷物、荷兰的畜产品，还是意大利的蔬菜和水果，都不能在欧共体市场内部很快地销售出去，欧共体内部没有农产品市场协调机制。还有些成员国，如西德与美国、拉美、亚洲、非洲一些国家存在贸易往来，西德向这些国家和地区出口工业品，进口农产品，因此，加入欧共体对西德的贸易关系影响很大，减少从区域外进口农产品会造成西德丧失一些传统的工业品市场。可见在欧共体成员国之间对粮食及其他农产品的贸易问题，有不同的利益诉求，因此欧共体也迫切需要制定共同农业政策，一方面解决内部粮食自给自足，另一方面协调西欧各国的农业发展不平衡问题。

欧洲经济共同体建立的时候，法国、荷兰等农业大国就极力鼓动，建立统一的农产品关税同盟和农产品共同市场，提高对外关税，限制欧共体外部产品（主要是美国农产品）进入，这样就能为法国和荷兰的农畜产品占领

---

① 刘景江：《欧共体农业——发展、政策与思考》，经济管理出版社 1991 年版，第 14 页。

共同体内部市场开辟道路，并且为欧共体国家的农产品打入世界市场奠定基础。经过反复的协商，最终西欧六国在《罗马条约》中确定了共同农业政策的 5 项目标，其中最主要的就是稳定市场和保证供应。由此可见，成立之初的欧共体把粮食的供应、稳定以及内部的自给自足放在农业政策极为重要的地位。

自此以后，欧共体逐步制订具体政策，建立实施和监督的机构，形成一整套决策机制，并不断发展和改革。首先，共同体建立单一的农产品市场，农产品可在成员国之间自由流通，并逐步取消成员国之间的关税壁垒和其他贸易壁垒。其次，为了保护共同体内的农产品，建立了共同的价格机制，实质上就是对外实行共同的关税壁垒。共同农业政策的价格机制由三部分构成：目标价格、干预价格和门槛价格。

目标价格实质上是保证农民收入的保护价格，如果市场价格低于目标价格，欧共体就以干预价格收购农产品，以维持市场稳定，保证农民基本收入。由于欧共体粮食价格一直高于其他主要粮食出口国的粮食价格，为了排挤第三国的农产品在欧共体市场上竞争，对欧共体内部的农产品贸易和农业生产实行保护，以免第三国的廉价的农产品将欧共体成员国的农业挤垮，六国又建立了共同对外的农产品进口关税壁垒，通过门槛价格来实施。欧共体把原来各成员国对进口第三国农产品征收本国关税的办法改成征收统一的进口差价税，即按当日进口到欧共体的谷物的抵岸价格与欧共体设立的门槛价格之间的差价征税，差多少征多少。如此一来，使进口的农产品不再有市场竞争的价格优势，这样就刺激了欧共体内部的粮食及其他农产品贸易。1961—1968 年欧共体内部农产品贸易额从 34 亿美元增加到 204 亿美元，即增长了 5 倍；而 1975 年与 1958—1961 年相比，就年平均水平来看，第三国在欧共体农产品进口额的比重从 80% 下降到 52%。

据欧共体统计局资料，60 年代末到 70 年代中期，欧共体谷物的价格平均比世界市场价格高出 50%—60%，其中只有 1973/1974 年由于世界粮食危机，粮食的世界市场价格大幅度上升，欧共体谷物价格低于世界市场价格，但这是特殊情况。1968—1983 年的 15 年中，欧共体大麦和玉米的门槛价格分别比世界高出 65% 和 56%。数据显示欧共体的粮食是无法与世界其他产粮大国相竞争的，但在共同体市场的价格支持作用下，外部粮食无法发挥竞争优势，而共同体内部粮食生产得到恢复、发展，到 70 年代初，欧共体六国就基本实现了粮食自给，很少进口粮食了。其中，法国从 1968 年就成为农产品纯出口国了，英国在第二次世界大战前粮食自给率只有 5%，自

1973 年英国加入欧共体后，经过短短 10 年的努力，到 80 年代初，它就粮食自给有余了。1984—1985 年，欧共体小麦的自给率为 146.2%，大麦为 133.4%，黑麦为 12.4%，燕麦为 10.6%，玉米为 85.7%（玉米主要用于葡萄糖的生产）。1984—1985 年，欧共体各成员国的粮食自给率如下：法国为 160%，英国为 140.4%，丹麦为 133.5%，希腊为 110.3%，爱尔兰为 100.2%，西德为 99.5%，意大利为 81.6%，比利时为 60.6%，卢森堡为 60.6%，荷兰为 31%（荷兰食品基本自给，它进口法国的大批谷物是作饲料，搞畜牧业生产，然后出口肉、蛋、奶）。[①] 欧共体的自给自足粮食战略到了 70 年代就完全实现。

二　20 世纪 70 年代末期—90 年代：提供出口补贴输出剩余粮食

70 年代中期，欧共体粮食完全自给以后，由于价格支持不断增加刺激农民生产更多的粮食，所以，欧共体开始出现粮食剩余现象，而且情况日益严重，到 80 年代中期粮食过剩达到惊人的地步，1986 年谷物的库存量竟达到 3610 万吨。当然粮食的持续增长，不完全是由于共同农业政策的刺激，还应归功于农业技术革命的应用和推广，西欧已实现了农业机械化、化学化、良种化，近年来又由于生物工程的应用，更加促进了农业现代化的发展。尽管农业在国民经济中的比重在下降，1989 年仅占到 3.1%，从事农业的劳动力仅占到整个劳动力人数的 10%，但是由于单位面积产量提高，劳动生产率提高，农业产量继续增长。

按共同农业政策的规定，对于限额内的过剩的农畜产品，欧共体必须进行干预收购和实行出口补贴，于是 70 年代末期开始欧共体开始对粮食出口提供出口补贴。欧共体进行干预和出口补贴的资金由欧洲农业指导及担保基金（EAGGF）提供。1962—1970 年 12 月 EAGGF 是从各成员国捐款中筹集的，对农产品干预收购、出口补贴等方面的开支在 1967 年之前是由各成员国和 EAGGF 共同承担，之后则完全由 EAGGF 单独负担，并且 1971 年起 EAGGF 不再另行征集，纳入欧共体预算之中。[②] EAGGF 自从纳入欧共体预算之后，在欧共体预算中一直是最大的开支项目，占据很大的比例。随着农

① 刘景江：《欧共体农业——发展、政策与思考》，经济管理出版社 1991 年版，第 25—28 页。
② 赵昌文、Nigel Swain：《欧盟共同农业政策研究》，西南财经大学出版社 2001 年版，第 136—137 页。

产品过剩造成的大量积压，欧共体不得不大量增加对剩余农产品的出口补贴，出口补贴费用迅速膨胀，例如 1979 年欧共体出口补贴开支达 4982（百万欧洲货币单位），占到 EAGGF 保证开支的 47.7%，1980 年出口补贴开支达 5695（百万欧洲货币单位），占到 EAGGF 保证开支的 50.4%，1981 年出口补贴是 5209（百万欧洲货币单位），占 EAGGF 保证开支的 46.8%，其他的储存费、援助费等开支都小于出口补贴。在农业内部，对不同农产品的支持程度也不相同，对橄榄油、水果、葡萄酒、蔬菜和烟草等的支持水平一直低于谷物、牛奶、肉牛等"温带产品"，温带产品只占农业产值的 50%，但在 70 年代后期，却享受欧洲农业指导及担保基金开支的 70% 左右。[①] 其中，对谷物的出口补贴从 80 年代开始就逐年攀升，到 1991 年达到顶峰，一吨的出口补贴就达 105 欧洲货币单位。欧共体对粮食的支持与重视可见一斑，这样就鼓励了各成员国盲目扩大生产和争取较大产量限额，从而造成更大数量的农畜产品过剩和需要更多的价格支持费用。

　　在强有力的出口补贴支持下，欧共体粮食进口急剧减少，出口稳步增加。如表 2－4 所示，欧共体出口小麦在排除欧共体内部的贸易额之后，从 1970/1971 年到 1982/1983 年的每个农作物年度的出口小麦都在增加。谷粒的出口情况也同样如此。[②]

表 2－4　　　　　　　　欧共体（10 国）小麦供应和调节　　　　单位：百万吨

农作物年度	产量	进口(a)	粮食需求	饲料需求	出口(a)	存货	净出口	进口(b)	出口(b)（从 8 月开始）
1970/1971	36.72	12.18	30.09	12.6	5.72	5.49—6.46	9.5	3.4	
1971/1972	42.07	11.24	30.84	12.1	8.88	7.00—2.36	6.8	4.2	
1972/1973	43.37	12.05	30.14	14.6	11.88	5.82—0.16	7.0	6.0	
1973/1974	43.13	12.13	30.14	11.8	11.66	7.29—0.47	5.3	5.2	
1974/1975	47.66	9.09	30.52	12.3	12.26	9.73	2.35	4.9	6.9

---

　　① 澳大利亚初级产品部农业经济局编写：《欧共体的农业政策》，厉为民、熊存开、黎淑英、网易兵摘译，中国商业出版社 1987 年版，第 28—35 页。

　　② Karl D. Meilke and Harry de Gorter, "An Econometric Model of the European Economic Community's Wheat Sector", *International Agricultural Trade Research Consortium* No 51232, Working Papers.

续表

农作物年度	产量	进口(a)	粮食需求	饲料需求	出口(a)	存货	净出口	进口(b)	出口(b)(从8月开始)
1975/1976	40.18	11.95	30.58	9.4	14.51	7.53	2.55	5.4	8.6
1976/1977	41.46	9.65	30.59	10.7	10.90	7.04	1.25	4.4	5.1
1977/1978	40.20	12.51	30.57	10.7	12.64	6.15	0.13	5.5	5.0
1978/1979	50.26	10.64	30.79	11.9	15.30	9.00	4.66	4.6	8.8
1979/1980	48.84	10.86	31.02	12.3	17.50	7.77	6.64	5.3	10.4
1980/1981	55.07	10.31	31.08	12.8	20.70	8.78	10.38	4.5	14.7
1981/1982	54.40	11.20	30.80	13.7	22.10	7.80	10.90	4.7	15.5
1982/1983	59.80	9.50	29.30	15.3	21.20	11.20	10.70	3.9	15.6

注：（a）包括欧共体内部贸易。（b）排除欧共体内部贸易。

资料来源：Karl D. Meilke and Harry de Gorter, "An Econometric Model of the European Economic Community's Wheat Sector", *International Agricultural Trade Research Consortium*, No 51232, Working Papers.

到 1983 年，欧共体继美国和加拿大之后成为世界上第三大小麦出口方，同时成为世界上最大的糖料供给国，世界上最大的乳制品出口方。[①]

欧共体的粮食出口战略，对国际粮食市场价格造成了严重影响，同时也严重损害了世界上其他农产品出口目的利益。对于发展中国家来说，欧共体农产品贸易保护和出口补贴政策剥夺了他们潜在的农业出口收入，抑制了他们农业的发展，尤其是欧共体在世界市场上大量倾销过剩农产品，严重威胁着落后国家的农业生产的存在和发展；对于发达国家来说，欧共体农产品贸易保护和出口补贴政策，刺激了内部生产，减少了进口需求，造成了大量农产品过剩，增加了世界市场的供给量，从而压低了农产品的国际价格，减少了这些国家的农产品出口收入。更令欧共体自身困扰不已的是，对粮食的价格干预和出口支持逐年上升，带来财政预算和开支的不敷重任，更引发欧共体成员国之间因负担及获利不均产生的矛盾。1978—1982 年，"欧洲农业指导及担保基金"的开支以年均 10% 的速度增大，而 1983—1987 年则超过 13%，1987 年该基金的开支总额达 240 亿欧洲货币单位，远远超过希腊或爱尔兰的国家财政支出，成为各成员国政府开欧共体会议时的众矢之的。欧

---

① 刘景江：《欧共体农业——发展、政策与思考》，经济管理出版社 1991 年版，第 63 页。

共体不得不开始对共同农业政策进行改革，同时对剩余粮食出口战略进行修正。

三　欧盟东扩后的粮食战略：取消出口补贴，继续支持欧盟内的粮食生产

如前所述，农业基金在纳入欧盟总预算初期一直占总预算的60%—70%，而其中又主要用于价格支持和出口补贴，随着产量的上升，农业基金的投入也将随之增加，这使得欧共体财政不堪重负。由于价格支持和出口补贴主要用于奶制品、粮食和牛肉等，所以法国、荷兰等成为共同农业政策的最大受益者。1965—1975年，法国食品出口额从16亿美元增加到81亿美元，即增加了4.1倍；荷兰食品出口额从16亿美元增加到79亿美元，即增加了3.9倍。在统一对外的农产品进口关税壁垒完全建立后的第一年即1969年，法国就成为农产品的净出国，农产品出口额为1.2亿法郎。到1973年，法国最终成为世界上第二大农产品出口国。作为受益国，法国自然反对改革，而德国承担了近30%的欧盟预算，却只能得到约15%的回报，因此主张彻底改革共同农业政策。①

事实上在欧盟成立之前欧共体就陆陆续续对共同农业政策进行所谓的"改革"，进行改革的基本动因就是剩余农产品问题，而且这种剩余属于"结构性"剩余，1988年欧洲理事会决定限制共同农业政策在整个共同体预算中的开支比例，农业开支预算限制在每年增长速度不得超过欧共体GDP增长速度的3/4。对粮食的支持措施稳定不变，但必须建立产量的最高限额，超过限额的粮食支持额就会自动下降。欧共体以干预价格收购粮食的时间和价格都受到了一些限制，欧洲理事会宣布称："完全开放不受限制的政府干预收购这种支持措施是过去的事情了。"② 虽然上述措施在减少粮食剩余问题上有一定作用，但由于未触及价格支持这一根本性问题，因此粮食剩余仍很严重。1992年的改革是欧共体对共同农业政策进行一次全面的改革，一方面改革努力降低粮食价格支持水平，使得谷类价格在三年内下降了30%，另一方面控制生产，实施耕地面积削减计划，强制休耕15%的谷物

---

① 钱钰：《欧盟共同农业政策改革及其对WTO新一轮农业谈判的影响》，《中国农村经济》2004年第2期。

② Gene Hasha, "The European Union's Common Agricultural Policy Pressures for Change-An Overview", *Economic Research Service*/USDA, WRS–99–2/October 1999, p. 7.

耕种面积。改革开始采取直接支付而不是根据市场价格提供支持。[1] 1992 年改革对控制粮食剩余有明显作用，在改革后第三年谷物产量下降了 3.5%，但是由于欧共体市场价格仍高于世界市场，所以粮食剩余仍会缓慢上升。[2] 在欧共体农业政策的各种改革过程中，虽然人们早就意识到欧共体内部粮食价格过高是粮食剩余问题产生的根本原因，但是共同农业政策的受益国以及对农民收入进行支持的政治压力都不允许对共同农业政策进行根本性变革，上述改革都不是以市场为导向的改革措施，只是对生产进行控制所做的一些努力和尝试。

欧盟成立之后，共同农业政策改革的压力随着欧盟东扩凸显，随着中东欧国家的加入，农业就业人数将翻番，耕地面积增加 55%，虽然东扩会加大区域内农产品交易的数量和幅度，但是也会增加共同农业政策的支出，根据欧盟估计，东扩将导致共同农业政策预算增加 25%，即 360 亿欧元，这无疑会加重已经为共同农业政策不堪重负的欧盟预算的负担。

与此同时，来自世界其他主要产粮国的压力也与日俱增，美国、加拿大、澳大利亚及凯恩斯组织成员国纷纷指责欧盟共同农业政策的支持措施扰乱了世界粮食市场。在内忧外困下，欧盟于 2003 年 6 月 26 日在卢森堡举行的欧盟农业部长会议上通过了共同农业政策的改革方案，开始对共同农业政策进行了根本性的改革，这也表明欧盟在不断东扩后粮食战略也不得不随之调整。

2003 年共同农业政策改革方案很重要的一点就是向生产者提供不与生产挂钩的直接补贴，实行不挂钩直接支付政策，即农民可以按照市场需求自由决定生产内容，向农民支付的直接补贴与生产完全脱钩，该方案被称为单一农场支付（Single Farm Payments，SFP）方式，于 2005 年 1 月 1 日开始执行，成员国可以根据具体情况最晚推迟到 2007 年执行，该方案有利于建立以市场为导向的农业生产机制，避免农民集中生产粮食，也有利于解决过剩粮食问题。但是有些欧盟成员国担心实施单一农场支付制度会导致农民放弃生产，因此他们决定将保留一定比例的仍然与生产挂钩的补贴，如保留谷物25%、硬粒小麦 40%、羊肉 50%。[3]

---

[1] 这里使用的直接支付是按照地区、生产和牲畜头数来分配，不与市场价格联系。而 WTO 规则所要求的直接支付应与粮食生产就脱钩。

[2] Nicholas C. Baltas, "The Common Agricultural Policy: Past, Present and Future", *DEOS Working Papers*, 2001, p. 6.

[3] 李秉龙、乔娟、王可山：《WTO 规则下中外农业政策比较研究》，中国农业出版社 2006 年版，第 118 页。

改革方案还决定将 2006 年后的支持冻结在 2000—2006 年的水平（考虑物价因素后，每年增加 1%），并削减补贴，新方案提议将谷物的干预价格最终削减 5%，为了消除黑麦的过量库存问题，将取消黑麦的干预价格，提议将水稻的干预价格一次性削减 50%，2004—2005 年减至世界平均价格水平，由于法国反对，最终小麦、大麦和玉米等谷物的补贴没有受到削减。①

对备受争议的出口补贴，改革方案决定自 2013 年取消大部分出口补贴。

2008 年国际食品价格飙升，欧盟于 7 月 2 日决定永久性结束自 1992 年开始实行的休耕政策。同年 11 月 20 日，欧盟成员国就农业补贴等共同农业政策问题达成妥协，最重要的内容是不再依产量多少来决定农户领取的补贴数额，并综合考虑环保、动物福利和食品安全等因素。②

从这个最新的妥协方案来看，欧盟的农业补贴继续围绕市场化进行。总体而言，共同农业政策改革是个比较积极的方案，虽然改革之后欧盟的农业补贴仍然很高，但毕竟是在沿着市场化的方向缓慢地转变。从欧共体成立到欧盟东扩，原有 6 个成员国时所制定粮食战略时的情形与纳入 27 国时的环境有了很大不同，欧盟此时有更多的矛盾需要协调，法国等产粮大国反对改革的动机更多的是出于经济私利。所以欧盟东扩后的主要任务是加强农村的发展，解决环境污染问题，欧盟的粮食战略只能是尽力协调各成员国矛盾，维持区域内粮食生产水平，并日益强调食品安全。

第三节　加拿大、澳大利亚的国营垄断粮食贸易战略

加拿大是世界继美国、欧盟之后的第三大小麦出口国，而澳大利亚小麦出口总量占世界第四位。加拿大生产的小麦只占世界总产量的 5%，但是它人口稀少，本身消耗的粮食极为有限，因此每年生产小麦的 70% 都需要通过出口解决。澳大利亚则有小麦产量的 80% 需要出口，占据世界市场的 15%—20%。加拿大、澳大利亚的粮食主要依赖出口，为了在国际粮食市场获得更多的市场权利，这两个国家都把国营贸易企业垄断粮食出口权作为基本的粮食战略。

---

① 罗国强：《欧盟共同农业政策与多哈回合僵局》，《农业经济问题》2007 年第 7 期。
② 田菊莲：《欧盟共同农业政策改革过程探析》，《世界经济情况》2009 年第 7 期。

一 加拿大小麦局（CWB）对粮食进出口贸易的独家垄断

加拿大小麦局（Canadian Wheat Board，CWB）的历史可以一直追溯到第一次世界大战之前。当时农民认为他们受制于铁路部门以及温尼湖谷物交易市场的粮食收购、分级、称重体制，因此决定联合起来于 1905 年成立了谷物生产者的谷物公司，并迫使政府建立了省一级的分销公司，在 1912 年通过的加拿大谷物法案决定建立官方的加拿大谷物委员会负责监管谷物市场。一战爆发后为了应对战时需要，加拿大政府成立了谷物监督局，专门负责管理 1917 年和 1918 年的小麦市场。战后加拿大成立了小麦局，对粮食收购价格实行最低保护价。虽然这个小麦局只存在一年，但它却使得农民感觉通过联合起来集中收购销售小麦能够获得更多的议价权，因而在以后非常乐意接受这种具有垄断形式的集中销售体制。

20 世纪 30 年代的大萧条使得国际粮价大跌，在这种情况下，农场主从政治上对政府施加压力，要求建立永久性的小麦销售局来干预粮食市场，保障生产者的收入。政府在 1935 年通过了小麦局法案，建立了加拿大小麦局，负责销售西部草原区生产的全部小麦。与 1919 年的小麦局运作模式相同，新成立的小麦局运营过程中的亏损由政府承担，销售利润则返还给出售粮食的农民。刚开始，小麦局还建立在农场主自愿参加的基础之上，到了 40 年代它就发展为完全的垄断机构，1943 年加拿大政府停止了温尼湖交易市场的粮食期货交易，而授权小麦局成为加拿大小麦的唯一收购和销售者，现在小麦局负责加拿大小麦大麦的出口和国内销售。就性质而言，加拿大小麦局一直属于政府的代理机构，由联邦政府任命 3—5 个专门委员负责行政工作，此外还有一个咨询委员会听取农民意见，但由政府任命委员，因而 CWB 是一种较为典型的国营贸易企业。不过 1999 年 1 月 1 日对加拿大小麦局法案修订后组建了一个 15 人的董事会取代咨询委员会并直接处理交易事宜，其中 10 个席位由农民选举产生，农民有了对 CWB 政策方向的直接发言权。[①]改革后的 CWB 更倾向于向农民联合集团发展，但是其首脑行政官还是由政府任命，而且它对小麦的进出口垄断的权利也得到保留，所以 CWB 仍具有浓厚的官方性质。

加拿大政府通过加拿大小麦局（CWB）对大小麦的进出口的独家垄断和政策倾斜，使得加拿大的大小麦在国际市场上长期占据重要地位，加拿大

---

① http：//www.cwb.ca/public/en/about/history，2010 – 7 – 5.

每年生产的 2500 万—3000 万吨小麦和大麦有 60%—70% 出口到世界 70 多个国家，使小麦局成为世界上最大的大小麦出口商。CWB 的国际市场份额为：小麦的 20% 左右、硬质小麦的 65%、麦芽大麦的 30% 和饲料大麦的 15%，2000—2001 年出口额达 42 亿加元，加拿大政府为小麦局融资提供财政担保并收取比任何私营部门都低的利率，加拿大政府为 CWB 向生产者提供预购定金担保，加拿大出口信贷担保计划为 CWB 提供出口信贷，加拿大小麦局还代表政府管理着许多项目，如小麦和大麦提前支付计划和租用漏底车运输草原谷物计划等等。这些国家政策特权使加拿大小麦局在国际大小麦市场上具有了很强的竞争力，同时，也引起了世贸组织成员的强烈不满，认为加拿大小麦局受政府的支持具有不公平的竞争优势，对国际大小麦贸易产生了很大的扭曲作用。[①]

对加拿大小麦局是否利用其进出口粮食的专有权和在世界粮食市场的巨大份额获取不公平利益，西方学者对此颇有争议。有人认为 CWB 在小麦出口市场上有能力采取差别价格政策，并存在出口补贴行为，CWB 专门针对美国的出口计划（EEP）制定了一套不同的出口价格对策，对接收美国 EEP 计划粮食的国家加拿大也采取较低的价格出口粮食，而对非美国 EEP 计划出口国如日本则要价要高一些。2002 年 Lavoie 得到了加拿大出售一级、二级小麦的月均价格和总的出售量等数据，数据显示从 1982 年到 1994 年加拿大出售给日本的小麦价格总高于出售给其他国家的价格，因为加拿大的小麦质量高，出口量大且供应稳定，日本也倾向于高价购买这种小麦。但也有不少西方学者对此提出质疑，卡特（Carter）认为，CWB 在世界粮食市场的权利有限，因为 CWB 的出口贸易主要是与私人公司之间进行，没有经济学的证据能够证明在世界大麦市场上 CWB 拥有重要的市场权力。杨（Young）也认为世界上大部分国家对粮食价格敏感，CWB 在粮食上针对不同国家采取价格差别或歧视政策的能力有限。[②]

由于学者们获取数据有限，使用的数据分析模型不同，所以对加拿大小麦局是否拥有世界粮食垄断权利学者们会得出不同结论。从小麦局的历史演进来看，统一对粮食进行收购和销售是有利于农民的，并历次得到农民支持和要求建立此类组织。所以加拿大政府一直维系小麦局专售大小麦的权利作

---

① 李正东：《世界农业问题研究》第 8 辑，中国农业出版社 2006 年版，第 115 页。

② Won W. Koo, Jeremy W. Mattson, Hyun J. Jin, Richard D. Taylor, and Guedae Cho, *Effects of the Canadian Wheat Board on the US Wheat Industry*, http：//agecon. lib. umn. edu, 2010－8－3.

为其最主要的粮食贸易战略。

二　澳大利亚小麦局的出口专营制度[①]

澳大利亚很早就有国家干预粮食市场的传统，早在 1914 年就成立了国家战时小麦局，负责收购和出售几乎所有的小麦，包括用于出口的小麦。1939 年成立澳大利亚小麦局（Australian Wheat Board，AWB），负责收购澳大利亚全境的小麦，1940 年还建立了一套稳定的价格管理机制，保证以一个最低价格收购农民的粮食并以小幅变动的相对标准价格出售。但这都是临时性机构，1948 年开始，澳大利亚小麦局获得购买小麦以及在国内和国际市场出售的专营权，并建立了一套稳定的价格保障机制。对生产者保证按国内小麦消费价格收购，当小麦出口价格超过国内价格时，出口小麦的收入纳入"稳定"基金用于弥补购销价格缺口。

小麦专售专营制度在 20 世纪 50 年代开始受到一些持自由主义经济思想的学者批评。1969 年澳大利亚因小麦种植面积扩大，粮食剩余问题出现并日益严重，澳大利亚政府不得不执行强制生产小麦配额制度，限制小麦生产。但是配额是以往年农民生产情况进行分配，这样就导致一些新的生产者无法获得配额销售其生产的小麦，这些人或者非法出售小麦，或者曲解澳大利亚宪法保护自由贸易的原则，认为自己有权直接将小麦运至边境出售。这些情况使得澳大利亚的小麦专营专售制度面临前所未有的来自内部和外部的双重挑战，一些生产者开始自己销售自己的粮食而不经过小麦局。

1978 年工业援助委员会（IAC）发布一系列报告建议取消对国内小麦市场的管制，这项建议并没有完全得到执行，但是对小麦专营的管制开始松动，在有限的条件下，生产者可以申请私下销售小麦的许可证。从此澳大利亚的小麦专营开始走向市场化道路。

1989 年，作为对工业援助委员会报告的响应，澳大利亚通过和颁布了新的《小麦销售法案》，并从以下几个方面进行了改革：首先，淡化小麦局的官方机构色彩，通过在小麦局理事会成员中大量设立农场主代表强化小麦局的农民合作经济组织性质。其次，取消小麦局的国内贸易专营权，国内小麦放开由市场多家商业机构竞争经营，小麦局与其他经营者处于平等的竞争地位。最后，对小麦局的经营范围也进行了调整，小麦局的经营活动从仅限

---

① Geoff Cockfield, *From the Australian Wheat Board to AWB Limited：Collective Marketing and Privatisation in Australia's Export Wheat Trade*，http：//eprints. usq. edu. au/3963/，2010 – 8 – 3.

于小麦扩大到以小麦为主、兼营其他粮食产品，小麦局应该最大化其商业回报，提高其在国际粮食市场上的竞争能力。不过市场化改革并没有改掉AWB 的出口专营权，虽然有几家私营公司可以获许以集装箱或袋装出口小麦，但成本过高，获取许可的时间也常常被拖延，因此，AWB 仍然拥有澳大利亚出口小麦的垄断权力。

而到了1997 年，AWB 被私有化，成为了公司，不过出口垄断的权利仍得到维持。尽管小麦局出口专营制度受到来自美国以及国内其他持自由主义思想的人的批评，不过澳大利亚政府不太情愿废除 AWB 的出口垄断权。

支持维持 AWB 的垄断权的人认为，世界80％的小麦市场由少数巨型粮食垄断集团控制和占有，如 ADM、嘉吉、邦吉、路易华达等，所以AWB 拥有一桌子小麦出口权才能与这些大型跨国集团竞争，也能避免彼此削价。①

但是，小麦局向伊拉克出口小麦的丑闻使得小麦局出口垄断专营制度无法维持下去。由于联合国对伊拉克实行禁运，小麦局为了确保小麦多出口，不顾禁令通过约旦的一家货运公司与当时的伊拉克萨达姆政府进行交易，交易从1999 年开始直到2003 年3 月美国入侵伊拉克时止。这样 AWB 存在与敌人进行贸易的嫌疑，所以对 AWB 的调查最初由联合国石油换粮食委员会进行调查。这一事件查明后不仅使得 AWB 不少雇员辞职后受到起诉，AWB更受到了来自美国的强大压力，美国禁止 AWB 与美国发生贸易关系，这一事件将使澳大利亚维了近60 年的小麦出口专营权逐步被打破，将有更多的贸易商参与澳大利亚的小麦出口，这将使得国际小麦贸易市场更具市场性、竞争性。

第四节　西方国家之间粮食战略的矛盾与协调

按霸权稳定论的观点，虽然国际经济秩序都依赖于一个强大并且具有霸权实力的行为体所创造的霸权体系，但是霸权国所构造的霸权体系并不会僵持不变，当霸权国家出现实力衰退，以及新兴国家崛起时，国际体系就会出现失衡状态。冷战后期，欧共体等已经成为国际经济体系中极具分量的一员，其他资本主义国家也都为各自国家利益转向更为务实的对外政策。他们

---

①　Hui-Shung（Christie）Chang, William Martel and Robert Berry, "Assessing AWB's Market Power in the Export Market", *Working Paper Series in Agricultural and Resource Economics*, ISSN 1442 1909.

从自己的国家利益出发，不再唯美国马首是瞻，对各自在国际事务中的立场重新定位。因此，西方国家之间因为粮食问题发生的摩擦大大增多，他们在实现各自的粮食战略时不断争斗又不断妥协。

一　西方国家之间常常因各自的粮食出口战略发生冲突

西方粮食大国自然资源丰富，发展农业有着得天独厚的条件。在 2010 年谷物产量世界排名前八位的国家中，除了中国、印度、巴西等是发展中大国之外，其余都是西方发达国家。西方国家的农产品进出口总量也十分巨大，美国、澳大利亚、欧盟、加拿大一直是世界主要的粮食出口国。出口粮食战略一直是西方各粮食大国的基本战略，问题是国际粮食市场容量有限，为了争夺有限的市场份额，西方国家之间常常发生激烈冲突。

首先，西方粮食大国为了抢占出口份额常常采取低价竞争策略。例如，1964 年美国小麦出口下降到战后最低水平，这是因为冷战时期，美国是冷战的发动者与领导者，苏联和东欧社会主义国家市场也不对美国开放，而其他出口国如加拿大却因此获得向这些国家大量出口的机会，1964—1966 年，苏联 57% 的粮食进口和东欧社会主义国家 20% 的粮食进口由加拿大供给，而澳大利亚也向当时的中国大陆供应了 580 万吨粮食。为了夺回市场份额，在日本市场上美国就采取了竞争性低价占领市场的策略，到 1965 年，美国占据日本市场的 53%，而加拿大和澳大利亚则分别只占 36% 和 12%。①

其次，西方国家之间常常使用出口补贴解决国内粮食过剩、争夺国际市场，并为此多次发生出口补贴大战。美国是随着国际粮食市场行情而决定是否采用出口支持措施的，早在 1935 年的《农业调整法》修正案就规定，农业部长有权用海关收入的 30% 来促进农产品出口和国内消费，美国还通过粮食援助等隐性方式推动粮食出口，当美国粮食出口大增，国内剩余减少时，美国政府就会减少对农业的财政补贴，但是一旦国际粮食市场对美国出口不利，美国就会动用出口补贴夺回市场。在 20 世纪 80 年代初期国际农产品市场竞争加剧，美国粮食出口减少，美国农产品贸易额从 1981 年的 260 亿美元到 1986 年跌至不到 50 亿美元。为了挽回日益缩小的世界市场份额，美国于 1983 年 1 月重新使用出口补贴，使得美国的面粉要比欧共体的便宜

---

① Going Against the Grain, "The Regulation of the International Wheat Trade from 1933 to the 1980 Soviet Grain Embargo", *Boston College International and Comparative Law Review*, 1982, Vol. v, No. 1, p. 245.

10—25 美元/吨，由此得到埃及的承诺，在 1984 年 6 月之前不从美国之外的国家进口粮食。

共同农业政策使得欧共体不仅实现了粮食自给，还从粮食进口国转变为粮食净出口国，并于 70 年代末期开始欧共体对粮食出口提供出口补贴，从此美、欧之间经常为粮食出口补贴的使用及市场份额的争夺产生矛盾。例如美国 1983 年为夺取在埃及的面粉市场而采用的出口补贴就遇到欧共体的强烈回应，1983 年春天，欧共体宣布向埃及出口含有补贴的 32 万吨小麦，随后又将出口到伊朗、利比亚、阿尔及利亚的小麦给予出口补贴，对美国传统出口粮食的市场——中国和拉丁美洲，欧共体都采取了咄咄逼人的进攻出口策略，以强大的补贴为后盾与美国展开了争夺粮食市场的补贴战。1983 年 10 月，欧共体更是宣布对其出口的面粉补贴 10%，成功向曾宣布不从美国之外进口的埃及再次出口 50 万吨面粉。[1]

西方国家之间为争夺市场互相使用出口补贴低价抢占市场的结果是矛盾激化，最终不得不将争端提交 GATT/WTO 争端机制。1958 年澳大利亚就向 GATT 提起申诉，指责法国使用出口补贴不公平地抢占了澳大利亚在亚洲的传统出口市场，违反了 GATT 第 16.3 条，专家小组通过调查统计数据认定法国使用出口补贴的结果是取代了澳大利亚的出口份额。1981 年美国也向 GATT 提起申诉，指控欧共体的面粉出口补贴措施使欧共体在世界面粉出口市场获得了不公平的份额，从而违反了《反补贴规则》第 10 条的规定。但是在该案中，专家小组却无法认定欧共体出口份额的增长是否导致其在世界出口贸易中占有不公平的份额。欧共体面粉出口案美国的失败表明 GATT 《反补贴规则》无法约束成员国大量使用出口补贴的行为，其后果是导致西方国家在争夺粮食市场上展开补贴大战。

二　冷战时期的粮食援助外交战略由美国主导，冷战后粮食援助具有一定的出口补贴作用，但粮食援助对国际粮食贸易的影响大为下降

冷战时期美国是西方国家阵营的主导和中坚力量，为了将发展中国家拉入对抗苏联社会主义阵营，美国把对外粮食援助与外交政策联系起来，并主

---

① 　Chris Rittgers, *A Review and analyses of the export enhancement program*, ageconsearch. umn. edu/bitstream/10999/1/pb91ri01. pdf, 2009 – 11 – 25.

导了西方国家的粮食援助战略，这一时期（1973 年前）的美国粮食援助占到全球粮食援助额的90% 以上。①

在国际政治格局中，加拿大在政治、社会、经济制度和意识形态上一直是西方阵营中重要的一员，并且也一直是美国实现政治战略的重要同盟军，因此加拿大在实施粮食援助时也根据冷战形势和西方集团的外交战略展开。当苏联和社会主义阵营在50 年代中期发起"经济攻势"时，美国将粮食援助的目标主要集中在苏联、中国的周边地带，也即土耳其、伊朗、巴基斯坦、阿富汗、印度、缅甸、老挝、尼泊尔、韩国和中国台湾地区。为了配合冷战的需要，1951 年加拿大加入 Colombo 计划，开始对亚洲国家援助，援助国家为美国所未能顾及的地区。1951 年 2 月 21 日，皮尔森政府要求国会同意援助 250 万美元的粮食给印度，后来又援助了斯里兰卡、锡兰。这种援助有明显的政治目的，因为南亚国家经济非常落后非常容易招致共产主义势力的入侵。②加拿大援助的目标则主要集中于南亚国家，主要是印度、斯里兰卡等国家，很显然，在援助区域上，加拿大与美国各有不同，美国的粮食受援国分布于中苏边境周边，直接处于冷战前沿地带，而加拿大援助地区则集中在南亚区域，这样能够更好地配合美国对抗苏联战略的实现。

值得指出的是，加拿大并非国际政治格局的霸权国家，本身也不谋求获得更多的世界影响力，所以与美国政府将粮食援助作为政治外交的一个重要工具相比，加拿大政府更多的是出于经济考虑将粮食援助视为政府拓展市场的一种办法。因此整个50 年代加拿大粮食援助金额并不大，而且还把援助与拓展粮食出口市场联系起来。在斯特拉瑞德（St Laurent）政府执政后期，粮食援助总值只有 645000 美元（给锡兰），只占当年加拿大援助计划预算额的 1.9%，无法与美国 480 公法下 15 亿美元的粮食援助相提并论。1958年 1 月 8 日，加拿大商业部长宣布把价值 1000 万美元的粮食援助给印度、锡兰和巴基斯坦，1958 年、1959 年的援助额达到 2600 万美元，从占加拿大对外援助的 1.9% 上升至 46.6%，援助增加是因为这种额外援助能有效地服务于加拿大政府的小麦出口计划。到 60 年代加拿大已经把粮食援助作为对外农业政策的重要组成部分，并注意避免滥用粮食剩余品处理机制导

①　Christopher B. Barrett, "Food Aid: Is It Development Assistance, Trade Promotion, Both, or Neither?", *American Journal of Agricultural Economics*, Vol. 80, No. 3 (Aug., 1998), pp. 566 – 571.

②　Mark W. Charlton, *The Making of Canadian Food Aid Policy*, McGill-Queen's University Press, 1992, p. 18.

致损害加拿大的商业利益。每当国际粮食市场供应趋紧，加拿大的粮食援助立即下降。60 年代初期粮价上涨，加拿大由 1961—1962 年度粮食援助占对外援助额的 23.1% 下降至 1962—1963 年度的 8.7% 和 1963—1964 年度的 6.8%。而且当美国的粮食出口影响了加拿大的海外粮食销售，加拿大会适时做出抗议。1955—1957 年加拿大小麦出口下降了 4800 万蒲式耳，而美国的出口增加了 1 亿蒲式耳，1959 年加拿大的一份研究指出美国的出口计划对加拿大小麦在正常商业基础上的出口造成严重的不公平的竞争威胁，所以加拿大严重抗议美国的一些做法，如出口补贴、以当地货币销售、易货贸易、捆绑销售，这些都属于 480 公法下的出口形式。在加拿大的压力下，美国缩减了易货贸易、捆绑销售等粮食援助方式。当 70 年代粮食危机发生，苏联、日本加大从国际市场上采购粮食，加拿大粮食援助在 1970—1971 年和 1971—1972 年间减少了 23.4%，而出口给最不发达国家的小麦价值增加了 48%，从 1973—1974 年的 7.23 亿美元增加到 14 亿美元，粮食援助的比例则从 12% 下降至 9%。①

由此可见，配合盟主国美国及整个西方阵营的政治需要并根据冷战形势发展安排粮食援助是加拿大粮食外交战略的主旋律，不过加拿大在实施粮食援助时也有自身的利益诉求，毕竟加拿大不是政治大国，在政治利益与商业利益之间加拿大一直保持适度的平衡，粮食援助首先追随西方同盟的政治战略需要，一旦冷战形势趋缓或者自身经济利益受到影响时，加拿大就毫不犹豫地倾向保护自己的商业利益，所以在冷战后期，加拿大不断减少粮食援助金额，并以单边、双边乃至多边方式有条不紊地推动粮食出口，尽力扩大、占领海外粮食市场。

20 世纪 60 年代以后，西欧、日本经济开始复兴，美国不愿意再独自承担援助发展中国家粮食的重任，在美国的倡议和支持下，1961 年联合国世界粮食计划署（The WFP）成立，粮食多边援助体系得以建立。在关贸总协定肯尼迪回合谈判期间，美国极力促成了《粮食援助公约》，按照《粮食援助公约》规定，欧共体、英国、日本等将按比例承担粮食援助义务，自身粮食出口能力有限的援助国（如日本），则可采取购买粮食的方式以履行义务，这些西方发达国家的援助大大分担了美国的援助压力。共同农业政策的实施导致欧洲开始出现剩余粮食问题，因此在 70 年代欧共体援助比例不断

① Mark W. Charlton, *The Making of Canadian Food Aid Policy*, McGill-Queen's University Press, 1992, pp. 20 – 30.

增加，成为世界第二大粮食援助地区。1994—2005 年间欧共体/欧盟粮食援助占世界比例的 35% 左右（其中 14% 通过欧盟委员会捐助，11% 由成员国自行捐助）。尽管早期欧共体进行粮食援助也是为了处理剩余粮食，例如1982 年粮食援助政策和管理指令第一章第 1 （1）款规定了分配粮食援助应考虑的标准，其中包括受援国收入水平和收支平衡状况，但是欧共体粮食援助更注重实现人道主义和发展援助的目标，与美国相比，欧洲进行粮食援助更多地考虑受援国需求，并且认为通过粮食援助解决剩余粮食和扩大市场是令人憎恶的。

在欧盟，一些成员国单独以自己名义进行双边基础上的粮食援助，90年代占到全球粮食援助的 12%，欧共体委员会也代表欧盟对外进行粮食援助，1990—2002 年间，欧共体对外援助额最低达到全球援助额的 6%，最高达 28%。欧共体对外援助的 74% 都是通过国际粮食开发署进行的。1996 年欧盟通过 1292/96 指令，宣布经过欧盟委员会实施的粮食援助由以往的供应驱动转向为需求驱动，也就是说欧盟改革了粮食援助政策，宣布不再把粮食援助作为处理剩余粮食库存的手段，欧盟还迫使美国做出同样的政策调整，并要求在 WTO 增加约束粮食援助的规则。[1]

欧盟粮食援助也更多采取当地购买和第三国购买方式，1989—1991 年度该方式比例为 16%，1992—1994 年比例为 24%。[2] 欧盟的计划援助越来越少，2004 年欧盟没有任何计划援助粮食，而紧急人道主义援助的比例不断增加。[3] 总的说来，欧盟粮食援助是以施加欧盟的影响力为目标，与美国、加拿大不同的是输出剩余粮食不是欧盟粮食援助的目的。

到 2000 年，多边粮食援助已占到全球粮食援助的 38%，双边援助占全球援助总额的 34%，非政府组织实施的援助占 28%，这说明任何一国的粮食援助对国际粮食贸易的影响都不会像冷战时期那么大。数据表明，到 70年代早期粮食援助占国际粮食贸易的比例就开始下降，只占国际谷物贸易的

---

① Linda M. Young and Philip C. Abbott, "Food Aid Donor Allocation Decisions After 1990", *Canadian Journal of Agricultural Economics Volume* (Year)：56 (2008), pp. 27 – 50.

② Christopher B. Barrett, " Food Aid and Commercial International Food Trade", *Background paper prepared for the Trade and Markets Division*, OECD. March 2002. http：//aem. cornell. edu, 2010 – 8 – 20.

③ Carl-Johan Be lfrage, *Food Aid from the EU and the US-its consequences for local food production and commercial food trade*, http：//www. agrifood. se/Files/SLI_ WP20063. pdf, 2009 – 11 – 25. 计划援助具有开发市场作用，而紧急人道主义援助则完全是针对急需粮食援助国家所进行的无偿援助——笔者注。

10%，到90年代只占国际谷物贸易额的5%，2000年更下降至3%。① 因此粮食援助对国际粮食贸易的影响已经大为降低。

三　西方国家在控制粮食生产产业链的战略上利益与矛盾共存

为了获取高额利润和在激烈竞争中取得优势地位，西方国家的粮食产业经历了从农业生产者的集中和粮食生产、销售、种子、化肥等产业链的整合和垄断过程。这一过程首先是在国内生产向大农场集中，然后是食品制造加工业的集中。到了20世纪90年代，西方国家的跨国农业食品公司迅速壮大，粮食食品产业日益集中。跨国农业食品公司的急剧扩张和发展，有的领域如种子、化学农药等部门垄断程度非常高，对发展中国家粮食生产带来不利影响。

对发生在本国境内的大型农业集团对某一产品或某一市场的垄断行为，欧美均采取了较为严格的管制政策，因为这种垄断行为严重损害了国内其他生产者乃至消费者的利益。2006年5月，欧洲公平法院支持了欧洲理事会对ADM所处以的4390万欧元的罚款，因为ADM在赖氨酸（一种添加到动物饲料的重要成分）上有限制价格和市场分配卡特尔行为。这个卡特尔在1990—1995年间进行运作，所涉公司有ADM、Ajinomoto Co. Inc、Kyowa Hakko Kogyo Co. Ltd、Sewon Corp和Cheil Jedang Corp，这5家公司没有一家在欧洲设有总部。1996年美国公平局对ADM所进行的赖氨酸和柠檬酸卡特尔处以史上最高的反竞争罚款，罚金高达1亿美元。②

当跨国公司垄断延伸至海外时，反垄断问题变得更加复杂。许多国家，即使在国内执行相对较为严格的反垄断管制，但是当跨国公司在海外市场扩张时，很多人就怀疑美国、欧盟等的公平竞争局能否有效管制其管辖范围之外的国际卡特尔的垄断行为。虽然国际合作和侦查技术水平在提高，并且美国、加拿大、欧盟对限定价格行为处以了40亿罚款，但这并不能阻止农业垄断集团继续进行垄断行为。欧盟反垄断法的某些规定存在局限性，例如欧盟法律规定的最高罚款额度为销售额的10%，而且从事限制价格行为的公

①　Christopher B. Barrett, "Food Aid And Commercial International Food Trade", *Background paper prepared for the Trade and Markets Division*, OECD. March 2002.

②　Sophia Murphy, "Concentrated Market Power and Agricultural Trade", *EcoFair Trade Dialogue. New Directions for Agricultural Trade Rules*, http://www. ecofair – trade. org, 2009 – 11 – 30.

司高级管理人员不得被起诉。①

西方跨国粮食垄断集团在全球扩张的一个重要步骤就是对粮食产业的上下游企业进行纵向并购，最常见的就是农药化学公司与农业种子公司的纵向联合，化学品公司涉足转基因作物研究和开发采用的方法是收购现有的种子公司，首先在工业化国家收购，随后在发展中国家收购，跨国公司负责提供上游生物技术研究，发展中国家的地方公司负责提供具有商业化优势的作物品种，大型农药化学公司并购发展中国家的种子公司后，开发出只能使用本公司杀虫药剂的转基因种子，从而实现双方业务和利润的紧密关联，这样市场集中程度不断加强。例如，在东南亚的泰国、菲律宾、越南和印度尼西亚的玉米种子市场集中已经到了警戒水平，嘉吉、先锋和 CP – DeKalb 三家公司控制了亚洲的种子市场，而随着孟山都公司的兼并行为，导致玉米种子市场只有两家公司竞争孟山都和先锋，先锋公司是由杜邦控制的，杜邦则是一家大型化学跨国公司。②

对纵向垄断行为，欧盟委员会和美国司法部都采取了较为宽松的做法，这方面它们深受芝加哥学派学说的影响。芝加哥学派认为，允许具有纵向关系的两个垄断者整合，可以消除双重加价现象，并导致较低的价格和较高的产量，在一定程度上有利于中小企业的发展，只要纵向垄断协议没有严重损害市场竞争则司法部门就不必介入，市场会自动调节整合各类资源。③

除此之外，西方国家之间还加强了反垄断法的合作。美国和欧盟于1991 年 9 月签订了《反垄断法执行的合作协定》，协定确立了信息合作和反垄断管辖权冲突解决机制。

西方国家政府为支持配合其跨国农业垄断集团扩张，在全球投资法律自由化方面采取了统一协调行动的政策。首先，对联合国跨国公司委员会推动制订《跨国公司行动守则草案》的计划，西方国家从 1972 年开始就采取抵制和刁难的态度，因为该行动守则强调东道国对跨国公司的进入和设业有管辖权，并且在资本转移和发生投资争议之后都要受到东道国管制。最终该守则谈判工作于 1992 年停顿下来。其次，西方发达国家成立的经济合作与发

① Christopher B. Barrett, "Food Aid And Commercial International Food Trade", *Background paper prepared for the Trade and Markets Division*, OECD. March 2002.

② Sophia Murphy, "Market Power in Agricultural Markets – Some Issues for Developing Countries", *South Centre Working Papers*, November 1999.

③ 张靖:《论对纵向垄断协议的规制》,《湖南师范大学社会科学学报》2008 年第 6 期。

展组织（OECD）也不遗余力地推动一系列投资自由化的法律出台。在OECD成立的第一年，就推出了两个自由化法典——《资本移动自由化法典》和《无形交易自由化法典》，这两个法典针对间接投资，与粮食产业对外投资无关，并允许成员国做出许多保留，但是这表明西方国家在很早就开始把推动资本自由流动作为主要目标。成员国包括美国、加拿大和墨西哥的《北美自由贸易协定》第11章承袭了美国对外双边投资条约的特点，确立了具有高度自由的投资规则，更为突出的是，该投资规则是与贸易等一起规定的，对以后投资法的发展和发展中国家接受自由化投资规则都具有极为深远的影响。而为了在全球最终扫除投资障碍，OECD还于1998年发起了多边投资协定（MAI）的谈判，从多边投资协定草案的内容来看，其核心规则与美国推行的高度自由化双边投资条约和《北美自由贸易协定》第11章的内容如出一辙，即要求东道国实行自由化投资准入，将国民待遇原则、最惠国待遇原则和非歧视待遇原则扩大适用到投资设业前后的各个阶段，而不仅仅限于投资进入后的经营运作阶段；该草案还力图废除所有形式的投资措施，限制东道国对外资采取诸如合营伙伴要求、转让技术要求等东道国管制外资的权利；要求东道国给予外资以公平公正待遇，征收应予禁止，除非基于公共利益、在非歧视基础上进行，对征收国有化要给予充分及时有效的补偿并依据正当的法律程序进行，外国投资者投资获得的利润应允许自由转移出境外。最终MAI因为发达国家之间在条约的例外事项、环境保护、劳工标准等诸多事项难以达成一致意见而搁浅[①]，但是MAI本身的酝酿过程就表明西方发达国家在推动投资自由化上存在广泛的利益，矛盾与利益共存。虽然MAI没有最终达成正式协议，西方发达国家仍然通过双边和区域协定的方式谋求推动投资自由化发展。

在西方国家政府的各种政策措施的配合下，西方国家的跨国公司在国际农业食品市场的集中度越来越高，一份2002年对农业市场销售前十位的公司的统计资料显示，全球五大种子公司是杜邦（美国）、孟山都（美国）、先正达（瑞士）、Seminis（美国）、Advanta（新西兰），农业化学品销售前几位的公司是先正达（瑞士）、拜耳（德国）、孟山都（美国）、巴斯夫（德国）、陶氏（美国）、杜邦（美国），在食品制造和贸易方面除了雀巢

---

① 西方国家劳工组织反对因担心MAI的签订会导致更多外资流出，从而影响发达国家国内就业，组织了大规模反对协议的游行示威活动，也是导致MAI谈判失败的一个重要原因。

（瑞士，排名第一）和联合利华（英国，排名第三）外，其余的均为美国公司。[1] 上述数据表明西方跨国集团在粮食产业具有相当的垄断地位，而杜邦、先正达、孟山都、嘉吉等大型跨国垄断集团更是实现了从种子、农药施肥、粮食生产与加工到终端销售整个产业链的整合。

四　西方国家对转基因技术及转基因食品的推广应用态度不一

由于转基因生物技术具有广阔的市场前景和社会效益，西方发达国家投入了大量的人力、物力用于生物技术的基础与开发研究，据统计，对转基因技术研究投资的 96% 是由发达国家进行的，为加强对转基因技术的保护。美国、欧盟、加拿大等西方国家协同一致，极力将知识产权纳入多边贸易体制的乌拉圭回合谈判，其中与发展中国家展开了激烈的讨价还价，后来以在农产品和纺织品贸易上西方发达国家作出大幅让步为条件，换取并补偿发展中国家接受高标准的知识产权条约规则所带来的损失，最终达成了一个妥协的多边协议——TRIPs 协议。

以转基因技术为核心的生物技术革命的一个显著特点是，科技研发工作不再是公共部门主导，而是由西方私营公司特别是跨国公司占据领导地位，并远远地把发展中国家抛在身后，据粮农组织的统计，世界前十强跨国生物技术公司每年用于农业研发的总经费近 30 亿美元。因此这些跨国公司竭尽全力对国际知识产权保护立法施加影响，使得它们的生物技术能够获得有效的保护。

在 WTO 知识产权协议后续谈判时，西方跨国农业垄断集团为了维持在转基因技术的垄断地位，通过各种方式在 WTO 中施加影响，它们在许多国家有众多的子公司和分支机构，因此能够渗透进这些国家的代表团。例如在乌拉圭回合谈判期间，美国驻 GATT 大使 Rufus Yerxa 于 1998 年加入孟山都公司，为之做过一段时间的律师，他现在是 WTO 的主任代表，在知识产权理事会相关条款制定时负责审查是否要求开发出新的生物专利技术的公司公布其基因来源。在谈判中印度、巴西和一些发展中国家极力主张应强制公开，这一主张自然会对生物技术产业发展构成极大阻力。而美国、加拿大等生物基因种子大量普及使用的国家，自然需要维护相关公司的利益，负责这一特殊领域问题谈判的美国代表理查德·克洛德是美国种子贸易联合会

---

① ETC Group（2003），转引自 Actionaid International，Power hungry：six reasons to regulate global food corporations. http：//www. actionaid. org. uk/_ content/documents/power_ hungry. pdf. 2009 - 8 - 20.

（the American Seed Trade Association，ASTA）的行政主管。[①] 最后对 TRIPs 协议的强制许可方面的修改集中在发展中国家更为关心的公共健康方面，2005 年 TRIPs 协议第 31 条修订，允许为公共健康目的，授权有生产能力成员国可颁布强制许可生产的药品出口到无生产能力国家，而未对转基因种子作出必须公开基因谱系的要求。

虽然西方国家在加强转基因技术知识产权制度方面步调一致，但是对转基因作物、转基因食品的推广应用和接受态度却存在一些差异。按照粮农组织的统计数据，至 2003 年，转基因作物已在 18 个国家 6770 万公顷土地上进行商业化生产，比 1996 年增长了 280 万公顷。虽然总体技术推广率是令人鼓舞的，但推广的地区分布很不均匀。仅 6 个国家、4 种作物就占到了全球转基因作物生产的 99 %。其中美国种植了世界上 1/2 的转基因作物，达42.8 百万公顷。阿根廷、巴西、加拿大、中国和南非则分别种植了 13.9 百万、4.4 百万、3.0 百万、2.8 百万和 0.4 百万公顷。[②]

数据表明转基因作物的商业化生产在欧洲受到了很大限制，因为以欧盟为代表的国家和地区对转基因产品的生产和市场投放采取了较为严格的管理体制，建立了诸如风险评估、风险监控体系，更为重要的是其对转基因食品和饲料采取了强制性标识制度，对转基因产品的商业推广就产生了消极影响，欧盟的严格管制制度反映出政府和消费者对转基因农产品的安全持谨慎态度。欧盟对转基因食品严格管制的政策与美国、加拿大等极力推广转基因产品的战略发生了激烈冲突，最终导致 2003 年美国正式将争端提交到 WTO 争端解决机构。

---

① Sophia Murphy，"Concentrated Market Power and Agricultural Trade"，*Discussion Papers*，*Eco - Fair Trade Dialogue*，Discussion Paper No. 1 / August 2006 .

② FAO：《农业生物技术：是否在满足贫困人口的需要？》，粮农组织出版物 2004 年（SOFA），第 35 页。

第 三 章

西方国家粮食战略主导下的
粮食贸易一般规则

第一节　小麦协定：不成功的多边粮食贸易规则

从 20 世纪 30 年代起，西方发达国家就一直谋求稳定的法律框架保障其输出剩余粮食，在长达 60 多年的时间里，国际小麦协定（国际谷物公约）一直是调整国际粮食贸易的主要法律规则。考察国际小麦协定及后来国际谷物公约的历史，我们发现多边粮食商品协定虽然为西方粮食大国所主导制定，但是率先违反协定的又往往是这些西方粮食大国。国际粮食贸易在市场供应富余、竞争激烈的情况下，西方粮食出口国为了各自的市场份额就会各自为战而不遵守协定所规定的价格和份额，这说明国际粮食贸易的复杂性和特殊性，通过合同安排强行直接干预国际粮食市场的价格和销售数量是不成功的。

一　从国际小麦协定到国际谷物公约

早在 20 世纪 30 年代，美国、加拿大就曾发起国际小麦协定，希冀以此解决粮价低迷问题。1933 年 8 月，美国、加拿大、澳大利亚、阿根廷和 18 个欧洲国家在伦敦签订了第一个国际小麦协定，在缔约国之间确立了出口配额，并要求 13 个进口国不得扩大自身的粮食生产，在国际粮价达到相当于 63 分币（金）/蒲式耳时减少进口关税。[1] 第一个国际小麦协定事实上是一个初步的瓜分市场的协议，为粮食进出口国之间提供一个稳定价格、稳定市场份额的协议。该协议由于执行不力而十分短命，到 1935 年即告无效。

---

[1]　Edward G. Cale and Osear Zaglits, *Intergovermental Agreements Approach to The problem of Agricultural Surpluses*, http://heinonline.org, 2010 - 3 - 20.

1933 年在伦敦还成立了小麦咨询委员会，负责会议组织和新协定起草工作，但该委员会的工作于 1939 年时因二战爆发被迫停止，1942 年 8 月国际小麦理事会（IGC）在华盛顿成立，取代了小麦咨询委员会，此后就由国际小麦理事会负责国际小麦协定的执行工作。

国际小麦协定于 1949 年、1953 年、1956 年、1959 年和 1962 年经历了多次修订，最后在 1965—1966 年达成了一年期的协议，缔约国一致同意国际小麦协定于 1967 年 7 月 31 日终止，由在关贸总协定肯尼迪回合签署的国际谷物安排取代。1949 年的协定在形式和内容上基本上奠定了以后国际小麦协定的模型，其主要规定有：（1）在一确定价格区间参与国保证出口或进口配额粮食的承诺；在这个多边协议框架下，进口方不需要再与特定出口方协商，就可在其进口配额内获得稳定的粮食供应，价格也不会超过事先规定的最高价。同样，出口方也将得到相应的出口份额保障，出口价格不会低于一个最低价格。出口国在完成出口配额后，可以在任何地方以任何价格出售任何数量的小麦，进口国在完成进口配额后，可以在任何地方以任何价格购买任何数量的小麦。（2）价格稳定机制：为了稳定粮价，建立一个粮食储备以缓冲粮价，其作用是无论国际粮价是否超过预期都可以通过出售储备量来保证将来粮食贸易的价格仍在预定价格区间内进行。（3）对进口方的特别保障：规定除非经过小麦委员会特别批准，出口国应保证供应其出口配额，这在粮食缺乏的情况下对进口国是一种保障。（4）营养计划：经过小麦委员会裁量才可以销售联合国粮农组织所提倡的营养计划的粮食，这种销售必须是上述协定所规定的商业粮食销售配额已经完成，同时出售的价格也不得低于限价。① 1949 年小麦协定内容比 1933 年小麦协定要复杂，但性质并没有发生任何变化，仍是粮食出口国与进口国之间的多边商品合同，其主要目的仍然是稳定粮食价格、保障粮食进出口份额。

参与 1949 年小麦协议国家间的小麦贸易几乎涵盖了 1948—1949 年度世界小麦出口总数的一半，其中美国的销售额就占到 37%。② 可见国际小麦协定对推动美国粮食外销起了一定的促进作用。但是它也有两个重要的缺陷，其一是缺乏产量控制要求，其二是缺乏灵活的价格区间。由于小麦协定安排之外国际价格实质上要高于协定所确立的价格，从长期来看，这个协定对粮

---

① H. Tyszynski, "Economics of the Wheat Agreement", *Economica*, *New Series*, Vol. 16, No. 61 (Feb., 1949), pp. 27 - 39, http://www.jstor.org/stable/2549416, 2010 - 3 - 20.

② Going Against the Grain "The Regulation of the International Wheat Trade from 1933 to the 1980 Soviet Grain Embargo", *Boston College International and Comparative Law Review*, 1982. Vol. v, No. 1, p. 240.

食进口国就更有利。基于此，在此后历年的国际小麦协定中，特别是 1959 年的小麦协定，在价格安排上更体现了美国、加拿大的价格政策。这样也导致一些成员国的不满，以至于有缔约代表质疑小麦协定存在的价值。

由于美国、加拿大为抢占世界粮食出口份额不惜违反国际小麦协定，各国于 1968 年达成国际谷物安排，它包括两项协议：《小麦贸易公约》和《粮食援助公约》。《粮食援助公约》是在美国以参加《小麦贸易公约》必须同时签订《粮食援助公约》为条件的情况下签订的。这一时期美国正在实施粮食援助外交战略，为了扩大影响并减轻美国独自支援发展中国家的负担，美国将《粮食援助公约》与《小麦贸易公约》捆绑到一起，当时西方国家同意提供 450 万吨为期 3 年的援助，美国占援助的 42%，加拿大占 11%，欧共体占 23%。[①]

从内容上看，小麦贸易公约的价格机制更趋合理可行，进口配额的安排也有较为可靠的保障。与小麦协定相比，该公约建立了价格评估委员会来保证粮食价格的稳定，该委员会分别由 5 个粮食出口国、5 个粮食进口国、欧共体等组成。如果国际粮价低于国际谷物安排的价格，委员会可决定小麦贸易公约是否暂停履行。由于缺乏生产控制和市场份额分配的有效措施，国际粮食市场又充斥大量的剩余粮食，最终使公约协定的价格无法维持，到了 1969 年夏天，《小麦贸易公约》变成了一纸空文。

从性质上而言，从 1949 年的小麦协定到 1968 年的《小麦贸易公约》是国际商品专项协定的一种，是多边条约的一种类型，属于契约性条约，相对于立法性条约，其所确立的规则不是普遍性的粮食贸易规则。[②] 由于小麦协定——《小麦贸易公约》对违反者没有惩治性规则，约束力不强，所以实质上是个多边合同安排，或者说是主要粮食出口国和进口国之间就市场份额和粮价所达成的短期粮食销售合同。基于对违约者的责任无法进行实质性制裁，也导致小麦协定屡屡被违反，不得不经常修订才能得以继续维系。但是在冷战的大背景下，它负有最低限度实现西方粮食大国确保粮食出口份额和稳定粮价的任务，实践证明，它稳定粮食市场的能力非常脆弱。

此后登场的是 1971 年的《小麦贸易公约》，美国认为之前 1949 年版本

---

① *Food Aid Convention*, June 30, 1976.

② 德国国际法学者特里派尔在《论国际法与国家法》将条约分为契约性和造法性两种，认为契约性条约不以立法为目的，不是国际法渊源，而造法性条约是国际法渊源。李浩培则认为凡是条约均是造法性的，只不过所谓立法性条约确立的是一般规则，其他条约确立的是个别规则。参见李浩培《条约法概论》，法律出版社 2003 年版，第 29—30 页。

的小麦协定所确立的价格机制过于僵硬，因此力主一个更灵活的文本。因此1971 年《小麦贸易公约》不再规定成员国销售和购买粮食的义务，这也事实上改变了国际小麦公约为国际粮食销售合同安排的特质。由于 1971 年《小麦贸易公约》对国际粮食贸易影响不大，并且长期没有修订，事实上处于失效状态，一直到 1986 年才有新的《小麦公约制定》，最后一次修订是1995 年的《国际谷物公约》。[1] 1995 年《国际谷物公约》的有效期至 1998年 6 月 30 日，除非理事会通过表决决定延长或者制定一个新的谷物公约取代之。[2] 从国际谷物理事会网站信息来看，除了粮食援助公约及时修订外，迄今为止再没有新的谷物公约出台或修订，也没有继续对 1995 年的公约延长，所以谷物贸易公约在法律上已失效。

　　考查 1995 年国际谷物公约文本内容，它与 1971 年的小麦公约除了条款先后次序有所调整外，实质内容没有根本变化，仍包括三大部分，第一部分是总则，规定了小麦公约的宗旨、定义、信息报告、市场行情的协商、商业性购买与优惠交易及指导性规则、报告与记录、争端和申诉；第二部分是行政管理，包括公约理事会组成、权利，表决权的构成等等；第三部分为最后规定，涉及条约签署、批准生效、执行、退出等程序性规则。国际谷物公约关于粮食贸易的实质性规则的规定是第一部分，其中最为重要的又是对优惠性购买（包括出口信贷和粮食援助等）的规定。不过 1995 年国际谷物公约并没有对优惠性粮食交易形成一个强制性规则，仅仅要求成员国不要采取干扰正常商业性粮食交易的方式，同时还要遵守联合国粮农组织的粮食剩余处理规则。由此可见，无论是早期的小麦协定还是后来的谷物公约，都没有形成关于国际粮食贸易的普遍性规则，或许国际谷物理事会并不是制定国际粮食贸易规则的理想场所，特别是在世界贸易组织成立之后，所以现在该理事会的主要任务就是对的主要粮食产品的市场情况及变动状况及时向成员国进行通报。

　　当《关贸总协定》生效的时候，小麦协定下成员国进出口小麦的义务就会与 GATT 规则发生冲突，《哈瓦那宪章》最后文本第四章就包含了对成员国在商品协定下义务的豁免条款，后来这条豁免规定被纳入《关贸总协定》第 20 条一般例外条款之中。之后 GATT 通过三种方式影响小麦协定，第一，通过联合国经社理事会和 GATT 自己的理事会建立一个评估和协商机

---

① *International Grains Council*：60 *years of successive agreement*，GEN（08/09）4，June 2009.

② Grains Trade Convention 1995：Article33（1）.

制；第二，签订一个与商品协定所涉贸易相关的框架；第三，通过 GATT 第
20 条（h）款的豁免条款，该豁免条款承认成员国为履行商品协定下的义务
可不执行 GATT。[①] 总之，GATT 是战后美国主导下重构国际贸易秩序的主要
规则，而小麦协定也是西方粮食大国直接干预粮食贸易的分配市场的一种方
案，二者并存只能说明国际粮食贸易之复杂，即使是霸权国也不能一意孤
行，任意制定有利于自身的粮食贸易规则，而只能随着国际贸易的发展形势
的逐渐变迁来伺机而动。此外当《关贸总协定》生效之时，西方粮食大国
的粮食战略还没形成清晰的脉络，出口粮食——占领国际市场份额是这些国
家最基本的诉求，粮食还没有成为美国等霸权国的战略武器，所以这一时期
的粮食贸易规则自然也没有形成很明确的体系。

二　双边粮食贸易协定

在国际小麦协定和谷物公约的框架之外，西方粮食出口国还通过双边协
定来保障粮食出口。双边协议的方式多样，有的是进出口双方就一定时期进
出口粮食数额的合同安排，如美国—苏联 1972 年谷物协定和 1975 年谷物协
定，美—苏之间的协定只是双方为了避免 1971 年苏联因为粮食歉收而突然在
国际市场大量采购粮食导致粮食供不应求的情况而出现的，是为了在双方之
间建立较为稳定的供求关系。还有的双边协定是建立双边信息交流，例如美
国与波兰、东德、日本、以色列、中国台湾地区等签署谅解备忘录，这种双
边谅解建立的只是双方的交流机制，连合同安排都算不上，其效果可想而知。

总之，双边协定不能形成有效的国际粮食贸易规则，虽然双边协定能够
及时灵活根据市场变化对进出口数额作出调整，甚至可以建立长期的市场销
售计划，但是难以形成一个稳定的规则；此外，也是很重要的一点，双边协
议不能提供粮食供需平衡所需要的国际合作，而没有达成双边谅解的国家自
然会从其他途径进口粮食，这显然不能达到西方粮食大国控制市场的目的。
总之，双边粮食协议对国际粮食贸易的影响并不大，它仅仅只是美国等国家
在国际市场销售粮食的一种补充规则而已。

三　粮食禁运与小麦协定

美国、加拿大、澳大利亚等西方国家占据国际粮食市场出口份额的绝大

---

① Going Against the Grain，"The Regulation of the International Wheat Trade from 1933 to the 1980
Soviet Grain Embargo"，*Boston College International and Comparative Law Review*，1982，Vol. v，No. 1，
pp. 23 – 70.

部分，美国谷物出口往往占到世界出口总量的一半左右，相当于这些西方国家抓住了一些粮食进口国的"粮袋"，因此美国等西方国家除了利用粮食援助实现其政治与外交目的，有时还运用粮食禁运手段谋求政治目标。20 世纪 50 年代以来，发生了 10 次食物禁运，其中 9 次禁运目标国为发展中国家，1 次为苏联；8 次禁运是由美国发起的。[①] 10 次食物禁运中至少有一半属于部分或全部中断援助性粮食出口，而不是商业性粮食出口禁运，真正对商业性粮食出口实施禁运只有一次，就是美国 1980—1981 年对苏联实施的粮食禁运。即使是中断粮食援助，也未能完全达到禁运国的政治目标，只能部分得到受援国的妥协。因为粮食受援国普遍经济发展水平较低，粮食安全依赖于外来援助解决，本身缺乏外汇，无力在商业性国际粮食市场上采购急需的粮食，中断粮食援助会造成受援国粮食供应陷入困境，因此受援国不得不在政治上向实施禁运国一方作出妥协。

1979 年 12 月 24 日，为制裁苏联军队入侵阿富汗，美国政府宣布对苏联实施粮食禁运，同时参加禁运的还有加拿大、澳大利亚、欧盟等盟国，但是这些盟国并非绝对不向苏联出口粮食，只是保证他们向苏联出口粮食不超过"正常和传统"水平。当时，苏联粮食歉收，计划进口 3400 万—3700 万吨粮食，并已决定从美国进口 2500 万吨粮食，所以形势似乎对美国采取粮食禁运达到政治目的极为有利。禁运并未如期获得成功，不仅粮食出口大国阿根廷拒绝参加禁运，而且粮食通过不参加禁运的第三方源源不断输入苏联，事实上，苏联 1979—1980 年贸易年度进口粮食高达 3120 万吨，与其计划进口规模仅相差 10% 左右。1981 年 4 月，美国宣布解除禁运，终结了这次历史上规模最大的，历时 16 个月的商业性粮食出口禁运。[②]

显然，通过禁运干涉国际粮食贸易规则的正常运作，在现实中存在较大困难。首先，禁运不得与国际粮食双边协议及多边粮食商品协定发生冲突。从法律性质上来讲，国际粮食双边协议及多边粮食商品协定虽属于级别较低的行政协定，但仍是具有国际法效力的条约，因此，禁运一开始美国不得不遵守 1975 年美苏签订的粮食贸易长期协定规定，对美国有义务出口的 800 万吨粮食不实施禁运措施。

其次，国际粮食贸易规则建立的基础是平等自愿、等价有偿。以政治性统

①　Winters, L. A., "Digging for victory: Agricultural policy and national security", *The world economy*, （1990）Vol. 13. 转引自卢锋《粮食禁运风险与粮食贸易政策调整》，载《中国社会科学》1998 年第 2 期。

②　卢锋：《粮食禁运风险与粮食贸易政策调整》，《中国社会科学》1998 年第 2 期。

一行动扭曲商业性贸易规则，其代价不仅包括实施者本身为此需要付出的利润损失以及失去一部分粮食销售的市场，而且还包括对同盟者的商业损失。这样一方面禁运发起国应为此承担最大的成本，另一方面又无法对其他参与国图谋扩大粮食出口，提高市场占有率的行为进行控制。由于对参与禁运各方的损失计算及补偿都没有合理的方案，对于禁运国的私营粮商来说，通过走私渠道或者这些私营粮商的海外公司向禁运对象国出口粮食谋求利益在所难免。

最后，世界粮食市场长期具有买方市场性质，主要出口国面临保持和扩大出口市场份额的竞争压力。由于粮食进口国可以通过多种渠道进口粮食，实施禁运国不可能完全堵绝目标国的进口渠道，对一个具有支付能力的进口国来说，是不会轻易受到商业性粮食禁运的损害的。总之，禁运实施国不得违背其在国际粮食贸易规则下的义务，当国际粮食贸易规则调整的范围越来越广时，禁运就会受到越来越多的限制。

第二节　GATT（关贸总协定）时期的粮食贸易规则

国际小麦协定（国际谷物公约）的历史表明，由政府直接干预国际粮食贸易销售价格和数量的方式是不成功的。因为粮食贸易具有政策性、战略性和易受风险影响等多重特点，粮食进出口大国政府对粮食生产的支持和贸易政策会对国际粮食市场的供应、销售产生极为重要的影响。因此要建立有序的国际粮食贸易规则，应首先对各国的粮食生产及贸易政策进行协调和管制，而不是舍本求末，对扭曲国际粮食贸易的各国国内政策不置一词而直接去干预市场。

美国作为实力雄厚的霸权国和粮食大国，早已深刻认识到将各国贸易政策纳入 GATT 贸易体制能够有效实现自己的多重战略目标。美国粮食战略是随着国际政治经济发展变化，粮食国际市场变动以及自身粮食生产状况而逐步演进的。在冷战时期强烈的政治气候影响下，粮食开始被视为争夺冷战胜利不可或缺的工具，因此，此时美国及其盟国的粮食战略由处理剩余粮食问题逐渐演变成将粮食援助作为控制影响发展中国家的外交工具。此外，冷战初期，西欧由于美国的马歇尔计划逐渐复兴，但是发展中国家却深深为农业发展极不稳定和缺粮所困扰，这些发展中国家缺乏外汇来购买粮食，因而西方粮食大国的粮食战略只能通过粮食援助方式来实现，因此这一时期的粮食贸易只有很少一部分是在市场自由运作的基础上发生的。例如 GATT 时期，1981 年美国诉欧共体面粉案中，专家小组调查发现欧共体和美国大量的面粉出口（约占世界总量的4/5）都是通过出口补贴或非商业交易（优惠销售或粮食援助）实现的，因此面粉贸易的水平和条件都是高度人为干预的结果。[1] 在这种情况下，美国没有强烈的动力推动粮食贸易自由化。所以在很长一段时期（一直到70年代）粮食贸易主要受政府间合同性质的国际小麦协定（国际谷物公约）调整，而没有受到 GATT 规则的严格约束。及至 GATT 后期东京回合谈判期间，欧共体开始通过出口补贴倾销剩余粮食，严重影响了美国粮食输出战略，为此，这些西方粮食大国之间围绕 GATT 粮食贸易规则的内容展开了针锋相对的斗争。

一　GATT（关贸总协定）的成立及基本贸易规则

二战后美国及其盟友在勾画战后国际秩序蓝图时，不约而同地把建立自由的贸易体制和稳定的金融秩序列为基本内容。[2] 与战后顺利建立起的国际货币的布雷顿森林体制相比较，建立国际贸易秩序的努力可谓一波三折，1948年哈瓦那外交会议拟定了国际贸易组织宪章（通称哈瓦那宪章）计划建立国际贸易组织，但因无法获得美国国会的支持而胎死腹中，最终只好让《关税与关贸总协定》根据《临时适用议定书》"生效"，以便尽早实施先期成员国关税减让谈判的成果，结果《关税与关贸总协定》从1948年开始，"临时"适用了近半个世纪。

GATT 通过国民待遇、最惠国待遇、关税减让、禁止数量限制、禁止出口补贴和约束国家专营贸易等原则和措施，构建起一个以贸易自由化为理念的国际贸易体制，并在从1948年到1994年的47年间，主持了8轮多边贸易谈判，使制成品的世界平均关税由1947年的40%降到1994年的5%，世界贸易流量得到巨大增加。[3] GATT 所确立的自由贸易规则完全是按照美国的计划所构建的，二战后美国的经济实力和经济规模使得其具有无可匹敌的霸权地位，并需要多边自由贸易体制推销美国强大的生产能力所制造出来的产品，虽然建立正式的国际贸易组织因美国国会阻挠而流产了，但是美国主导多边自由国际贸易规则实现国际贸易霸权的战略意图已经基本实现。

---

[1]　European Economic Community Subsidies on Export of Wheat Flour, *Report of the Panel* (*unadopted*), 21 March 1983, SCM /42, para. 4. 20—4. 22.

[2]　赵维田：《世贸组织（WTO）的法律制度》，吉林人民出版社2000年版，第7页。

[3]　GATT 第1、2、3、6、11和17条分别规定的是最惠国待遇原则、关税减让原则、国民待遇原则、禁止出口补贴、禁止数量限制和约束国家专营贸易。这些规则体现了 GATT 促进市场开放的自由贸易理念。参见左海聪《国际贸易法》，法律出版社2004年版，第209页。

二 美欧粮食战略对 GATT 粮食贸易规则的影响

虽然 GATT 构建的是符合美国战略意图的自由贸易体制，但是美欧两大贸易实体都采取了对农产品进行贸易保护的政策，可以说 GATT 体制下没有形成有效的粮食贸易规则是美欧粮食战略共同作用的结果。

（一）美国背离 GATT 禁止数量限制和关税减让原则，导致豁免的滥用

为了解决粮食过剩危机，美国战后继续对国内粮食生产进行价格支持，对一部分农产品进行进口限制和通过出口补贴扩大粮食出口，美国制定了一系列法律，主要有：

第一，《1933 年农业调整法》。依据该法，美国采取了限制粮食生产政策，作为参加限产计划的回报，主要农产品的生产者可以通过无追索权贷款和差额补贴制度，从政府部门获得价格支持。为了有效控制国内农产品供应总量，提高农产品价格，还必须同时对进口农产品采取限制措施。为此1935 年修订的美国《农业调整法》第 22 条规定，可以对进口农产品加征税费或实施数量限制[1]，该法增加第 32 条，规定全部海关收入的 30% 交由农业部长来促进农产品出口和国内消费，其中促进出口的措施即为出口补贴。

第二，《1937 年农业经销协定法》。该法规定，美国政府可根据国内农产品的数量、质量等方面的考虑对农产品的经销加以限制，不言而喻，这样的规定主要是针对进口产品。[2]

第三，依据罗斯福总统 1933 年 10 月的行政命令，成立农产品信贷公司，负责向农场主提供贷款，储存和处理剩余农产品。美国政府则可通过该公司的信贷措施调控粮食供应及市场价格。

这些法律集中体现了美国政府对国内粮食生产进行保护和对国外粮食进口进行限制的态度，由此也表明自由贸易绝非美国农业政策所恪守的原则，也并不会因为 GATT 的成立而有所改变。

美国粮食援助外交粮食对美国将粮食贸易置于与工业品贸易不同的规则也有很大影响。美国的粮食出口有相当比例是通过粮食援助来实现的，这一时期甚至只有 480 公法计划促进了粮食出口，帮助减轻一部分粮食剩余。[3]例如美国 1959 年 6 月 30 日，480 号公法与共同安全法等特别计划下出口的

① 龚宇：《WTO 农产品贸易制度研究》，厦门大学出版社 2005 年版，第 59 页。

② 王贵国：《世界贸易组织法》，法律出版社 2003 年版，第 305 页。

③ Daniel G. Amstutz, "International Impact of U. S. Domestic Farm Policy", *American Journal of Agricultural Economics*, Vol. 66, No. 5, Proceedings Issue（Dec. 1984）, pp. 728 – 734.

小麦占美国小麦总出口的 75%，大米的这一比例为 59%，植物油为 57%，棉花为 35%；1963 年仍如此，小麦、植物油、大米、棉花的援助出口占总出口比例分别为 75%、54%、53% 和 33%。[①] 美国剩余粮食库存量从 1960 年的 90 亿美元下降到 1963 年的 72 亿美元。这样美国也就没有急切的愿望将粮食贸易纳入 GATT 体制之下。

国际粮食市场价格长期低迷的现实也迫使美国继续对国内农业生产采取保护措施。此外，当时发展中国家由于外汇有限，无力进口来自北美的粮食，不得不采取自给自足的粮食政策，许多国家甚至缩减了粮食和其他商品的进口。[②] 这样美国也无法通过 GATT 管制下的国际粮食贸易扩大粮食销售，对粮食进行贸易保护成了当时的主旋律。

所以在 1946—1948 年谈判达成《关税与关贸总协定》时，美国就有意识地在协定中为自身的粮食政策量身打造一些例外条款。例如 GATT 第 11.2 条有条件允许对农渔产品作数量限制和第 16 条关于初级产品补贴的规定。[③] 这种对进口农产品的数量限制的规定，也与西欧国家保护国内粮食生产的战略不谋而合，因而，它们对美国所坚持的第 11.2 条的例外是乐观其

---

① 王慧英：《肯尼迪与美国对外经济援助》，中国社会科学出版社 2007 年版，第 179 页。

② FAO：*The State of Food and Agriculture* 2000.

③ GATT 第 11 条是关于禁止数量限制的规定，其中第 11.1 条确立了普遍禁止数量限制的一般纪律，而第 11.2 条则创设了一些例外，主要是农产品数量限制例外。相关规定如下：第 11 条，普遍取消数量限制

1. 除关税、国内税收或其他费用外，任何缔约方均不得对来自其他缔约方境内的产品的进口或去往其他缔约方境内的产品的出口或为出口而进行的销售，设置或维持禁止或限制措施，无论其通过配额，进出口许可证或其他措施实施。

2. 本条第 1 款的规定不适用于下列措施：

（a）为防止或缓解出口缔约方粮食或其他必需品的严重短缺而临时实施的出口禁止或限制

（b）为实施国际贸易中关于商品归类，分级和营销的标准或规章所必需的进出口禁止或限制

（c）对于以任何形式进口的农渔产品的进口限制，凡为执行下列政府措施所必需者

（i）限制国内同类产品的产销数量，或者若国内不存在同类产品的大量生产，则为限制可直接替代进口产品的国内产品的产销数量；或

（ii）免费或以低于现行市场水平的价格将剩余产品提供给某些国内消费群体，以消除国内同类产品的暂时过剩，或者若国内不存在同类产品的大量生产，则为消除可直接替代进口产品的国内产品的暂时过剩；或

（iii）限制任何动物产品的许可生产数量，凡其生产完全或主要直接依赖进口产品，而（iii）该产品的国内产量相对而言微不足道

根据本款，c 项对任何产品的进口实施限制的任何缔约方，应公布今后特定时期内许可进口的产品的总量或总值以及该总量或总值的任何变更。此外，依上述 i 项实施的任何限制，不应减少进口总量相对于国内生产总量的比例，以使其低于无限制情况下可合理预期的两者间的比例，在确定此比例时，该缔约方应适当考虑前一代表性时期的比例，以及可能已经影响或正在影响相关产品贸易的任何特殊因素。

成的。

但是 GATT 体制下对粮食等农产品实行数量限制和补贴等保护措施属于例外性规则，GATT 自由贸易规则同时适用于农产品和工业品贸易，因而 GATT 所推崇的自由贸易规则实在不符合冷战形势下美国的粮食战略。美国的粮食战略要对外以优惠贸易方式谋求将受援国纳入西方的政治阵营，同时又要防止过度的自由商业竞争打压粮食价格，侵害国内农户的利益，这种例外性条款显然不能胜任实现美国粮食战略的重任。

为了保护国内农产品，在 1951 年 6 月，美国国会对《农业调整法》第 22 节作了修订，使得行政部门（总统）依照该节规定对农产品进口实施的数量限制和加征关税完全不再受美国所缔结的国际条约限制。[1] 随后依据该条例，美国对一系列农产品采取进口配额限制，这些农产品主要是粮食类，包括小麦、花生、燕麦、大麦、棉花和其加工品以及奶酪等。[2] 由于限制的产品中包括了从荷兰进口的奶酪，最后引发荷兰不满而起诉至 GATT。1951 年 10 月，GATT 工作小组正式裁定美国的乳制品进口限制措施违反了 GATT 第 11 条。美国对裁决结果极为不满，态度强硬拒不执行 GATT 的裁决，缔约方全体于 1952 年授权荷兰采取报复措施，对来自美国的 6 万吨面粉实施进口限制，这也是 GATT 历史上唯一的一次报复授权。

但是美国毫不退让，美国国务院声明美国国会从不接受任何国际组织建议它采取任何国内政策。为了一劳永逸地解决《农业调整法》第 22 节与 GATT 规则之间的冲突，使得美国粮食战略不受到国际贸易规则的羁绊，美国在 1955 年的 GATT 评审会议上就第 22 节向缔约方全体提出豁免请求，要求根据 GATT 第 25.5 条免除其在 GATT 第 2 条、第 11 条下承担的义务。在美国以退出多边贸易体制相威胁的情况下，缔约方全体被迫按照第 25 条给予美国农产品无限期的豁免义务。这种豁免让美国可以随心所欲地对粮食进行进口配额限制。这种保护主义的大门一旦打开，其他各国纷纷仿效，比利时和卢森堡先后请求 GATT 允许其继续对大量农产品贸易实施临时数量限制，德国亦就农产品数量限制问题与其他缔约方进行了交涉，继而日本和加拿大也采取各种办法逃避 GATT 下对农产品的义务，最终导致贸易保护主义

① *Agriculture Adjustment Act of* 1933 *Section* 22（f），amended June 16，1951，Chapter 141，Sec. 8（b），65Stat. 75. 转引自龚宇《WTO 农产品贸易制度研究》，厦门大学出版社 2005 年版，第 59 页。

② 王贵国：《世界贸易组织法》，法律出版社 2003 年版，第 308 页。

怪招迭出，杂草丛生。[①]

1955 年，GATT 缔约方全体经过审议决定在第 16 条中增加 B 节——关于出口补贴的补充规定，B 节要求成员国自 1958 年 1 月 1 日应停止对任何非初级产品的出口直接或间接给予任何形式的补贴，但是对农产品（初级产品）却采取了非常宽松的规定，要求成员国对初级产品"尽量避免使用"出口补贴，出口补贴的使用不得使该产品在世界出口贸易中占有"不公平的份额"。"尽量避免使用"、"不公平的份额"的措辞给使用国留下相当大的空间，这自然也是美国战略运作下的产物，美国因农产品严重过剩时常通过出口补贴来处理过剩产品，美国自然不希望在农业补贴上受到严格限制。

20 世纪 70 年代，欧共体共同农业政策实施后欧共体粮食产量节节攀升，欧共体不仅实现了粮食自给，而且还有剩余粮食以出口补贴方式在国际粮食市场上抢占美国的份额，这样美欧之间在粮食战略上开始出现矛盾，最终出现冲突，1981 年美国诉欧共体面粉出口补贴案便是它们之间矛盾激烈化的反映。美国自肯尼迪回合开始就试图对欧共体共同农业政策进行约束，推动农产品贸易自由化，但是欧共体已经羽翼丰满，不能接受任何有损共同农业政策的谈判方案，最终在东京回合也没有在农产品贸易规则取得新的进展。

（二）欧共体共同农业政策与 GATT 农产品贸易规则

GATT 体制下农产品贸易规则付诸阙如，其中很大一部分原因也是欧共体粮食战略运作的结果。在共同农业政策生效之前的 GATT 狄龙回合谈判中，欧共体就对将要纳入共同体管理的粮食、饲料、乳制品、食糖等产品决定撤回原来的关税承诺并拒绝对新的关税税率进行约束，当时欧共体的粮食战略是首先确保区域内部粮食自给自足，因此必须通过关税等措施对区域内部粮食进行保护，但是撤回关税承诺违反了 GATT 规则。最终美欧之间达成了妥协后欧共体的撤回未再遭遇任何反对意见。欧美妥协协议包括两项，一项涉及棉花、大米、家禽、大豆，另一项涉及优质小麦，即双方主要在粮食贸易方面对美方既有权利予以保证，并要求欧共体在共同农业政策生效前不得对农产品贸易采取更严格的限制性措施。此外，狄龙回合谈判时，欧共体为换取美国允许不将谷物类列入约束关税，对于以前主要通过关税保护的些次要农产品和加工食品作了一定程度的关税减让和约束承诺，其中对油籽、大豆、豆粉、豆饼等进口作了零关税承诺，并将一些饲料、谷物替代品

---

① 赵维田：《世贸组织的法律制度》，吉林人民出版社 2000 年版，第 243 页。

的关税削减至零或较低的水平。

共同农业政策建立后，欧共体首先就面临其共同关税政策及区域特惠制度是否与 GATT 最惠国待遇制度相符合的问题，GATT 缔约方全体曾成立专门委员会对罗马条约与 GATT 相符性问题进行审查，但是在美国的坚定支持下，审查工作最后不了了之，欧共体的成立也在事实上被 GATT 所认可。[①] 因为一个经济上进行有效联合的共同体不仅能够为美国提供更广泛的市场，而且能大大增强冷战时期西方政治、军事同盟的实力，从而最终为盟主国美国的利益服务。但是在 GATT 此后的谈判中，美欧之间围绕粮食问题不断周而复始地上演着矛盾—斗争—妥协的故事，美欧在粮食等许多农产品的立场并不保持一致，在 GATT 狄龙回合、肯尼迪回合中美国经常性地对粮食问题在保护主义和自由贸易之间摇摆不定，但欧洲一直是坚定不动摇地在各个回合谈判中坚持贸易保护主义。

共同农业政策为欧共体农业构筑了一道严密的保护网，对内实施目标价格，以较高价格来保障农民的稳定收入，对进口农产品征收"差价税"，即按世界市场低价和欧共体内的高价的差额来确定关税。差价税完全抹掉了外国农产品的价格优势，实际上起着禁止进口的职能，引起 GATT 其他缔约方的强烈不满。虽然在 GATT 的历次谈判中欧共体不断受到来自美国、凯恩斯集团的压力，但是欧共体都坚持不对大宗农产品给予更多的市场准入。

肯尼迪回合谈判时，各缔约方对农产品贸易问题的谈判方略基本达成共识：对那些受零关税约束的农产品（如大豆）应维持现状，对于主要依赖关税保护的农产品应就关税约束和减让进行谈判；对于那些主要的大宗农产品，即粮食产品，特别是欧共体共同农业政策调控下的农产品，应通过"综合性商品安排"的方式加以处理，这样做的目的就是将粮食排除在 GATT 规则约束之外。尽管存在这一共识，但由于美欧之间对粮食问题态度存在分歧，谈判很不顺利。最后因为欧共体的谈判方案处处碰壁，欧共体不得不提出限制粮食自给率方案，即各国根据一定比例限制本国的谷物自给率（国内产量与国内消费量之比例），超过限制比例的谷物产量应通过粮食援助等非商业途径加以处理，从而确保世界谷物市场的最低价格，维护出口国的市场准入机会，并迫使谷物产量超过限制比例的国家自行承担处理超量谷

---

① Miguel Montana - Mora, "International Law and International Relations Cheek to Cheek: An International Law/International Relations Perspective on the U. S. /EC Agricultural Export Subsidies Dispute", *North Carolina Journal of International Law&Commercial Regulation* Vol. 19, 1993, pp. 15 - 16.

物的成本。这个方案与美国和中小谷物出口国 1965 年在关于谷物的谈判中提出的建议不谋而合。随后在美国的引导下于 1967 年 6 月 30 日，各国签署了《关于国际谷物安排谈判之基本要件协议备忘录》。《国际谷物安排》的谈判于同年 7—8 月在联合国粮农组织的主持下完成，最终形成了对当时国际粮食贸易产生重要影响的两项协议：《小麦贸易公约》和《粮食援助公约》。但是这两项公约并没有影响欧共体的粮食生产，到 1970 年，欧共体六国便实现了粮食自给，至 80 年代欧共体粮食产量越来越多，1973—1991年，连欧共体农产品年均增长 2%，但内部消费年均增长仅为 0.5%，1991年库存就达 37 亿埃居。这给欧共体自身带来沉重的财政负担，欧共体对农业支持的预算支出（欧洲农业指导及担保基金 EAGGF 支付）从 1975 年的45 亿埃居增加到 1991 年的 115 亿埃居，虽然 EAGGF 开支大增，但几乎有一半用在处理剩余库存和出口补贴上，不仅严重扭曲了国际粮食市场，连欧共体农民收入也没有得到显著提高。①

20 世纪 70 年代末期，欧共体逐步成为世界上重要的粮食出口国，欧共体不仅采取出口补贴鼓励粮食出口，还对进口粮食实施贸易壁垒。欧共体农业政策引起美国、加拿大和澳大利亚等凯恩斯集团的不满，美国等需要打开欧共体农业市场，因此美国等在东京回合提出农产品要大幅度减税、取消进口数量限制、实现较大程度的自由化。欧共体则主张其共同农业政策的原则是不可谈判的，要求农产品与工业产品区别对待；谈判的重点应是通过货物协定稳定世界农产品市场。双方经过激烈的讨价还价，达成了《国际牛肉协议》和《国际奶制品协议》，但在谷物问题方面尚未达成任何结果。

三 GATT 时期的粮食贸易规则

GATT 时期并没有专门针对农产品形成特殊的规则和协议，也就是说，有关工业品的贸易规则是同时适用于农产品的。所以理论上，农产品贸易要遵循 GATT 贸易体制所确立的一般原则，即最惠国待遇原则、国民待遇原则、关税保护和减让原则、一般取消数量限制等。但是，国际粮食市场的两大成员方美国和欧共体都率先在关税、数量限制方面背离 GATT 规则，而对其他发达国家成员方来说，也面临工业快速增加、农业生产下降而如何保障农民收入的社会压力，因此也寻求将农业区别于工业部门实施不同待遇。

---

① NC Baltas, *The Common Agricultural Policy：Past，Present and Future*，http：//aei. pitt. edu/2221/，2010 – 4 – 10.

（一）市场准入：粮食高关税和数量限制例外

在 GATT 时期，农产品的关税保护要高于其他部门，例如在对 11 个发达国家的 1983 年的关税数据进行调查显示，食物类产品的进口关税税率最高，平均关税率达 5.5%，而燃料和化工产品分别只有 0.6% 和 3.1%。[①] 而且很多成员长期没有将粮食类产品纳入关税约束范围，欧共体在狄龙回合和肯尼迪回合就一直没有将谷物类产品纳入关税谈判之中。在乌拉圭回合之前，欧共体的粮食关税也大大高于热带产品的关税（见表 3-1），反映了其对粮食产品高度保护的政策一直得到延续。

表 3-1　　　　　　　　　　西方国家主要农产品关税税率

	欧盟		日本		美国	
	乌拉圭回合前	乌拉圭回合后	乌拉圭回合前	乌拉圭回合后	乌拉圭回合前	乌拉圭回合后
生咖啡	5	0	0	0	0	0
可可豆	3	0	0	0	0	0
调味剂	10	1	6	4	< 1	< 1
热带新鲜水果	9	5	17	4	7	5
热带去壳坚果	3	2	6	1	< 1	< 1
烟草	20	16	0	0	11	8
含油种子	0	0	0	0	< 1	< 1
植物油	17	12	9	5	2	< 1
糖	297	152	126	58	197	91
大米	361	n. a.	n. ap.	n. ap.	5	n. a.
小麦	170	82	240	152	6	4
粗谷粒	134	n. a.	233	n. a.	8	n. a.
奶制品	289	178	489	326	144	93
肉制品	96	76	93	50	31	26

注：[1/] 1995 糖、小麦、粗谷粒、大米、奶制品等产品。

n. a. 指未能获得数据，n. ap. 指未关税化产品（延期关税化的产品）。

资料来源：http://www.fao.org/docrep/003/x7353e/X7353e04.htmJHJcomm3，2010-4-10.

GATT 时期粮食贸易规则不同于工业产品规则，不仅仅是体现在很多成员国粮食受到超额关税保护甚至没有纳入关税约束范围，这极大损害了

---

① Joachim Zietz, Alberto Valdé, "Agriculture in the GATT: an analysis of alternative approaches to reform", No 70, *Research reports from International Food Policy Research Institute* (*IFPRI*), p. 14.

GATT 关税减让原则的效力，更为严重的是美国等率先在 GATT 规则起草过程中就纳入一些对自身有利的例外规则，使得农产品几乎不受 GATT 规则管制。这些例外规则最显著的是 GATT 第 11.2（c）条关于数量限制例外和第16 条关于初级产品补贴的规定。

GATT 第 11.2（c）条主要是为了满足美国保护国内农、渔产品政策需要而制定的，它规定对于以任何形式进口的农、渔产品的数量限制，凡为执行以下三类政府措施所必需者，可以不受第 11.1 条的普遍取消数量限制的约束：i 为限制国内同类产品或直接替代产品的产销数量；ii 为消除国内同类产品或直接替代产品的暂时过剩；iii 为限制其生产完全或主要依赖进口产品的任何动物产品的许可生产数量。

不过要成功援用 GATT 第 11.2（c）条数量限制例外必须满足严格的条件，例如援用频率最高的为 i 项，援用的条件是：首先，对进口农产品实施的限制措施应是"必需的"；其次，对进口实施的限制必须同时也对国内产品实施；最后，进口限制不应减少进口总量相对于国内生产总量的比例，以使其低于无限制情况下可合理预期的两者间的比例。GATT 争端解决实践表明，专家小组和上诉机构在判断任何限制措施是否符合 GATT 第 11.2（c）条的条件时往往从严界定，从而进一步增加了援引例外的难度。据统计，在1948—1989 年间涉及 GATT 第 11.2 条例外的争端约有 16 起，但没有一起争端涉及的进口限制措施被认定为完全符合援引例外的条件。① 也正因为如此，美国发现很难援用该条对国内农产品进行保护，遂于 1951 年修订《农业调整法》第 22 节，宣布美国所实施的数量限制和加征关税不受贸易协定的限制，并进一步在 1955 年提出了对 GATT 第 11 条和第 2 条的豁免。美国的豁免延续了 40 年，直至乌拉圭回合，美国利用豁免对糖、花生、奶制品进行限制，虽然没有涉及粮食，但是美国起了很不好的示范作用，许多发达国家纷纷效仿，由此造成了农产品脱离 GATT 规则管制的严重后果。②

（二）出口补贴规则不清，未对国内补贴进行管制

最初 GATT 只有一个条款是关于补贴问题，即第 16 条，要求成员国对任何形式的收入和价格支持，其直接或间接增加了产品的出口或减少了某种产品的进口，都应该履行通知义务。上述内容后来成为第 16 条第 1 款，可

---

① 龚宇：《WTO 农产品贸易制度研究》，厦门大学出版社 2005 年版，第 83 页。

② R. Sharma, *Agriculture in the GATT: A Historical Account*, http：//www.fao.org/docrep/003/x7352e/x7352e04.htm，2010 - 4 - 20.

见 GATT 成立之初并没有禁止成员国对国内和出口产品实施补贴。到 1955 年增设了 GATT 第 16 条 B 节关于出口补贴的附加规定，在这个部分，第 16.1 条认为出口补贴具有损害效果，因此在第 16.2 条要求"缔约方应寻求避免对初级产品的出口使用补贴。但是，如一缔约方直接或间接地给予任何形式的补贴，并以增加自其领土出口的任何初级产品的形式实施，则该补贴的实施不得使该缔约方在该产品的世界出口贸易中占有不公平的份额，同时应考虑前一代表期内该缔约方在该产品贸易中所占份额及可能已经影响或正在影响该产品贸易的特殊因素"。简言之，该款实质上允许成员国对包括农产品在内的初级产品使用出口补贴，但前提是出口补贴的实施不得使缔约方在相关产品的世界出口贸易中占有"不公平的份额"。

何谓"不公平的份额"？第 16.2 条规定了确定公平份额应该考虑的两个因素，第一是前一代表期内该缔约方在该产品贸易中所占份额，第二是可能已经影响或正在影响该产品贸易的特殊因素。但是这两个考虑因素仍然非常含混，所以在具体案例中就很容易发生争议。GATT 时期关于粮食出口补贴的几起著名案例都是发生在西方粮食出口大国之间，1958 年的澳大利亚诉法国小麦及面粉出口资助案中专家小组裁定出口补贴成立，虽然专家组最终认定出口补贴导致法国的小麦和面粉出口超出了公平的份额，不过该案专家组并没有提出"公平份额"应如何判断，只是澄清了公平份额应理解为世界市场份额而非个别市场份额。

1979 年东京回合达成了《反补贴守则》，但是该守则是美欧妥协的产物，在欧共体不允许对共同农业政策的出口补贴有所改变的情况下，新达成的反补贴守则自然不会在出口补贴纪律方面作出严格规定。1979 年《反补贴守则》第 10 条是有关"对某些初级产品提供的出口补贴"纪律，基本上重复了 GATT 1947 第 16.3 条的内容，只是在第 2 款对第 16.3 条中某些容易发生争议的概念作了进一步解释，如"世界出口贸易中占有不公平的份额"应包括成员方采取出口补贴后产生取代另一成员方出口的情形，同时还应考虑到世界市场的变化；对于新市场，在确定世界出口贸易中的公平份额时，应考虑新市场所在的世界市场、地区或国家传统的产品供应模式。又如"前一代表性时期"通常应指存在正常市场条件的最近三年。1979 年《反补贴守则》相对于 GATT 第 16.3 条，并无实质性进展。

在 1981 年美国对欧共体面粉出口补贴案中，专家小组确定"不公平的份额"颇费周折，虽然欧共体的出口份额比在申诉前的三年（1977—1980 年）有了很大增长，但是因面粉贸易水平和条件的高度人为干预（粮食援助、政治禁运都对面粉贸易市场份额产生影响），市场变化的复杂性以及"不公平的份额"这一概念固有的解释难度，专家小组无法认定欧共体是否因出口补贴而获得世界出口贸易中的"不公平的份额"。① 美国对欧共体面粉出口补贴案的结果既反映了 GATT 出口补贴规则的缺陷，更深刻揭示了 GATT 时期粮食贸易的时代背景，粮食贸易因西方大国的优惠性援助、政治性禁运而背离自由市场经济原则，基于自由贸易为导向的 GATT 规则不可能在粮食贸易规则上有所作为。

至于国内农业补贴（或国内支持）政策，各国均认为严格说来属于国内或内部政策问题，GATT 第 16.1 条只是要求成员方将国内补贴的基本情况通知缔约方全体，仅仅是个程序上的通知义务，没有禁止或反对成员方使用国内补贴的意思。GATT 第 3 条国民待遇第 8 款 b 项也规定国民待遇不应妨碍专对国内生产者提供的补贴，因此发达国家可以充分利用该款规定对国内生产者进行支持，无须担心违反国民待遇。东京回合的《反补贴守则》第 11.2 条虽然承认国内补贴可能影响竞争条件并对其他国家的利益造成损害，但仅仅要求缔约方应"设法避免"不利后果的产生。从法律意义而言，上述规定等于没有限制缔约方使用国内补贴。

（三）祖父条款、法定豁免条款和灰色区域措施带来农产品脱离 GATT 管制的严重后果

祖父条款是 GATT 体制的先天缺陷之一。按照国际条约缔约程序，成员国须经立法机构批准《关贸总协定》（GATT）并当批准国达到一定数目时《关贸总协定》方能生效，《关贸总协定》生效后成员国就负有修改国内立法使之不与《关贸总协定》规则相冲突的义务。由于美国国会反对国际贸易组织的建立，为避免哈瓦那会议关税减让的成果《关贸总协定》也遇到像哈瓦那宪章一样流产的境遇，成员国采取了临时适用《关贸总协定》的方式。为解决 GATT 规则与缔约方国内法可能产生的冲突，各缔约方在 GATT《临时适用议定书》第 1 条（b）款作了一项重要规定："在最大限度地与现行立法不相抵触的条件下，临时适用 GATT 第二部分的实体规则。"换言之，在成员国国内现行立法与 GATT 规则相冲突时，成员国可以不履行条约义务，而优先适用国内法，这类规定称为"祖父条款"。在"祖父条款"的庇护下，各成员国国内法律体系中存在的各种农产品贸易限制措施得以保留，不受 GATT 规则管制，日本就曾以"祖父条款"为由拒绝放弃

---

① 龚宇：《WTO 农产品贸易制度研究》，厦门大学出版社 2005 年版，第 112 页。

对大米、肉类和其他一些农产品的进口限制。

GATT 第 25 条是豁免条款，规定成员方经过法定程序后可免除部分义务，在农产品进口限制方面最著名的豁免莫过于美国 1955 年获得的关于《农业调整法》第 22 节的豁免。1951 年修订后的美国《农业调整法》第 22 节规定美国可以不受所缔结的国际条约的约束而对某些农产品进行数量限制和加征关税，当时美国就依据该法对粮食和奶制品进行了数量限制。美国《农业调整法》第 22 节显然违反了 GATT 第 11 条一般取消数量限制原则，但是当时美国的粮食战略是应对国际粮价低迷的形势并确保国内农民收入，为此美国不惜以退出 GATT 相威胁要求依据 GATT 第 25 条豁免其在 GATT 第 11 条下的义务。1955 年 GATT 缔约方全体被迫给予美国农产品限制措施无限期豁免，美国带头违反 GATT 规则，其他国家纷纷效仿，比利时、卢森堡、德国等均获得了缔约方全体给予的豁免。这样一来，GATT 规则对农产品的效力大打折扣。

灰色区域措施一般是指进出口国之间在 GATT 之外对某项产品达成的双边（或多边）的"自愿出口限制"、差价税等措施。灰色区域措施不符合 GATT 的原则和宗旨，但并没有被 GATT 明确禁止，因此其法律地位介于黑白之间不分明状态，故以"灰色"名之。自愿出口限制指某一产品出口国与进口国私下达成协议，出口国同意限制本国某一产品的出口数量，进口国则保证以稳定的价格进口双方协议的产品数量。虽然这种协议是双方协商的结果，但并非出于出口国真实意愿，而是进口国施压的结果。自愿出口限制在 GATT 时期大量存在，在工业品和农产品都有使用，而欧共体和美国是采用自愿出口限制协议对他国产品进行进口限制数量最多的国家，分别有 69 个和 48 个。[①]

欧共体实施的差价税具有限制粮食进口的作用，它与关税的唯一区别在于时常变动，欧共体因为没有对粮食进行关税保护，因此假定粮食进口关税定得很高，在高税率之下采取一定幅度变动的差价税，其限制效果似乎还不如高关税。所以差价税是否为灰色区域措施曾引起很大争议，对于差价税的合法性问题，GATT 曾有一个案例涉及该问题，1962 年，乌拉圭针对 15 个发达国家的贸易限制措施向 GATT 提起申诉，其中便包括欧共体的差价税制度，鉴于差价税在欧共体粮食战略的重要性，专家组也不愿意触碰这一敏感

---

① 赵维田：《世贸组织的法律制度》，吉林人民出版社 2000 年版，第 229 页。

问题，最后拒绝对欧共体差价税制度的合法性问题作出裁定。[①]

事实上，数量限制例外（法定豁免）和出口补贴规则不清就足以使当时粮食贸易脱离 GATT 管制，加上形形色色的灰色区域措施和"祖父条款"，可以说，粮食贸易是游离于 GATT 体制之外的。

第三节　WTO 粮食贸易一般规则

一　西方粮食大国主导 WTO 粮食贸易规则的制定

（一）美国推动农业谈判议题纳入 GATT 乌拉圭回合谈判

进入 20 世纪 80 年代，许多大肆举债的发展中国家陷入了严重的债务危机，无力消费过多的农产品，石油出口国的外汇收入随着油价回落而减少，苏联的农业生产得到了恢复与稳定，因此国际农产品价格不断下跌。与此同时，在科技进步和各发达国家的农业扶持政策下，粮食生产产量节节攀升，粮食剩余又重新成为困扰美国的梦魇，欧共体也开始为日益堆积的剩余粮食发愁，处理剩余粮食的财政支出使得美欧都不堪重负。为了在有限的国际市场上倾销剩余粮食，各方不得不加大使用出口补贴，在欧共体农业出口补贴冲击下，美国、加拿大等粮食出口份额不断下降，例如美国的面粉市场份额由 1963/1964—1965/1966 年的 40% 下降至 1978/1979—1980/1981 年的 18%，为此 1981 年美国还在 GATT 争端机制发起诉讼，起诉欧共体面粉因出口补贴获得了不公平市场份额，专家小组因反补贴规则没有对农业补贴及公平份额下清晰的定义而最终没有认定欧共体违反规则，这一结果使得美国大感失望，于是美国一方面重新实施出口拓展计划（EEP），另一方面决定要在多边体制下制定关于粮食贸易的有效规则。

在不断升级的贸易冲突和巨额的农业保护财政开支压力之下，1986 年乌拉圭回合谈判拉开了序幕。美国希望通过新一轮多边贸易谈判，打开欧共体和日本的农产品市场，因此，农产品贸易问题自然成了美国在新一轮多边贸易谈判中优先要解决的问题。但是，从共同农业政策中得益最大的法国，担心欧共体的农业保护关税政策将成为美国的主攻对象，所以，它从一开始就坚决反对把农产品贸易问题作为新一轮多边贸易谈判的内容。对农产品进

---

① *Uruguy Recourse to Article XXIII*, *Report of the Panel adopted on 16 November* 1962, BISD 11S/95, para. 17.

口实行严格限制的日本也不想把开放农产品市场问题作为新一轮多边贸易谈判的内容。在美国看来，如果照法国和日本的意见办，就等于从根本上取消了新一轮多边贸易谈判。所以，1985 年 5 月在德国波恩举行的 7 国首脑会议上，美国提议进行新一轮贸易谈判，该提议获得通过，并在会议发表的波恩经济宣言中写上了"尽快召开促进世界贸易自由化的新一轮贸易谈判"，之后又补充了"大部分意见认为应在 1986 年举行农业谈判"。[①]

（二）美欧粮食战略决定了 WTO《农业协议》的主要内容

自 20 世纪 70 年代开始，美国的粮食输出战略已经由政治性粮食援助为主转向商业性粮食出口为主，美国的粮食生产结构已经完成了从初级工业到高科技工业的转型，基于机械化、生物技术革命、教育训练、研究发展基础上的农业生产力与效率大幅提高，每亩谷物的增产率在 1960—1969 年是 19%，1970—1979 年是 28%。[②] 所以美国相对于其他国家粮食生产优势十分明显，不断增加的粮食使得美国迫切需要自由化的贸易规则保障其粮食在国际市场上的销售。出于降低农业支出方面的预算压力，并期望农业领域的改革可以使美国的农产品出口得益，美国将农业改革作为乌拉圭回合谈判的首要问题，表示如果其他贸易伙伴做出平行承诺，美国愿意对所有的政策进行改革，无论是国内政策还是与出口有关的政策。因此，在乌拉圭回合中美国有关农业补贴的提案比较激进，提出要在 10 年内逐步彻底取消直接或间接影响贸易的所有农业补贴，包括冻结并在 10 年内逐步取消出口补贴。[③] 按照美国的计划，应该在 10 年内彻底取消任何影响贸易的所有农业补贴，同时取消所有的农产品进口壁垒，这无疑是一个极为激进高度自由化的建议。

美国推动粮食贸易规则自由化的建议是符合由中小粮食出口国组成的凯恩斯集团的利益，凯恩斯集团既包括加拿大、澳大利亚、新西兰等西方粮食出口国，也包括阿根廷、巴西等发展中粮食出口国。这些国家共同的特点是粮食生产的自然资源丰富，粮食贸易比较优势明显，但是由于欧共体推行粮食出口补贴导致美国重新实施出口补贴计划进而引发美欧之间发生粮食出口补贴大战，结果是国际粮价长期低迷，损坏了凯恩斯集团的利益，因此他们

---

① 任泉：《GATT 乌拉圭回合内幕》，世界知识出版社 1996 年版，第 30 页。

② George E. Brandow, *Agriculture Production*, *Prices and Costs*: *How Have the Farmers Fares*? In Gale D. Johnson: *Food and Agriculture Policy* (Washington, D. C: American Enterprises Institute for Public Policy Research, 1977), p. 71.

③ John Croome, *Reshaping the World Trading System*: *A History of the Uruguay Round*, *Second and Revised Edition*, KIuwer Law International, 1999, p. 96.

联合起来组成一个集团壮大在乌拉圭谈判的实力，以抗击农业保护主义。所以凯恩斯集团赞同美国的农业谈判方案，并提出不得增加现有的出口补贴、国内支持，同时通过谈判逐步削减农业补贴。[①] 相对于美国的激进方案，凯恩斯集团的建议要温和稳健并具有可实施性，因而受到了绝大多数谈判成员国的欢迎。

美国、加拿大等粮食出口战略在乌拉圭回合谈判中找到了共同交集点，即目标直指欧共体扭曲粮食贸易的出口补贴和国内支持措施，自然引起欧共体强烈不满和反弹，在欧共体看来，维持欧共体粮食市场的稳定是其基本的不可动摇的战略，因此欧共体的初始谈判立场是保护共同农业政策免受其他国家的威胁，谈判立场主要是防御性的，试图维持现状或允许对农产品进口壁垒做某些修改，而非削减。就欧共体绝大部分国家而言，粮食生产的自然条件并不丰富，在国际粮食市场上不具有比较优势，欧共体实施粮食出口补贴是共同体农业保护政策的畸形结果，大量的出口补贴使得欧共体财政预算不堪重负，所以欧共体在谈判时并不反对削减出口补贴，只是没有提出具体的削减时间表，但是又提出将削减的补贴重新分配到各国有特殊需要的领域。[②]

由于出口补贴直接关系到各粮食输出国的竞争力，此后美欧之间围绕出口补贴进行了异常艰苦的谈判。1990 年 7 月，农业谈判小组主席阿德·齐乌起草了《农业改革计划框架协议：主席文本草案》（通称《主席草案》）。《主席草案》似乎试图中和美国和欧共体的立场，一方面，要求对出口补贴作实质性的削减，并提供了一系列供选择的削减方案；另一方面，规定出口补贴的削减程度要大于其他形式的农业支持和保护措施，不过没有规定具体的削减时限和削减比例。在《主席草案》之后，美国和欧共体在农业出口补贴问题上继续僵持，美国以《主席草案》为框架提出在 10 年之内将出口补贴削减 90%，欧共体的最后出价只愿意冻结接受出口补贴的产品范围，不增加对新产品的出口补贴，没有对削减出口补贴做单独承诺。

对国内支持水平，美国国内虽然一直实行各种扶持政策，但因为长期的价格支持对粮食生产的干预和影响很大，导致美国粮食剩余居高不下以及美

---

① *Cairns Group Proposal to the Uruguay Round Negotiating Group on Agriculture*, 26 October 1987, MTN, GNG/NG5/W/21.

② Terence P. Stewarted, *The GATT Uruguay Round：A Negotiating History* (1986—1992), Vol. I：Commentary, Kluwer Law and Taxation Publishers, 1993, p. 179.

国财政支付压力巨大，因此自 1985 年起美国农业法案就开始进行市场化改革，采取冻结目标价格、冻结补贴基础面积等方式削减农产品价格支持，并开始实行市场灵活性合同支付等直接补贴，所以美国国内粮食战略目标是对粮食进行综合全面扶持，注重稳定生产者收入、重视科教方面的投入，而不是扭曲粮食生产的基本市场规律。因此美国在谈判时就提出应根据相关支持措施对市场的扭曲程度，比照交通信号灯模式将其分为红、黄、绿三类，红灯表示停止，黄灯表示慢行，绿灯表示通行。对于严重扭曲贸易的国内补贴（红灯），如价格支持、与生产和销售直接挂钩的收入支持等，应在 10 年之内逐步取消；对于基本不具有贸易扭曲效应或扭曲效应最小的国内补贴（绿灯），如政府提供的一般服务、自然灾害救助等，可予以继续保留；对介于二者之间的其他补贴（黄灯），如农田休耕补贴等，应加强监控和规范，防止其对其他国家的贸易利益造成损害，并通过谈判加以削减。美国提出的削减幅度也大大高于欧共体所能够接受的范围，美国提出在 10 年之内，将针对特定产品的国内补贴削减 75%，针对非特定产品的国内补贴削减 30%；关税（包括关税化后产生的关税）水平削减 75%；此外，10 年期满后，任何产品的关税水平不得高于 50%。欧共体则不同，欧共体的粮食自给率就是建立在对粮食进行直接干预和补贴基础上才得以不断提高的，所以欧共体只愿意接受以综合支持量为尺度，对国内支持水平作 30% 的总体削减。[①]

　　虽然美欧因为彼此因粮食战略发生冲突导致农业谈判长期争执不下，但是在美国推动下关于农产品贸易的规则模式开始成型，即农业协议要围绕市场准入、国内支持、出口补贴三个方面进行规定。此后各方的谈判方案就是在上述三个方面不断讨价还价。1991 年 12 月，为了彻底解决农业谈判的困境，GATT 总干事邓克尔提出了《乌拉圭回合多边贸易谈判最后文本草案》，即"邓克尔文本"。在出口补贴方面，"邓克尔文本"规定，以 1986—1990 年补贴水平为基准，在 6 年内将出口补贴支出削减 36%，接受补贴的出口产品数量削减 24%。对国内支持，除"绿箱"政策之外，所有国内支持措施都应计入特定产品综合支持量的计算，并在 6 年内，在 1986—1988 年的基期水平上削减 20%。"邓克尔文本"虽然受到了大多数成员国的赞同，但是欧共体仍不满意，此后的谈判就只在欧美之间进行。1992 年，美国和欧共体达成的"布莱尔宫协议"对"邓克尔文本"做出了若干修改。关于出口补贴，将接受补贴的出口产品数量的削减幅度由 24% 下降至 21%，在国

---

　　① 龚宇：《WTO 农产品贸易制度研究》，厦门大学出版社 2005 年版，第 126—129 页。

内支持方面，根据限产计划直接支付给农民，但又不属于"绿箱"范围的国内补贴，可以纳入"蓝箱"免于削减；以综合支持量衡量的国内支持削减承诺应在整个农业部门的基础上计算，而非针对特定产品或产品组；规定了"和平条款"，在 6 年之内，符合农业协议的农业补贴免于 GATT 下的指控。[①]"布莱尔宫协议"终于为欧美之间多年的对峙提供了解决方案，但是却引起欧共体内部粮食主要出口国法国的抗议，法国受益于欧共体的粮食出口补贴而成为世界最大的面粉出口国，自然无法接受任何削减农业补贴的规则。最后欧共体和美国在 1993 年对"布莱尔宫协议"进行修改的时候，将削减出口补贴的基期由 1986—1988 年改至以 1991—1992 年为基期，因为以1991—1992 年为基期欧共体的出口补贴数额较高，这样在 6 年的实施期内欧共体出口的粮食数目就会有额外地增加，据估算，光小麦就可增加出口800 万吨，牛肉可达 363000 吨。[②] 此外还将"和平条款"6 年的实施期延长为 9 年。

"布莱尔宫协议"以及后来的两点修改，构成乌拉圭回合最终达成的《农业协议》的基础，此后的谈判内容，加入了允许日本、韩国在大米问题上延缓实施关税化、发展中国家粮食进口国的特殊困难、瑞士对特别保障措施的修改要求等内容。最终《农业协议》正式文本成为 1994 年乌拉圭一揽子协议的有机组成部分，形成了对包括粮食在内的所有农产品进行约束的国际性规则。从谈判进程来看，美欧在确定农业协议内容上起了决定性作用，这是他们作为世界农产品大国的实力地位的必然反映。

二　WTO《农业协议》

WTO《农业协议》是 WTO 法律框架体系中为数不多的专门以产业命名的文件，因为在 GATT 向 WTO 多边国际贸易体制演进历程中，要将受到高度保护的农产品纳入自由化进程颇费周折，不可能让农产品一夜之间与工业制品一样受 WTO 自由贸易规则的约束，而需要通过专门规则对各国农业政策进行适度协调，允许成员国保留许多与 WTO 基本原则不相符的做法，从这个角度审视《农业协议》，本书认为《农业协议》在 WTO 法律体系中具

---

① Terence P. Stewart ed. , *The GATT Uruguay Round: A Negotiating History* (1986—1994), Vol. IV: The End Game, Kluwer Law and Taxation Publishers, 1999, p. 4.

② U. S. Department of Agriculture, *Western Europe Agricultural and Trade Report: Situation and Outlook Series* 40, USDA, 1994, p. 40. 转引自龚宇《WTO 农产品贸易制度研究》，厦门大学出版社2005 年版，第 136 页。

有特殊地位，其确立的农业规则是一种特殊规则。但是《农业协议》所确立的主要规则对所有农产品是一体适用的，并不专门调整粮食贸易，《农业协议》附件1界定了该协议适用的产品范围，包括产品分类协调制度第1—24章所列的家畜、家禽、粮食、粮食制品、水果、乳制品、药材、植物及植物制品、饮料、糖类等农产品（鱼及鱼制品除外），此外，产品分类协调制度第1—24章以外的甘露糖醇、山梨醇、精油、蛋白类物质、生毛皮、生丝、原棉等十余类产品也属于《农业协议》的适用范围。由此可见，粮食、粮食制品只是《农业协议》调整范围的一部分而已，因此可以认为《农业协议》所确立的市场准入、出口补贴和国内支持纪律是规范粮食和粮食制品国际贸易的基本性规则。

（一）市场准入

在农产品贸易中存在各种各样的非关税壁垒，严重妨碍了农产品贸易自由化，各国基于保护本国农业的目的，通过这些非关税壁垒限制他国农产品进入其国内市场，非关税壁垒缺乏透明度和可预见性，不利于国际农产品贸易秩序的有效建立。为此，农业协议规定应将非关税壁垒关税化，禁止使用新的非关税壁垒。此外，协议还规定了增加农产品市场准入机会、允许成员国采取关税配额和特殊保障措施。

1. 关税化

依据《农业协议》第4.2条的规定，各成员不得维持、采取或重新使用已被要求转换为普通关税的任何措施，这些措施包括进口数量限制、进口差价税、最低进口价格、酌情发放进口许可证、通过国营贸易企业维持的非关税措施、自动出口限制及除普通关税外的类似边境措施，这些非关税措施均须转化为进口关税。关税化的具体过程要通过一个计算公式将现行非关税措施转化成相应的关税等值，该等值即可作为关税化后的税率，有一个指导性文件《确定改革计划下具体约束承诺之程式》（简称《程式》）对公式化作了具体规定，当关税化后的税率经过谈判之后写入成员国的关税减让表后即成为法律承诺，不得任意变动。例如：

某种农产品的关税等值 =（该产品的国内市场平均价格 – 该产品国际市场平均价格）/该产品国际市场平均价格 ×100%

由于《程式》所确立的关税化要求及计算公式较为原则，而且《程式》本身也无法律拘束力，同时关税等值是由各国自行对照公式进行计算，因此各国在计算关税等值时可以选取对自己有利的国内市场平均价格、国际市场平均价格的数据，从而得出很高的关税等值以便对某些重要产品继续进行高关税保护。据一些学者测算，1986—1988 年欧共体对进口食糖的实际关税等值为234%，但欧共体通过《程式》公式计算后的关税等值高达297%。[1] 可见，所谓的关税化实际上给成员国利用有利于自己的参数实现放大关税等值提供了许多方便，以至于许多学者将这一过程批评为"肮脏的关税化"。

关税等值的计算是建立在国内市场价格高于国际市场价格基础之上的，因为成员国对国内农产品进行价格保护，以及采取一些其他的非关税措施进行保护导致国内市场价格高于国际市场价格，所以据此计算出来的关税等值为正数，而如果农产品国内价格低于国际价格，计算出来的关税等值则为负值，这种情况在发展中国家较为普遍，许多发展中国家长期对农业实施"以农补工"的歧视性政策，农产品价格远低于国际市场价格，所以《程式》没有硬性规定发展中国家必须通过关税化公式确定关税等值，发展中国家可以直接确定一个较高的最高约束税率，但是必须取消相应的非关税措施。不过对于此前已经受到关税约束的农产品，若存在非关税措施，则必须进行关税化。

从乌拉圭谈判的最后结果来看，关税化计算过于弹性的后果是出现了大量的关税高峰，一份对经济合作与发展组织（OECD）的调查显示绝大部分OECD 成员国都参与了肮脏的关税化，其中主食产品是高频率、高关税发生的主要领域，特别是肉类、食糖、奶、黄油、乳酪、谷物，而这些农产品对发展中国家出口创汇极为重要，OECD 国家对国内市场的保护甚至超过了旧有体制中配额和非固定关税下的保护水平。[2]（见表3－2）在 OECD 国家中，日本这种粮食进口国的进口关税最高，欧盟对粮食的进口关税也较高，但是美国、加拿大因本身粮食产业具有高度的竞争力，所以粮食的进口关税设置最低，特别是美国，谷类产品进口关税几乎为零。

许多发展中国家也在关税化过程中采取了肮脏关税化的做法，但大部分发展中国家并没有进行关税化，而是直接将粮食进口关税定得很高，不过在实际征收时，其实施关税却又大大低于他们承诺表上的关税，如拉美国家1998 年的实施税率只有13%，几乎只有他们最终平均约束关税45% 的1/3。[3] 这意味农业关税化存在很多水分，也说明各国在农业关税谈判时可以根据自

---

① 龚宇：《WTO 农产品贸易制度研究》，厦门大学出版社 2005 年版，第 148 页。

② Carmen G. Gonzalez, "Institutionalizing Inequality: the WTO Agreement on Agriculture, Food Security, and Developing Countries", *Columbia Journal of Environmental Law*, Vol. 27, 2002, p. 433.

③ Karl Meilke, Mary Burfishe, "Market Access: Issues and Options in the Agricultural Negotiations", *The International Agricultural Trade Research Consortium*, May 2001, Commissioned Paper Number 14.

身粮食供需状况设置关税税率，关税化对推动粮食自由贸易的作用并不明显。虽然关税化存在很多水分，但是它最大的意义在于迫使成员国放弃各种不透明、妨碍自由贸易的非关税措施，从而在未来谈判时不断推动关税减让。

2. 关税削减

《农业协议》要求各方在实施期限内削减农产品关税。削减幅度和实施期限发达国家和发展中国家有所不同，发达国家是在 6 年的实施期内（1995—2000 年）平均削减 36%，其中每项产品的关税税率至少削减 15%；发展中国家则是在 10 年内平均削减 24%，每项产品至少削减 10%。

表 3-2　　　　　　　　　　　采用关税高峰的农产品

产品种类	欧盟	日本	美国	加拿大	巴西	中国
未加糖奶粉	66	160	55	243	16	35
加糖奶粉	54	280	85	243	16	25
乳酪	120	30	42	246	16	50
冷牛肉	86	40	26	26	10	45
冻猪肉	38	100	0	0	10	45
去骨冻牛肉	215	40	26	26	12	45
小麦	65	290	2	77	10	114
玉米	84	70	0	1	8	114
大米	71	900	0	1	10	114
小麦细粉	44	200	2	33	12	91
玉米细粉	29	21	0	6	10	91
小麦粗粉及粕	74	1901	1	50	10	91
玉米粗粉及粕	24	21	0	3	10	91
小麦麦芽	52	42	1	25	14	30
小麦淀粉	32	240	0	22	10	20
精制豆油	10	13	19	10	10	122

资料来源：程国强：《WTO 农业规则与中国农业发展》，中国经济出版社 2001 年版，第 57 页。

同样，对每种农产品的削减比例《程式》也未作具体规定，各国可以对敏感产品只削减要求的最低比例（发达国家为 15%，发展中国家为 10%），而对其他产品可以削减多一些，以保证整体削减达到 36% 的水平，这样就会造成农产品关税水平分布进一步失衡。例如 OECD 国家对温带产品削减比例较低而对热带产品削减比例较高，食物原料、水果、蔬菜和加工食品仍然保持很高的关税，特别是加工食品的高关税带来了关税离散现象。这样发达国家就可以借此实现关税升级①，对发展中国家的高附加值农产品出口造成障碍，不利于发展中国家的产业升级和经济发展。

3. 保证最低市场准入

协议规定，对于已经关税化的农产品，有关国家应维持已有的市场准入机会，且该准入机会不得低于基期（1986—1988 年）内相关产品的平均进口水平。最低市场准入的实施可以通过关税配额来进行，也就是对配额内的进口数量（即配额内）成员国征收较低的或最低的关税，但对超过配额的任何进口则可征收关税化后的高关税。

（二）出口补贴

1. 出口补贴的界定

《农业协议》第1（e）条规定："出口补贴指视出口实绩而给予的补贴，包括本协定第9条所列的出口补贴。"从字面含义上看，假若某一措施满足了第9.1条其中一项的条件，可以不必同时满足第1（e）条前半句的条件。至于如何解释"视出口实绩而给予的补贴"，则应利用《补贴与反补贴措施协定》中的出口补贴要件来解释，在 WTO 争端解决实践中，加拿大——奶制品案、美国——外国销售公司案、美国——陆地棉补贴案中的专家小组都认为《补贴协定》对解释《农业协议》出口补贴规定提供了非常重要的上、下文。②

《农业协议》第9.1条列举了6种形式的出口补贴，这些出口补贴列入减让承诺表，实施出口补贴的成员应提出承诺表对这些出口补贴进行削减：

（1）政府或其代理机构视出口实绩而向公司、行业、农产品生产者、此类生产者的合作社或其他协会或销售局提供的直接补贴，包括实物支付；

（2）政府或其机构以低于国内市场的价格销售或处理农产品库存以供出口；

（3）给出口的农产品或用作出口产品原料的农产品融资付款；

（4）为降低出口产品的营销成本而给予补贴；

（5）为降低出口农产品的运输费用而给予补贴；

（6）根据农产品在出口产品中的比重而给予补贴。

---

① 关税升级：对原材料进口关税较低，关税随着农产品加工程度不断提高，这样在原材料、半制成品、制成品之间形成税率差距。

② 李晓玲：《WTO 框架下的农业补贴纪律》，华东政法学院 2007 年博士学位论文，第103—105 页。

2. 出口补贴的削减

（1）对于在基期（1986—1990 年）内未接受出口补贴的农产品，今后不得提供出口补贴。

（2）对于在基期内已接受出口补贴的农产品允许继续提供，但补贴水平应按各国提交的承诺表逐步削减。

（3）出口补贴减让承诺：出口补贴减让方式有两种，即价值减让和数量减让。价值减让是指发达国家在实施期（1995—2000 年）将减让表所列的每一种或每一组农产品的出口补贴预算支出在基期水平上削减 36%（第一年至少削减 6%，其余各年均等削减）。数量减让是指成员方应同时将上述每一种或每一组农产品的数量削减 21%（第一年至少削减 3.5%，其余各年均等削减）。而发展中国家销售特殊与差别待遇，对出口补贴价值的削减比例为 24%，数量削减比例是 14%，允许实施市场营销与国内运输补贴措施，实施期限为 10 年（1995—2004 年）。

（4）对农产品加工品的规定：农业协议规定，农产品加工品的出口补贴只需削减预算开支。

《农业协议》出口补贴的规定备受争议，首先协议并没有根除这一严重扭曲粮食贸易的措施，而仅仅建立了一个可允许的扭曲贸易的标准，当然对出口补贴的削减也是通过对欧共体/欧盟不断斗争才确定下来的成果。其次，协议在出口补贴的使用上再次在发达国家和发展中国家造成不平等，按照协议规定，已接受出口补贴的农产品允许继续提供补贴，但不得对未接受补贴的农产品进行补贴。在 WTO 协议达成之时，只有 25 个成员国提供了农业补贴，很少有发展中国家对农产品出口进行补贴，其中 3 个出口国（美国、欧盟、加拿大）就占据了 93% 的小麦出口补贴，80% 的牛肉出口补贴，94% 的黄油补贴。这就意味着发展中国家丧失了使用出口补贴与发达国家竞争的权利。[①] 最后，《农业协议》对出口补贴的管制是不完整的，它仅仅严格管制了第 9.1 条列举的 6 种形式的出口补贴，对其他形式的出口补贴就没有有效的规则，美国就利用这一缺陷不断使用一些现有协议允许的具有补贴作用的措施，例如美国就根据国际粮食市场价格低迷情况给予生产者以直接补贴，这种补贴不是视出口数量而给予，因而为 WTO 所允许；此外美国还

---

① Christopher Stevens, *The WTO agreement on agriculture and food security*, London：Commonwealth Secretariat, 2001, p. 48.

对优惠贸易提供利率更优惠、期限更长的信贷以促进出口。[①]

出口补贴对粮食净进口国是有利的，因为西方大国使用粮食出口补贴的直接后果就是国际粮价低迷，不少发展中国家为了获取更高的收益减少甚至放弃种植粮食，转而种植能够出口创汇的经济作物，从长远来看，这种做法是杀鸡取卵的短视行为。粮食是不可替代的作物，受气候、国际经济政策等方面影响极大，价格波动频繁，一旦遇到粮食供应短缺、国际粮价暴涨，西方发达国家是不会继续给予出口补贴的，而此时那些减少甚至放弃粮食种植的国家因国内粮食的刚性需求不得不付出巨大代价进口粮食。所以，粮食出口补贴不仅仅扭曲了国际贸易，也间接对一些发展中国家的粮食生产带来不利影响。

（三）国内支持

根据国内支持措施对农业生产和贸易的影响，《农业协议》将国内支持措施分为三类，分别是"绿箱"、"蓝箱"和"黄箱"支持措施。《农业协议》第2条和附件2分别对"绿箱"和"蓝箱"支持的条件作出了规定，除此之外的属于"黄箱"措施。现有的支持措施，不管当前属于哪一箱，都可分为两类：可免于削减的支持措施与不可免于削减的支持措施，后者受削减承诺约束。

1. 免于削减的国内支持

免于削减的国内支持包括"绿箱"措施、"蓝箱"措施、微量支持和发展中国家成员的支持计划。

（1）"绿箱"措施

"绿箱"措施是指对贸易没有扭曲影响，对生产没有影响或者只有最小限度扭曲作用和影响的国内支持措施。《农业协议》附件2规定，所有"绿箱"措施都应满足下列两项基本标准，其一，所涉支持应通过公共基金融资的政府计划（包括政府税收减免）提供，而不涉及来自消费者的转让；其二，所涉支持不得具有对生产者提供价格支持的作用。这两项标准的主要目的在于防止对生产或贸易产生扭曲作用的措施，如农产品消费价格提高由消费者负担或政府按保护价格收购农产品等能被直接排除在"绿箱"措施之外。

---

① Lan Sturgess, "The liberalisation process in international agricultural trade: market access and export subsidies", *Negotiating the future of agricultural policies: agricultural trade and the Millennium WTO round* (Sanoussi Bilal & Pavlos Pezaros eds., 2000).

由于上述两项基本标准较为抽象，在执行时会存在理解、界定偏差，因此《农业协议》附件2列举了可以免于削减的12类"绿箱"措施：①政府提供的一般服务，如研究计划、病虫害防治、培训服务、推广和咨询服务、检验服务、营销和促销服务、基础设施服务等；②用于粮食安全目的的公共储备；③国内粮食援助；④对生产者的直接支付；⑤与生产脱钩的收入支持；⑥收入保险和收入安全网计划中的政府资金参与；⑦自然灾害救济支付；⑧结构调整援助，包括通过生产者退休计划提供的调整援助，通过自愿停用计划提供的结构调整援助和通过投资援助提供的结构调整援助；⑨通过资源停用计划提供的结构调整援助；⑩通过投资援助提供的结构调整援助；⑪环境计划下的支付；⑫地区援助计划下的支付。

理论上"绿箱"支持对农产品贸易没有扭曲作用，但是经过实践证明"绿箱"支持标准设计存在一些缺陷，首先，"绿箱"政策的设置没有充分考虑发展中国家成员的实际情况，如《农业协议》附件2规定的各类直接支付，发展中国家成员尚无此财力，无法充分利用，但却为发达国家成员广泛应用。其次，"绿箱"支持标准和条件主要依据该措施是否对贸易有无影响和扭曲作用来判断，但是判断标准过于含混，使得一些国家轻而易举地使用某些具有扭曲作用的措施规避削减。最后，事实上任何政府支持措施直接或间接都会给贸易带来某种影响，而WTO对"绿箱"支持没有规定上限，某些成员国加大使用"绿箱"措施或把其他措施转换为"绿箱"措施，无疑是WTO规则的一大漏洞。

（2）"蓝箱"支持

"蓝箱"支持措施，是指《农业协议》第6.5条所指的限产计划下给予的直接支付。依据该条款，在计算成员现行综合支持总量时，将限产计划下直接支付的价值排除在外。"蓝箱"支持被纳入免于削减的范围，是乌拉圭谈判美国和欧共体最后妥协的结果，由于广大发展中国家不存在限制生产的问题，不需要使用"蓝箱"支持措施，所以使用该项措施的国家很少。从1995年到2003年，通报使用"蓝箱"支持的成员只有斯洛伐克共和国、爱沙尼亚、斯洛文尼亚、欧共体、冰岛、日本、挪威和美国等。

依据《农业协议》，"蓝箱"支持必须满足下列条件：第一，此类支付按固定面积和产量给予；第二，按基期生产水平的85%或85%以下给予；第三，牲畜支付按固定头数给予。①

---

① 《农业协议》第6.5（a）条。

"蓝箱"支持免于削减实际目的是为了让美国的差额补贴和欧盟的补偿支付得以继续维持,美国政府给予农民的差额补贴占其1990年农业国内支持的70%。[1] 这一为他们度身定制的条款深刻体现了《农业协议》背后西方大国利益的影响,事后,美国在1996年农业法案中使用直接补贴取代了差额补贴,并宣告这种补贴属于"绿箱"支持,轻而易举把对粮食的补贴从"蓝箱"支持转换到"绿箱"支持,这说明"绿箱"、"蓝箱"等的设置存在很大随意性,不能有效管制西方粮食大国各种扭曲贸易的支持措施。

(3) 微量支持和发展性支持

根据《农业协议》第6.4条,可以免除削减的微量支持包括对某一基本农产品提供的国内支持和对非特定产品提供的国内支持。对于发达国家成员,对某一基本农业品提供的国内支持不超过该成员某一基本农产品在相关年度内生产总值的5%,对非特定产品提供的国内支持不超过该成员农业生产总值的5%。对于发展中国家成员,微量支持的标准为10%。允许使用微量支持的基本原因是为成员国提供一定的灵活度,针对市场出现的特殊情况提供相对较低的、原本不能免除削减的国内支持。

此外,根据《农业协议》第6.4条,发展中国家政府直接或间接鼓励农业和农村发展的援助措施亦可免于削减,这些措施包括:农业可普遍获得的投资补贴;中低收入或资源贫乏的生产者可普遍获得的农业投入补贴;对以生产多样化为途径停止种植非法麻醉作物而给予生产者的国内支持。[2]

2. 受削减约束的国内支持——"黄箱"支持措施

"黄箱"支持措施是对贸易有扭曲作用的国内支持措施,所有受削减承诺约束的国内支持,都属于这一类。由于成员国使用"黄箱"措施较多,农业协议对之进行限制,采取计算成员国综合支持总量水平并逐步削减的办法。

综合支持量是指以货币形式表示的,向某一特定农产品提供的,有利于该农产品生产者的年支持水平;或有利于一般农业生产者的非特定产品年支持水平。综合支持总量指有利于农业生产者的所有国内支持的总和,即所有基本农产品的综合支持量,所有非特定产品综合支持量以及所有农产品支持等值的总和。

---

[1]　Carmen G. Gonzalez, "Institutionalizing Inequality: the WTO Agreement on Agriculture, Food Security, and Developing Countries", *Columbia Journal of Environmental Law*, Vol. 27, 2002, p. 47.

[2]　《农业协议》第6.2条。

国内支持的削减以 1986—1988 年的基期综合支持总量为基础，要求自 1995 年开始，发达国家在 6 年实施期内，削减综合支持总量的 20%，发展中国家成员承诺在 10 年实施期内削减综合支持总量的 13.3%，最不发达国家无须做出减让承诺。综合支持总量没有超过微量支持水平，不需要进行削减。

《农业协议》生效时，共有 27 个成员国在减让表中作出了国内支持的削减承诺，其中绝大部分为发达国家，这意味着这些成员国在基期内对国内生产者提供的"黄箱"支持超出了微量支持水平，需要削减。而绝大部分发展中国家由于基期综合支持总量为零或负值，自然无须作出削减承诺，但是今后可使用的"黄箱"支持就只能以微量支持水平为限。事实上，《农业协议》的这种设计对发展中国家仍然是不公平的，虽然发展中国家享有"发展箱"的豁免，但是由于对"发展箱"下"低收入或资源贫乏的生产者"数据难以获得，"发展箱"支持的实现在发展中国家常常存在很高的行政费用和官僚主义的延误，所以许多发展中国家往往采取对农业进行普遍支持的政策，这样就超出了微量支持水平，同时又不符合"发展箱"支持的豁免条件。[①]

第四节　国际粮食贸易一般性规则的局限性

一　国际小麦协定对实现西方国际粮食战略作用有限

国际小麦协定是国际社会首先形成的调整粮食贸易的普遍性规则，它直接规定进出口国之间粮食贸易的数额和价格，能够在一定程度上维持和稳定小麦合理价格和保证其生产和销售。但是国际粮食贸易市场一直是出口方相互竞争市场份额，原有的小麦协定所确立的市场份额分配，对具有出口优势的国家不公平，而小麦协定对出口国之间供应政策也没有达成任何管理办法，自然其他国家也没有承担修订国内政策来达到世界供求适当平衡的义务，所以小麦协定常常得不到遵守，某些出口国在粮食剩余的情况下就会违反协定，以更低价格在市场销售粮食。而对某些粮食进口国而言，小麦协定所确定的价格过高，也会有退出小麦协定的利益诉求。例如 1953 年英国就

不能接受美国受到补贴后的较高粮食价格，而愿意购买加拿大的小麦。①

可见在粮食生产率不断提高和粮食市场因粮食生产风险不断波动的背景下，直接干预市场销售数量和价格并不符合某些粮食进出口国的预期利益，所以 1976 年《国际谷物公约》就不再包含经济条款，国际谷物公约成为国际粮食贸易市场行情的交流平台，不具有约束规范粮食贸易的功能。

美国是国际小麦协定的发起国，其粮食战略就是利用小麦协定所确定的垄断机制确保美国顺利销售剩余粮食，其主导的小麦协定没有解决生产过剩问题，而且美国自身实行对粮食生产进行补贴支持政策，相应降低了国际市场价格。美国的政策势必与其他粮食进出口国利益发生冲突，在供大于需的情形下美国无法依靠小麦协定实现粮食出口战略。

二 WTO《农业协议》是各方妥协的产物

（一）《农业协议》市场准入规则有利于发达国家，而未能解决发展中国家保护国内粮食生产问题

首先，《农业协议》的执行结果使得粮食及其他农产品关税壁垒有所下降，但是限制性关税、关税高峰和关税升级现象严重。发达国家在非关税措施关税化过程中存在普遍的"肮脏关税化"，即极力扩大关税等值，使得关税化的效果大为降低，甚至对农产品贸易的保护程度超过了旧体制下各种非关税措施对国内农产品的保护；西方发达国家削减关税的方式和比例也存在对发展中国家不利的情形，经合组织成员国一般都对温带产品（包括粮食及粮食制品）削减比例较小而对热带产品削减比例较大，以吸引一些热带发展中国家专门生产这些热带经济作物，并最终使得这些发展中国家形成依附于西方国家的初级产品出口和粮食进口的畸形农业结构；同时发达国家借此对加工食品等附加值高的产品进行关税升级，对发展中国家的高附加值农产品出口造成障碍，不利于发展中国家的产业升级和经济发展；发达国家复杂的关税体制，如欧盟的差价税、季节税等等缺乏透明度，使得发达国家可以对国内重要农产品设置很高的保护标准。

以美国、欧盟和加拿大为例，乌拉圭回合减让表显示，发达国家关税超过 12% 的农产品占全部税号的 10%，一些重要农产品的关税高达 350%—900%。② 这些国家对重要的温带农产品实行高关税，如欧盟对小麦、谷物

---

① 《英美在国际小麦问题上发生冲突》，新华社新闻稿，刊号：第 1044—1073 期，年份：1953 年。
② 程国强：《WTO〈农业协定〉迫切需要改革》，国研网：宏观经济，2008 年 11 月 21 日浏览。

等初始税率分别高达170%、134%，乌拉圭回合后仍对小麦保留82%的高关税。但对来自发展中国家的咖啡、可可豆等热带农产品，欧盟、美国不仅实施10%以下的低关税，削减幅度也很大，以继续吸引发展中国家种植这些经济作物。[①]

其次，发达国家还可以在紧急情况下启动农产品特别保障措施，美国虽然对小麦的初始税率只有6%，但他与欧盟、加拿大一样都在小麦、大米等主要粮食产品上保留了使用特殊保障措施的权利。[②] OECD 国家有权对大约80%的关税化后的农产品采取特保措施，这样极易造成滥用特保措施。总之，发达国家运用自身谈判实力设置的市场准入规则自由化程度相当有限，有利于他们对内部粮食生产进行特别的保护。

尽管一些发展中国家也有"肮脏关税化"的行为，但是大部分发展中国家并没有参与非关税措施关税化。许多发展中国家在《农业协议》生效之前就按照世界银行和国际货币基金组织的要求逐步消除非关税壁垒，因此许多发展中国家没有对农产品进行关税化而是将关税直接设置在较高的约束水平，这样他们就在面临粮食危机等紧急情况时无权使用农产品特殊保障措施，据统计能有权使用该项紧急保障措施的只有 21 个发展中国家，启动程序异常复杂。一些落后不发达的发展中国家谈判能力有限，对复杂的规则模式不了解，将直接影响其粮食安全的战略性农产品（如小麦、大米等农产品）的关税约束在较低水平，这样就容易受到国际粮食市场急剧变动所产生的冲击。如海地在 1995 年将大米进口关税从35%降至3%，在贸易自由化冲击下，国内粮食安全岌岌可危，最终导致在 2008 年粮食暴涨中流血冲突不断的严重后果，也严重影响了国内粮食生产和小农户的生计。[③]

最后，发展中国家也不像发达国家那样善于利用规则，发达国家承诺削减36%的关税，但只对少数几种产品进行削减以保护大部分农产品，而大部分发展中国家承诺采取统一的关税并对所有农产品进行削减，其结果是无法灵活地对涉及粮食安全的农产品进行关税保护。所以《农业协议》没有任何规则解决贸易自由化对发展中国家粮食安全的冲击，存在一系列制度性

① *Multilateral Trade Negotiations on Agriculture*：*A Resource Manual*，http：//www. fao. org/DO-CREP/003/X7351E/X7351E00. HTM，2010 - 7 - 20.

② *WTO Secretariat background paper "Special Agricultural Safeguard"*，G/AG/NG/S/9/Rev. 1.

③ Tim Ruffer and Paolo Vergano，*An Agricultural Safeguard Mechanism For Developing Countries*，www. dfid. gov. uk，2010 - 7 - 20.

和结构性问题，不利于发展中国家的农业发展，也不利于保护发展中国家的粮食安全。

（二）西方发达国家的农业补贴仍然严重，损害了发展中国家的粮食产业

虽然西方国家经历过多次粮食剩余危机，长期为粮食剩余和低价粮食等问题所困扰，但是通过各种农业补贴鼓励粮食生产、增强国内粮食竞争力一直是这些西方粮食大国长期不变的粮食战略。所以《农业协议》给西方国家留下了充足的农业补贴空间。

在国内支持规则方面，首先，《农业协议》允许基期综合支持总量超过微量支持水平的成员方继续提供"黄箱"支持（在遵守削减承诺的前提下），而其他成员方的"黄箱"支持只能以微量水平为限，这样西方国家得以继续实施"黄箱"补贴，由于绝大部分发展中国家农业补贴很少，甚至实行负支持政策，基期综合支持总量大都低于微量水平，因此，"黄箱"支持规则事实上构成对发展中国家的单方面限制。其次，《农业协议》所设置的免于削减的"蓝箱"能够使欧盟的补偿支付计划和美国的差额补贴计划得以豁免，发展中国家存在农业生产不足的问题，不太可能为限制农业生产进行"蓝箱"补贴，可以说，"蓝箱"基本上是为美国、欧盟量身定做。再次，"绿箱"支持范围过宽，西方粮食大国可以轻易将过去属于黄箱政策的补贴措施，转化为绿箱措施支持。最后，西方国家设计了"和平条款"，使得符合《农业协议》要求的出口补贴和国内支持措施在不同程度被免于征收反补贴税，以及免于"违约之诉"和"非违约之诉"。[1]

在这种宽松的农业补贴规则下，美国、欧盟等对粮食产业给予极大支持。美国的农业补贴主要针对小麦、玉米、水稻、高粱等粮食作物，并根据国内、国际粮食市场的情况每5—6年对农业补贴政策进行修订、补充和完善。美国虽然口口声声要求欧盟等削减农业补贴，但是2002年的农业法案——《农业安全和农村投资法案》又全面增加对农业的补贴和投资，年均农业补贴支出大致为190亿—210亿美元，比上一度法案年均净增57亿—77亿美元。[2] 2008年的《食品、环保、能源法》继续维持高额补贴政策，据估计，农业法案在5年的时间将花费2890亿美元。[3] 尽管大米、小

---

① 龚宇：《WTO农产品贸易制度研究》，厦门大学出版社2005年版，第256页。

② 冯继康：《美国农业补贴政策：历史演变与发展走势》，《中国农业经济》2007年第3期。

③ http://www.chinanews.com.cn/cj/wbsy/news/2008/06 - 02/1269700.shtml，2009 - 7 - 10。

麦、大豆等粮食作物当年的价格暴涨，但 2008 年农业法案却维持或提高了大多数此类作物的补贴。[①]

欧盟从 20 世纪 60 年代开始实施对粮食产业的补贴政策，共同农业政策的核心是通过欧洲农业指导和保证基金（EAGGF）对农产品进行价格支持来推动粮食生产，保障粮食安全。谷物、油籽和蛋白作物是价格支持的重点，它们的产值占欧盟农产品总值的 11%，却花费了 42% 的指导和保证基金。[②] 对农业的高度保护政策，最终导致农产品大量剩余以及共同体预算危机。与此同时，欧盟也遭到来自美国、加拿大、澳大利亚以及 WTO 其他成员国的强大压力，不得不对共同农业政策调整和改革，根据 2003 年改革新方案，欧盟 25 个成员国将分别从 2005—2009 年开始实施新的共同农业政策。该方案使得欧盟农业支持大部分归于"绿箱"补贴之中，更加适应WTO 多哈农业谈判的要求。不过欧盟改革并不彻底，由于 WTO"绿箱"支持的范围过宽，各成员国纷纷将本应削减的"黄箱"支持措施转化为"绿箱"支持措施。根据经合组织的资料，欧盟的农业补贴从 996 亿美元增加到1298 亿美元。[③] 而且欧盟的重要粮食产品并未纳入削减范围，在法国的坚持下，方案放弃了将小麦、大麦和玉米等谷类产品干预价格削减 5% 的意见。[④]

在出口补贴方面，《农业协议》规定凡在基期（1986—1990 年）未接受出口补贴的农产品今后不得提供出口补贴，在基期内已接受出口补贴的可继续提供但须逐步削减。据 WTO 秘书处现有资料统计，25 个成员国中在基期内提供了出口补贴的绝大部分为发达国家，大部分发展中国家在进行谈判时无力对粮食进行出口补贴，这一规定等于剥夺了他们今后实施出口补贴的权利，也使得发达国家和发展中国家的粮食贸易不可能在公平的环境下竞争。确定出口补贴削减指标的过程也充分考虑西方国家的利益，如欧共体1991—1992 年小麦、牛肉库存大量堆积，欧美互相妥协的结果就是将确定接受出口补贴的基期定为 1991—1992 年，而不是 1986—1990 年的基期水平。[⑤]

---

① http：//www. ers. usda. gov/FarmBill/2008/，2009 - 7 - 25.

② 赵昌文、Nigel Swain：《欧盟共同农业政策研究》，西南财经大学出版社 2001 年版，第 107页。

③ 龙甲青：《WTO 农业国内支持规则与中国对策》，中国政法大学 2006 年硕士学位论文，第32—34 页。

④ 钱钰：《欧盟共同农业政策改革及其对 WTO 新一轮农业谈判的影响》，《中国农村经济》2004 年第 2 期。

⑤ 龚宇：《WTO 农产品贸易制度研究》，厦门大学出版社 2005 年版，第 200 页。

在不公平的国内支持和出口补贴规则下，西方国家粮食得以在发展中国家低价倾销。例如，美国和欧共体占全球小麦出口量的半数，而它们的出口价格分别低于生产成本的46%和34%，美国占世界小麦出口量的一半以上，出口价格低于生产成本的20%，欧共体作为世界最大的食糖出口方，出口价格仅为生产成本的25%。① 不公平的竞争优势使得西方国家攫取了世界农产品出口的主要份额，如欧盟在共同农业政策的支持下粮食出口不断增加，1991—1992年度为3699.9万吨，1995—1996年度为2456.6万吨，1999—2000年度为3680万吨，1995—1999年度谷类增值产品出口增加了117%。部分原来颇具竞争力的发展中国家不仅被逐出国际农产品出口市场，国内粮食生产也面临廉价进口粮食的冲击。在一些国家，随着进口粮食取代本国粮食生产，农民无法靠种植粮食谋取生计，只能盲目向城市转移，这样不但使发展中国家农业基础受到削弱，粮食供应受到威胁，而且还可能引发严重的社会问题。例如菲律宾玉米、大米由于受到廉价进口产品的冲击，生产受到很大影响，原菲律宾玉米主产区棉兰老岛的玉米种植几乎已经消失，1995年、1998年和2000年玉米的农业总增加值的增长率分别为 − 8.65%、−11.7%和 − 1.6%，水稻的总增加值在1998年增长率下降为 − 24.1%。② 尽管菲律宾有条件发展稻米生产并实现大米自给乃至出口大米，但大米等粮食产品进口额却不断增加，1992年谷物进口为1824（千吨），2002年上涨为4620（千吨），翻了一番！③ 在廉价粮食冲击下，大农场转向种植经济作物或进行房地产开发，农民失业率增加，大量失业农民涌进城市，进城农民工找不到工作，失业问题转化成社会问题和政治问题，当国际粮价暴涨时菲律宾立即陷入恐慌之中，社会危机一触即发，教训不可谓不深刻。

（三）欧美控制粮食产业链的深层次粮食战略无法通过《农业协议》实现

《农业协议》主要是在市场准入、国内支持和出口补贴三方面确立了有利于西方发达国家的粮食贸易规则，对实现西方发达国家输出粮食战略有积

---

① Oxfam, *Boxing Match In Agricultural Trade*, http：//www. Market trade fair org. hk/news/boxing eng. pdf.

② 胡迎春、李彦敏：《WTO与菲律宾农业贸易自由化的负面影响和启示》，《国际关系学院学报》2003年第4期。

③ *Selected Indicators of Food and Agriculture Development in Asia-Pacific Region* 1993 − 2003 *RAP PUBLICATION* 2004/20，http：//www. fao. org/docrep/007/ad513e/ad513e1d. htmJHJbm49. 3，2009 − 7 − 25.

极作用。值得指出的是，《农业协议》更侧重于帮助西方发达国家粮食获得支持从而能够以低价倾销，虽然这使得他们攫取了世界农产品出口的主要份额，但这种低价、补贴粮食出口战略同样使得发达国家自身不堪重负，因此通过低价输出粮食占领世界粮食市场并不符合美国等西方粮食大国的根本利益。

自20世纪80年代开始，美国就逐步改变了粮食产业发展战略，加工食品出口贸易开始增加，各大跨国农业垄断集团纷纷在海外设立各种分公司、子公司。很显然，美国跨国粮食垄断集团采取的是一种更为高明的粮食输出战略，通过设立海外分支机构，既可以绕开东道国对高附加值的加工粮食设置的关税升值和其他贸易壁垒，还可以通过这些粮食加工企业使用来自美国的粮食原材料以扩大粮食出口份额。与此同时，美国跨国垄断集团投入巨资进行转基因粮食品种的开发和生产，这样不仅可以占领技术优势地位，更为重要的是，其在转基因粮种的垄断地位将使得西方跨国垄断粮食集团从源头控制世界粮食生产，粮种控制与投资结合的结果是最终整个粮食产业链都为这些跨国垄断集团控制。显然，《农业协议》无法满足美国这种更高级的粮食战略需求。

综上所述，《农业协议》作为现行有效的粮食贸易一般性规则，虽然为西方发达国家所主导，在对发展中国家的市场准入、提高西方发达国家粮食生产竞争力的国内支持和出口补贴方面，形成了许多不利于发展中国家保护国内粮食生产的规则，但同时也无法满足美国等对外扩展粮食产业链的深层次粮食战略需求。因此，西方国家一方面力求在国际贸易体制内推动投资和知识产权规则的发展，另一方面在一些与发展中国家粮食安全密切相关的规则制定时也尽力施加影响，从而最大限度实现他们的粮食战略。

第 四 章

国际粮食贸易特殊规则

第一节　实现西方粮食霸权的粮食贸易特殊规则

在 WTO 框架下，《与贸易有关的投资措施协议》（TRIMs 协议）和《与贸易有关的知识产权协议》（TRIPs 协议）对实现美国的跨国粮食垄断集团对外投资粮食产业和转基因粮食战略具有极为重要的积极作用。上述协议都不是直接针对粮食贸易，TRIMs 协议的主要目标是促进投资自由化，其内容本质上是个投资条约，TRIPs 协议是推动 WTO 框架下的知识产权保护，是个多边知识产权条约，但是它们都是实现西方国家粮食战略的重要工具，加之内容与 WTO 贸易规则存在性质差异，属于 WTO 法律规则体系中的特殊规则，因此本书把它们影响到粮食贸易的有关规则归于粮食贸易特殊规则之列。此外，输出粮食一直是西方国家粮食战略的重要组成部分，西方国家除了使用出口补贴，还采取了出口信贷、粮食援助等手段输出粮食，为此 WTO《农业协议》补贴规则对出口信贷和具有补贴性质的粮食援助进行了约束，但是在美国主导下，上述规则或多或少都偏向西方粮食出口大国的利益，是实现西方国家粮食战略的粮食特殊贸易规则。

一　WTO 投资、知识产权等特殊规则对实现西方国家粮食战略具有重要意义

WTO《农业协议》虽然为成员国确立了国际粮食贸易的一般性规则，但是对以美国为首的西方粮食大国而言，这些规则对实现其粮食战略的作用仍然不够突出和有效。美国的粮食战略是控制全球的粮食产业链，对美国而言，通过粮食出口贸易控制全球粮食供应在经济上极不划算，冷战时对苏联

禁运失败更论证了以纯粹的贸易方式实现政治战略意图极为困难。因此，要想控制全球粮食产业链就需另辟蹊径，通过特殊的贸易规则来推动这种战略的实现。

众所周知，WTO 是一个国际性贸易组织，其宗旨是推动国际贸易的增长、发展，在贸易法框架下纳入投资和知识产权议题，显然是美国等西方发达国家极力推动的结果。

20 世纪 80 年代之前，多数国家尤其是发展中国家对外资采取严格管制的政策，因为这些发展中国家国内经济力量薄弱，无论是农业产业还是其他产业都无法与西方跨国垄断集团进行竞争与抗衡，如果不对外资进行管制很容易导致经济命脉为外资所控制。同时许多国家对付跨国公司垄断性行为经验不足，外资立法尚不健全，发达国家出于保护自身投资的目的，也没有强烈推动投资自由化发展的动力，因此这一阶段外资准入和准入后经营活动均受到各东道国严格的立法控制。进入 80 年代以后，许多发展中国家政局开始稳定，谋求经济发展成为这些国家的主要诉求，一些发展中国家对外开放经济，利用外资带动经济腾飞产生了很好的示范效应，为了吸引外资，许多国家纷纷对外资放松管制，当然为了引导外资投向本国急需的领域以及满足本国经济发展的需要，这些国家外资立法往往对外国投资者施加各种条件限制，在购买、销售或制造方面要求外国投资者满足东道国的特别要求。①

美国是世界最主要的资本输出国之一，对外进行粮食产业直接投资已经成为美国粮食战略极为重要的一环，通过对外投资，既可以绕开东道国对高附加值的加工粮食设置的关税升级和其他贸易壁垒，还可以通过这些粮食加工企业使用来自美国的粮食原材料以扩大粮食出口份额。所以自 80 年代开始美国就不遗余力地推动国际投资立法的自由化，以满足美国粮食垄断集团以及其他投资者对外投资的需要。

美国首先推行的是与接受美国投资的东道国缔结自由化双边投资条约（Bilateral Investment Treaty，BIT）策略，美国式 BIT 对东道国外资管辖权有较多限制，在普及程度上远不如欧洲式的 BIT，只有 46 个国家与美国缔结这种高度自由化的 BIT。② 基于通过 BIT 推动国际投资立法自由化并保护发

---

① 这种要求一般被称为履行要求，是投资措施的一种，投资措施是资本输入国政府对外资采取的各种法律和行政措施。各国实施的履行要求主要包括：贸易平衡要求、当地成分要求、当地股权要求、许可证要求、技术转让要求、出口要求、进口替代要求。参见赵维田《世贸组织的法律制度》，吉林人民出版社 2000 年版，第 417—418 页。

② http：//www. state. gov/www/issues/economic/bit_ treaty. html，2010 – 3 – 25.

达国家对外投资的进程过于缓慢、效果不太明显，在乌拉圭回合谈判之际美国率先提出在多边贸易体制框架内全面确立管制投资措施的多边规则的要求，美国的主张得到了欧共体和日本的支持。①

在谈判时，美国主张将乌拉圭回合贸易谈判委员会草拟的一份包括14 项投资措施的清单中的投资措施都明确禁止，这些投资措施对外资施加股权限制，或者要求技术转让，或者要求出口创汇，等等，作为东道国需要通过一些投资措施引导、管理外商投资。以跨国粮食垄断集团为例，当地成分要求可以限制跨国公司从其母公司或外国购买粮食原材料的行为。再如，针对跨国公司转移定价的做法，东道国可采取制造方面的要求②。可见，全面禁止上述投资措施对推动和保护美国跨国公司对外投资，实现美国控制粮食产业链战略具有重要意义。美国激进的建议自然受到来自发展中国家的激烈反对，为了维护国家经济主权，发展中国家强烈反对将投资议题纳入 WTO 法律框架，经过激烈的讨价还价，最后决定只有对货物贸易有扭曲作用的投资措施才属于 WTO 调整范畴，最终达成共识对与贸易有关的投资措施进行管制，协议正式文本名称为《与贸易有关的投资措施协议》（即 TRIMs 协议）。在 TRIMs 协议附录的解释性清单中，当地成分要求、国内销售要求等 5 种投资措施被明确禁止，美国的战略目的部分得到实现。

至于在 WTO 框架下进行对知识产权的保护，同样是美欧极力推动的结果。美国出口产品中知识产权含量不断上升，据统计，1983—1987 年的 4 年间增长了 76%，占美国全部出口产品的 44%，到 1985 年美国在技术贸易方面的纯收入已达 85 亿美元。在发达国家中，英国、日本都是技术出口国，而世界上其他国家则基本上属于进口国。③ 这些国家在因知识产权输出不断获益的同时也遭受日益猖獗的假冒产品、盗版等的侵犯，虽然世界知识产权组织管辖下有《保护工业产权巴黎公约》等多项全球性知识产权公约，但这些公约缔约国数量有限，缺乏强有力的争端解决机构对不遵守协议保护知识产权不力的国家进行约束，为了阻止在国际贸易中侵犯本国知识产权，美国、欧盟、加拿大等西方发达国家极力推动了与贸易有关的知识产权协议

① 刘笋：《国际投资保护的国际法制——若干重要法律问题研究》，法律出版社 2002 年版，第317 页。

② 余劲松：《TRIMs 协议研究》，《法学评论》2001 年第 2 期。

③ 赵维田：《世贸组织（WTO）的法律制度》，吉林人民出版社 2000 年版，第 396 页。

（TRIPs 协议）的订立。

二 《TRIMs 协议》

在序言部分，《TRIMs 协议》表明其主要目标是避免投资措施扭曲影响自由贸易，而不是全面推行投资自由化，所以这不能全面达到美国跨国粮食集团对外投资的战略目标，充其量只是减少跨国公司海外投资的部分法律障碍。不过能够在成员国众多的 WTO 框架下纳入一个自由化的投资协议，并能够借助 WTO 强有力的争端解决机制推动投资自由化，对急需大力拓展海外投资业务的跨国粮食集团而言，已经是个不小的成就。

（一）《TRIMs 协议》的适用范围

依据《TRIMs 协议》第 1 条，《TRIMs 协议》仅适用于"与货物贸易有关的"投资措施，这就是说，与服务贸易和技术贸易有关的投资措施不属于《TRIMs 协议》调整的对象。同时，《TRIMs 协议》不管制贸易措施，因此配额、许可证制度等纯贸易管制措施不在《TRIMs 协议》的调整范围之内。[1] 由于序言将其所规范的 TRIMs 限定为"将对贸易产生限制或不利影响的投资措施"，这也表明《TRIMs 协议》主要规范限制性投资措施。[2]

（二）《TRIMs 协议》对投资措施的管制

《TRIMs 协议》采取概括式和列举式对各成员国实施的投资措施提出了约束要求。

首先，投资措施不得违反关贸总协定中有关国民待遇和数量限制条款的规定。根据《TRIMs 协议》第 2 条第 1 款的规定："在不损害 GATT 1994 项下其他权利和义务的情况下，各成员不得实施任何与 GATT 1994 第 3 条或第 11 条规定不一致的投资措施。"GATT 1994 第 3 条和第 11 条分别对国民待遇和数量限制的普遍取消作了规定，所以，成员国实施的与 GATT 国民待遇和一般取消数量限制原则不符的投资措施都在禁止之列，但是由于上述条款没有对与贸易有关的投资措施的内涵进行界定、外延进行列举，因此，《TRIMs 协议》具体规范哪些投资措施并不明确。

---

[1]　刘笋：《国际投资保护的国际法制——若干重要法律问题研究》，法律出版社 2002 年版，第310 页。

[2]　依据投资措施对外资的影响可分为鼓励性投资措施和限制性投资措施，鼓励性投资措施包括税收减免、贷款优惠、土地转让和使用优惠等等，从经济意义上讲，鼓励性投资措施也会对全球投资和贸易带来扭曲影响，但由于它对所吸引到的外资具有推动和积极作用，所以目前国际投资法还没有直接针对鼓励性投资措施进行管制的规则。

其次，《TRIMs 协议》附录的例示清单还列举出了违反 GATT 1994 第 3 条和第 11 条的 5 项 TRIMs。其中，与 GATT 1994 第 3 条国民待遇义务不符的投资措施包括：（1）要求企业购买或使用原产于国内或来源于国内渠道的产品，不论这种具体要求是规定特定产品、产品的数量或价值，或规定购买与使用当地产品的数量或价值的比例；（2）要求企业将其购买或使用的进口产品限制在该企业出口当地产品的数量或价值量的范围内。一般把这两种与国民待遇不符的投资措施称为当地成分要求和贸易平衡要求，这两项投资措施要求外国投资者优先购买东道国的原材料或产品，限制外国投资者从母国或第三国进口产品和原材料，使得东道国的原材料或产品在销售上获得优于外国产品的条件，自然扭曲了贸易。

与 GATT 1994 第 11 条最惠国待遇义务不符的投资措施包括：（1）一般性地或依企业出口当地产品的数量或价值，限制企业进口用于当地生产或与当地生产相关的产品；（2）通过依企业所创外汇的数量限制其获得外汇的手段，限制企业进口用于当地生产相关的产品；（3）限制企业出口或为出口销售产品，不论这种限制是规定特定产品、产品数量或价值，或是规定其在当地生产的数量或价值的比例。这三种违反 GATT 最惠国待遇原则的投资措施一般被称为通过贸易平衡手段限制进口、通过限制或采取外汇手段来限制进口以及出口。

值得分析的是，投资措施所限制的"产品"是否包括粮食产品呢？在 WTO 法律体系中，TRIMs 协议与 GATT 1994 都属于附件 1A 货物贸易的多边协定的组成部分，GATT 1994 最惠国待遇、国民待遇条款以及其他条款表述中涉及了"产品"，但 GATT 1994 本身没有对"产品"直接下定义，不过 GATT 1994 附件 9 "注释与补充规定"中关于有关条款的解释有助于澄清和理解"产品"所涉范围，例如附件 9 对 GATT 1994 第 11 条第 2 款（c）项的解释是："本款中'任何形式'一词包括处于较早加工阶段仍易腐的相同产品，此类产品与新鲜产品直接竞争，如大量进口会使针对新鲜产品的限制变得无效。"按照该条解释，产品有新鲜产品、早期加工产品、加工产品等多种形态，粮食及粮食制品有初级的新鲜形态和半制成品、制成品等几种形态，自然也属于该解释中"新鲜产品、早期加工品、加工产品"等形式，也就是说，粮食是"产品"的一种。如果上述分析仍不够精确，那么附件 9 对 GATT 1994 第 16 条的解释则肯定了粮食的"产品"属性，该解释认为"初级产品"应被理解为天然形态的农产品、林产品、水产品或矿产品，或为在国际贸易中大量销售而经过通常要求的加工的产品。①

　　投资措施所限制的产品包括粮食、农产品以及粮食制品，它们对跨国粮食垄断集团在发展中国家投资时采用来自西方国家的粮食等作为原材料进行加工生产构成了严重的贸易壁垒，自然为西方发达国家极力反对，故专门在TRIMs 协议附录的解释性清单作出明确限制。

　　由于 TRIMs 协议附件列举了 5 种禁止采用的投资措施，但是《TRIMs协议》正文并没有明确说明仅管制此 5 种投资措施，因此在具体理解《TRIMs 协议》所禁止的投资措施时就产生了争议。有人认为，对《TRIMs协议》第 2 条及其附录的规定在解释和适用上应该从严把握，防止不适当的扩大化。凡未被协议明文禁止的投资措施应当被认为是协议所允许的，除协议附录所明确列举的 5 种投资措施外，原则上不应当将协议的禁止性规定扩大到其他投资措施。② 这一观点的出发点在于，发展中国家经济发展水平有限，为了更有利于吸引外资并符合发展中国家经济发展政策的需要，需要给予发展中国家一定的法律空间使其通过一些投资措施来管制外商投资，因而主张对《TRIMs 协议》从严解释。

　　（三）发展中国家待遇与透明度要求

　　考虑到发展中国家履行协议可能存在困难，《TRIMs 协议》给予了发展中国家更长的实施协议的过渡期限。《TRIMs 协议》第 5 条第 2 款规定，各发达国家成员方在 WTO 生效 2 年内取消一切与 TRIMs 协议不符的投资措施，而发展中国家和最不发达国家成员取消与 TRIMs 协议不符的投资措施的时间期限为 5 年和 7 年。依据协议第 4 条的规定，发展中国家有权援用GATT 第 18 条幼稚产业例外、GATT 第 12 条收支平衡例外暂时实施 TRIMs协议所禁止的投资措施。当然，所有成员方都可以援用 GATT 一般例外、安全例外、保障措施例外等等。

　　《TRIMs 协议》第 5、第 6 条是关于通知与透明度的规则，第 5 条要求成员方向货物贸易理事会通知其正在适用的不符合协议规定的所有与贸易有关的投资措施。第 6 条第 2 款规定各成员方应将公布其实施的与贸易有关的

---

　　①　该项解释原文是：For the purposes of Section B, a "primary product" is understood to be any product of farm, forest or fishery, or any mineral, in its natural form or which has undergone such processing as is customarily required to prepare it for marketing in substantial volume in international trade. 见 GATT 1947 Annex I：Ad Article XVI Section B 2.（GATT 1947 在 WTO 成立后连同之后各成员国签署的关于 GATT 补充承诺的文件合并，统称 GATT 1994。——笔者注）

　　②　余劲松：《TRIMs 协议研究》，《法学评论》2001 年第 2 期。

投资措施并通知 WTO 秘书处，包括其境内地方和地方政府所实施的投资措施。人们注意到这是整个协议唯一提到"地方与地方政府"的条款①，非常特殊，这反映了 TRIMs 协议刻意将管制的范围伸及到地方政府的投资措施。

时至今日，如何评价投资措施人们并未形成统一的意见和看法，有人认为资本输出国高估了控制投资措施的必要性，片面强调投资措施的弊端是不合理的。从 TRIMs 协议所确立的规则来看，协议仅仅对东道国实施投资措施进行管制，而没有对包括投资者采用的限制性商业惯例在内的不正当竞争行为加以限制，使该协议成为限制东道国管制外资政策的单方面守则，而事实上，跨国集团采用的限制性商业惯例等不仅对贸易有较大扭曲作用，而且对东道国经济健康发展具有非常大的消极影响，东道国采取一些投资措施在某种程度上能够抵消这些限制性商业管理的影响，TRIMs 协议单方面管制东道国投资措施，对主要来自西方国家的跨国公司所实施的行为不加以限制，显然是出于维护西方大国利益的目的，这对发展中国家是很不公平的。②

三　《与贸易有关的知识产权协议》（TRIPs 协议）

《TRIPs 协议》对实现西方国家提高所有 WTO 成员方知识产权保护水平、加强实施保护知识产权的程序规则等战略目标极为重要，该协议不仅直接并入了世界知识产权组织所管辖的一些知识产权公约，还提高了知识产权的实体保护标准；更为重要的是，TRIPs 协议针对知识产权实施难这一软肋，规定了实施知识产权的刑事、民事、行政程序和救济以及临时措施和边境措施，有利于西方发达国家要求发展中国家加强对来自西方知识产权的保护。在 TRIPs 协议中，涉及西方国家粮食战略的规则包括两个方面：首先是专利法的实体规则，其次是对专利保护的各种程序性规则。

（一）TRIPs 协议第二部分第 5 节：专利

TRIPs 协议第 27 条第 1 款规定了授予专利的实质条件，基本规定与各国专利法的相应规定和巴黎公约的原则是一致的，第 27 条第 2 款规定国家可以不授予专利的情形包括：为了保护公共秩序和道德（包括保护人类、动植物的生命或健康，或者避免对环境的严重损坏）所必需；治疗人类或动物的诊断方法或外科手术方法；动植物以及生产动植物的方法。

---

① 赵维田：《世贸组织（WTO）的法律制度》，吉林人民出版社 2000 年版，第 423 页。

② 限制性商业惯例主要是指跨国公司通过各种反竞争行为或转移定价以实现避税的行为，至今没有有效的国际管制手段，主要依靠国内反垄断法和相关竞争政策进行管制。

尽管协议将动植物新品种规定在可不授予专利的范围之内，为发展中国家利用生物技术发展农业生产给予了一定的灵活性，但是该协议又同时规定各成员国有义务通过专利制度和专门的特别制度或二者的组合对植物新品种进行保护。[①] 在 TRIPs 协议文本中，上述但书规定成员国对植物新品种进行保护的义务时适用的文字为英文"shall"而不是"should"，在英文中"shall"表示为必需的义务，"should"表示应该，强度弱于前者。总之，上述规定等于强制性地确立了发展中国家授予转基因农作物专利或通过其他法律制度保护转基因技术的义务，对拥有转基因技术的西方跨国垄断集团极为有利。

（二）TRIPs 协议第三部分：知识产权的执法

协议在第三部分规定了对各成员国知识产权执法的要求，包括一般义务、民事和行政程序及救济、临时措施、有关边境措施的特殊要求和刑事程序。TRIPs 协议对执法的规定大大弥补了以往国际知识产权条约不能有效约束一些执法不严成员国的弊端。这个执法程序要求并非专门针对粮食生物技术方面的知识产权保护，而是要求成员国对所有知识产权应建立完善的民事、刑事、行政和海关边境救济措施。该部分意义在于对成员国国内立法及行政执法程序的完善直接提出要求，大大提高了成员国知识产权保护的执法标准。

在 TRIPs 协议的相关执法规定中，重点内容是强调成员国建立公平、公正的民事程序，突出民事诉讼、救济、补偿对权利人的意义。虽然 TRIPs 协议也涉及行政程序，但是仅仅规定行政程序的裁决导致民事救济时，该行政程序也应符合民事程序及救济的规定。对于发展中国家成员国来说，也许更多地采取了行政程序对知识产权进行保护，但这种程序往往伴随着不透明、随意性，所以 TRIPs 协议重点突出民事救济程序，期望在公平的民事程序下解决知识产权侵权的救济问题。

此外，TRIPs 协议规定的临时措施、边境措施对处于贸易中货物的知识产权提供了及时、有力的保护。司法当局有权采取临时措施可以达到以下目标：（1）阻止任何侵犯知识产权的发生；（2）制止侵权货物流入商业渠道；（3）保全证据。边境措施使海关对有正当理由怀疑是假冒商标的商品或盗版商品的进口中止放行。临时措施和边境措施对打击和预防侵犯了知识产权的货物进入国际贸易流通非常有效。

---

① TRIPs 协议第 27.3 条（b）。

目前，西方发达国家中主要是美国、加拿大等在转基因技术上具有绝对的优势，他们极力在世界粮食生产和贸易市场推销其转基因农作物的技术及相关产品，TRIPs 协议对植物新品种给予专利保护和相关执法程序的规定有助于粮食跨国集团垄断转基因技术，从而最终实现他们的粮食战略。

四　出口信贷和粮食援助规则

从 20 世纪二三十年代起，粮食国际贸易市场是饱和竞争、充分竞争，粮食出口大国为了解决剩余粮食问题不惜低价倾销，甚至采取各种出口补贴促进粮食出口，以占领全球粮食市场。为此 WTO《农产品协议》专门制定了约束出口补贴的纪律。为了防止某些潜在的出口补贴规避出口补贴规则，《农产品协议》第 10.1 条规定：未列入《农产品协议》第 9.1 条的出口补贴不得以规避出口补贴承诺或产生规避出口补贴承诺之威胁的方式实施，非商业性交易亦不得用于规避此类承诺，其中非商业性交易主要指的是出口信贷和粮食援助。[①]

（一）出口信贷

出口信贷是国际贸易中常用的融资方式，在农产品领域里，有官方性质的出口信贷是由一国政府提供的，使出口农产品的外国购买者在一段时间内延迟付款的担保、保险、融资、再融资或利率补贴。在国际粮食出口竞争激烈的情形下，粮食出口大国不断采取低价竞争的策略以占领市场，除了使用出口补贴外，出口信贷也是他们常用的一种方式，西方发达国家提供的出口信贷条件十分优惠，贷款金额大、期限长、利率低，进口国很乐意接受出口信贷，这样他们将节约许多融资成本、获益良多。

提供粮食出口信贷的成员国一般为发达的粮食出口国。一项对经合组织成员国对农产品出口信贷使用的调查显示，15 个经合组织成员国从 1995 年到 1998 年增加了 24 亿美元或 44%，增加最多的是美国、加拿大、澳大利亚和法国，这些国家正是西方粮食出口大国，也是使用出口补贴最多的国家。经合组织其他一些国家如韩国、德国等的出口信贷都有实质性增长。根据上述期间的统计数据，美国是所有 OECD 成员国中使用出口信贷最多的国家，占据 OECD 出口信贷总量的 46%，其次是澳大利亚占 25%，欧盟占 16%，加拿大占 13%，这四方就占据了总数的 99%。

出口信贷是否增加了国际市场对粮食的额外需求，一般而言，出口信贷

---

① 龚宇：《WTO 农产品贸易制度研究》，厦门大学出版社 2005 年版，第 204 页。

能够降低粮价，对粮食进口国是有利的，但这是否就必然导致粮食进口国增加粮食进口呢？可能的结果是粮食进口国从未提供出口信贷的国家转向能够提供出口信贷的国家进口，这种结果是国际粮食进出口总量并未有变化，并且是以未提供出口信贷国粮食出口减少为代价。但是从严格意义上讲，出口信贷能够使得进口国在任何价格情况下，并且不损害其他国家利益的情形下增加粮食需求，就如同当人的收入增加时就会增加消费，但是这又可能导致粮食进口国国内粮食产量的下降以及未来的进口量。所以，到底出口信贷是否促进国际粮食市场的发展是很难证明的。OECD 统计了出口信贷条件下粮食出口的流向，结果令人吃惊，因为绝大部分接受出口信贷粮食的国家为OECD 成员国，而非发展中国家。数据显示，在统计年限期间（1995—1998年）出口信贷下的粮食只有 9% 出口到了净粮食进口的发展中国家（其中排除了 10% 的欧盟内部之间的交易），这说明对粮食进口国和发展中国家而言出口信贷所起的作用极为有限，而 OECD 粮食进口国每年接受的出口信贷下的粮食就超过了总额的一半以上。[1]

　　出口信贷与出口补贴都能够扭曲农产品贸易，使得农产品市场价格下降。虽然从数据上看，出口信贷总额大大高于出口补贴额，但是出口补贴对市场的直接扭曲作用要大得多。为了对出口信贷进行有效的管制并避免各国之间形成恶性竞争，1934 年，西方发达国家在瑞士伯尔尼成立了"信贷及投资保险国际联盟"，简称伯尔尼联盟（Berne Union）。联盟的宗旨是促进成员间交换出口信贷保险信息，协调信贷竞争。但是伯尔尼联盟属于松散型协商咨询机构，对各国仅具有指导意义，从 20 世纪 60 年代起，伯尔尼联盟在协调出口信贷措施方面的作用逐渐为经济合作与发展组织所取代。经过不断协商以及激烈斗争，1978 年 2 月，经合组织 22 个成员国在法国巴黎达成《官方支持出口信贷准则安排》，该安排的效力来源于各参加国在道义上的承诺，并无法律拘束力，所以又称"君子协定"。目前君子协定主要对各国在为期 2 年以上的出口货物提供信贷支持所能给予的最优惠条件进行了规定，对缓和各国竞相压低出口信贷利率避免恶性竞争具有积极作用。[2]

　　① *An Analysis of Officially Supported Export Credits in Agriculture*，OECD，2000，p. 23.

　　② 李仁真：《国际金融法》，武汉大学出版社 2005 年版，第 183—184 页。

表 4-1　　　　　　　　**经合组织成员国出口信贷和出口价值**　　　单位：百万美元

出口信贷使用国	1995 年	1996 年	1997 年	1998 年	总计
澳大利亚	1106	2014	2130	1553	6803
加拿大	570	697	1239	1108	3613
欧盟	985	989	1151	1254	4397
奥地利	10	9	11	11	40
比利时	83	121	133	153	491
芬兰	6	5	11	11	32
法国	0	153	293	330	776
新西兰	392	341	361	411	1506
葡萄牙	6	4	0	0	10
西班牙	467	353	338	334	1491
匈牙利	0	38	12	19	68
韩国	0	33	46	46	126
挪威	0	0	0	0	0
美国	2843	3188	2845	3929	12806
总计	5504	6959	7423	7910	27796
总出口（百万美元）					
澳大利亚	10526	11325	12583	10501	44936
加拿大	14866	16664	18153	17555	67237
欧盟	57272	58348	59934	57028	232582
匈牙利	2922	2768	2881	2788	11359
韩国	3198	3268	3179	2875	12519
美国	60996	65531	61413	57395	245334
总计	153323	161778	161999	152228	629329
出口信贷比例（%）					
澳大利亚	10.5	17.8	16.9	14.8	15.1
加拿大	3.8	4.2	6.8	6.3	5.4
欧盟	1.7	1.7	1.9	2.2	1.9
匈牙利	0.0	1.4	0.4	0.7	0.6
韩国	0.0	1.0	1.5	1.6	1.0
挪威	0.0	0.0	0.0	0.0	0.0
美国	4.7	4.9	4.6	6.8	5.2
总计	3.6	4.3	4.6	5.2	4.4

资料来源：*An Analysis of Officially Supported Export Credits in Agriculture*，OECD，2000，p. 10.

　　虽然存在君子协定，但是君子协定并不针对农产品贸易。因此长期以来，农产品出口信贷一直未能有效地规范，有的人认为农产品出口信贷能够构成潜在的出口补贴，有人认为WTO农业协议并没有将出口信贷视为出口补贴，而有的人则认为出口信贷、信贷担保等尽管不在承诺减让之列，然而要遵守反规避规则。[1] 有鉴于此，《农业协议》第10.2条规定各成员国应努力制定关于管理提供出口信贷、出口信贷担保或保险计划的国际纪律，并保证在就此类纪律达成协议后，仅以符合这些纪律的方式提供出口信贷、出口信贷担保或保险计划。有关出口信贷纪律的谈判是在OECD主持下进行的，原定于2000年12月结束，但由于涉及美国等OECD成员国中实力派的切身利益，实际谈判进程异常缓慢，至今尚无结果。所以，WTO对出口信贷的规则仍然付之阙如。

　　(二) 粮食援助规则

　　与出口信贷一样，粮食援助也存在干扰国际粮食贸易市场正常运行的问题。首先是粮食援助增加了受援国市场上的粮食供给，对受援国粮食生产产生不利影响。[2] 但是，Abbott 和 Young（2005）研究发现，粮食援助并没有冲击受援国国内粮食生产，而是使得受援国接受粮食援助后最终会减少商业性粮食进口。[3] 从另一角度分析，一旦粮食援助国与受援国之间建立了较为稳定的粮食援助关系，多少会对两国之间的贸易关系产生影响，在"欧共体——面粉出口补贴案"中GATT专家组就认为，在粮食援助之外，受援国往往习惯继续从援助国购买更多的粮食。[4] 这样从整个国际粮食市场来看，粮食援助还是对正常的粮食贸易带来了不利影响。其次，粮食援助的方式也会对粮食贸易产生一定影响。目前国际粮食援助存在两种方式：一种是现金援助方式，另一种是实物援助方式，现金粮食援助是指捐赠国以政府财政资金在国际粮食市场购买粮食用于援助；而实物援助则是援助国直接向受援国提供粮食。学者们一致认为，现金粮食援助的成本较低，可以减少运费等中间环节的损耗，对国际粮食贸易产生的扭曲作用要比实物援助小得多。

　　[1]　Raj Bhala, "World Agricultural Trade In Purgatory: the Uruguay Round Agriculture Agreement and Its Implications for the Doha Round", *North Dakota Law Review*, Vol. 79, 2003, p. 819.

　　[2]　Barrett, Christopher B., "Food Aid and Commercial International Food Trade", *background paper prepared for the Trade and Markets Division*, *OECD*, March 2002. http://aem. cornell. edu, 2010 – 8 – 20.

　　[3]　曲云鹤：《粮食援助国际贸易规则比较》，《中国农场经济》2009年第2期。

　　[4]　*European Economic community – Subsidies on Export of Wheat Flour: Report of the Panel（unadopted）*. 21 March 1983. SCM/42, para. 4. 20.

由此可见，如果对粮食援助进行管制，应该主要防止其对国际粮食贸易的商业性运作产生不利影响，其次还要通过有效的规则引导援助国采取不影响国际粮食市场的方式进行援助。目前关于粮食援助的规则有以下几个：

1. 联合国粮农组织（简称 FAO）的"剩余处置和通报的原则"

早在 1953 年 11 月联合国粮农组织（FAO）第 7 次会议就讨论了二战之后在北美的粮食剩余问题，会议认为美国关于剩余品处理措施和立法有可能对国际贸易的发展产生不利影响，因此 FAO 认为处理剩余粮食的办法应该是增加发展中国家的粮食消费，但是制定具体规则时不仅要考虑对出口粮食国的影响，还要考虑对接受粮食国的经济发展和粮食生产的影响。1954 年粮农组织下设的商品问题委员会（CCP）起草了剩余品处理原则和剩余农产品处理指导程序。1954 年 7 月粮农组织建立了粮食剩余处置咨询委员会（Consultative Subcommittee on Surplus Disposal，简称 CSSD），11 月制定了《剩余食品处理原则和协商义务》，1959 年 CSSD 提交了一份报告，建立了粮农组织剩余农产品处理原则的协商机制和操作程序。

由于美国、加拿大等在联合国粮农组织的影响力，所以剩余品处理原则体现了美国等粮食出口大国的利益，一方面要确保出口商的利益，另一方面要防止以优惠方式进行的粮食援助产生出口补贴效应，妨碍国际粮食市场公平竞争，也冲击受援国的国内粮食生产。为了区分正常粮食援助和损害粮食贸易市场的粮食援助，粮食剩余处置咨询委员会提出了把"注册交易"作为区分优惠性粮食交易的基础，对可能损害正常贸易的粮食援助，例如用于实现捐赠国市场发展目标的援助计划，要求向粮食剩余处置咨询委员会通报，委员会视情况决定是否干预，上述原则最终表述为 FAO 所批准的正常营销要求。由于正常营销要求不仅与优惠销售的粮食数量有关，而且还涉及援助粮食在受援国国内分配的问题，因此操作起来异常复杂。这两个约束机制并没有对援助国产生实质性影响，这样的后果是 FAO 的剩余处置和通报的原则不能有效管制粮食援助对商业贸易的取代。

2.《粮食援助公约》

GATT 时期肯尼迪回合谈判时，由于对粮食贸易无法达成一个各方所接受的规则，各国决定在国际粮农组织主持下完成《国际谷物安排》的谈判，最终于 1967 年 6 月 30 日达成了协议，谷物安排包括两个协议：《小麦贸易公约》和《粮食援助公约》。

《粮食援助公约》要求进行粮食援助必须出于人道主义的目的，而不是商业性的。目前沿用的是 1999 年签署的文本，议事规则于 2005 年 6 月作了修订，由于多哈回合贸易谈判陷入停滞，国际谷物协会修订《1999 粮食援助公约》的计划也随之搁浅。《1999 粮食援助公约》第 9 条规定提供粮食援助的方式是：（a）向进口国赠送谷物或用于购买谷物的赠款；（b）销售谷物，以换取不可转移，亦不可转换为可供援助国使用的货币、商品和服务的受援国货币；（c）以赊销方式援助谷物，付款期长于 20 年，利息低于世界市场的商业利率。从这个规定看，《1999 粮食援助公约》规定粮食援助应采取赠与或以优惠销售等方式，公约允许现金援助，这样可以节约运输成本和交易费用。公约第 12 条规定，鼓励援助国从其他发展中国家购买粮食给受援国；或从受援国某一地方购买粮食捐赠给缺粮地区（当地购买）。[①]

比较 1999 年援助公约与 1986 年文本，可以看出 1999 年文本取消了要求捐赠国无偿捐赠的条款，这对粮食出口大国是有利的，不过 1999 年公约也表达出要推动粮食援助方式多样化发展的倾向。1999 年公约还要求援助国遵守联合国粮农组织的"剩余处置和通报的原则"，防止出现商业替代的情况。

3. WTO《农业协议》第 10.4 条

WTO《农业协议》关于粮食援助的规则是既要防止粮食援助构成隐形出口补贴，又要体现和维护西方粮食出口大国的利益，既要努力约束粮食援助，使其对农产品正常的商业贸易产生尽可能小的影响，又要推动粮食援助在促进和增强发展中国家粮食安全过程中发挥应有作用；因此协议的第 10.4 条希望在出口国利益和受援助发展中国家利益之间寻求一种平衡。该款规定：（a）应该确保提供的粮食援助不直接或间接与对受援国的农产品商业出口挂钩。（b）包括货币化的双边粮食援助在内的国际粮食援助交易的实行应该遵守联合国粮农组织的"剩余处置和通报的原则"，并确保受援国的一般营销需求。（c）粮食援助的提供应该尽可能采用无偿捐赠的形式，或者提供援助的优惠条件不低于《1986 年粮食援助公约》中第 4 条的规定。

这三项规定仍未在约束粮食援助不损害正常粮食贸易方面获得实质性突破。首先，第 10.4 条规定粮食援助不得与受援国的商业性农产品出口发生直接或间接联系，其目的在于防范粮食援助过程中的搭售行为，即援助国要求受援国以商业性交易条件购买额外的农产品，以此作为提供粮食援助的条件。这一规定虽然比较明确和直接，但给实际操作带来不少困难。因为"直接或间接联系"是一个很难界定的概念，即使同时存在粮食援助和商业

---

① Food Aid Convention, 1999.

性农产品出口的事实，也无法断定二者之间必然存在联系，仅仅因为接受了粮食援助而禁止受援国以商业条件从援助国购买额外农产品显然是不合理的。其次，如前文所述，联合国粮农组织的"剩余处置和通报的原则"在确定粮食援助对正常销售的影响时操作异常复杂，因此防止援助对受援国粮食生产施加不当影响的效果有限。最后，《农业协议》在处理与《粮食援助公约》的关系时，使用的是"尽可能"不低于《1986 年粮食援助公约》第4 条的条件提供，因此约束力大打折扣。

总的来看，有关粮食援助与粮食贸易关系的规则，都存在用词含混、义务不具体、操作困难等诸多缺陷，上述几个规则或多或少都偏向西方粮食出口大国的利益。从本质上讲，制定这些规则的主导方就是以美国为首的西方粮食大国，因此利益倾向明显是在所难免的事情。

第二节　粮食进口国管制粮食贸易的特殊规则

粮食具有公共物品属性，粮食生产是弱质产业，是战略性产业，由于粮食在各国经济中的特有地位，自由贸易法则一直没有有效、充分地发挥作用，反而是严重的政府干预机制彻底扭曲了国际粮食贸易。因此在 WTO 框架下，粮食贸易规则是不同利益集团反复协商、妥协的产物，内容分散于众多协议之中。《农业协议》是 WTO 成员国之间初步达成的粮食贸易一般性规则，《TRIMs 协议》、《TRIPs 协议》则是体现西方粮食大国战略意图的特殊性规则。而从目前实践情况来看，WTO 国营贸易条款、特殊保障措施主要是规范敏感产品、大宗产品的，对粮食进口国特别是发展中国家而言，国营贸易条款、特殊保障措施也是直接关系到粮食安全的重要性规则。《实施卫生和植物检疫措施协定》（SPS 协定）涉及对农作物进行检疫，虽然不是专门针对粮食产品的专门性立法，但它所确立的规则直接影响到转基因粮食贸易，特别是有关农产品检疫的几个案例对未来转基因粮食贸易的走向具有重要意义，因而也可以归属于粮食贸易特殊规则之列。

一　国营贸易条款

（一）国营贸易制度概况

国营贸易制度是由国家授予某些企业（即国营贸易企业 State Trading Enterprises，STE）享有对特定产品的进出口特许权，它是发展中国家和发达国家普遍采用的一种制度，但是发展中国家采用更为普遍。联合国贸易与发展委员会 1990 年的报告称，在 90 个发展中国家中存在 546 个 STE，而世界银行 1995 年的报告称，在许多发展中国家国营部门产值占据 GDP 的 13%，虽然这一数据并不一定与贸易有关，但也反映了国营贸易在发展中国家经济活动中的重要性。国营贸易制度在农产品领域和工业品领域都得到运用，但是在粮食贸易中采用的趋势更为明显。例如 McCalla 和 Schmitz 的研究就指出 70 年代末期世界粮食市场上 90% 的交易中至少有一方是 STE。在通知给 WTO 的 150 多个 STE 中，大约有 70% 涉及农业或相关贸易，随着成员通知义务的履行，这个数量还会增加。[①]

STE 的种类很多，包括法定销售局、出口销售局、调整销售局、财政专营和外国贸易企业，由于贸易流向不同，可以将它们分为出口导向型和进口导向型两种。几乎所有出口导向型 STE 都是以发达国家为基地，比较著名的有美国农产品信贷公司、加拿大小麦局、新西兰乳制品局、澳大利亚小麦局。在 1995 年一份世界主要出口国（美国、澳大利亚、加拿大等）向 WTO 的通报中，当年小麦出口中近 60% 是由 STE 经营的。[②] 此外，STE 还控制了几乎一半的世界大米出口，但最大的大米出口国泰国，并没有通知国营贸易出口，而越南就是由政府向国营企业发放出口专营许可证。

在进口方面，1994—1997 年，约有 1/3 到 1/2 的世界小麦是通过 STE 进口的。印度尼西亚的 BULOG 1994—1998 年进口大米占世界进口额的 13%，菲律宾的国家粮食专营局进口额占 5%，韩国、日本、马来西亚等国都有 STE 进口大米。[③] 但是这一数据并不能真实反映进口型 STE 的地位和作用，因为这个数据没有包含中国进口粮食的数量，同时由于对 STE 定义也有争议，一些国家进口 STE 与私营部门混合进口粮食，如埃及、墨西哥、韩国、印度尼西亚等，这些国家并没有及时将 STE 通知给 WTO，所以人们认为进口 STE 对国际农产品的影响及作用没有出口 STE 那么大，在 WTO 谈判中更多关注对出口型 STE 的管制。不过我国的入世对上述情形有所改变，中国是世界最大的农产品进口国之一，1996 年进口农产品占世界总进口额

① Steve McCorriston, *Perspectives on the state trading issue in the WTO negotiationst*, http://www. agtradepolicy. org/output/resource/STE2. pdf.

② 当时美国将商业信贷公司也通知为国营贸易企业，而当美国暂停出口增强计划时，美国不再通知给 WTO 商业信贷公司为国营贸易企业，此时国营贸易企业在小麦出口市场的份额下降至 30% 左右。

③ State trading Enterprises in World Agricultural Trade, http://www. ers. usda. gov/publications/wrs984/, 2007 - 8 - 10.

的 10%，其中包括世界进口总额 10% 的棉花和 16% 的植物油，中国的中国粮油食品进出口公司（COFCO）进口额占 4%。[1] 所以西方学者认为，尽管中国进行了一些有限的经济改革，但是中国通过 STE 控制粮食贸易，而且随着其他转型国家如阿尔及利亚、沙特阿拉伯、越南等国申请加入 WTO，这些国家都通过 STE 控制粮食贸易和其他农产品贸易，因此，进口方面的 STE 的作用将得到提高和加强。[2]

STE 在粮食市场得到普遍采用的原因在于它能够满足各国政府的政策目标，在西方发达国家 STE 能够作为对国内生产者的收入支持和保证价格的主要工具，还能够通过国企贸易企业从事购买、销售和库存对进出口进行控制。而在发展中国家，STE 是实现粮食安全、消费补贴、税收的重要工具。从理论上讲，国营贸易制度对国际贸易的发展是有利有弊的，因此，对保留还是废止该制度的争论一直如影相随。在主张国际贸易自由化的学者看来，STE 通过人为排除潜在竞争者，带来交易活动暗箱操作、缺乏透明度，价格决策又不以商业因素为基础，割裂世界市场和国内市场的联系，扭曲价格信息，因此 STE 是贸易自由化的绊脚石。另一部分学者则主张保留国营贸易制度，广大发展中国家更是该制度的坚决拥护者，他们认为，国营贸易制度对于防止国际市场盲目竞争、保证国内经济稳定、维护国家特别是发展中国家经济主权及粮食安全具有重要意义；此外 STE 也是弱小国家保持和增强国际竞争力、与大型跨国公司抗衡的有力手段。目前跨国公司通过控制约75% 的国际粮食装运量对粮食贸易产生主导作用，一旦取消 STE，最有可能的后果就是跨国公司的迅速介入，如果粮食贸易被具有垄断力量的私营企业控制，后果将不堪设想！

由此看来，无论是理论还是现实都表明 STE 仍将在相当长的期间存续，"诸多的 STE 也许会扭曲国际贸易，但是如果不考虑这些 STE 存在的理由和运作的环境而试图简单禁止 STE，势必会招致许多 WTO 成员国的反对"。[3]

值得指出的是，近年来许多国家对国营贸易制度进行改革，除了上述墨西哥、印度尼西亚等国已经向私营竞争者开放市场外，日本、土耳其等国也

[1] *State Trading Enterprises in World Agricultural Trade*, Agriculture in the WTO/WRS – 98 – 44/December 1998.

[2] Michael T. Roberts, "Unique Role of State Trading Enterprises in World Agricultural Trade: Shifting through rhetoric", *Drake Journal of Agricultural Law*, Vol. 6, 2001, p. 293.

[3] Steve McCorriston, *Perspectives on the state trading issue in the WTO negotiations*, www. agtradepolicy. org/output/resource/STE2. pdf, 2007 – 8 – 10.

开始将原专属于 STE 的专营权授予私营企业，南非的改革则更为彻底，他在 1997 年撤销了 11 个商业贸易局，甚至连长期采用国营贸易体制的澳大利亚对未来是否继续延续该制度也产生了很大的争议。而美国在二战后建立的商品信贷公司曾是苏联集团之外世界最大的 STE，但自从 1996 年的联邦农业促进和改革法案生效之后，商品信贷公司不再享有 STE 的身份，而美国在 WTO 坚持自由贸易原则，因而对 STE 持反对态度。

（二）WTO 有关 STE 的规则：GATT 第 17 条

在 WTO 法律文件中，以 GATT 第 17 条为核心，对各成员的国营贸易进行了规定，此外，GATT 1994 第 2 条第 4 款，关于第 11 条、第 12 条、第 13 条、第 14 条及第 18 条的注释也涉及国营贸易规则。乌拉圭回合达成的《关于解释关税与贸易总协定第 17 条的谅解》（下称谅解），对国营贸易下了"工作定义"，并且对通知义务、工作组等程序性问题作了较为全面的规定，各成员方于 1998 年对货物贸易理事会 1960 年的"国营贸易问卷"进行了修改，进一步完善了 WTO 的国营贸易行为规则。概括而言，GATT/WTO 的国营贸易规则包括实体法和程序法两个方面，在实体法上要求成员方在数量限制、关税减让、贸易谈判等领域贯彻非歧视原则，在程序法上则主要是有关国营贸易的通知和程序需遵循透明度原则。

1. 对 STE 的定义

谅解将 STE 定义为：政府或非政府企业，包括销售局，被授予包括法定或宪法权利在内的专有权、特殊权利或特权，在行使这些权利时，他们通过其购买或销售影响进出口的水平或方向。[①]

这个定义强调了 STE 的三个基本要素：第一，是政府和非政府的实体，包括市场销售局；第二，该实体被授予专有权、特殊权利或特权；第三，通过企业的购买或销售影响进出口的水平或方向。第三点是该定义的核心所在，同时也暗示 STE 对贸易有潜在的扭曲作用。

根据该定义，STE 不一定为国家所有，而关键在于该企业被授予专有权、特殊权利或垄断权；同样该企业也不一定在贸易中占垄断优势地位，而是因为其享有的特权使得其购买或销售行为能够对进出口产生影响。

2. 非歧视原则

GATT 第 17 条第 1 段提出了非歧视待遇，总协定要求政府措施对私营贸易者进出口管制时遵循非歧视待遇原则，而任何采用 17 条所涵盖的 STE

---

① 《谅解》第 1 条。

的成员国应当按照上述原则行事。第一段（b）部分进一步解释了非歧视待遇的要求，"应理解为要求此类企业在适当注意本协定其他规定的前提下，应仅依照商业因素进行任何此类购买或销售，包括价格、质量、可获性、适销性、运输和其他购销条件，并应依照商业惯例给予其他缔约方的企业参与此类购买或销售的充分竞争机会"。什么是"商业因素"？对第17条的注解指出由于各国市场行情不同，STE在不同市场以不同价格出售商品的行为是按照"商业因素"进行贸易行为的。

3. 不得进行数量限制

GATT第11条要求成员国普遍取消数量限制，在其他条文中也有不少关于取消数量限制的内容，一般取消数量限制是GATT/WTO的基本原则。而STE可以通过控制进出口流量达到实施数量限制的效果，特别是在某一类产品完全由STE负责进出口的情况下，其数量限制的效果更为明显。因此GATT第11条规则也适用于国营贸易企业。对GATT第11条、12条、13条、14条和18条的注解认为上述条款中关于"进口限制"或"出口限制"术语包括由国有贸易企业运作所产生的限制，因此，法律授权一个STE对某项产品的排他进口权而该企业拒绝进口该产品，是违反GATT第11条（一般取消数量限制）的行为。

GATT争端解决机制所审理的一系列案件也认定STE不得实施数量限制，如1989年美国对糖进口限制案、1988年加拿大进口、经销和销售酒类饮料案、1988年日本对农产品进口限制案，专家组均认为通过STE实施的进口限制不能根据GATT第11条获得正当性。[1]

4. 保持关税减让的效果

STE享有的进口专营权可以使得它在国内市场销售时超出合理价格销售进口货物，从而达到某种类似加征进口货物关税的效果，而且还规避实施进口国应遵守的约束关税。为了避免这个现象大量发生，GATT第2条第4款规定，如果该产品属于关税减让表内的产品，则通过STE专营所产生的保护水平不得超出有关减让表所列的保护水平；如果STE专营的产品不在减让表中，则要遵守GATT第17条第4款（b）的透明要求，对受影响的在该产品贸易中占实质性份额的另一缔约方履行通知义务，并把进口加价或转售价格通知WTO。

---

① 何颖：《论WTO国营贸易规则与中国的入世承诺》，《国际经济法学刊》第12卷第3期，第357页。

5. 通知义务和透明度要求

透明度要求是 GATT/WTO 的基本原则之一，成员国应该将其 STE 的存在及运作状况及时通知给 WTO。首先，所有成员都要对境内是否有 STE 存在向 WTO 履行通知义务。其次，通知的形式是采取标准问卷形式，即工作组统一制作的问卷。问卷第一次使用的是 1960 年的版本，修订版本于 1998 年 4 月开始采用，问卷的内容主要是存在哪些 STE、STE 经营产品的范围、经营方式、维持 STE 的原因以及经营活动对国际贸易的影响展开。通知的时间是三年一期，在两年间隔期内，成员国只需每年递交一份更新通知，说明 STE 在新一年的变化情况。此外，成员国有理由认为其他成员国没有足够履行通知义务的可以要求其提供反向通知，反向通知是成员国之间相互监督的一种方式，可以敦促成员国认真履行通知义务。

《谅解》决定在货物理事会下成立一个工作组负责对 STE 的通知和反向通知，工作组已经完成了两项工作，一是对 1960 年的问卷调查表进行修改，二是发展了关于 STE 之间关系和行为的列举性表格。通过问卷调查表，就可以对成员国 STE 的经营及其对贸易的影响进行评估判断。

（三）GATT/WTO 关于 STE 规则的特点

1. 缺乏清晰的可共同接受的定义

虽然 GATT 第 17 条和《谅解》对 STE 进行了界定，却始终未能理清一个清晰的头绪。GATT 第 17 条第 1 款（a）、总协定附件 9 对第 17 条第 1 款的注释涉及 STE 概念时，均仅强调该类企业得到了政府的独占或特别的权益，但一直没有下正面的定义。前述《谅解》第 1 条给 STE 下的工作定义除了继续强调 STE 得到政府的专营权之外，还进一步提出了非政府企业只要得到授权能够影响进出口贸易也可以被认为是 STE。① 因此，在 WTO 框架下，STE 并非专指所有制形式为国家所有，事实上也包括得到"专有权或特权"的私营企业、非政府团体。

但是，政府授予权利的方式多种多样，有通过宪法、法律规定的，也有政府在职权范围内给予，对何谓来自政府的专门授权，GATT 第 17 条没有逐条列明。由于缺乏清晰而可供共同接受的定义，各国在使用政策工具及运营方式上又存有巨大差异，因此成员国之间会对哪些属于 STE 而发生争议。

例如，美国通过一系列法案对农业联合体、企业实行反垄断法下的豁

---

① 《谅解》第 1 条"被授予包括法定或宪法权利在内的专有权、特殊权利或特权的政府和非政府企业，包括销售局，在行使这些权利时，他们通过其购买或销售影响进出口的水平或方向"。

免。1922 年颁布的凯伯—沃尔斯塔德法案就使得美国农户在免受反垄断法约束下能够组成联合体，通过提高价格增加收益。以后美国又相继颁布实施了"合作销售法案"、"农业公平行为法案"和"出口贸易公司法案"等，这些法案不仅使农业联合体继续免受反垄断法约束，还扩大了对他们从事进出口联合经营权的授权范围，在购买商对农民组成的联合体进行采购歧视时，农民还可以向美国农业部起诉农产品购买商的不当行为。凯伯—沃尔斯塔德法案等系列法案对美国农业联合体的种种授权是否构成 STE 的"专有权、特殊权利或特权"，这些联合体或企业是否应该受到 WTO 国营贸易规则约束呢？许多成员认为有必要对之进行鉴定，以确定其是否属于 STE，更有学者毫不犹豫地认为美国这些受惠于反垄断法例外的农产品出口企业应被纳入 GATT 第 17 条的"STE"的范畴。[①]

由此可见，至少在目前的 WTO 法律文件中，还缺乏对 STE 的清晰而可供共同接受的定义。

2. 某些实体规则还缺乏具体适用的标准

GATT 第 17 条要求 STE 在购买或销售时应只以商业考虑为根据，并按照商业上的惯例为其他缔约方的国营企业参与这种购买或销售提供充分的竞争机会。但是该条对于如何认定商业考虑并未给出明确标准，该规则只是个别地指出，"根据商业上的原因，适应出口市场上的供求情况"，在不同市场内以不同价格出售商品的行为符合"商业考虑"；在国际市场采购货物时，可以把某项"附有条件的贷款"作为一种"商业考虑"加以考虑。

显然这些含义晦涩的条款本身就会给人以不确定的感觉，在遇到具体案例时因为解释困难必然会带来适用的困难。2002 年 11 月 17 日，美国诉加拿大谷物贸易政策案中就涉及对"商业考虑"的解释，美国认为加拿大小麦局具有政府授予的垄断权，在购销活动中主要是为了扩大政府收入而不是出于商业考虑。但是 WTO 专家小组没有支持美国的主张，认为美国缺乏足够证据证实这一点，而且所有销售行为都应认为是一种商业行为，因为税收而不仅仅是利润最大化就是一个商业目标。[②] 该案例专家组的解释扩大了"商业考虑"的含义，也使得 WTO 框架下的国营贸易规则更为宽松。

---

① 卢先堃：《出口国营贸易与美国反垄断法的农业例外》，《WTO 经济导刊》2005 年第 5 期。

② Vincent. H. smith, *Regulating STEs in the GATT: An Urgent Need for Change? Evidence from the 2003 - 2004 US - Canada Grain dispute*, http://www.ampc.montana.edu/policypaper/policy12.pdf, 2007 - 8 - 20.

在对 STE 数量限制行为进行管制时，GATT/WTO 规则也存在许多缺漏，GATT 第 11 条虽然确立了一般取消数量限制原则，但又同时允许三种例外存在。这些例外条款中的"紧急"、"所必需"这类词含义带有很大的主观性，为此起草小组还特地作出说明，"为本款目的，产品的重要性需联系特定国家情况作出判断"。第 11 条第 2 款的第三个例外是《关贸总协定》实施以来用得最多、争议最大的一款，因为任何试图对农产品进出口加以限制的缔约方，都试图对该条款做出有利于自己的扩大解释。[①] 如此看来，对 STE 数量限制行为进行管制的规则在实践履行过程中必然会发生成员国规避行为。

同样，要求 STE 进口行为保持关税减让效果的规则在适用中也无法遵守严格的标准，WTO《农业协议》规定市场准入要进行关税化，但因为各成员国在关税化过程中存在着"肮脏关税化"的现象，即肆意将农产品关税确定得很高从而影响了关税减让的效果，因此《农业协议》对于已经关税化的农产品，要求有关国家应维持已有的市场准入机会，也就是为确保最低市场准入量的农产品能进入本国市场，各方应保证所承诺的最低准入进口数量（即配额内）能享受较低的或最低的关税。对粮食等农产品进口配额，许多国家仅仅发放给 STE，在这种情况下，STE 如果希望达到控制进口的目的，就可以不完成配额内进口数量的指标。对于其他企业而言，进口粮食，就只能在较高的配额外的关税下进口。对关税配额的管理及分配，WTO《农业协议》并无确定的规则进行管制，成员国主要遵守 GATT 1994 第 13 条（数量限制的非歧视管理）和《进口许可证程序协议》，总体而言，WTO 规则对于关税配额管理的原则要求都是较为原则性的，主要精神在于确保管理过程中的透明度和非歧视性，具体选择何种方式管理关税配额，各成员方仍享有较大自主权，由此也留下了供成员方 STE 操纵粮食进口的空间。

3. 对 STE 透明度要求也不清楚，哪些 STE 需要通知有疑问

依据透明度要求，各成员国应每 3 年向货物贸易理事会提交国营贸易问卷所要求的 6 个方面的信息，包括国营贸易所涉特定产品分类清单、确定国营贸易经营方式的理由与目的、对已确定的 STE 产品没有发生进出口行为所作出的解释等等。虽然 1998 年的问卷调查比 1960 年版本更加详细，但是总的说来，有关 STE 透明度的规则并不成功。

首先，提交问卷调查、完整履行透明度义务的国家较少。根据 Ingco 和

---

① 赵维田：《世贸组织（WTO）的法律制度》，吉林人民出版社 2000 年版，第 169 页。

Ng（1998）的调查，在1980年到1994年间，只有45个成员国提交了通知，而其中只有3个成员国完全履行了提交调查报告的义务。1998年新调查问卷出台后，134个WTO成员国中，有76个成员国履行了通知义务，还有58个未履行通知义务。[①] 其次，即使提交问卷调查，内容也很不完整，没有对STE的详细报告。有些国家存在STE活动也不履行通知义务，例如埃及的物质供应中心局（GASC），巴基斯坦的粮食农业合作理事会等具有国营贸易性质的STE就没有通知给WTO，埃及的GASC在农产品贸易中一直具有垄断地位，但自从1993年起，埃及政府就允许私营企业从事小麦进口，至1997年GASC占小麦进口量的60%，其余的则为私营企业经营。这样就带来一个问题，尽管GASC在进口中仍占主导地位，但已经不是市场唯一的经营者，此时是否仍可认为其具有"专有权"或"特优权利"呢？对什么需通知给WTO，事实上WTO的规则仍然是不明确的。

（四）美国与加拿大小麦进出口管制措施案：对国营贸易企业垄断粮食的管制仍未能形成严格的规则

美国在国际粮食贸易中采取的是由私营跨国粮食垄断经营的体制，加拿大国营贸易企业垄断粮食进出口的做法对美国跨国垄断集团的地位构成威胁，也在一定程度上阻碍了其粮食战略的实现，于是2003年5月，美国在WTO起诉加拿大的小麦进口局CWB的进出口机制享有政府授予的特权，可以在买卖小麦时灵活定价，使得其他国家的商业企业无法在"商业考虑"的基础上与之竞争，违反了GATT第17条第1款（a）所规定的不歧视原则，并且没有只从商业考虑从事购销活动，违反了GATT第17条第1款（b）项。[②] 但是该案的专家小组裁决认为美国无法证明加拿大CWB的法律结构和政府授权能使之在从事购销行为时不以"商业考虑"而对买卖者进行歧视。[③] 上诉机构维持了专家小组的裁决。[④]

美国与加拿大小麦进出口管制措施案是WTO关于粮食国营贸易经营的

---

① 在履行了通知义务的76个成员国中，有33个报告不存在国营贸易企业，而有43个报告存在国营贸易企业，在OECD 29个成员国中，有14个报告存在国营贸易企业。Merlinda Ingco and Francis Ng，*Distortionary effects of State trading in agriculture· Issues for the Next Round of Multilateral Trade Negotiation.* World Bank，Development Research Group，1998，p. 25.

② *Canada-Measures Relating to Exports of Wheat and Treatment of Imported Grain*，Panel Report，para. 6. 110. WT/DS276/R，6 April 2004.

③ Id para. 6. 147.

④ *Canada-Measures relating to exports of wheat and treatment of imported grain*，Report of the Appellate Body，para. 214.（a）（v）. WT/DS276/AB/R，30 August 2004.

首例案例，该案的裁决表明，在 GATT/WTO 关于 STE 规则缺乏具体适用规则的情形下，美国通过争端机构打击其他国家国营贸易企业垄断粮食的希望最终落空，但对那些需要 STE 实现政府调控粮食进出口贸易的国家而言，该案成为一个值得援用的法律依据。

二　特殊保障措施条款

农产品特殊保障机制（special agricultural safeguard，SSG）是 WTO《农业协议》针对农产品市场准入的关税化而设置的例外措施，该机制允许对农产品实施了关税化管理的国家在一定条件下对部分农产品征收附加关税，以避免外国农产品对本国市场的冲击。在国际粮食贸易中，由于进口数量限制随着《农业协议》的生效而寿终正寝，因此，成员国在国际贸易体制下保护国内粮食产业可资利用的主要措施之一就是特殊保障措施。

（一）特殊保障措施条款的产生

GATT/WTO 所确立的国际贸易体制的理念是推动自由贸易，并允许适度保护。《农业协议》所确立的农产品贸易一般规则是：市场准入单一关税化原则，国内支持水平受到绿箱、黄箱及蓝箱规则的管制，出口补贴必须逐步削减，等等，这些规则虽然并没有将农产品贸易直接推向完全自由化，但是对长期属于高度保护的农产品领域而言，自由化进程已经迈出了相当大的步伐。

但是，粮食产业的特质决定了其必须受到政府的保护，各国政府为了稳定粮价、维持市场秩序，都以构筑各种贸易壁垒的方式来隔绝国际市场对本国粮食市场的冲击，特别是粮食进口国需要防止国际市场的价格波动对国内农产品市场产生冲击。在隔离国内、国外市场方面，非关税措施的效果显然优于关税措施，因为非关税措施能够直接达到成员国保护国内粮食市场的目的。而非关税措施关税化后并在理论上具有降低成员国粮食贸易壁垒的作用，也会或多或少在不久的将来给粮食进口国带来某种冲击，因此，在 WTO 规则下需要设置一种机制保护成员国防止国际粮食市场剧烈变动所带来的影响。

在现在的关税体制下，无论普通关税的税率有多高，只要有进口行为发生，进口产品的完税价格势必体现为国际市场价格，并随着国际市场价格的波动而波动。所以，为了避免国际粮食市场价格波动对国内市场造成的影响和冲击，以欧共体和美国为首的发达国家在乌拉圭回合谈判中坚持在关税化要求之上捆绑一项特别保障措施，由此导致 WTO《农业协议》第 5 条的产生，即农产品特殊保障措施条款。

（二）WTO 相关规定

WTO《农业协议》第 5 条规定了农产品特殊保障措施发起的 4 个要件：

第一，只能对已经关税化且在减让表中被相关成员特别标注的农产品实施。这一条件表明特殊保障措施的适用对象必须是成员国进口管制的农产品已经关税化，并且成员国在众多关税化的农产品中选择进行重要的农产品（一般为粮食及粮食产品）在减让表中以"SSG"进行标注。哪些国家以及他们对哪些农产品可以采取特殊保障措施，是在进行多边贸易谈判时确定。乌拉圭回合谈判结束时，约有 38 个成员方在其减让表中标注了适用特别保障措施的产品，所涉产品税目总数超过 6000 个（见表 4 - 2）。

表 4 - 2　　　　　　　可援用特别保障措施的成员方及产品税目数量

成员方	产品税目数量	成员方	产品税目数量
澳大利亚	10	摩洛哥	374
巴巴多斯	37	纳米比亚	166
博茨瓦那	161	新西兰	4
保加利亚	21	尼加拉瓜	21
加拿大	150	挪威	581
哥伦比亚	56	巴拿马	6
哥斯达黎加	87	菲律宾	118
捷克	236	波兰	144
厄瓜多尔	7	罗马尼亚	175
萨尔瓦多	84	斯洛伐克	114
欧共体	539	南非	166
危地马拉	107	斯威士兰	166
匈牙利	117	瑞士	961
冰岛	462	泰国	52
印度尼西亚	13	突尼斯	32
以色列	41	美国	189
日本	121	乌拉圭	2
韩国	111	委内瑞拉	76
马来群岛	72	总计	6072
墨西哥	293		

资料来源：*WTO Background Paper*，*Special Agricultural Safeguard*，6 June2000，G/AG/NG/S/9.

由表 4 - 2 可知，发展中国家由于长期实行农业歧视，对农产品进口并未设置太多的非关税壁垒，农产品国内价格通常低于国际价格，因此关税化对多数发展中国家并无意义，绝大多数发展中国家采取直接设定关税约束上限的方式将许多农产品的关税约束在统一的高税率水平。这样有资格援用特别保障条款的发展中国家只有 21 个，而几乎所有的发达国家均可援用。

第二，只有当进口农产品的数量达到一定数量或价格时才能实施。《农业协议》第 5 条规定了两类情形：（1）该产品在任何年度内进入相关成员方关税领土的进口量超过依据现有市场准入机会确定的触发水平；或者（2）在到岸价格基础上确定的、并以进口成员方本国货币表示的该产品进入相关成员方关税领土的价格，低于相当于该产品 1968—1969 年平均参考价格的触发价格，即第一类情形为数量触发式，第二类情形为价格触发式特保措施。

1. 数量触发式特别保障措施

数量触发式特别保障措施的实施主要涉及数量触发水平和进口量的确定。根据《农业协议》第 5.4 条，数量触发水平应以市场准入机会为基础，并按下列公式确定：

（1）如某一产品的市场准入机会低于或等于 10%，则基准触发水平为 125%；

（2）如某一产品的市场准入机会高于 10% 但低于或等于 30%，则基准触发水平为 110%；

（3）如某一产品的市场准入机会高于 30%，则基准触发水平为 105%。

在上述所有情况下，如任何一年内有关产品进入相关成员方关税领土的绝对进口量超过（X）以上所列基准触发水平与可获得资料的前三年平均进口量的乘积与（Y）可获得资料的最近一年有关产品的国内消费量与前一年相比的绝对变化量之和，该成员方便可对该产品征收附加关税，但无论如何数量触发水平不得低于可获得资料的前三年平均进口量的 105%。

在确定有关产品进口量时，有几点需要注意：首先，在相关成员方的最低准入机会或现行准入机会承诺下发生的进口应计入进口量，但对此类承诺下进口的产品不得征收任何附加关税；其次，对于依据特别保障措施实施之前所签订的合同发货且已在运输途中的产品，应免予征收附加关税，但其数量可计入下一年的进口量。

当任何年度内有关产品的进口量超过数量触发水平时，进口成员方便可对该产品征收附加关税，但征收水平不得超过该产品当年适用的普通关税水平的1/3，且征收行为只能维持至征收当年的年底。

总之，进口准入机会越高，则触发水平越低，而且即使成员国采取特殊保障措施，其方式不能是数量限制等，只能以附加关税的方式实施，规则对附加关税的征收幅度也进行了限制，这是符合了 WTO 鼓励市场开放的宗旨。

2. 价格触发式特别保障措施

在价格触发式特别保障措施下，附加关税的征收应按以下公式确定：

（1）如以本国货币表示的相关产品的进口到岸价格（以下称"进口价格"）与触发价格之间的差额低于或等于该触发价格的10%，则不得征收附加关税；

（2）如进口价格与触发价格之间的差额高于触发价格的10%，但低于或等于触发价格的40%，则附加关税应等于该差额超过触发价格10%部分的30%；

（3）如进口价格与触发价格之间的差额高于触发价格的40%，但低于或等于触发价格的60%，则附加关税应等于该差额超过触发价格40%部分的50%，加上依（2）项可征收的附加关税；

（4）如进口价格与触发价格之间的差额高于触发价格的60%，但低于或等于触发价格的75%，则附加关税应等于该差额超过触发价格60%部分的75%；

（5）如进口价格与触发价格之间的差额高于触发价格的75%，则附加关税应等于该差额超过触发价格75%部分的90%，并加上依（2）、（3）、（4）项可征收的附加关税。

在价格触发式的情形之下，触发价格基本属于固定的，而进口价格越高，则征收的附加关税越高。这说明，进口价格过高，会对成员国国内市场产生不利影响，因此就需要通过征收附加关税以起到阻止进口保护国内市场（例如确保国内粮食生产及安全）之目的。

第三，实施农产品特殊保障措施不能降低进口国的最低市场准入水平，同时也不能对关税配额内的农产品采取。

特殊保障措施是 WTO《农业协议》推动农产品自由化实行一关税保护国内市场原则的特殊例外，其本质特点为自由化规则的例外条款，因此其内容不能从根本上改变开放市场的趋势，对进口国的最低市场准入水平必须维持，而关税配额也是保证最低市场准入水平进行市场开放的一种方式。

第四，实施农产品特殊保障措施应遵守 WTO 透明度原则的要求，成员国在实施该项措施之前应通知 WTO，最迟应于采取该措施 10 天内通知 WTO，通知的内容应包括拟实施特别保障措施的相关数据。此外，在任何情况下，采取特别保障措施的成员方应给予任何有利害关系的成员方与其就实施此类行动的条件进行磋商的机会。

（三）农产品特殊保障机制的特点

相对于其他贸易救济措施，农产品特殊保障机制具有以下优势：

第一，不需要证明国内产业受到损害，发起程序较为简便容易。反倾销、反补贴和一般保障措施的实施均需要证明国内相关产业受到进口产品的损害，其中一般保障措施[①]要求国内产业受到"严重损害或严重损害威胁"，反倾销对国内产业受到损害的要求略低，为"实质性损害"，由于《农业协议》下众多补贴具有合法性以及第 13 条"和平条款"的存在，反补贴措施的适用更受到相当程度的限制，2003 年底"和平条款"终结后，名目繁多的符合《农业协议》的农业补贴也难以受到有效的制约。[②] 此外，这些救济措施都必须由国内行政当局依据法定程序对相关事项进行调查，涉及确认损害程度、因果关系等一系列复杂事实、法律问题，程序非常烦琐，所以发展中国家使用反倾销等一般救济措施的主要障碍就是耗时长、花费巨大的程序以及对损害的证明，更何况在发展中国家，农民收入低、力量分散，缺乏相应的渠道和资源要求政府实施救济措施以维护其权益。

而特殊保障措施的实施，进口国根本无须证明相关农产品进口是否对国内产业造成任何影响，只要该产品的进口数量或价格达到触发水平即可实施。

第二，不需要对受影响的成员方给予补偿。一般保障措施的使用是有代价的，实施一般保障措施的成员方应设法维持其与其他成员方之间的权利义务平衡，并与受措施影响的成员方商议确定适当的补偿办法，若无法达成协议，受影响的成员方有权对实施保障措施的成员方中止履行对等的关税减让

---

① 一般保障措施是进口国针对造成国内产业严重损害威胁的进口产品采取的临时性救济措施。GATT 1994 第 19 条和 WTO《保障措施协议》是关于一般保障措施的规则。

② "和平条款"实施期内，"绿箱"补贴免于被征收反补贴税、免于 WTO 争端机制的"违约之诉"和"非违约之诉"，"绿箱"之外的符合《农业协议》的国内补贴可享受有条件"三免"待遇，除非依据 GATT 1994 第 6 条和《补贴与反补贴协议》第 5 部分确定存在损害或损害威胁，免于被征收反补贴税。

或其他义务。而特别保障措施并不存在关于补偿和报复的规定，只要求采取特别保障措施的成员方向有利害关系的成员方提供磋商的机会，磋商的结果并不影响特别保障措施的实施。

第三，农产品特殊保障措施机制能够稳定国内农产品市场价格。价格触发式特保措施针对进口价格与触发价格的差额设计了4档附加关税，进口价格越低，差额越大，附加关税就越高，这样就能阻绝国际农产品市场价格波动的传播，在国际农产品市场价格过低时抵挡低价农产品大量进口对国内市场的冲击。

不过农产品特殊保障机制的适用也受到许多限制，主要是：只能对已经关税化的农产品采取，不能对关税配额内农产品实施，实施该机制只能采取附加关税的形式，不能采取数量限制。因此在现有法律框架下，农产品特殊保障机制对进口国农产品给予的保护是有限的。

（四）特别保障措施条款的实施状况

首先，实施特殊保障措施的国家主要为发达国家，发展中国家也开始积极采用。由于有权实施农产品特殊保障措施的多为发达国家，因此发达国家使用特殊保障措施的频率也比发展中国家高。1995—2000年，主要是欧盟、韩国和美国使用SSG（上述3方触发的SSG占总数的90%），之后转型东欧国家以及一些发展中国家也开始积极采用SSG，菲律宾、哥斯达黎加和我国的台湾地区都加入了这一行列。[①]

其次，从总量上看，价格触发式特别保障措施的使用频率远远高于数量触发式特别保障措施。造成这一现象的原因在于粮食等关税保护水平较高，进口量很难有较大增长，不易达到数量触发水平，而价格变化则不受进口数量的影响；另外，确定数量触发水平需要考察相关产品的历史进口数据和国内消费数据，不如确定触发价格来得简便。事实上，采用数量触发式特别保障措施频率较高的成员方，往往是那些相关农产品进口保护水平极高、历史进口量极少或没有历史进口量的国家，在此情形下，进口量的微小变化亦可能达到数量触发水平。例如2001年日本对牛奶乳酪制品和面食实施特别保障措施时，所确定的数量触发水平分别只有0吨和

---

① Jean-Jacques Hallaert, *Special Agricultural Safeguards*: *Virtual Benefits and Real Costs—Lessons for the Doha Round*, IMF Working Paper, WP/05/131.

0.67 吨。[1]

表 4 - 3　通知给 WTO 的价格触发式特别保障措施（以产品税目数计）

单位：项

成员国	1995 年	1996 年	1997 年	1998 年	1999 年	2000 年	2001 年
哥斯达黎加					4		
欧共体	12	14	14	12	13		
匈牙利					7		
日本	3	1		2	8	4	
韩国	3	5	5	5			
波兰		2	3	5	106	7	3
瑞士					7		
美国	24	49	74	74	35		
总计	42	71	96	98	180	11	3

表 4 - 4　通知给 WTO 的数量触发式特别保障措施（以产品税目数计）

单位：项

成员国	1995 年	1996 年	1997 年	1998 年	1999 年	2000 年	2001 年
捷克							5
欧共体		47	46	27	27		
日本	5	61	5	3	3	4	5
韩国			2	2			
波兰			1	1	1	3	1
斯洛伐克			1				
美国				6			
总计	5	108	55	39	31	7	11

　　资料来源：*WTO Background Paper*，*Special Agricultural Safeguard*，G/AG/NG/S/9/Rev. 1，19 February 2002.

　　最后，农产品特殊保障机制透明度履行情况不佳，截至 2005 年 5 月底，有 1477 项 SSG 被通知到 WTO，而实际实施的更多，因为许多 WTO 成员国并未遵守农业协议的通知义务。从实施的具体情况来看，许多实施 SSG 的

---

　　① *WTO Background Paper*，*Special Agricultural Safeguard*. 19 February 2002，G/AG/NG/S/Rrev. 1.

成员方不遵守透明度义务，如韩国自从 2001 年以来就一直未履行通知义务，同样的情况还包括澳大利亚、欧盟、美国等，欧盟自 2002 年就未履行通知义务，美国则是自 2003 年起未履行通知义务。发展中国家也存在此种情况，有的成员国甚至违背农业协议的相关规定延长 SSG 的实施期限，如哥斯达黎加、安哥拉等国。[1]

三　出口限制规则

20 世纪 70 年代日本等粮食净进口国因担忧粮食安全问题曾在多边贸易谈判框架下对出口禁止和限制表达过强烈关注，后来随着 80 年代农产品出现过剩，该议题被边缘化。但是在 2008 年粮食危机发生之后，一些国家纷纷采取限制甚至禁止粮食出口的政策，如粮食净进口国埃及一方面放开小麦收购价格，鼓励小麦种植，另一方面禁止国内大米出口，优先满足内需；而很多粮食生产大国在粮食危机袭来之际也"慌"了，为确保本国的粮食供给安全，开始限制粮食出口。阿根廷、越南、印度、柬埔寨等国宣布减少或限制大米出口；俄罗斯、乌克兰则限制小麦出口。[2] 因此，在粮食紧张问题长期化的背景下，探讨和研究国际贸易出口限制的规则极具现实意义。在 WTO 框架下，出口限制规则主要包括 GATT 例外条款（因粮食安全采取的出口限制）、出口关税、出口配额等。

（一）GATT 例外条款

国际贸易体制原则上不允许成员国采取出口限制措施，关贸总协定和 WTO《农业协议》分别对此提出专门条款。GATT 1994 第 11.1 款规定："任何缔约方不得对任何其他缔约方领土产品或向任何其他缔约方领土出口或销售供出口的产品设立或维持除关税、国内税或其他费用外的禁止或限制，无论此类禁止或限制通过配额、进出口许可证或其他措施"，但同时 WTO 规则体系中又有 4 个例外规则允许成员方对出口进行限制。第一个例外是 GATT 第 11.2 条（a）允许成员国为避免或缓解粮食严重短缺而采取临时出口禁止和限制措施。[3] 第二个例外是 GATT 第 20 条的一般例外条款，其

---

[1]　Jean-Jacques Hallaert, *Special Agricultural Safeguards*: *Virtual Benefits and Real Costs—Lessons for the Doha Round*, IMF Working Paper, WP/05/131.

[2]　闵勤勤：《应对粮食危机，各国招不同》，《时事报告》2008 年第 6 期。

[3]　GATT 1994 第 11.2 条：本条第 1 款的规定不得适用于下列措施：（a）为防止或缓解出口缔约方的粮食或其他必需品的严重短缺而临时实施的出口禁止或限制。

中涉及成员国可以采取出口限制的是第（i）款和第（j）款①，第（i）款的规定也可用于对粮食原料所进行的出口限制，但进行出口限制是出于保证国内供应所必需的，但不得提高下游产业如粮食制品等的竞争优势。第（j）款规定在成员国国内普遍存在短缺时可出口限制，该款允许的出口限制不仅仅是粮食短缺的情况，与 GATT 第 11.2 条（a）比较，该款要求条件稍低，不要求达到"严重短缺"，只要存在普遍或局部供应短缺即可采取。第三个例外是 GATT 第 21 条（"安全例外"），这是 GATT/WTO 体制的普遍性例外。第四个例外是 GATT 第 12 条规定的允许成员方"为保障国际收支而实施的限制"。

从已有的 GATT/WTO 案例来看，已经有成员国先后援用一般例外和国际收支例外对进口某些产品实行限制，还没有成员国出于粮食安全考虑对粮食出口进行限制，而且相关案例裁决结果表明援用条件非常严格，因此成员国如果想对粮食出口进行限制最合适的条款就是 GATT 第 11.2 条（a）。WTO《农业协议》在 GATT 的基础上对实行出口限制的透明度提出了要求，农业协议第 12 条规定："依照 GATT 1994 第 11.2（a）对粮食实行的新的出口禁止或限制，应考虑对进口成员粮食安全的影响；尽可能提前书面通知农业委员会，并与具有实质利益的进口成员进行磋商并提供信息。"同时，农业协议还考虑到了发展中国家成员和粮食净进口成员特殊情况，农业协议第 12.2 条提出，"该规定第 12 条不适用发展中国家成员，除非采取措施的是相关粮食净出口国"。

综上，GATT/WTO 规则允许成员国基于粮食安全采取出口限制，但上述规则仍然存在一些问题。第一，GATT 第 11.2 条（a）规定成员国实施出口限制的条件是"为避免或缓解粮食严重短缺"，但什么情况下构成粮食严重短缺，该款并没有明确，一般应该理解为由成员国根据情势自行决定。事实上，在国际粮食供应充裕、粮价稳定的时候，粮食出口国不会无端限制粮食出口，但是一旦国际粮价暴涨，某些粮食出口国囤积居奇控制出口，就会

---

① GATT 第 20 条第（i）款：在作为政府稳定计划的一部分将国内原料价格压至低于国际价格水平的时期内，为保证此类原料给予国内加工产业所必需的数量而涉及限制此种原料出口的措施；但是此类限制不得用于增加该国内产业的出口或增加对其提供的保护，也不得偏离本协定有关非歧视的规定；

（j）款：在普遍或局部供应短缺的情况下，为获取或分配产品所必需的措施，但是任何此类措施应符合以下原则：所有缔约方在此类产品的国际供应中有权获得公平的份额，且任何此类与本协定其他规定不一致的措施，应在导致其实施的条件不复存在时即行停止。

对粮食进口国利益构成损害甚至危及整个国际秩序，对出口国是否符合出口限制所要求的"严重短缺"，GATT/WTO 规则尚须进一步澄清。第二，农业协议第 12 条要求采取出口限制须遵守透明度要求，该条对采取出口限制措施粮食出口国的约束力相当有限，因为它并没有构成对实施出口限制措施的成员国的实质性限制，仅仅要求其负有与相关成员国磋商、通报信息的义务。

（二）出口关税

出口关税，是出口国对出口商品征收的关税。出口国实施出口关税主要是为了限制对本国具有战略意义的某种有限的自然资源耗竭或再生资源（如粮食）出口，或者是通过出口税限制和调节某种商品的出口流量。目前，通过各个回合的谈判，在 GATT/WTO 框架之下，缔约方已达成了一系列对进口关税的减让协议，但尚未达成任何的出口关税减让协议，可以说成员国征收出口关税的行为还未被 WTO 所禁止。

总体看来，WTO 并未形成一套严格管制和约束成员国实施出口限制的规则。

四　《实施卫生和植物检疫措施协定》（SPS 协定）

由于生物技术人为改变了粮食作物的遗传信息，其对人体健康和环境的影响及安全性存在广泛争议，所以许多国家通过农作物转基因许可制度、转基因食品标识制度对转基因粮食生产、进出口贸易进行管制，例如欧盟由于出现过疯牛病、口蹄疫及二噁英事件，认为转基因产品对人体健康及环境可能具有潜在威胁，因此对转基因粮食贸易问题采取"预防为主"的贸易政策，欧盟《关于向环境有意释放转基因生物的 90/220/EEC 指令》要求转基因产品在进入市场前进行风险评估，并要求成员国采取措施确保对转基因生物都进行标识，并在进入市场的各阶段均进行追踪。这些风险评估措施实质上属于动植物检疫措施的范畴，在美国、加拿大等转基因粮食生产大国看来构成了技术贸易壁垒。在 WTO 法律体系中，还没有专门针对转基因农产品检疫及安全审查、标识制度的立法，而能够调整成员国上述制度的相关协定是《实施卫生和植物检疫措施协定》（SPS 协定）。

（一）《实施卫生和植物检疫措施协定》（SPS 协定）的主要内容

WTO 协议主要是推动自由贸易的，为避免各国利用卫生和植物检疫措施对贸易进行限制，SPS 协定一方面规定成员国可以为保护人类、动植物生命、健康实施 SPS 措施限制贸易，另一方面要求实施检疫措施的前提和基础是科学依据和风险评估。① SPS 协定还对成员国实施协议提出了必要性和非歧视要求，即：各成员国只能在为保护人类、动物或植物生命或健康所必需的限度内实施；成员国应避免其认为适当的保护水平在不同的情况下存在任意或不合理的差异，造成对国际贸易的歧视或变相限制。

实施 SPS 措施必须存在科学依据在执行时会存在争议，因为科学依据认定起来需要大量的数据，这样会加大某些国家的负担，而且科学本身是不断发展的，在实践中会出现不同的科学实验得出不同结论的现象，因此成员国在实施 SPS 措施时就会对科学观点有所选择，就可能出于贸易保护目的采取吻合自己利益的数据。

其次，在有科学依据和进行了风险评估的情况下，SPS 协定鼓励成员国使用现有的国际标准、指南或建议，甚至可采用或维持比根据有关国际标准、指南或建议所可能达到的保护水平更高的卫生与植物卫生措施。

再次，按照 SPS 协定第 5 条第 7 款规定，如果成员国实施 SPS 措施没有足够的科学证据，成员国被允许"根据可获得的有关信息，包括来自有关国际组织以及其他成员实施的卫生与植物卫生措施的信息"临时采用 SPS 措施。② 这被视为是科学依据原则的例外，而且一些发达国家主张通过这个例外规定引入国际环境法中一个用途广泛而又争议颇多的原则——风险预防原则。③ 从条款内容解析，它要求成员国根据风险预防原则对转基因产品采取限制措施的前提条件是没有足够的科学证据，采取预防限制措施的依据必须是国际惯例及相关的国际标准，而不能根据各国自己对风险的单方面界定，这对防止贸易保护主义有积极影响。但是美国并不接受风险预防原则，

①　风险评估是指就某项产品是否会对人类、动植物生命或健康造成危险进行适当评估，以确定是否有必要采取相应的检疫措施。SPS 协议第 5.1 条规定，各成员国应保证其 SPS 措施的制定以对人类、动物或植物的生命或健康所进行的、适合有关情况的风险评估为基础，同时考虑有关国际组织制定的风险评估技术。SPS 协议没有规定风险评估完成的时限，这个时间与动植物卫生检疫保护水平有密切关系，如果保护水平高，那么风险分析涉及的有害生物种类就多，需要的相关资料就多，完成的时间就长，这在事实上就构成贸易壁垒。

②　SPS 协定第 5 条第 7 款：在有关科学证据不充分的情况下，一成员可根据可获得的有关信息，包括来自有关国际组织以及其他成员实施的卫生与植物卫生措施的信息，临时采用卫生与植物卫生措施。在此种情况下，各成员应寻求获得更加客观地进行风险评估所必需的额外信息，并在合理期限内据此审议卫生与植物卫生措施。

③　风险预防原则见于 1992 年《里约热内卢环境与发展宣言》第 15 项原则规定："为保护环境，各国应根据其能力广泛地适用预防原则。当存在严重或无法弥补的损害的威胁时，不能以缺乏足够的科学确定性为由推迟或阻止环境恶化的有效措施。"很多发达国家和西方学者主张将其引入 WTO 法，使成员在公共健康和环境保护领域可以援用该原则实施贸易限制，以实现公共健康和环境保护的目的。

在美国看来，风险预防原则等于设立了零风险审批标准，而要证明转基因食品和饲料具有零风险几乎是不可能的，因为无论采用何种生产方法生产出的食品和饲料都可能带有某种程度的风险。

最后，SPS 协定规定了透明度原则和对发展中国家特殊待遇原则。各国为保证 SPS 措施的透明度应遵守通知义务，及时公布相关法令。SPS 协定对发展中国家给予过渡期，对最不发达国家应当给予他们必要的技术援助和特殊待遇。

（二）WTO 争端案例对 SPS 协议相关规则的解释

从 SPS 协议的主要内容来看，协议努力在允许成员国实施 SPS 措施保护国内人民、动植物健康、保护环境和避免成员国利用 SPS 措施形成不必要的贸易壁垒之间达成平衡，所以协议对成员国施加了大量的限制条件，最为重要的限制条件就是成员国实施 SPS 措施必须有充分的科学依据，还要在决定实施 SPS 措施前进行风险评估。在 WTO 涉及 SPS 协议的案件中，实施检疫措施要有科学依据这个条件就很不容易满足，如美国、加拿大诉欧共体的荷尔蒙牛肉案、美国诉日本的水果品种测试案，欧共体的 SPS 措施（对于经荷尔蒙注射处理的牛肉所采取的限制进口禁令）和日本的 SPS 措施（限制水果进口的品种测试措施），均被认定为不符合协议第 2.2 条规定义务，属于没有充分科学证据的 SPS 措施。[1]

在欧共体荷尔蒙牛肉案中，欧共体主张其是出于风险预防原则才实施 SPS 措施，WTO 上诉机构并未对"预防原则"的法律地位给出确定的答案，认为对于该原则是否（至少在国际环境法领域之外）已被广泛接受为一项一般国际法或习惯国际法原则的问题无法做出回答。最终上诉机构认为，根据 SPS 协议第 5 条第 7 款要求，欧共体没有足够的科学依据证明荷尔蒙会对人类生命和健康造成任何危险，因此欧共体所实施的 SPS 措施不符合 SPS 协议第 5 条第 7 款要求。[2]

在美国诉日本的水果品种测试案中，上诉机构澄清了在现有科学依据不足情况下成员国暂时采取一项措施限制农产品进口的 4 项条件，第一是有关科学证据不充分；第二是依据现有可获得的有关信息而采取；第三是应设法取得更多必要信息，以做客观的风险评估；第四，在合理期间内审议检验或

---

① 漆彤：《〈实施卫生与动植物检疫措施协议〉及相关争端解决案例评析》，《法学评论》2003年第 1 期。

② 张汉林、王曙光：《农产品贸易争端案例》，经济日报出版社 2003 年版，第 107 页。

检疫措施。[1] 必须同时符合以上 4 项要件，只要不符合上述 4 项要件之一，即违背协议第 5 条第 7 款。

在欧美转基因农产品贸易争端第一案中，对欧盟的生物技术产品许可立法是否受《SPS 协定》的调整，专家组的最终报告回避了欧盟的生物技术产品许可立法是否构成 SPS 措施的问题，而是从欧盟 "90/220/EEC 号指令" 和 "2001/18/EC 号指令" 的目的出发，认为上述指令所确立的转基因农产品许可程序构成了《SPS 协定》附件 A1 之下的 SPS 措施，因为其所防范的风险属于《SPS 协定》的调整范围[2]，等于间接认定欧盟的生物技术产品许可立法受《SPS 协定》的调整。基于判定成员国对转基因产品实施限制性的动植物卫生检疫措施（SPS 措施）是否依据充分的科学依据、以及是否进行必要的科学评估是一个非常棘手的科学问题，欧美转基因农作物案专家小组避开了上述问题，而是从程序上裁定欧盟的事实上暂停批准美国等转基因产品上市以及临时禁止措施导致了对特定上市申请许可程序的不当延误，因此不符合《SPS 协定》第 8 条和附件 C。

WTO 争端案例对 SPS 协议相关规则的解释，我们可以得出以下结论：第一，成员国实施 SPS 措施一定要有科学依据，并进行风险评估。成员所采取的 SPS 措施如果依据国际标准、准则就不易产生争议。在科学依据不足时采用临时性措施——即科学依据例外原则的适用也有严格的条件，要符合四项基本要求，其中一条未满足，就不应实施临时性限制措施。第二，风险预防原则在 WTO 框架下适用也存在困难，其原因在于现在难以达成关于转基因产品风险预防的国际标准。转基因技术本身还处于发展和提高阶段，对转基因产品安全与否各国存在激烈的争论，转基因产品在很多国家都无法获得上市批准，更难以在国际标准上达成一致。第三，欧美转基因农产品贸易争端案的发展表明专家小组在难以确定成员国实施 SPS 措施是否符合 SPS 协定实体规则时，就从程序规则上从严解释。

总之，WTO 争端机构审理的有关《SPS 协定》的 5 个案件（澳大利亚鲑鱼案 WT/DS18、欧共体荷尔蒙案 WT/DS26 WT/DS48、日本水果品种测试案 WT/DS245 以及日本农产品案 WT/DS76，欧美转基因农产品案

---

① 漆彤：《〈实施卫生与动植物检疫措施协议〉及相关争端解决案例评析》，《法学评论》2003 年第 1 期。

② WTO, *European Communities-Measures Affecting the Approval and Marketing of Biotech Products-Reports of the Panel*, Paragraphs 7.432 – 7.433, WT/DS291/R. WT/DS292/R. WT/DS293/R, 29 September 2006.

WT/DS291/R. WT/DS292/R. WT/DS293/R），被诉方都被认定为违反了《SPS协定》的规定。① 这说明如果没有足够充分的证据并进行了严格的风险评估，成员国要想对转基因粮食及其他农作物采取SPS措施限制贸易显属不易。

第三节　维护发展中国家粮食安全的贸易规则

一　发展中国家在国际粮食贸易中处于不利地位，需要特殊待遇规则予以保护

全球农产品出口份额数据显示，在过去40年发达国家份额越来越大，欧盟国家农产品总出口的份额已经从20世纪60年代初的20%多增加到了目前的40%多，发达国家增长的份额中主要来自欧盟内部贸易，欧盟内部贸易占全球农产品贸易约30%；相反，发展中国家在世界农产品出口中的份额却从近40%下降到20世纪90年代初期的25%，之后又上升到目前的约30%，同期，发展中国家购买的份额从占全球农产品进口总额不到20%增加到约30%。② 其中，由于人口的快速增长，发展中国家对谷物的需求不断增加，除了国内生产增长之外，进口量也大幅增加，1987年以后，发展中国家的谷物进口量超过了发达国家并保持增长势头，到2000年，发展中国家谷物进口量达到历史最高水平，为17298万吨，占世界进口量的60%以上。③

从上述数据分析，国际粮食贸易量的快速增加反映出一些发展中国家越来越通过粮食贸易来解决国内需求，整体而言发展中国家在粮食生产方面不具有比较优势。但是通过国际市场解决粮食需求的前提条件就是发展中国家必须有大量的其他农产品或制成品出售，获得充足的外汇才能够保证其购买大量的粮食。FAO的研究认为，许多发展中国家加工农产品的出口正快速增长，对农产品出口的依赖性减小，发展中国家正快速地成为其自身农产品出口的最佳市场。

---

① 李辉：《WTO转基因农产品贸易争端与欧盟转基因产品管制立法评析》，《环球法律评论》2007年第2期。

② FAO：《农产品贸易与贫困贸易能为穷人服务吗?》，载《FAO粮食和农业状况（2005）》第2部分。

③ 王宏广：《中国粮食安全研究》，中国农业出版社2005年版，第39页。

但是 FAO 数据显示，与其他发展中国家加工农产品出口日趋重要的情形相反，最不发达国家加工产品的出口占农业总出口的份额已从 20 世纪 60 年代的约 30%下降到了 90 年代的不到 20%。最不发达国家和粮食净进口发展中国家在全球农产品出口中的份额已经出现下降，但在全球粮食进口中的份额却在上升。粮农组织的预测表明，直到 2030 年，发展中国家粮食净进口均将保持上升的趋势，显然发达国家和发展中国家的差距在日益扩大，越来越多的发展中国家成为粮食净进口国，其中很多国家的农产品贸易净平衡为负值。相对最不发达国家的出口总收入而言，粮食进口开支的增加为很多这类国家的收支平衡带来了困难。很多最不发达国家的经济发展主要依赖农业，如果他们不提高其农业竞争力，或者不将其经济多样化，这些国家将越来越依赖援助和更多负债。从粮食安全的角度看，这些国家尤其脆弱。

所以发展中国家农业参与贸易自由化的前提在于建立适当的国内粮食支持，否则即使具有盛产粮食的气候、自然条件，也无法与西方发达国家受到高额补贴的粮食竞争，加之发展中国家生产技术水平落后、人口增长过快，在西方国家粮食战略主导的自由贸易规则中就会逐步丧失粮食自主权，沦为向发达国家提供热带经济作物的生产基地。虽然生产经济作物短期内能够发挥比较优势，获取较大的经济收益，但是粮食是保障国家经济安全的基础战略物资，其重要程度是经济作物所不能替代的，具有生产粮食能力的发展中国家应该保持清醒的头脑，尽力维持相当的粮食自给能力。在西方国家粮食战略的影响下，WTO 粮食贸易规则整体反映了发达国家的利益需求，对发展中国家不利，鉴于发展中国家的弱势地位和薄弱的经济实力，在从 GATT 到 WTO 的进程中，发展中国家一直努力争取享有"特殊和差别待遇"，使得发展中国家可以在保护国内市场和进入国外市场等方面获得一定的优惠待遇，避免国内弱势产业受到冲击，这一系列的特殊待遇规则也是发展中国家保障国内粮食安全的重要政策依据。

二　GATT 时期发展中国家特殊待遇规则

在 GATT 成立之初，并无针对发展中国家的特殊差别待遇规则，但是发展中国家认为，在发达国家与发展中国家经济实力差距过大的情况下适用统一的自由贸易规则会导致更为严重的经济差距，会产生对发展中国家实质上不公平的后果，因而要求拥有一定的规则空间对国内产业实施保护。因此在 GATT 日内瓦会议决定增加 GATT 第 18 条，规定发展中国家在进口激增有损其发展计划时，经缔约方事先一致同意可以临时采用数量限制。该条规定具有两个缺陷：第一，权利主体不明，导致发展中国家和发达国家都有权援引该条款。第二，程序烦琐，设置了协商谈判、限制保护期限、报告执行情况等复杂程序，发展中国家难以适用。在广大发展中国家的呼吁下，在1954—1955 年 GATT 的审查会议上，缔约方修改了第 18 条，为发展中国家成员保护国内幼稚产业、维护国家的国际收支平衡而采取进口数量限制与保护关税提供了法律基础。

自 20 世纪 60 年代起，发展中国家在国际贸易竞争中逐步认识到，单纯依赖进口保护措施无法获得经济的增长和发展，开始寻求发达国家市场准入方面的优惠。为扩大发展中国家的贸易，1964 年 GATT 增加了第四部分"贸易与发展"，来专门处理发展中国家成员的贸易与发展问题。该部分包括 GATT 第 36、37、38 条，具体规定发展中缔约方的判断标准。第 36 条规定缔约方要为发展中国家成员的初级产品、加工制造产品最大可能提供优惠的市场准入条件，第 36 条第 8 款规定发达国家成员方针对欠发达国家缔约方削减关税和取消其他壁垒，不要求互惠。第 37 条规定发达缔约方应尽最大可能优先考虑取消发展中缔约方具有出口利益的产品的壁垒、避免采取关税或非关税进口措施等，即发达国家应在关税和非关税壁垒上做出有利于发展中国家成员出口产品的行动。GATT 第 38 条规定缔约方应通过国际安排采取联合行动促进发展中国家成员初级产品、加工产品出口。[1]

与先前的 GATT 规则着眼于允许发展中国家减轻或豁免义务、采取针对幼稚产业或收支平衡问题的保护性措施不同，第四部分主要目的在于要求发达国家向发展中国家的出口提供关税和其他优惠待遇。第四部分的三条规定都不是强制性义务，但是第四部分的增补和联合国贸易与发展委员会的设立，使 GATT 与发展中国家的关系发生了重大变化，事实上开始了发展中国家在总协定体制中谋求法律上灵活性的一个新阶段，GATT 第四部分成为发展中国家主张优惠待遇的重要依据。

1968 年第二届联合国贸易与发展大会通过决议，要求各方一致同意尽早建立一个相互可以接受，有利于发展中国家的普遍、非互惠、非歧视的优惠体制，使在联合国框架下普惠制得以建立。为了将普惠制纳入 GATT，GATT 缔约方全体在 1971 年通过了为期 10 年建立普惠制而偏离第 1 条的最惠国待遇原则的豁免，同时允许发展中国家缔约方在彼此间给予更为优惠待遇，普惠制使得发达国家对来自发展中国家的制成品和半制成品提供普遍

---

① GATT 第 36、37、38 条。

的、非歧视的和非互惠的关税优惠。之后在 GATT 1979 年东京回合的"授权条款"正式确立了"发展中国家的差别和优惠待遇",给予发展中国家享有普惠制以永久豁免。以东京回合"授权条款"为标志,发展中国家在多边贸易体制内享受"特殊和差别待遇"的地位在法律上得以完全确立。

三　WTO 协定中的特殊和差别待遇条款

除了在 GATT 文件中包含大量对发展中国家特殊和差别待遇的条款,在 WTO 达成的新协议如《服务贸易总协定》、《与贸易有关的知识产权协定》、《争端解决规则与程序的谅解》等一揽子协议法律文件中也包含特殊和差别待遇条款。

根据 WTO 秘书处的分类,WTO 各协定中的特殊与差别待遇条款有以下 6 种类型:第一,对发展中国家出口给予优惠待遇的条款。例如 GATT 第四部分要求发达国家向发展中国家的出口提供关税和其他优惠待遇的 3 个条款全部为 WTO 吸收。第二,给予发展中国家比发达国家更灵活的执行多边纪律的条款。例如在《农业协议》中,发展中国家在削减关税和补贴时削减的比例要低于发达国家。第三,发展中国家享有更长的过渡期,例如《TRIMs 协议》发展中国家成员方应在 5 年内取消相关投资措施,而发达国家是 2 年。第四,技术援助条款。例如《关于实施卫生和植物卫生措施协议》规定,各成员方应以双边形式或通过适当的国际组织向其他成员方尤其是发展中国家成员提供技术帮助。第五,对最不发达国家的特殊和差别待遇,WTO 有一些专门针对最不发达国家成员方的一些特殊规定。例如在《农业协议》中规定,最不发达国家可以使用出口补贴,在国内支持、市场准入方面都无须做出削减。[①]

在这些特殊和差别待遇条款中,涉及发展中国家保障国内粮食安全的条款主要体现在《农业协议》、《TRIMs 协议》、《TRIPs 协议》。

首先,《农业协议》规定了发展中国家较低的削减比例和较长的实施期限:根据该协议,发达国家是在 6 年的实施期内(1995—2000 年)平均削减 36%,其中每项产品的关税税率至少削减 15%;发展中国家则是在 10 年内平均削减 24%,每项产品至少削减 10%;在国内支持措施方面,规定自 1995 年开始发达国家在 6 年实施期内,削减综合支持总量的 20%,发展中

---

① 车丕照、杜明:《WTO 协定中对发展中国家特殊和差别待遇条款的法律可执行性分析》,《北大法律评论》2005 年第 7 卷第 1 辑。

国家成员在 10 年实施期内削减综合支持总量的 13.3%，最不发达国家无须做出减让承诺；对于农产品出口补贴，发展中国家削减的价值和数量都要比发达国家低。发展中国家可以对农业提供"发展箱支持"，在削减时不计入综合支持总量进行削减的微量百分比可达 10%，比发达国家的 5% 要高出一倍；发展中国家还享有"发展箱"支持不受削减的限制。[①] 该协议第 15 条允许发展中国家有 10 年的过渡期，发达国家则只有 6 年；此外，《农业协议》第 12 条"出口禁止和限制的纪律"第 2 款在对粮食实施出口禁止或限制时，一般国家应履行通知、磋商义务，但是这项义务对发展中国家成员不适用，除非采取措施的是相关粮食净出口国。

其次，在投资和知识产权领域主要是对发展中国家实施了较长的过渡期：《与贸易有关的投资措施协定》第 5 条规定发达国家成员应自《WTO协定》生效之日起 2 年内取消与贸易有关的投资措施，而发展中国家取消期限是 5 年，最不发达国家更有 7 年的期限；在知识产权领域，《TRIPs 协议》第 65 条规定发展中国家成员有 5 年的过渡期，最不发达国家则可推迟 10 年履行该协议。

再次，《卫生和植物卫生措施协议》、《技术性贸易壁垒协议》、《进口许可证协议》规定了对发展中国家提供技术援助以及应考虑发展中国家特殊需要的内容：例如《卫生和植物卫生措施协议》第 9.2 条规定发展中国家出口成员需要大量投资以满足进口成员的卫生和植物卫生措施要求时，发达国家应考虑给予技术援助；第 10 条规定各成员国应考虑发展中国家尤其是最不发达国家成员的特殊需要，采取新的措施时应给予发展中国家成员相关产品更长的时限以符合该措施。《技术性贸易壁垒协议》、《进口许可证协议》也有类似规定，总之是要发达国家在制定和实施新的标准时，应考虑发展中国家的需要，或者提供技术援助，不使这些标准对发展中国家的出口造成不必要的阻碍。

最后，GATT 第 36—38 条、授权条款、《反倾销协议》、《保障措施协议》、《补贴与反补贴措施协议》等有利于扩大发展中国家出口机会，从而潜在增加了发展中国家外汇实力，保障了粮食安全。

---

① 发展箱支持是指发展中国家政府直接或间接鼓励农业和农村发展的援助措施，可免于削减，这些措施包括：1. 发展中国家成员方农业可普遍获得的投资补贴；2. 发展中国家成员方中低收入或资源贫乏的生产者可普遍获得的农业投入补贴；3. 发展中国家成员方为鼓励停止种植非法麻醉作物实现生产多样化而给予生产者的国内补贴。见《农业协议》第 6.2 条。

除此之外，乌拉圭回合谈判各方还通过了《关于改革计划对最不发达国家和粮食进口发展中国家可能产生消极影响的措施的决定》（以下简称《决定》），《决定》主要是针对最不发达国家和粮食净进国粮食安全问题，《决定》宣称为了保证最不发达国家和粮食净进口发展中国家的粮食需要，WTO 各成员国决定设立适当机制，保证乌拉圭回合有关农产品贸易结果的实施不致消极影响这些国家可获得粮食援助的水平。各方还承诺以全部赠予的方式不断提高向最不发达国家和粮食净进口国家提供的基本粮食比例，以及向这些国家提供技术和财政援助以改善其农业生产力和基础设施。最后《决定》还就农产品出口信贷、进口融资等方面，向最不发达国家和粮食净进口发展中国家提供优惠待遇予以规定。为了保证《决定》的实施，《农业协议》第 16 条要求发达国家成员应采取该决定范围内所规定的措施。

第四节　国际粮食贸易特殊规则评析

一　西方国家主导国际粮食贸易特殊规则实现粮食战略面临的问题

（一）《TRIMs 协议》对西方国家跨国公司实现控制粮食产业链战略意义不大

依据《TRIMs 协议》第 1 条，《TRIMs 协议》仅适用于"与货物贸易有关的"投资措施，因此《TRIMs 协议》并非一个全面推行投资自由化的条约，其主要目标是避免投资措施扭曲、影响自由贸易。《TRIMs 协议》在粮食产业的意义在于，西方跨国公司获准在东道国投资粮食产业时，东道国不得对已经建成的粮食企业（包括粮油加工、食品制造等）采取 5 种投资措施，跨国公司因此能够自由进出口粮食原材料。但是《TRIMs 协议》并没有给予西方跨国公司投资粮食产业的自由设业权，也就是说，《TRIMs 协议》对西方跨国公司到东道国投资实现控制粮食产业链的战略并没有实质性影响和帮助，东道国仍享有外资准入和准入后的管辖权，可以因为跨国公司的投资危及本国粮食产业安全而禁止外资进入。

（二）知识产权制度与《TRIPs 协议》并不能成为控制发展中国家发展转基因粮食的武器

目前国内很多媒体转引美国著名国际政治学家威廉·恩道尔所著《粮

食危机》的观点认为，美国孟山都等跨国公司开发出号称为"终结者"的不育种子和特殊的杀虫技术，使得农民只有年年从种业公司购买新种子才能维持生产，而且这些转基因农作物必须使用上述公司生产的除草剂。跨国公司还为这些新品种申请了专利，阿根廷农民因为未缴纳专利使用费种植了含有美国专利保护的转基因大豆品种而被起诉。如此一来美国通过控制转基因粮食种子及相关技术就能够有效控制国际粮食生产。上述说法有点言过其实，危言耸听。其实孟山都等跨国公司开发的转基因粮食品种只在少数几个发展中国家获得商业化种植批准，大部分国家出于担忧转基因作物可能具有的危害未能批准其种植。而且对于像我国这样的发展中大国，本身已具有一定的新型品种研发和推广能力，不可能完全依赖某一跨国公司生产的粮食品种进行生产。

从知识产权属性及国际条约关于转基因技术获取专利的规定来看，美国的跨国公司也不可能通过转基因专利技术控制发展中国家发展转基因粮食。

首先，由于知识产权具有地域性，美国给某种转基因作物或培育方法授予的专利（或植物新品种权）并不必然在他国有效，由于专利申请、审查及专利权维护需要成本，权利人不会在世界各国都申请专利。

其次，知识产权具有时间性，一项转基因技术即使获得专利，专利权人也只能在专利有效期享有专属权。

最后，对保护的客体，《TRIPs 协议》第 27.3 条要求 WTO 成员国应以专利或有效的专门制度或两种制度结合，给植物新品种提供有效保护。但是《TRIPs 协议》对植物新品种的概念没有作具体的界定，从而给成员国是否给予含有转基因技术的粮食品种给予专利或植物新品种权利保护留下了政策空间。

二　WTO 进口国保护国内市场的规则为成员国维护国内粮食安全留下政策空间

（一）WTO 规则理念在于市场开放和适度保护相统一，因此存在不少保护国内市场的规则

WTO 在推动自由贸易的同时也允许成员国对国内相关产业进行适度保护，适度保护的主要条款是一些例外和免责条款，它们为成员国政府提供了必要时违背特定自由化承诺的途径，对成员国而言这是不可或缺的一种保险机制，能够发挥安全阀的作用，如果没有这些条款，各国就不太可能签署大量推动自由化、减少贸易保护的协定。具体而言，成员国可以适

用 GATT 第 19 条一般保障措施条款实施数量限制和中止减让，适用 GATT 第 6 条和反倾销协议、反补贴协议对进口产品征收反倾销税和反补贴税，为保护国内幼稚产业，可适用 GATT 第 18 条 A 节和 C 节进行数量限制和中止减让，基于外汇收支原因，援用 GATT 第 12 条和第 18 条 B 节实施数量限制或中止减让，其他的可援用保护国内产业的例外、豁免条款分别是 GATT 第 20 条一般例外、GATT 第 21 条安全例外、GATT 第 25 条豁免条款等。总之，适度保护规则对贸易自由化协定的存在与运作至关重要，这也说明，西方国家推动自由贸易不能一意孤行，自行其是，必须与其他成员国不断协商，适度保护规则就是双方妥协的结果；此外，虽然通过 WTO 推动贸易自由化是西方发达国家出于本身战略利益而做出的选择，但是发达国家自身也有保护国内产业的需求，因此，适度保护规则同样也服务于西方国家自身利益。

WTO《农产品协议》下，市场准入并没有得到实质性的开放，关税化对推动粮食自由贸易的作用并不明显；出口补贴和国内支持规则有利于发达国家利益，但是，《农产品协议》的农业补贴规则与 WTO 调整非农产品的规则相比，更富于弹性，更有利于成员国实施贸易保护措施。

（二）国营贸易企业条款、特殊保障措施等粮食贸易特殊规则存在不少缺陷，为成员国利用其保护国内粮食市场留下空间

在调整粮食贸易的特殊规则之中，国营贸易企业条款、特殊保障措施可以用来保护国内粮食市场，但是在 WTO 法律框架下，国营贸易企业制度缺乏清晰的、可共同接受的定义，某些实体规则还缺乏具体适用的标准，对 STE 透明度要求也不清楚，哪些 STE 需要通知有疑问。因此，无论是粮食出口国还是粮食进口国，都可以利用上述规则存在的含混之处运用国营贸易企业达到自己的目的。

农产品特殊保障措施是国际粮食市场剧烈波动时进口国保护国内市场不受冲击的有效工具，在 WTO 框架下发展中国家由于长期实行农业歧视，对农产品进口并未设置太多的非关税壁垒，农产品国内价格通常低于国际价格，因此关税化对多数发展中国家并无意义，绝大多数发展中国家采取直接设定关税约束上限的方式将许多农产品的关税约束在统一的高税率水平，这样，大部分发展中国家无权使用农产品特殊保障措施。当前最主要的问题是一些发展中国家自身谈判能力和政策水平有限，自行将关税降低，导致国际市场低价粮食冲击国内粮食生产，而一旦发生粮食危机，又无法通过农产品特殊保障措施避免国际粮价的剧烈波动传导至国内。总而言之，在现行的国

际贸易体制下，虽然西方发达国家主导了一下贸易自由化条款，有利于其粮食战略的实施，但从根本上讲，粮食贸易政策的主动权仍在各粮食进口国手中。

三　发展中国家特殊待遇规则评析

（一）GATT/WTO 规则对发展中国家的界定标准含混

发展中国家是一个非常宽泛的概念，而 GATT/WTO 协议对发展中国家的界定也十分含混，最早规定发展中国家特殊待遇的是 GATT 第 18 条，因为该条就是专门针对发展中国家而设计的，有资格援用第 18 条的国家自然就属于发展中国家。GATT 第 18 条第 4 款（a）项规定：凡是只能维持低生活水平、经济处于发展初期的缔约方，有权按照本条 A、B、C 节暂时背离本协定其他各条的规定。（b）项规定：凡是经济处于发展阶段但又不属于上述（a）项范围的缔约方，可以根据本条 D 节规定背离总协定规定。一般认为这就是关贸总协定对发展中国家所下的定义，但是 GATT 第 18 条及其注解都没有明确"低生活水平"和"发展初期"如何判断，这一定义显然是模糊和抽象的，以一个国家处于发展初期是无法作为界定其为发展中国家的具体标准的，至少在实践中很难把握。

1971 年普惠制纳入总协定时，发达国家坚持自行决定本国普惠制方案的受惠国和受惠产品范围，这样发达国家往往利用授予普惠制待遇要求发展中国家接受他们所谓的一些政治要求。当 1978 年东京回合"授权条款"在法律上正式确立普惠制的永久性时，总协定又对发展中国家享受特殊和差别待遇实行了一项重要限制：当某个发展中国家成员国的产品具有一定的竞争能力时就不能再享受普惠制。

WTO 成立后，对发展中国家的界定有了更为明确的指标，《补贴与反补贴协定》把发展中国家分为四种类型：第一种是联合国所认可的最不发达国家，他们不必取消按出口实绩给予的出口补贴；第二种是该协议附件 7 所列的其他 20 个发展中国家，他们在人均国民生产总值达到 1000 美元后将不再享有出口补贴不受限制的优惠；第三种是所有其他的发展中国家，他们应在 8 年内逐步取消出口补贴；第四种是处于过渡（转轨）期的国家。[①]

总之，GATT/WTO 的演进历程表明，在多边贸易体制框架下对发展中

---

① 黄志雄：《从国际法实践看发展中国家的定义及其识别标准——由中国"入世"谈判引发的思考》，《法学评论》2000 年第 2 期。

国家界定的标准也在逐步变化，WTO《补贴与反补贴协定》的指标更为量化具体，但也没有任何协议指出该协议的分类就是界定发展中国家的标准。从对发展中国家界定的历程来看，多边贸易体制更倾向于对发展中国家实施不同的待遇标准，即一旦发展中国家经济发展水平有所提高，就不能享受贸易优惠，或者给予特殊和差别待遇，也会按照发展中国家的发展状况来区别对待。

诚然，发展中国家是一个庞大的群体，经济发展程度不一，农业生产状况也存在很大差异，笼统地规定发展中国家同意享受同等的特殊和差别待遇并不能很好地维护发展中国家的利益，但是由于 GATT/WTO 缺乏界定发展中国家的标准，发展中国家在援用特殊差别待遇条款时就很可能会遇到身份是否被认可的障碍，最终无法顺利享受优惠待遇。

（二）WTO《农产品协议》为发展中国家支持国内粮食生产、抵御进口粮食冲击留下了较大空间

发展中国家在 WTO 成立时，对管制粮食进口的限制性措施既可以选择通过关税化公式确定关税等值，也可以不进行关税化，而是直接确定一个较高的最高约束税率。当然，对于此前关税已受约束的农产品，若存在非关税措施，则只有实行关税化。在乌拉圭回合谈判中，绝大部分发展中国家（包括几乎所有的最不发达国家）都没有进行关税化，而是直接将粮食进口关税定得很高，多数农产品的关税税率超过100%，这样发展中国家在这个过程中也有很大的空间设定高额关税以保护国内粮食产业。[1] 此后发展中国家关税削减比例也低于发达国家，发展中国家削减比例为24%，低于发达国家的36%。

在需要削减的国内支持措施即"黄箱"支持方面，发展中国家的削减比例低于发达国家，实施期也长一些，最不发达国家还可免于削减。《农业协议》生效之时，共有 27 个成员方在减让表中作出了国内支持削减承诺，其中大部分为发达国家，而其他成员方，包括绝大多数发展中国家，由于基期综合支持总量为零或负值，自然无须作出削减承诺，不过发展中国家以后可使用的"黄箱"支持亦只能以微量支持水平为限，发展性支持除外。这说明大部分发展中国家对农业支出水平不够，这也是许多发展中国家粮食安全难以得到保障的真正原因。

---

[1]　龚宇：《WTO 农产品贸易法律制度研究》，厦门大学出版社 2005 年版，第 149 页。

（三）有助于发展中国家出口创汇方面的规则可执行性较低

在全球化程度不断加深、国际贸易日益繁荣的背景下，一国的粮食安全不可能建立在完全自给自足的基础之上，发展中国家的农业不可避免地要参与到国际交易市场中去，通过出口自身具有比较优势的产品获取外汇以进口部分粮食满足国内需求，将是绝大多数发展中国家实现粮食安全的主要途径，因此获取外汇能力成为其保障粮食安全的至关重要的前提性条件。WTO旨在增加发展中国家贸易机会的条款和要求发达国家保护发展中国家利益的条款具有帮助发展中国家开拓市场的功能，不过细加分析，我们发现这些条款大都是鼓励性、授权性的，并没有对发达国家施加明确可厘定的义务。例如GATT第36—38条，内容是要求发达国家最大可能给发展中国家提供优惠的市场准入条件，减少对发展中国家具有出口利益产品的壁垒，但是条款中使用的文字都是"最大可能"的措辞，这种条款自然没有对发达国家成员的强制约束力，发展中国家成员无法通过争端解决机制要求发达国家成员履行其承诺给予的优惠待遇。普惠制曾经被认为是发达国家给予发展中国家优惠、开放市场的最重要的手段，但实际上GATT并没有强制要求发达国家实施普惠制，仅仅规定施惠国在给予发展中国家关税优惠时可以不受GATT第1条最惠国待遇原则的约束，因此是否实施普惠制实际上取决于发达国家自身政策的取舍。就目前实施多年的普惠制来看，它存在一些缺陷，一是发达国家是否实施普惠制，对哪些发展中国家实施均由发达国家自己决定，发展中国家无声称获得普惠制待遇的权利；二是普惠制往往与一些条件挂钩，享有普惠制的国家甚至要满足发达国家一些与贸易无关的条件；三是毕业制度限制了发展中国家享受优惠的程度，即发达国家规定一旦发展中国家的产品对施惠国国内产品构成了竞争关系，就将该产品从优惠待遇范围中剔除出去。因此，普惠制在施惠范围、条件上存在很大的随意性，并不会给发展中国家出口产品以稳定的优惠。

四　出口限制规则无法确保国际粮食市场稳定供应

在粮食危机降临之际，进口国急需粮食，但是这时粮食出口国往往会采取限制出口的措施，总体来看，WTO并没有形成一套严格管制和约束成员国实施出口限制的规则，对出口国控制粮食出口的行为无能为力。这样依赖国际市场的国家粮食安全就会面临巨大威胁。

那么，国际贸易规则应该如何管制粮食贸易？由于粮食具有公共物品属性，是战略性产业，各国政府积极主动干预粮食贸易，这样粮食贸易也就无法遵循普通货物贸易的自由市场规则。从粮食贸易规则的历史发展来看，粮食贸易规则深受政治外交因素的影响，从冷战时期粮食援助外交到 WTO 西方粮食出口大国主导的国际粮食贸易规则，规则的反复与弹性时刻反映出西方粮食大国与进口国之间围绕自身利益所作的斗争、让步与妥协。在国际贸易规则势必受到霸权国控制、主导和影响的情形下，粮食贸易规则无法适当平衡出口国和进口国的利益。也许，目前还无法找到合适的方法来管制粮食贸易，需要各国在 WTO 进一步谈判中根据自身利益和实力再次作出协商，并且尽量在出口国和进口国之间形成大家均能接受的公平规则。

第 五 章

国际粮食贸易特殊规则的晚近发展

第一节　西方国家的生物能源战略与 WTO 生物能源贸易规则

晚近，国际粮食价格呈现出价格持续上涨的态势，这是西方粮食大国生物能源战略与国际投机资金、国际金融市场变化等综合作用的结果，针对国际粮食市场长期过剩、粮价低迷等问题，西方国家适时调整了粮食战略，转而开发生物能源，从而引发国际粮价持续上涨，给发展中国家粮食产业健康发展埋下了种种隐患。

一　新世纪西方国家的生物能源战略

（一）西方粮食大国推行生物能源战略以解决粮食剩余和粮价低迷问题

依据新现实主义代表学者罗伯特·吉尔平提出的霸权稳定论，霸权国家必须控制原料、资本的来源、市场，并且在高附加值产品的生产上具有竞争优势。① 美国作为当代国际体系独一无二的霸权国，早已制定了维系美国霸权地位的金融战略、能源战略。在二战快要结束之际就与 45 个同盟国制定了《国际货币基金协定》和《国际复兴开发银行协议》，由此确立了以美元为核心的国际货币体系——布雷顿森林体制，其实质在于让美元成为国际储备货币，使得各国经济与美国经济捆绑在一起。当美国经济增长形势很好时，美元坚挺并带动各国经济发展，可是当美国经济逆转，对外负债累累

---

① 罗伯特·吉尔平：《国际关系政治经济学》，杨宇光等译，经济科学出版社 1989 年版，第 37 页。

时，美国就会动用自身储币国地位将美元贬值以摆脱对其他顺差国的债务。布雷顿森林体制自20世纪60年代末期崩溃之后，国际货币秩序呈现多种国际货币并存、允许浮动汇率的状态，但并没有根本动摇以美元为核心的国际货币体制，而且美国为了巩固美元的国际货币地位，又相继采取了将美元与石油、粮食等战略物资挂钩，在国际市场出售的大宗物质都采取美元计价的方式，迫使各国不得不采用美元作为国际结算货币。这样，美国的霸权战略实现了将粮食、金融、能源巧妙地结合。

新世纪西方粮食大国粮食战略的最新发展就是大力实行生物能源计划，达到解决粮食剩余和粮价低迷问题的目的，可谓一箭双雕。在这些西方发达国家看来，要解决石油价格的不断上涨和石油资源日渐枯竭的压力，必须促进替代性能源的发展和实现能源供给多样化，液体生物燃料能作为目前完全依赖石油的交通运输业的替代性能源的主要来源，而且也不会给目前的交通运输技术和政策带来更加剧烈的变化。此外，同石油燃料比较，生物能源在发电、供暖和交通运输方面有巨大的减排潜力，能够减少温室气体的排放。欧美希望提高国际粮食价格、增加自己农民收入的粮食战略也是生物能源得到发展的一个极为重要的驱动因素。欧美都是大量实施粮食补贴的国家，在高额补贴政策下出现了粮食剩余问题，而通过将剩余粮食转化为生物能源，既可以解决长期困扰西方粮食大国的粮食剩余和粮价低迷问题，还可以促进农民增收，实现能源供给多元化和减少温室气体排放，如此粮食战略便与能源战略有了共同的目标和契合点。

（二）美国立法推动生物能源战略的实施

美国的生物能源战略起源于20世纪70年代，2000年之后美国通过实施一系列政策加快生物能源发展，重要的法案有2005年《能源政策法案》、2007年《能源独立与安全法案》、2002年《农业法案》和2000年《生物质研究与发展法案》。2005年《能源政策法案》使从量式乙醇消费税抵扣政策延伸至2010年，并将范围扩展到生物柴油。该法案对可再生能源制定了定量指标，该法案建立的可再生能源标准（RFS）要求在美国销售的所有车用汽油必须在2012年以前达到75亿加仑（1加仑=3.785升）可再生能源含能量的目标；2012年以后，该百分比含量必须维持在2012年的水平。2007年《能源独立与安全法案》制定了更宏大的数量指标，规定2008年要达到90亿加仑可再生燃料，到2022年要逐步增加到360亿加仑，其中210亿加仑为高级生物燃料（160亿加仑纤维素生物燃料，50亿加仑其他高级生物燃料）。在经费资助方面，2007年《能源独立与安全法案》授权在2008—

2015 财年期间，每年拨款 5 亿美元用于生产高级生物燃料；2007 年《农业法案》将玉米乙醇抵税额从每加仑 51 美分减少到每加仑 45 美分，并出台了纤维素乙醇每加仑 1.01 美元的抵税额。[①]

美国还将生物能源战略巧妙地与金融战略结合起来。2000 年之后，美国实体经济走弱，对外长期处于逆差状态，为了减轻债务，美国毫不犹豫地实行美元贬值的策略。美元贬值会导致粮食涨价；2006—2008 年美元贬值速度加快，国际粮食价格节节攀升。生物能源计划加剧了粮价上涨，引发了2008 年全球粮食危机。美元贬值所致的债务减轻和粮价上涨带来的收入使美国从操纵国际粮食市场中受益匪浅。美国农产品出口额迅猛增长，收入激增，美国农业部预计 2007 年美国农作物收入将达到创纪录的 1335 亿美元，同比增长近 10%，创 28 年新高。[②]

（三）欧盟的生物能源立法

欧盟在推行生物能源计划方面也不甘人后，欧盟生物燃料法规由三个主要指令组成。第一个支柱是包含生物燃料消费的自愿性"参考目标"（以含能量为基础）的 2003/30/EC 指令，该指令要求生物燃料消费比例 2005 年应达到 2%，到 2010 年 12 月 31 日应达到 5.75%。该指令要求成员国根据参考比例制定自己的生物燃料比例指示性目标，具体实现目标的方式由各成员国自行做主。

第二个支柱是允许对生物燃料采用税收激励措施的 2003/96/EC 指令。该指令授权各成员国可以自行决定对化石燃料和生物燃料的征税水平。

第三个支柱涉及燃料的环境规范，通过 98/70/EC 指令作出规定并经2003/17/EC 指令修订。由于环境原因，指令规定乙醇混合比例限度为 5%。委员会已提出乙醇混合比例为 10% 的修正案。

此外，2007 年 3 月欧盟还通过法令强制性使用生物能源，欧洲理事会根据委员会提出的《欧洲能源政策》，批准到 2020 年欧洲全部能源消费中可再生能源比例达到 20% 的约束性指标，以及交通运输业到 2020 年全部汽油和柴油中生物燃料的比例达到 10% 的最低约束性指标。

总之，西方粮食大国所推行的生物能源计划将推高国际粮价，对粮食进口国不利。

---

① FAO：《生物能源：前景、风险和机遇》，粮农组织出版物 2008 年（SOFA），第 30—31 页。
② 贾善和：《全球粮食危机的深层原因、影响及启示》，《经济研究参考》2008 年第 35 期。

二　仍待澄清的 WTO 生物能源贸易规则

WTO 法律体系没有专门针对生物能源产品的规则，在现有法律框架下，能够对生物能源贸易产生影响的是：农产品补贴规则和《补贴与反补贴措施协定》，国民待遇和最惠国待遇原则，技术贸易壁垒协议和 GTAA 1994 第 20 条（b）、（g）款等。各国主要还是通过一些国内政策刺激本国生物能源工业的发展，常用的政策工具包括：强制规定在汽油中混入生物燃料、对生产和消费的补贴以及税收激励机制。生物燃料的关税壁垒也被广泛使用来保护本国农业和生物燃料产业，支持国内生物燃料价格，并为国内生产提供激励。除巴西以外，主要的乙醇生产国都设定了很高的最惠国关税。但是，实施中的最惠国税率和关税配额也有一些例外情况，总体而言，生物柴油实施的关税税率较低。

（一）生物燃料在关税税则中的定位不确定：成员国可以通过关税壁垒和关税升级对国内产业进行保护

由于生物燃料是一种新型能源产品，世界海关组织的商品名称及编码协调制度（HS 编码制度）落后于时代发展，没有对之进行具体的产品分类，这样主要生物燃料生产国和进口国就可以享有对生物燃料关税分类的自由裁量权。[①] 各国在海关统计、课税和检疫等程序中，一般将燃料乙醇划分在以"饮料、酒及醋"为标题的第 22 章，将之视为农产品，在第 22 章中 HS 对作为酒类饮品的乙醇和作为燃料的乙醇并没有进行区分。而生物柴油目前一般被划在第 38 章，被作为一种化学工业品进行海关检疫和课税。

这样虽然同为生物燃料，燃料乙醇和生物柴油就因在关税税则中分属于农产品和非农产品面临不同的税收，各国一般对燃料乙醇进口征收较高的关税，而对生物柴油征收的关税税率较低。

目前西方发达国家通过关税壁垒和关税升级对国内生物能源产业进行保护。据统计，燃料乙醇进口关税平均水平，美国从价税税率为 2.5%，并额外适用每加仑 54 美分特殊关税，从价税等值是 28%；欧盟的关税是每公升

---

① 目前各国共同认可并通行的国际商品分类统一规则就是由世界海关组织（WCO）制定的《商品名称及编码协调制度》，WCO 一般每隔 5 年就对目录进行一次全面的重审和修订，经过 4 次修订，目前适用的版本是在 2007 年 1 月 1 日开始适用、于 2004 年完成的第五个版本。Dayong Yu, "*The Harmonized System-Amendments and Their Impact on WTO Members' Schedules*", http://www. wto. org/english/res_ e/reser_ e/ersd200802_ e. pdf, 2011 – 6 – 10.

0.192 欧元（从价税率为 52%）。[①] 虽然欧盟对来自非洲、加勒比海和太平洋国家的燃料乙醇实行普惠制，但是这些国家必须证明其经济具有"依赖性和易受损害"才能享受普惠制待遇，其中"依赖性"定义为该国出口到欧盟并享受普惠制待遇的五大产品必须占该国出口受普惠待遇产品的总额的 75% 以上，但是这些产品不得超过欧盟给予所有普惠制产品值的 1%。很显然具有生产燃料乙醇比较优势的巴西、泰国不享有这些优惠待遇。在关税升级方面，具体做法是对生物燃料初级未加工原料作物、初级加工的生物燃料加工原料、生物燃料成品适用关税税率逐步增高。以大豆生物柴油为例，欧盟、美国、加拿大等国对未加工的生物柴油原料的大豆实行免税进口，欧盟对经过初级加工的生物柴油的加工原料——豆油的进口适用 6.1% 的税率，对生物柴油适用 6.5% 的税率；美国则适用 19.1% 的进口关税；另外欧盟对棕榈原油适用 3.8% 的进口关税，对来自印度尼西亚和马来西亚的精炼棕榈油又分别适用 9% 和 10.9% 的进口关税。[②]

因此，生物燃料在 WTO 框架下产品定性不统一，导致不同生物燃料受制于不同的关税纪律，也会导致生物能源在补贴纪律、国内规章等方面的争议。

（二）各国对生物能源实施名目繁多的补贴——规则有待案例澄清

在 WTO 框架下，对燃料乙醇的补贴要受到《补贴与反补贴措施协定》和 WTO《农业协议》的同时调整，但是同为生物燃料的生物柴油只适用《补贴与反补贴措施协定》。WTO《农业协议》的补贴条款规定"黄箱"支持对贸易影响最大，应该计入综合支持总量的削减范围，没有在减让表中列明"黄箱"支持削减承诺水平的成员，不能超过微量支持水平提供"黄箱"支持。成员国可以根据自身对乙醇燃料的支持政策适当灵活地进行调整，支持力度大的可以在 WTO 所允许的综合支持总量中不削减对燃料乙醇的补贴而削减其他农产品的补贴。"绿箱"支持是指对贸易没有扭曲影响、对生产没有影响或者只有最小限度扭曲作用和影响的国内支持措施，在《农业协议》附件 2 中列举的可以免于削减的 12 类"绿箱"措施中，第 11 类是环境计划下的支付，如果将对燃料乙醇的支持措施计入这一类"绿箱"补贴，

---

① 所列关税截止于 2007 年 1 月 1 日，Ronald Steenblik，"BIOFUELS-AT WHAT COST？Government support for ethanol and biodiesel in selected OECD countries"，*The Global Subsidies Initiative（GSI）of the International Institute for Sustainable Development（IISD）*．September 2007.

② Annie Dufey，*Biofuels Production，Trade and Sustainable Development，Emerging Issues*，London：IIED，2006，p. 26.

就可以不用削减。

而生物柴油因为未被划分在农产品项下，补贴很难获得《农业协议》豁免，而受《补贴与反补贴措施协定》的调整。《补贴与反补贴措施协定》首先规定了只有符合补贴定义和专向性要求的补贴才应受到多边体制的约束，受害成员才能对之征收反补贴税。其次《补贴与反补贴措施协定》将补贴分为禁止性补贴、可诉性补贴，禁止性补贴包括出口补贴和进口替代补贴，可诉性补贴则需要受影响的成员国自己证明遭受了损失。目前各主要生物燃料生产国（除巴西外）生产的生物燃料一般用于国内消费，因此不会对生物燃料实行出口补贴，但是各国对生物燃料产业链上下游均进行了名目繁多的支持与补贴，既有可能被认定为具有进口替代的效果，也有可能成为可诉性补贴。相对而言，WTO 农业协议下的补贴更具包容性，因此对燃料乙醇的补贴更易符合 WTO 规则。

在当前的技术条件下，生产乙醇或生物柴油的成本很高，如果政府不积极支持生物燃料的发展并对其使用进行补贴，生物燃料在市场上无法同化石燃料竞争。但是在 OECD 国家中生物燃料补贴对于纳税人和消费者而言已经相对较高，美国生物燃料加工厂和燃料作物种植者获得的支持达到每年 60 亿美元，而欧盟每年近 50 亿美元。美国乙醇平均补贴为 0.28 美元/升，生物柴油补贴为 0.55 美元/升，欧盟乙醇平均补贴为 1.00 美元/升，生物柴油 0.7 美元/升。[1] 过高的补贴扭曲了国际资源的最佳配置，耗费了大量的粮食，并且也易引发 WTO 反补贴争端。2009 年 3 月欧盟就认为美国对生物柴油的税收抵免政策属于 EC 法下不公平补贴而对原产于美国的生物柴油征收临时反补贴税，而且即使美国修改法律对在美国境外生产的作为燃料在美国境外使用的生物燃料不得获得该项税收抵免，而欧盟的生产者仍主张因美国国内生物柴油可获得抵免，违反了 WTO 法。[2] 总之，对生物能源的补贴存在于该产业的各个阶段，如何计算补贴、是否受到 WTO 法管制，还有待进一步谈判和 WTO 案例规则澄清。

（三）生物能源的最惠国待遇和国民待遇问题

按照 GATT 第 1 条最惠国待遇原则，成员方对一成员国的进出口产品给

① Ronald Steenblik. "Biofuels — At What Cost? Government support for ethanol and biodiesel in selected OECD countries", *GSI*, *GSID*. 2007, p. 39.

② Toni Harme. "Biofuels subsidies and the law of the WTO", *ICTSD* (*International Centre for Trade and Sustainable Development*), Issue Paper No. 20, June 2009.

予的利益、优惠、特权或豁免应当无条件给予所有其他成员方的同类产品。GATT 第 3 条国民待遇原则要求成员国对进口产品和国内同类产品给予相同和非歧视的待遇。因此在生物能源贸易中，出口成员享受进口国的最惠国待遇和国民待遇的一个重要前提条件就是出口国的生物能源产品与其他出口国或进口国的生物能源属于"同类产品"。

巴西生产燃料乙醇的大部分原料来自甘蔗，美国则以玉米为原料制造乙醇，欧盟乙醇的原料为甜菜。在生物柴油方面，巴西和美国以大豆为原料，欧盟生产生物柴油最常用的原料为油菜籽，在热带和亚热带国家原料是棕榈、椰子和蓖麻油。此外在生物能源的制作方法上，各国的技术方案也存在一些差异。由于原料不同或者制作方法不同而提取的生物能源是否属于"同类产品"呢？例如当一国采取鼓励本国以玉米或油菜籽为原料生产燃料乙醇的政策时，市场受到巴西燃料乙醇的竞争，那么以甘蔗为原料巴西乙醇与本地以玉米或油菜籽为原料的乙醇是否为同类产品呢？如果是"同类产品"，那么该国国内对乙醇生产和消费的补贴以及税收激励机制应该同时适用于巴西乙醇。如果被认为不属于"同类产品"，进口国就会课以进口乙醇更高的税收以优惠"友好国家"或保护本国产品。

一般来说，对"同类产品"的界定是根据各国的海关关税税则及商品分类目录或有关缔约方缔结的商品分类目录条约等作为确定依据，但是如果产品的关税分类只是对产品进行宽泛描述，关税分类就不能作为确定"同类产品"的可靠标准。有时在具体案件中还要结合个案的具体情况，考虑产品的最终使用目的、消费者的品位和习惯。此外，研究生物能源生产的工艺过程和生产方法（PPM）对环境存在不同影响，一些国家以此为由，认为未使用其认可 PPM 生产的生物能源是"另一种"产品。还有当生物燃料对环境存在某些不利影响时在分类定性时也会受到不同待遇，例如，瑞士就不给予棕榈油、大豆和谷物为原料的生物能源以免税待遇。可见对生物能源的商品类别属性进行确定是个可以十分复杂的过程，WTO 成员国可以运作的空间是很大的。

（四）TBT 协议和环境案例规则下生物能源可持续发展标准和认证的适法性

随着国际社会认识到建立在争夺其他农业作物资源基础上的生物能源产业可能引发环境和社会风险，越来越多的国际组织和国家开始思考并采取行动防范这种风险，其中最为重要的就是制定和建立相关的标准和认证制度，对生产和市场销售的生物能源提出能量平衡和温室气体排放标准要求，以实现生物燃料产业可持续发展。这些可持续发展标准和认证制度如果是针对产品和产品特性相关的加工和生产方法（与产品相关的 PPMs，简称 PR - PPMs），就受 TBT 协议管辖。而如果可持续发展标准针对的是与产品和产品特性无关的加工和生产方法（与产品相关的 PPMs，简称 NPR - PPMs），起到了限制贸易的效果，实施国要获得 WTO 框架下的正当性，就需要援用 GATT 第 20 条环境例外条款。成员国在 WTO 框架下实施的标准无论是 PR - PPMs 还是 NPR - PPMs，均应遵守最惠国待遇原则、国民待遇原则和透明度原则。不过 TBT 调整范围内的标准或多或少会给贸易带来不便，因此除非该标准设置的主要目的就是为了限制贸易，否则就符合 TBT 规定。简言之，一项被列入 TBT 协议管辖的标准即使具有限制贸易的后果也容易依据 TBT 协议获得正当性。而未列入 TBT 协议管辖的标准，例如环境影响评估标准会产生限制进口外国生物燃料的后果，较容易被认定为对贸易造成不必要的障碍。而该项标准不仅要符合非歧视待遇原则，还需要通过援用 GATT 第 20 条例外来获得正当性。

　　欧美等实施的生物燃料可持续性标准主要针对三个层面：生物燃料对进口国环境的影响、生物燃料生命周期中的碳排放、对生产国可持续农业的影响。这三个层面的标准后两个多是"与产品无关"的内容，因此从严格意义而言应不属于 TBT 协定的适用范围，而应受到 GATT 条款的调整。

　　在实践中，西方发达国家的生物燃料可持续性标准已经对发展中国家出口可持续发展生物能源带来了不少障碍。首先，由于可持续标准和认证涉及到社会环境影响评价，将对生产者尤其是小规模公司带来很大的成本负担，依据一份报告，小规模生产者为认证所负担的额外成本几乎是生产成本的20%，有时甚至更多。[1] 其次，有些强制性可持续标准似乎就是专门限制某些发展中国家生产的生物燃料或原料。例如，欧盟关于生物柴油的标准中就限制生物柴油的碘值在 120g/100g，而豆油有很高的碘值，这一标准至少减少了欧盟 20%—25% 的豆油使用量。此外，由于棕榈油溶点较高[2]，事实上欧盟也限制在制造生物柴油中使用棕榈油。欧盟对大豆、棕榈油的标准直接影响了巴西、印度尼西亚、马来西亚的原料向欧盟出口，但是从技术和生态

---

　　[1]　United Nations, *Making Certification Work for Sustainable Development: The Case of Biofuels*, UNCTAD/DITC/TED/2008/1, p. 30.

　　[2]　熔点就是开始制作柴油时从油中分离固体的温度。棕榈油熔点温度高，但可以通过技术改良解决该问题。

影响来看，这些地区的原料制造生物燃料最具有可持续发展性。[1]

如果认证和未被认证的生物燃料被认定是相同产品，而对它们采取不同的税收和其他歧视制度，不符合国民待遇和最惠国待遇原则，则要援用WTO第20条（b）、（g）款以获得正当性。第20条（b）款是为保障人类、动植物的生命或健康所必需的措施，（g）款是为有效保护可用竭的自然资源的有关措施。按照欧盟"促进可再生能源发展"指令的序言，其温室气体排放标准、生物多样性标准都是以保护环境和生物多样性为目标，应该与WTO第20条宗旨相符合，虽然目前对符合上述标准的第一代生物能源是否能够有效减少碳排放量还有疑问。[2]

三　西方国家生物能源战略下国际粮价持续高涨

（一）西方国家生物能源计划加剧了粮食短缺

欧美在政策刺激下生物能源转化应用发展很快。目前，利用玉米生产乙醇在美国生物燃料生产中占主导地位，2007年产量达300亿升；其次是利用大豆生产生物柴油，达20亿升。美国还投入大量资源用于开发和应用下一代生物燃料技术。而过去10年间，欧盟生物燃料的生产和利用大幅增长，2007年生物燃料产量90亿升，主要是生物柴油（60亿升）。2000年至2007年间，全球乙醇产量增加了两倍，达到620亿升；同期，生物柴油生产增加了10多倍，达到100多亿升。[3]巴西与美国在乙醇生产增长中占主导地位，而欧盟则一直是生物柴油产量增长的主要来源。

在美国、欧盟等西方国家的生物能源计划下，大量粮食用于制造生物能源。2007年，用来生产乙醇的小麦和粗粮预计有9300万吨，比2005年翻了一倍，这占到同期小麦和粗粮用量总增长的一半以上，大部分需求增长来自于美国，2007年，该国用于乙醇生产的玉米使用量增加到8100万吨，并且在2008年度预计还将再增长30%。生物燃料对农产品和资源日益加剧的争夺不可避免地带来粮食价格上涨，当然不可否认粮价上涨也同时是其他多

① Coordinator, Géraldine Kutas, Luiz Fernando do Amaral, André M. Nassar, *EU and U. S. Policies Biofuels: Potential Impacts on Developing Countries*, http://www.gmfus.org/archives/eu-and-u-s-policies-on-biofuels-potential-impacts-on-developing-countries, 2011 - 6 - 10.

② Andreas Lendle and Malorie Schaus, "Sustainability Criteria in the EU renewable energy Directive: Consistent with WTO rules?", *ICTSD Information NOTE no. 2*, September 2010.

③ 关于生物燃料在全球及主要国家的产量等数据均引自 FAO《生物能源：前景、风险和机遇》，粮农组织出版物2008年（SOFA），第30—32页。

种因素共同作用的结果，在这些因素互相促进下，自 2002 年以来，粮农组织名义粮食价格指数已经翻了一番，实际价格指数也迅速上升。到 2008 年初，实际粮食价格比 2002 年的水平高出了 64%，而之前 40 年，该指数主要呈下降或持平趋势。上涨幅度最大的是植物油价格，同期平均上涨了97%；其次是谷物（87%）、乳制品（58%）和稻米（46%）。① 粮食价格上涨将会对粮食净进口国产生不利的影响，尤其是对于低收入粮食短缺国家，进口价格上涨可能会严重限制其粮食进口。

（二）粮食产量增长出现瓶颈，全球粮食供求将长期趋紧

自 20 世纪 50 年代以来在各国推广的绿色革命极大提高了发展中国家粮食生产率，发展中国家的粮食单产不断提高，也使得困扰许多发展中国家多年的粮食不安全问题得以缓解。粮农组织数据显示，在所有发展中国家，小麦的产量从 1960 年到 2000 年增长了 208%，水稻增长了 109%，玉米增长了 157%，马铃薯增长了 78%，木薯增长了 36%。② 然而，绿色革命也带来了不少负面效应，化肥、农药的过度使用，导致土壤和水资源受到严重污染，带来了病虫害的抗药性增强、土壤板结等一系列生态环境问题。而且，绿色革命所带来的粮食增产开始出现瓶颈，中国、印度、印度尼西亚等 11个主要发展中国家的谷物产量占世界的 40%；而 1991—2004 年，11 国的谷物产量每年平均增长率只有 1.1%，远远低于每年将近 2% 的人口增长率。③长期发展下去全球粮食产量增长难以满足消费需求增长的需要。据测算，近10 年来全球谷物消费需求增加 2200 亿公斤，年均增长 1.1%；产量增加1000 亿公斤，年均增长 0.5%，目前，世界谷物库存消费比已接近 30 年来最低水平。④ 预计今后受全球人口增长、耕地和水资源约束以及气候异常等因素影响，而粮食产量增加有限，全球粮食供求将长期趋紧。

（三）高粮价将对粮食进口国产生不利影响

2008 年下半年粮价回落后，价格有着再次企稳的希望，尽管也许会比危机前稍高。但从 2010 年年中开始，粮价开始再次快速飙升。根据《2011—2020 年经合组织—粮农组织农业展望》的预测，2015/2016 年度到2019/2020 年度的 5 年间，大米、小麦、玉米及油料国际价格的真实值与

---

① FAO：《生物能源：前景、风险和机遇》，粮农组织出版物 2008 年（SOFA），第 30 页。

② FAO：《农业生物技术：是否在满足贫困人口的需要？》，粮农组织出版物 2004 年（SOFA），第 41—43 页。

③ 周立：《世界粮食危机与粮食国际战略》，《求是》2010 年第 20 期。

④ 《国家粮食安全中长期规划纲要（2008—2020 年）》。

1998/1999 年度到 2002/2003 年度的 5 年相比，将分别上涨 40%、27%、48% 和 36%。

另外，一些论点认为粮价在未来除了持续上涨外，还将更具波动性。如果极端天气事件的发生率上升，将会对产量造成更频繁的冲击，进而加大价格波动性。此外，生物燃料政策已在油价和粮价之间建立了新的关联。如果油价上涨，对生物燃料的需求就会随之增加，从而推高粮价，而如果油价下跌，情况则反之。由于世界油价在历史上一直比粮价更具波动性，因此世界粮食市场的波动性也可能加剧。

高价格与高波动性不仅关联，对控制不力的粮食进口国会产生极为不利的影响，不仅高粮价会传导到国内引发国内价格上涨，而且给进口国因为粮价上涨带来外汇损失。

第二节　多哈农业谈判对发展中国家粮食安全的关注

发展中国家在乌拉圭回合谈判时，由于谈判经验不足和谈判实力不够，接受了许多不公平的规则，给自身的粮食安全带来不利影响。当 2001 年多哈回合发起时，发展中国家把新一轮回合谈判视为实现农业发展目标、推动粮食贸易稳步发展的重要途径，多哈谈判议题及谈判进程均体现了对发展中国家粮食安全的关注。

一　发展中国家在多哈农业谈判中开始争夺话语权

2001 年 WTO 成员国在卡特尔首都多哈召开部长会议，开始新一轮世界贸易组织谈判。在多哈部长会议上，非洲国家在会议中提出要在谈判中关注发展中国家和最不发达国家的利益需求，这一提议获得与会代表一致同意并将多哈回合命名为"多哈发展议程"，这是 GATT/WTO 成立 56 年来第一次将"发展"当作多边谈判的中心议题。《多哈部长宣言》第 13 段宣称："我们同意，给予发展中国家的特殊和差别待遇应当成为谈判所有环节不可或缺的组成部分，并体现于减让和承诺表中，以及适时包含在将要谈判的规则和纪律中，以便其能有效实施，并使发展中国家能有效考虑其发展需要，包括粮食安全和农村发展。"多哈农业谈判主要议题及谈判历程反映出美国等希望打开发展中国家市场的战略，同时也反映了发展中国家开始极力争夺话语权，维护自身利益。

多哈谈判开始后，美国因为粮食产业高度发达、竞争力强而极力推动农产品贸易自由化，为了打开发展中国家市场，提出国内支持与出口补贴的削减要以发展中国家降低农产品的进口关税、改善市场准入为条件。而欧盟、日本农产品缺乏比较优势，则要求尽可能维持对农业的高度保护和支持。美欧之间相互做了妥协，欧盟同意美国作较少的国内支持减让承诺，美国同意欧盟维持一定的农业高关税，美欧还联手要求发展中国家成员开放农产品市场，并分别提出将劳工标准和环境标准作为多哈回合的新议题。美欧的自私提议遭到广大发展中国家反对，坎昆会议上以"20 国协调小组"①为代表的发展中国家强烈要求发达国家确定取消农业出口补贴的期限，并减少国内支持，给予发展中国家特殊和差别待遇。由于农产品出口国与进口国、发达国家和发展中国家在市场准入、国内支持和出口补贴等问题上存在严重分歧和对立，墨西哥坎昆会议无果而终。

后经多方努力，2004 年 8 月 1 日达成了农业谈判模式框架，即"多哈框架协议"，在农业框架协议中，发达国家承诺最终取消出口补贴，大幅度削减国内支持，实质性改进市场准入条件，而发展中国家成员则同意降低工业品的进口关税和其他壁垒，进一步开放非农产品市场。多哈框架协议在一定程度上平衡了发达国家成员与发展中国家成员的利益，也反映了发展中国家在谈判过程中开始团结一致、争取更多的话语权。

2005 年 12 月通过的《香港部长宣言》宣布，各成员在 2013 年前逐步取消所有农产品出口补贴并规范出口政策；发达国家成员和部分发展中国家成员同意 2008 年前向最不发达国家提供免关税和免配额市场准入，各成员还将采取进一步的措施来提供市场准入，包括制定简化和透明的原产地规则，以促进最不发达国家的出口；发展中国家成员的特殊和差别待遇是谈判模式的组成部分；确定取消所有农产品出口补贴和棉花补贴的日期，可说是香港会议所取得的最大的成果，但在削减国内支持、降低非农产品关税等关键领域，谈判仍未取得突破。②

2008 年，在时任 WTO 农业谈判主席福格纳（Crawford Falconer）的积极引导下，形成《2008 年 7 月一揽子方案》，2008 年 7 月 21—29 日，来自 35 个主要成员的部长，就农业和非农产品市场准入等关键议题在日内瓦举

---

① G20 协调组成立于 2003 年 9 月 WTO 坎昆部长会议前夕，代表发展中国家成员利益，主要包括阿根廷、巴西、中国、印度、印度尼西亚、泰国、南非、乌拉圭等 23 个成员。

② 季风：《多哈回合农业谈判的回顾及特点分析》，《世界贸易组织动态与研究》2007 年第 9 期。

行小型部长级会议，但最终因为发达国家成员与发展中国家成员在特殊保障机制（SSM）问题上分歧巨大再度失败。此后，农业委员会组织多次磋商，福格纳在吸纳前后谈判成果的基础上提交了《农业模式修正草案（第四稿）》。

2009 年 4 月，新任 WTO 农业谈判主席沃克（David Walker）多次协调美国、欧盟、凯恩斯集团①、G20、G10② 等主要谈判方的立场，但没有达成任何建设性成果。2010 年以来，国际金融危机的影响还未消除，欧债危机又接踵而至，美欧等发达国家成员忙于应付，多哈回合处于停滞状态，没有任何实质性谈判开展。

二　多哈回合中保障发展中国家粮食安全规则的谈判情况

（一）特殊产品和特别保障措施

"特殊产品"（Special Product，SP）和"特殊保障机制"（Special Safeguard Mechanism，SSM）是 WTO 多哈谈判中为实现发展目标而提出的一个新的概念。2004 年框架协议和香港会议宣言明确发展中国家可以根据粮食安全、生计安全和农村发展三大标准自主指定适当数量税目的农产品作为"特殊产品"，发展中国家成员可在这些特殊产品进口激增的情况下，采取提高进口关税等特殊保障措施以保护本国农业免受严重冲击。

多哈谈判的一个新特点就是谈判呈现集团化趋势，由于多边贸易体制内部结构的权力变化和发展中国家整体力量的崛起，使得许多发展中国家成员组成了众多联盟以增强其在谈判时的实力。如 G20 就是由关注自由贸易的凯恩斯集团和关注特殊和差别待遇的印度、巴基斯坦、尼日利亚和中国等组成，非洲联盟、非、加、太国家及最不发达国家结成了 AU/ACP/LDC 集团（即 90 国集团），为最不发达国家及粮食净进口国的利益而奔走；被欧盟"抛弃"的日本、韩国、挪威、瑞士等成员方纠集志同道合者组成了 10 国集团，在非贸易关注问题上大做文章；印度尼西亚、多米尼加、洪都拉斯、肯尼亚、尼加拉瓜等成员方围绕发展中国家的农产品特别保障机制及特殊产

---

①　极力推动农产品贸易自由化，主张实质性大幅度削减关税和关税高峰，取消出口补贴，由阿根廷、澳大利亚、巴西、加拿大、南非、泰国、马来西亚等 15 个成员组成，是多哈谈判的进攻方。

②　G10 协调组主要包括日本、韩国、瑞士、挪威、中国台北等成员，强调减让模式应考虑各方农业的多样性，主张市场准入应给予充分的灵活性，是多哈农业谈判的主要防守方。

品安排结成"特殊产品和农产品特别保障机制联盟"。① 在坎昆会议上，"特殊产品和农产品特别保障机制联盟"壮大为 33 国集团，他们深感一般意义上的特殊和差别待遇不足以解决发展中国家的农业问题，因此集中力量争取有关特殊产品和农产品特别保障机制方面的框架安排。

2004 年 8 月 1 日，经过紧张的谈判，WTO 全体成员方终于在日内瓦就多哈回合若干主要谈判议题达成了框架协议，框架协议正式确认发展中国家在关税削减、指定敏感产品及提供关税配额等方面应享有特殊和差别待遇，并可基于粮食安全、农村发展等需要，按一定的标准指定部分享有更灵活待遇的特殊产品，此外成员方还将为发展中国家设立农产品特别保障机制，并在谈判中妥善解决热带产品自由贸易及贸易特惠等问题。框架协议还允许发达国家成员可采取特别措施来保护部分敏感产品，这说明框架协议是各方利益平衡的产物，具体产品的范围和削减比例都有待后续谈判确定。

由于发展中国家使用出口补贴和国内支持措施的能力有限，无法与来自发达国家的农产品竞争，因此取得特殊和差别待遇对发展中国家的市场准入就格外重要。特殊产品和农产品特殊保障的设计将允许发展中国家给予粮食安全、生计安全和乡村发展足够的政策灵活性。虽然乌拉圭回合《农业协议》第 5 条已有农产品特殊保障条款（special agricultural safeguards，简称 SSG），但是该款要求成员国对在乌拉圭回合结束时就已关税化的重要农产品采取，根据乌拉圭回合的承诺结果，只有 21 个发展中国家有资格援用该条款，这样在某些发展中国家遭遇国外粮食冲击、粮价波动剧烈时没有合适途径援用特殊保障措施保护粮食产业。因此，以印度尼西亚为代表的发展中国家成员提出建立只适用于发展中国家成员的 SSM，同时要求终止 SSG。

作为谈判基础的世贸组织妥协方案，将激增的底线定为 40%，也就是发展中国家在农产品进口激增 40% 时（即某产品任何一年进口量超过以往三年平均进口量的 40%，或者说触发水平为 140%）便可采取提高关税等措施来限制国外农产品的进口，救济性的保障关税可超过约束关税的 15%，而且在给定的一年中不得超过该国税目总数的 2.5%。但是这个方案并未获得大部分发展中国家的支持，G33 就认为这一方案远远不够他们保障其国内粮食安全，G33 联合非洲国家集团、非加太（ACP）国家集团以及小型脆弱经济体集团，在谈判中提交另一份提案，要求允许特殊保障机制救助措施上

---

① International Centre for Trade and Sustainable Development (ICTSD), *Negotiations at the WTO: Post-Cancun Outlook Report*, http://ictsd.org/i/publications/11745/, 2011-5-10.

限高于约束关税的30%，在进口量激增超过10%的情况下就能够使用，并且有7%的关税税目可享受此措施。而美国和凯恩斯集团反对这个方案，主张较高的触发水平，并要求设置救济关税的上限，救济关税不能超过多哈回合谈判前的约束关税水平。

2008年7月下旬，WTO在日内瓦举行的小型部长会议进行进一步谈判，但最终在农业产品特殊保障机制问题上陷入僵局，以印度为代表的发展中国家成员希望能放宽动用特殊保障措施的底线，以充分保护本国相对脆弱的农业生产和农户生计，维护粮食安全和经济安全。印度提出的建议是进口超过前3年农产品平均进口的115%，便可动用特殊保障机制。但是提议遭到美国的强烈反对，美方只接受140%的触发水平。结果导致了2008年7月底在日内瓦举行的主要成员部长会议谈判破裂，世贸组织总干事拉米就此宣布WTO多哈谈判无限期推迟。

很多分析人士指出，2008年农业谈判破裂有诸多复杂因素，美国、印度都不同程度受到国内政治因素的影响，美国国会受民主党控制，并对美国政府对外贸易谈判协议有逐条审议权，因此要保证谈判结果能够在国会获得通过，美国的谈判人员不得不坚持强硬立场。而2008年底印度将进行大选，印度政府必须在涉及农民利益的问题上保持强硬，以赢得农民选民的支持。① 因此，美、印围绕特保机制的触发水平僵持不下以致谈判破裂。对其他发展中国家来说，小麦、大豆、棉花是美国给予大量补贴的产品，发展中国家需要特殊保障机制对国内相关产品进行保护，在美国拒不同意降低补贴幅度的情况下，那么发展中国家也没有意愿接受美国的高触发水平的特殊保障机制方案。

此后，农业委员会组织多次磋商，当时的农业谈判主席福格纳在吸纳前后谈判成果的基础上提交了《农业模式修正草案（第四稿）》，草案提出对涉及粮食和生计安全、农村发展的农产品，发展中国家成员可自行指定总税目的12%作为特殊产品，其中的5%免于削减关税，特殊产品关税平均削减幅度达到11%；新加入的发展中国家成员，可选择13%的特殊产品，平均关税降幅10%。对于特殊保障机制，《农业模式修正草案》对此已达成共识，逐步取消发达国家成员的特殊保障措施（SSG），建立只有发展中国家成员适用的SSM，发达国家成员自实施期开始，只能对预定税目的1%实施SSG，而且应在执行之日起7年内逐步取消SSG，在这7年间发达国家实施

① 刘健男、周立春：《特殊保障机制导致多哈谈判破裂》，《WTO经济导刊》2008年第9期。

SSG 时的附加关税不得超过多哈回合前的约束税率，如果预定税目的 1% 的产品同时又是敏感产品，需减少执行 2/3 的关税配额。发展中国家成员可保留 2.5% 的税目实施 SSG，最不发达国家成员应在 12 年内将可执行 SSG 的产品减少至税目的 5%。[①]

目前由于在有权实施 SSG 的成员国触发数量和附加关税等问题上各国还存在种种分歧，使得特殊产品和特殊保障机制尚未形成具有约束力的多边粮食贸易规则，但是谈判各方对特殊产品和特殊保障机制的重视表明在设计、制定国际粮食贸易规则时必须对发展中国家粮食安全有足够的重视。

(二) 国营贸易制度

国营贸易企业在世界粮食贸易中的采用非常普遍，发达国家一般通过补贴出口型国营贸易企业将剩余粮食低价输出，并力图凭借国营贸易企业强大的实力左右粮食市场。在进口方面，1994—1997 年，约有 1/3 到 1/2 的世界小麦是通过国营贸易企业进口的，进口国营贸易企业对发展中国家调剂粮食进口、实现粮食安全等具有重要意义。

在 2002—2003 年准备模式谈判过程中，出口国营贸易企业就和出口信贷、出口担保、出口援助和出口限制等成为出口补贴和竞争议题下的 5 个小议题之一，谈判中围绕国营贸易企业是否与私营企业一样从事经营活动，一些发展中国家声明，由于其私营贸易企业过于弱小，无力与外国大型跨国公司竞争，因此国营贸易企业负有实现政府的政策目标如粮食安全的任务，而另一些成员则认为国营贸易企业不同于私营企业，享有政府授予的进出口专有权，同时享有政府担保并不按照商业目标行事。争议集中到当国营贸易企业得到政府专有权时，是否就能确定其获得出口补贴。美—欧的建议案提出建立约束有垄断出口权的企业并消除出口国营贸易企业的特权，而肯尼亚则建议发展中国家能得到豁免。由于没有统一的意见，在早期的草案中把对出口专有权的纪律列在一个非常宽泛的标题"有兴趣但未达成意见"项下。

2004 年的框架协议明确要求取消所有形式的出口补贴，包括政府支持的出口信贷、粮食援助和政府批准的出口垄断者，使用垄断权力需要进一步谈判，同时又声明要对穷国国营贸易企业基于维护国内粮食价格稳定和粮食安全而享有专有权以特别考虑。2004 年 7 月框架协议之后的技术问题仍针对出口国营贸易企业，各成员方都同意指定规则以确保国营贸易企业不存在

---

① Antoine Bout and David Laborde, "Eight years of Doha trade talks—Where Do We Stand?", *IF-PRI Issue Brief* 61, November 2009.

出口补贴。可见对国营贸易的关注主要原因在于一些西方发达国家利用其进行出口补贴扭曲了贸易，发展中国家使用进口国营贸易企业的问题并没有成为谈判的焦点。

进口国营贸易企业是在市场准入议题下进行谈判。对进口国是否会把关税配额只分配给国营贸易企业，一些成员国认为国家所有和垄断权会使得国营贸易企业通过配额扰乱市场，因此只把配额分配给国营贸易企业的行为是不合法的，而有些成员国不同意制定此类规则。不过获得广泛支持的是应该提高国营贸易企业取得关税配额的透明度。在 2004 年框架协议的第一稿草案中，要求成员方的国营贸易企业没有破坏市场准入承诺，成员国应经常通知其国营贸易企业的运作状况，发展中国家为了粮食安全和农村发展目标可以有一些特殊待遇。不过 2004 年框架协议没有涉及进口国营贸易企业的纪律，只是笼统地规定要在所有领域给予发展中国家特殊待遇，而转型国家和新加入 WTO 的成员国可以获得灵活的对待。①

在 2008 年的《农业模式修正草案（第四稿）》中，附件 K 包含了对出口国贸易企业的纪律，要求成员国取消农产品出口贸易企业的扭曲贸易的行为，具体包括：由国营贸易企业提供的出口补贴；政府对出口国营贸易企业的资金支持，如优惠的资本和其他特权，提供低于市场利率的贷款或政府担保等；政府为出口国营贸易企业的直接或间接损失提供保险，或退回其成本开支、注销债务；到 2013 年使用农产品出口特权，等等，透明度要求则是每年通知一次，通知该国营贸易企业的销售情况，如销售产品、数量、价格和目的地等。该草案还规定了发展中国家的特殊待遇，发展中国家负有保障国内价格稳定、维护粮食安全的出口国营贸易企业可以维持或享有不符合上述规则以及其他 WTO 协议的出口专有权；即使发展中国家的出口国营贸易企业的目标不一定是为了保障国内价格稳定、维护粮食安全，但是其出口相关农产品的份额连续 3 年低于世界出口总额的 5%，该企业可以维持或享有出口专有权；最不发达国家成员国和弱小易受侵害的国营贸易企业在任何情况下都可以维持或享有出口专有权。②

2008 年农业模式修正案仍没有对进口型国营贸易企业作出规定，这说明在 WTO 框架下关于国营贸易企业规则的最新发展主要是围绕管制国营贸

---

① *WTO Agriculture negotiations*：*The issues*，*where we are now*，1 December 2004，http：//www. wto. org/english/tratop_ e/agric_ e/agric_ e. htm，2011 - 6 - 20.

② *Revised Draft Modalities for Agriculture*，Annex K，TN/AG/W/4/Rev. 4，6 December 2008.

易企业出口补贴行为进行，这种规则事实上与发展中国家粮食安全问题关系不大。从发展中国家角度而言，确保粮食安全不受进出口粮食贸易影响的重点在于防范国际粮价的急剧波动对国内粮食市场的冲击，而不是以补贴的形式与西方粮食大国在国际粮食市场争夺出口份额，因此进口国营贸易企业规则对发展中国家粮食安全关系重大。从谈判过程及各方关注焦点来看，对发展中国家所关注的进口型国营贸易企业不太可能会达成约束性纪律，这样发展中国家就仍可在原有的、很宽泛的框架下使用国营贸易企业调剂粮食进出口。

（三）出口限制

虽然出口限制不是多哈谈判的主题，但是在 2008—2009 年的粮食危机中许多粮食出口国纷纷采取出口限制或禁止措施，从长远来看，国际粮价将长期在高位运行，出口限制措施将对发展中国家粮食安全产生不利影响，因而 WTO 部分成员对出口限制一直表示担忧，并试图在 WTO 框架下就此进行谈判，日本在近期的农业谈判技术磋商中屡次强调其在出口限制方面的关注。

现有的 WTO 出口限制规则主要是 GATT 第 11.2（a）条，允许成员为避免或缓解粮食短缺而采取临时出口禁止和限制措施，《农业协议》在 GATT 的基础上对实行出口限制的透明度提出了要求。农业协议第 12 条规定："依照 GATT 1994 第 11.2（a）条对粮食实行的新的出口禁止或限制，应考虑对进口成员粮食安全的影响；尽可能提前书面通知农业委员会，并与具有实质利益的进口成员进行磋商并提供信息。"同时，农业协议还考虑到了发展中国家成员和粮食净进口成员特殊情况，《农业协议》第 12.2 条提出，"该规定第 12 条不适用发展中国家成员，除非采取措施的是相关粮食净出口国"。这些条款对出口限制并没有实质性限制，透明度要求也没有具体时限规定，不过农业协议第 12 条不适用发展中国家成员的规定对像中国这样的同时进行进出口粮食贸易的国家是有利的，使得他们能够在粮食短缺时有权实施出口限制确保国内粮食供应及价格稳定。

在讨论 2004 年框架协议文本时，日本、美国、凯恩斯集团等都提出了一些关于出口限制纪律的建议，日本主张将出口限制转变为税收并进行削减，凯恩斯集团则建议对出口限制税收采取关税升级的方式，即加工制品应该征收更高的出口税。在准备正式文本过程中，成员国意见很不统一，一些国家认为出口限制影响其购买能力，会危及粮食安全，因而出口限制与进口限制同等重要；一些国家则认为出口限制问题远不如进口限制问题重要，最终 2004 年框架协议仅仅说要加强关于出口限制的纪律，并没有更具体的内容，并且把出口税列在"成员方有兴趣但未达成一致"的标题下。

2008年农业模式修正案对现有WTO关于出口限制的透明度要求做了一些修改，要求出口禁止和限制应该在实施之日起90天之内通知农业委员会，成员国应该通知采取制定出口限制、禁止性规定的原因，当受影响成员国提出要求时实施措施成员国应该与对方协商，并应利益相关的进口国要求提供必要的信息，包括相关的经济指标。修正案中非常重要的一条是规定GATT第11.2（a）条下对粮食和饲料采取的出口限制应该在实施的第一年末终止，任何上述为避免或缓解粮食短缺而采取临时出口禁止和限制措施在正常情况下不得超过12个月，并且在受影响国同意的情况下可以超过18个月。这种对成员采取的出口措施设定时间限制，能够在一定程度上消除粮食出口国的限制出口行为对进口成员国所造成的不利影响；而对出口限制的规定不适用于最不发达国家和纯粮食进口的发展中国家，自然也有利于他们在粮食短缺的情况下控制粮食外流。

（四）粮食援助

以往的关于粮食援助与粮食贸易的规则，主要目标是管制粮食援助国通过粮食援助扩大市场份额。

在多哈谈判之初，许多国家都认为出于人道主义的粮食援助是必要的，但粮食援助必须给予真正需要的国家，并且不得损害受援国的粮食生产和妨碍粮食贸易。有国家甚至提出粮食援助只能采取无偿援助的形式，但马上就有反对者认为这会严重损害受援国利益，导致那些需要粮食援助的国家无法得到急需的援助。一些发展中国家建议在国际粮价不断上涨的背景下强制履行援助国许诺的援助数额，并给予受援国技术和资金支持以帮助受援国提高生产而不是依赖援助。成员国对由国际粮农组织等提供、进行的粮食援助大都没有异议，但一些成员认为双边基础上的粮食援助有可能是援助国在处理粮食剩余品和拓展市场，对粮食信贷援助和粮食销售折扣是否应该在出口补贴框架下进行约束，成员国之间也存在不少争议。

在2004年框架协议的第一稿草案中，附件6取代了WTO农业协议第10.4条，对是否真的需要粮食援助和合格粮食援助都规定了具体标准，前者如来自被认可的国际组织的请求属于真正需要的粮食援助，后者合格的粮食援助包括无偿援助形式，而无偿援助以外的都应该置于出口补贴下进行削减。最终2004年框架协议正式文本只是宣称粮食援助问题需要继续谈判以达成协议。

2004年之后谈判的目标仍然是防止粮食援助取代商业交易，讨论的议题有：国际组织在决定是否有需要进行粮食援助、是否应该完全采取捐赠形式甚至应该只采取金钱方式援助、粮食援助是否可以出售以建立基金援助发展中国家、粮食援助能否由受援国再出售、透明度等等。①

2008 年农业模式修正案附件 L 确立了关于粮食援助的一般规则，首先要求成员国的粮食援助行为符合以下条件：（1）粮食援助是有需求才进行的；（2）完全采取赠予形式；（3）它们与援助国的市场拓展目标没有联系；（4）以粮食援助提供的农产品不得以任何方式再出口，除非有合理理由或是为了尽快提供给另一处于紧急状态的国家。其次，提供粮食援助应当考虑同等产品或替代产品的当地市场情况，成员国应避免此种粮食援助会引起或有理由预见会引起对当地产品或替代产品的不利影响，鼓励成员国从受援国或与受援国邻近的市场上购买用于援助的粮食，成员国应尽最大的努力提供更多的以现金为基础的粮食援助。②

2008 年修正案还把粮食援助纪律分为紧急情况下的安全箱援助和非紧急状态下的援助纪律，无论是"安全箱"中的粮食援助还是非紧急状态下的粮食援助，修正案都反对将粮食援助货币化。③ 除非是因为要支付粮食援助的运输费用，货币化时只能在欠发达受援国领域内销售援助的粮食，以确保产生尽可能小的商业替代。对非紧急状态下的粮食援助，修正案提出了进一步的纪律，要求对"安全箱"之外的非紧急状态下的粮食援助的必要性进行评估，评估目的是要保证粮食援助给予遭受长期饥饿和营养不良的人群。④

WTO 多边粮食援助贸易谈判中确立了紧急粮食援助下"安全箱"纪律，这种援助必须以实物进行，体现了对发展中国家人道主义需求的重视。模式修正案也反映了加拿大、澳大利亚以及欧盟等粮食出口国的要求，避免粮食援助产生商业替代，因此要严格约束货币化粮食援助。但是这种规则会损害美国的利益，美国曾通过粮食援助实现政治外交目标，而且一直将粮食援助作为开拓美国海外市场的重要方式，美国势必坚决反对这个方案。对货币化粮食援助进行削减甚至禁止，会挫伤粮食捐赠国援助的积极性，所以要

① *WTO Agriculture negotiations: The issues, where we are now*, 1 December 2004, http://www.wto.org/english/tratop_ e/agric_ e/agric_ e.htm, 2011 - 6 - 20.

② *Revised Draft Modalities for Agriculture*, Annex L, TN/AG/W/4/Rev.4, 6 December 2008.

③ 粮食援助货币化是指受援国政府把援助的粮食在受援国市场上销售，而不是将其直接分发给那些买不起粮食的贫困人群。联合国世界粮食计划署禁止把援助的粮食货币化。

④ *Revised Draft Modalities for Agriculture*, Annex L, TN/AG/W/4/Rev.4, 6December 2008.

在粮食援助完全公益化和粮食援助国获取一定商业利益之间进行平衡非常困难，WTO 粮食援助规则在美国的强力主导下不可能完全建立无偿的、不以商业利益为导向的援助规则，WTO 本身也不具备这样的职能。

三　多哈回合农业谈判困难重重的原因

多哈农业谈判历经 10 年仍没有取得圆满结果，是多种复杂因素共同作用的结果。多哈谈判启动之时，"9·11"事件刚刚爆发，世界经济格局和世界政治格局中新兴经济体和发展中国家力量不断壮大，发展中国家对涉及粮食安全的农产品贸易规则十分关注，对核心问题不会轻易妥协，因此从 2001 年谈判启动至今多哈农业谈判进展步履维艰，其原因主要体现在以下几个方面：[①]

（一）各方利益冲突尖锐，协调难度大

无论是直接涉及各国粮食安全的特殊保障机制（SSM）、敏感产品等市场准入问题上，还是与国内粮食产业竞争力密切相关的国内支持总量（OTDS），甚至在与少数成员有关的蓝箱支持、棉花补贴等问题上，成员国之间都存在各自的利益诉求，差异很大。所以，对于每个 WTO 成员来说，需要面对各种成员的多元化利益诉求和众多利益集团复杂关系的处理，谈判难度比任何领域都大。此外，多哈回合不同于以往多边贸易谈判的重要一点是谈判出现了联盟化和集团化的趋势，即发展中国家（包括最不发达国家）以利益为纽带组成了众多联盟和集团，例如前述的 G20、非洲集团，以及在某一议题上具有共同利益的 G33、ACP（即非洲、加勒比和太平洋地区国家），这反映了发展中国家整体力量在上升，但是也反映了发展中国家并非简单的一个利益集团，内部利益差异导致在谈判议题和方案都存在不同的利益诉求。这种情况说明国际政治经济格局发生了变化，发展中国家已经从国际贸易规则的被动接受者转变为重塑国际经济规则的积极参与者，对欧美发达国家长期把持多边贸易体制话语权构成极大的挑战。但是利益的分散和联盟数量不断增加变化，使农业谈判协调各方利益变得更为困难，农业谈判更易出现僵持、对峙局面。

（二）多哈农业谈判关注发展中国家粮食安全的目标与美国粮食战略存在冲突，美国缺乏必要的政治意愿和谈判动力，不愿意推动谈判深入进行

首先，美国多哈谈判的战略是打开发展中国家的粮食市场，美国希望通过增加敏感产品、新蓝箱等例外措施，企图继续维持对农产品的高关税、高

---

① 程国强：《多哈回合农业谈判的主要难点与关键问题》，国研专稿，国研网，2009 年 3 月 9 日。

补贴，谋求维系其粮食在国际市场的绝对竞争优势；同时对发展中国家成员施加压力，要求发展中国家成员进一步开放农产品市场。美国并不满意已经达成的农业模式草案，自然缺乏继续推动现有谈判深入的动力。因此在国内支持削减幅度、敏感产品范围，以及涉及给予发展中成员特殊差别待遇等关键问题上，美国等发达国家成员不肯做出让步，而这些事关发展中国家粮食安全，2008 年粮食危机爆发后，发展中国家成员更加致力于争取维护国内粮食安全的贸易体制，不愿意轻易妥协。

其次，美国等西方粮食大国发现通过多边谈判已经难以实现其粮食战略，要求其他成员开放粮食市场，在拥有 150 多个成员的 WTO 已经成为极为困难的目标，因此，美国决定对农业谈判策略进行调整，转为积极推动区域协定和双边自由贸易协定。金融危机的爆发和全球气候谈判等使得美国全力解决上述棘手问题，同样也分散了美国参与多边贸易谈判的精力。

（三）多哈回合采取一揽子谈判机制，各领域谈判相互关联挂钩，牵一发而动全身，某一议题受阻势必影响整体谈判进程

农业谈判本来就是 WTO 一揽子谈判中最为复杂的部分，多哈谈判将发展作为主要目标，但在具体规则谈判时对如何体现发展的内涵却无法进行清晰的界定，这样导致谈判整体目标和具体计划不协调。农业谈判要与非农议题、环境议题等挂钩，增加了农业谈判的复杂性。这种一揽子谈判机制，决定了一方面农业谈判的各种矛盾和冲突会影响到其他领域谈判的进程，另一方面农业谈判也受制于其他领域谈判的进展，所以在没有最后承诺清单的情况下，谈判方不会轻易对某一问题做出承诺。

第三节　WTO 体制外粮食贸易特殊规则的新发展

WTO 多哈谈判陷入困境，多边贸易体制内粮食贸易规则因庞大的成员国数量及各自利益纠葛无法顺利达成，因此西方国家逐步改变谈判策略，谋求在 WTO 体制外推动粮食贸易规则的发展。

一　区域贸易协定中的粮食贸易规则

（一）区域贸易协定发展迅猛

自 20 世纪 90 年代开始，区域贸易协定开始流行，区域贸易协定的缔约方在地缘上接近、经济上存在互补和互利，甚至在政治意识形态上也能够达成一致，因而能够快速缔结并推动贸易自由化向纵深发展。所以当多哈农业

谈判步履维艰、最终陷入停滞时，以自由贸易协定为基本内容的各种区域贸易协定谈判势头发展十分迅猛，区域贸易协定的数量急剧增加，超过了历史上任何时期。截至 2012 年 1 月 15 日，已经有 511 个区域贸易协定通知到 WTO，发生效力的 319 个。①

目前，世界上各个地区的国家都开始热衷区域贸易协定的谈判与缔结，在 WTO 成员国中除了蒙古国之外，其他所有成员国都参加了或正在谈判区域贸易协定。缔结区域协定最多的是欧洲—地中海地区，亚太地区也开始成为缔结区域协定新的增长点，例如日本、中国、中国香港、中国台湾、澳大利亚、新西兰、新加坡等国家和地区过去是主要集中精力参与全球多边贸易协定下的经济合作，而现在都积极参与建立双边和区域自由贸易区。后多哈时期区域贸易协定的内容与以往相比，除了传统货物贸易所涉及的关税减让、非关税壁垒的禁止和限制等内容外，谈判领域已开始扩大到服务贸易自由化，有的还在投资规则、竞争规则、环境政策和劳工条款等与贸易相关的领域取得突破。

从区域贸易协定的组合区域来看，晚近的区域贸易协定也突破了传统以地缘、地域为纽带的区域协定，跨地区、跨大陆、跨大洋的双边自由贸易协定不断出现，如美国—新加坡双边自由贸易协定，甚至出现了一些包括整个大陆的超大型自由贸易区，如正在拟建的美洲自由贸易区和欧洲—地中海自由贸易区。

近年区域贸易协定的实践表明传统的发展中国家之间的南—南型区域合作是不成功的，所以从区域贸易协定的成员构成来看，近期组建的自由贸易区主要是在发达国家和发展中国家之间进行，以往的南南合作逐渐让位于南北（发展中国家与发达国家）合作，这是因为在传统的南—南型区域贸易协定中成员国推行进口替代战略，其结果限制了区域经济合作的发展空间，区域合作对成员国经济增长的贡献不明显。②

从经济学角度分析，区域经济一体化能够降低成员国之间的农产品贸易壁垒，具有明显的贸易规模扩大和贸易条件改善的效应。随着区域壁垒降低，独立的国内市场与区域内其他成员国市场统一，分散的市场变成统一的区域市场，市场扩大效应能促进贸易规模的扩大，增加生产者的积极性，从而获得规模经济效益。

---

① http：//www. wto. org/english/tratop_ e/region_ e/region_ e. htm, 2012 - 8 - 10.

② 李向阳：《区域经济合作中的小国战略》，《当代亚太》2008 年第 3 期。

发达国家和发展中国家之间缔结区域贸易协定，往往大国能够获取更多的利益，所获高于其所支付的成本，大国不仅可以在贸易领域要求小国以更多的市场开放，而且还可以从小国获取非贸易领域的让步，这主要是指劳工标准、人权、知识产权保护、移民控制和禁毒等。大国出于在全球获取更大权力和与其他大国竞争的考虑，一般会选择对自己经济上存在互补或依赖、战略地位十分重要的中小国家作为区域贸易协定的伙伴国。例如在北美自由贸易协定中，加拿大、墨西哥在美国的压力下不得不在知识产权保护、环境保护政策、竞争政策上按照美国要求做出较大调整。其次，大国力求获得区域内的主导权不仅仅是为了获得区域合作的内部收益，更重要的是为了获得区域外部的收益，即增加其在国际贸易规则制定过程中的主导权。尽管区域自由贸易协定内部并没有统一的对外贸易政策，但是大国善于并且能够利用其所指定的区域规则影响他与其他大国之间的贸易谈判，并将这些规则转化到多边贸易规则中去。这种渐进式的谈判策略在美国的区域贸易战略中屡屡奏效，美国就曾多次威胁要用北美自由贸易协定取代 WTO 多边谈判，使得自己所需要的议题和规则得到其他成员国的认许。例如在乌拉圭回合谈判中涉及的知识产权保护、投资规则的自由化等新领域实际上早就在美国参与的区域贸易协定中存在。而在乌拉圭回合谈判时未能涉及的议题，如环境保护、竞争政策等都及时纳入了多哈回合谈判。这样美国的贸易战略就能够在国际规则中得到体现和实施。最后，在全球化时代，大国之间竞争日趋激烈，大国的竞争也体现为区域经济合作的竞争，一个大国所缔结的区域贸易协定越多，其在国际经济上的影响力就越大，因此，美国、欧盟等自 20 世纪 90 年代起就积极对外缔结区域协定，而如日本这种过去很少缔结区域贸易协定的国家也认识到区域合作的重要性，开始参与到区域合作中来。

相对而言，小国市场较小，对外界市场依存度较高，抵御外部产品冲击的能力较弱，因此谈判能力较弱，为了获得市场准入为代表的经济效益，小国愿意牺牲某些利益获取参与区域合作的机会。

所以在进行贸易谈判的双重博弈之中，大小国各取所需，通过区域贸易自由化获取利益最大化。随着全球区域经济一体化的快速发展，农产品贸易的自由化程度也得到很大的发展，农产品贸易自由化在很大程度上成为区域范围的自由化，并在某种程度上促进了区域一体化的发展，同时也为西方国家通过区域贸易自由化实现其粮食战略提供了便利。

（二）西方粮食大国通过区域贸易协定实现多重战略目标

20 世纪 80 年代早期至 90 年代晚期，美国主要战略是推动全球性多边贸易自由化，区域贸易协定只是美国在全球性自由贸易进程陷入停顿状态时的谈判选择。然而，在进入21世纪之后，美国已开始将对外签署区域性自由贸易协议作为对外贸易政策的一项主要战略。2001年小布什入主白宫后，就提出了"竞争性的自由化"战略，即同时把全球、双边和区域贸易合作作为美国对外贸易的战略选择，2006年6月，美国国会研究局在向国会提交的报告中明确指出，布什行政当局已把双边和地区自由贸易协定视为美国贸易政策的重要因素。[①] 可见美国已经在多种正式文件和场合宣示了其在双边、区域性和多边层面推动贸易自由化的战略。

为了推行区域自由化战略，美国首先加强美洲国家地区的双边和区域贸易谈判，1994年就发起了有34个美洲国家参加的美洲自由贸易区谈判，希望以此作为巩固其"后院"、提高与欧盟对抗能力的主要手段，但是由于拉美国家的经济危机和政治动荡，谈判进展很不顺利；因此美国转而与智利于2004年1月签署并生效了美国—智利自由贸易协定。同年，美国与多米尼加共和国、中美洲5国（哥斯达黎加、萨尔瓦多、危地马拉、洪都拉斯和尼加拉瓜）建立了FTA；此后美国先后与秘鲁、哥伦比亚达成了双边自由贸易协定，其次，美国签订了一些跨区域FTA，除了早期与以色列的FTA以外，美国还在2004—2007年间与澳大利亚、摩洛哥、安曼、新加坡、韩国、马来西亚、泰国等国家签署了跨区域的双边FTA。

美国在进行贸易谈判时，利用自身经济实力和强大的谈判能力迫使谈判对象国在美国具有优势的领域对美国开放市场，如农产品、服务贸易、电讯、电子商务等，美国在自己不具有竞争力的部门，如轻工、纺织等一般制造业部门，就主张提高劳工、环境"标准"。作为美国精心选择的谈判对象国，在政治和经济上对美国都有所依赖，因此这些中小国家不得不做出妥协，在农产品领域开放幅度要大于他们在多边体制下的承诺，使得粮食安全受到美国进口粮食的威胁和冲击。当然在其他领域，弱小的发展中国家也承受着不少压力，如开放服务市场、提高国内劳工条件所需的成本、提高环境标准、严格保护知识产权保护，等等。

欧盟一直热衷发展区域经济合作，而欧盟本身就是区域经济一体化的产物。共同农业政策的实施极大促进了区域内部粮食贸易的生产，自20世纪80年代开始，欧共体粮食就完全实现了自给，并且在大量补贴的情况下开

---

① 朱颖：《美国全球自由贸易协定战略》，《上海师范大学学报》（哲学社会科学版）2008年第5期。

始对外输出。自 1975 年《洛美协定》签订，欧共体就通过给予非加太国家（非洲、加勒比海、太平洋沿岸国家和地区）贸易特惠加强对非加太地区的影响，到 2000 年《科托努协定》取代《洛美协定》时，特惠待遇受惠的国家从最初的 46 个增加到 1999 年底的 77 个。在全球化竞争加剧带来的压力下，2006 年 10 月，欧盟委员会公布了《全球的欧洲：在世界中的竞争》报告，决定了欧盟区域贸易战略的内容和实施步骤，在该报告中用很多篇幅阐述如何发展区域与双边自由贸易协定，而对未来多边贸易体制的发展并没有具有实质意义的建议或设想。可以看出欧盟已将贸易战略的中心转到推动区域（双边）贸易协定上。

2000 年与 2003 年，欧盟与墨西哥、智利分别达成自由贸易协定，协议涉及货物贸易、服务贸易、竞争政策和知识产权保护等各领域，墨西哥、智利都属于此次区域化浪潮中的轮轴国，具有额外的收益①，是大国在通过区域贸易协定进行竞争时主要的争取对象，因此欧盟与墨西哥、智利缔结协议可以将两国作为跳板进入其他拉美国家市场，甚至施加欧盟的政治影响；而为了扩大对南欧地区的影响，从 2002 年起，欧盟与马其顿和克罗地亚签署的双边贸易协定生效；在非洲，欧盟与南非签署并实施双边贸易协定；② 在亚洲地区，欧盟与印度、韩国、文莱以及海湾合作委员会的自由贸易协定的谈判也正在进行。

美国、欧盟积极对外开展对外区域经济合作实质上是相互刺激、相互竞争的产物，与美国选择自由贸易协定谈判对象常常把政治因素作为考虑条件不同，欧盟发起新一代自由贸易协定的谈判对象主要是从经济方面考虑。欧盟把谈判国的市场规模、对欧盟产品保护程度作为主要考量指标，欧盟在服务、高新技术、农产品等领域具有优势地位，自然在自由贸易协定中要涵盖上述领域自由化的内容，以达到推动出口增长的目的。

（三）欧美区域贸易战略对粮食贸易的影响

新一代欧美区域战略的实施对实现其粮食战略是否具有实质性促进作用尚待时日考察，从以往欧美推动区域自由贸易协定的效果来看，区域自由贸

---

① 当一国与多个国家分别缔结区域贸易协定时，该国就像一个"轮轴"，而与之缔结协定的国家就像"轮辐"，因为他们之间没有相应的区域贸易协定。在区域经济合作中，处于"轮轴"地位的国家可以获得额外的收益。轮轴国的产品可以通过区域贸易协定进入所有轮辐国市场，而轮辐国的产品则受原产地规则（自由贸易区协定通常包括的一种规则）限制而无法相互进入。见李向阳《区域经济合作中的小国战略》，载《当代亚太》2008 年第 3 期。

② 朱颖：《评欧盟全球贸易新战略》，《世界经济研究》2007 年第 8 期。

易一体化极大促进了他们的粮食等优势产品输出。

北美自由贸易协定（NAFTA）自 1994 年生效之后，美国对 NAFTA 其他两个成员国的农产品出口获得强劲增长。[①] 1993—2005 年，美国对 NAFTA 成员国的农产品出口增长了 123%，从 89 亿美元增加到 199 亿美元。1993 年美国对加拿大和墨西哥的农产品出口占美国全球农产品出口份额分别仅为 12% 和 8%，2005 年美国对加拿大和墨西哥的农产品出口占美国全球农产品出口份额分别增长到 17% 和 15%，这一阶段美国对 NAFTA 贸易伙伴的农业出口的增长主要是谷物类、油菜籽和蔬菜，分别增长了 128%、130% 和 90%。与此同时，加拿大、墨西哥对美国的农产品出口也大幅增加，1993—2005 年，加拿大和墨西哥对美国的农产品出口分别增长了 163% 和 207%，并且对非 NAFTA 国家农产品贸易的增长要低于对美国农产品贸易的增长，1993—2003 年，加拿大和墨西哥对非 NAFTA 国家的农产品出口仅增长了 52%，而对美国的农产品出口却增长了 125%。这说明，NAFTA 的实施，有力地促进了该区域三个成员国的农产品贸易一体化。

NAFTA 农产品贸易一体化能够取得成功很大因素在于成员国之间农产品存在互补性，特别是美国和墨西哥之间，因为美国和加拿大都是专业生产谷物类和油料作物，而墨西哥则主要生产劳动密集型的热带水果和蔬菜。互补性区域贸易协定对美国大量输出粮食是极为有利的，所以墨西哥在 NAFTA 期间，虽然对美国的农产品贸易大量增加，总体上是进口增长幅度超过了出口的增长速度，与 1991—1993 年相比，墨西哥谷物和油料作物从美国进口在 2005—2007 年间增长了 173% 和 191%，而蔬菜和水果的出口增长分别为 136% 和 89%。总之，墨西哥的主要粮食进口量在 NAFTA 期间有了很大幅度的增长，对其农业生产结构也带来一定影响，具体而言，主要进口粮食中大豆和小麦的种植面积、收获面积和产量都出现了下降的趋势，其他农产品的种植面积、收获面积和产量都呈现上升趋势，多数出口蔬菜的种植面积、产量和单产都在下降。[②]

美国粮食战略的重要一环是通过对外投资食品行业实现的，自 NAFTA 生效以来，美国对墨西哥的食品加工业的直接投资有了很大发展，直接投资

---

① 以下数据均引自何树全《NAFTA 框架下的贸易自由化与农业发展：以墨西哥为例》，经济管理出版社 2008 年版。

② 何树全：《NAFTA 框架下的贸易自由化与农业发展：以墨西哥为例》，经济管理出版社 2008 年版，第 78—117 页。

额从 1993 年的 23 亿美元增加到 1999 年的 53 亿美元。一般认为，直接投资的增加将会促进本地产量的增长，因而同类产品进口就会减少，但是这种情况并没有在 NAFTA 各成员国之间发生，在美国对墨西哥食品加工业直接投资增长的同时，美国对墨西哥的加工食品出口也大幅增长，相对于美国直接出口加工食品至墨西哥，美资在墨西哥的加工企业的销售额显然要大得多，数据显示，1998 年美国直接出口额是 25 亿美元，而在墨西哥的美资企业的销售额则达到 65 亿美元。[①]

晚近美国对外缔结的区域协定自然对美国粮食出口有促进作用，例如美国—哥伦比亚自由贸易协定生效后，50% 的美国出口农产品包括小麦、大豆等粮食在内能够立刻享受哥伦比亚由原来平均为 78% 的关税削减至零关税的待遇，而据模型计算，美国出口至哥伦比亚的农产品将每年增加 3.7 亿美元，增加比例高达 44%；同样，因为面临加拿大、阿根廷的竞争压力以及 17% 的关税，自 2008 年以来，美国小麦在哥伦比亚的市场份额不断下降，但是两国间自由贸易协定生效将可能使得美国小麦出口增加 60% 以上。[②]

《洛美协定》对欧盟粮食战略的实现也很有帮助，《洛美协定》对来自非加太国家的全部工业品和 99.5% 的农产品给予免税和不施加数量限制的优惠，但在设计关税优惠时，真正享有优惠的只是欧盟国家不生产或很少生产的初级产品，非加太国家生产的粮食并没有享受优惠；相反，它却便利了欧盟向非加太国家出口粮食等农产品。[③] 据 EUROSTAT 数据显示，非加太国家对欧盟出口产品的同质性几乎没有改变，2001 年，10 种产品占其总出口的 60%，主要是石油、钻石、可可、木材、糖、咖啡、烟草和香蕉等矿产和热带初级产品。[④] 而欧盟对非加太国家谷类产品出口有 11 种产品提高了 67%，有 19 种产品提高了 54%。[⑤] 所以《洛美协定》表面上是对非加太国

---

① Chris Bolling, Javier Calderon Elizalde and Charles Handy, *U. S. Firms Invest in Mexico's Processed Food Industry*, http: //pdic. tamu. edu/pdicdata/pdfs/frmay99g. pdf, 2010 – 5 – 25.

② John Wainio, Mark Gehlhar, and John Dyck, *Selected Trade Agreements and Implications for U. S. Agriculture*, http: //www. ers. usda. gov/publications/err-economic-research-report/err115. aspx, 2010 – 10 – 5.

③ 原牧：《〈洛美协定〉成果甚微》，《世界经济》1984 年第 11 期。

④ *ACP-EU Partnership agreement*, *Report of the Parties to the Agreement under the Decision of* 14 *November* 2001, WT/L/504, 5 December 2002.

⑤ *The Trade Dimension of The Cotonou Agreement And Reform of The EU ACP*, Prepared By The European Research Office, October, 2000, 转引郑先武《从洛美到科托努——欧盟—非加太贸易体制从特惠向互惠的历史性转变》，载《国际问题研究》2003 年第 3 期。

家给予优惠，实质上却使得这些欠发达的非加太国家成为欧洲原料供应基地，同时也成为欧盟剩余粮食的倾销目的国。2000 年《科托努协定》基本延续了《洛美协定》的政策。

上述论断也从其他研究者的研究成果中得到证实，这些成果已经证明，区域贸易协定能够增加区域内部成员间的贸易额，但会减少区域内部成员与非区域成员的贸易额，而特别令人关注的是发达国家与发展中国家的区域协定更能有助于发达国家扩大对发展中国家农产品贸易并打开其市场。[①]

（四）区域粮食贸易规则的基本内容

目前通知到 WTO 的优惠贸易协定和区域性自由贸易协定数量众多，这些区域性贸易协定成员构成复杂，有的是发达国家之间签署的，有的是发达国家与发展中国家签订的；有些区域协定成员方之间在农产品贸易中存在互补，而有些就存在竞争。因此，不同成员间的区域协议在对待粮食等敏感产品的开放态度就会有重大差异，本书主要对美洲国家和东南亚及南亚一些国家所签署的区域优惠协议中的粮食贸易规则进行研究。

首先，在市场准入方面，关税减让计划中削减关税的时间往往长于其他产品。例如欧盟与墨西哥、智利分别签署的协议中，平均削减日期分别为1.71 年和 1.14 年，但是农产品削减计划日期却分别为 5.09 年和 3.78 年。而在玻利维亚—墨西哥这两个发展中国家之间的协议，两国承诺的农产品削减期限分别为 10 年和 15 年。在规定农产品削减关税的时间较长之外，许多粮食等敏感产品或特殊产品还从自由化进程中排除出来，例如在玻利维亚—墨西哥的贸易协定中，不参与自由化进程的产品 100% 全部为农产品，其中就包括谷物；在加拿大—智利，美国—智利，加拿大—哥斯达黎加，欧盟—智利等等协议中，智利、哥斯达黎加等都对西方粮食国家采取了将谷物排除在关税自由化之外的做法。[②] 至于在南亚，印度和巴基斯坦在稻米、小麦上虽有比较竞争优势，还是把它们排除在关税自由化之外。[③] 所以，在区域贸易协定中，尽管农产品自由化进程不一，但是许多成员在区域协议中对粮

①　Thomas L. Vollrath and Charles B. Hallahan, "Reciprocal Trade Agreements Impacts on Bilateral Trade Expansion and Contraction in the World Agricultural Marketplace", http://www.ers.usda.gov/publications/err-economic-research-report/err113.aspx, 2009 - 8 - 28.

②　Gloria O. Pasadilla, *Preferential Trading Agreements and Agricultural Liberalization in East and Southeast Asia*, http://dirp4.pids.gov.ph/ris/dps/pidsdps0602, 2008 - 5 - 28.

③　Mónica Kjollerstrom, "The special status of agriculture in Latin-American free trade agreements", http://region-developpement.univ-tln.fr/fr/pdf/R23/R23_Kjollerstrom.pdf., 2009 - 8 - 29.

食、家禽、糖等给予特别保护，或者不参与关税减让，或者实行配额，虽然是否应该将谷物等排除在关税自由化进程之外取决于每个成员国对上述产品的敏感程度，但是绝大部分国家还是给予粮食产品以特殊保护，这也反映出各国对粮食安全问题的重视。

在区域贸易协定中是否规定特殊保障措施，各类协议差异很大，有些协议如泰国—印度，泰国—老挝，新加坡—澳大利亚，新加坡—新西兰、东南亚自由贸易协定等之间的协议就没有特殊保障措施的规定；还有一些区域性协议，如韩国—智利 FTA，新加坡—日本新时代伙伴协议等完全遵循 WTO 相关规则；而其他一些协议都要求特殊保障措施的适用不能超过 WTO 规定的税率和时限，不能超过最惠国关税水平，使得特殊保障措施受到不少限制。这是因为不少区域协定成员同时是 WTO 成员，因此成员国不能同时采取 WTO 特殊保障措施和区域内部的特殊保障措施。在中美洲国家—多米尼加共和国的协议中，触发特保机制的数量要求很大，尤其对稻米和棉花。总之，在自由贸易协定（Free Trade Agreement，FTA）中，大多数协议限制了发展中国家应对未来进口紧急状况的能力。

其次，出口补贴、国内支持和反倾销救济规则。东南亚和南亚签署的自由贸易协定很少触及这方面内容，这些地区对农产品的贸易保护程度较高。而拉美地区则有一些贸易协定涉及出口补贴等规则，例如，在智利—中美洲 FTA 的双边承诺中规定如果智利出口的产品享受了出口退税的优惠，就不能再享受它们区域协议所规定的税收减让优惠了。至于国内支持措施，许多成员认识到它对贸易具有扭曲作用，但是许多成员仍然尽量在自身目标范围内修改国内支持措施，更有甚者，一些国家在区域协议中，如哥伦比亚和委内瑞拉在 G3FTA 中就声明它们有权维持价格约束机制，以保护国内粮食、家禽等重要产品。在大部分 FTA 中，成员国都保留了对进口产品反倾销、反补贴的权利，但也有一些协议，如智利—加拿大 FTA 决定另行签署有关协议以确保反倾销、反补贴措施不成为贸易壁垒。

再次，有关技术标准、动植物检疫措施、知识产权保护和原产地规则。大部分 FTA 认为应该通过促进履行 WTO 技术贸易壁垒协议以推动贸易，有的还明确给予农产品以技术标准的国民待遇，而且还要成立特别委员会或工作组协调农产品方面的技术标准[①]，这种协调主要是在发展中国家与发达国

----

① 如 NAFTA 中美国与墨西哥之间，以及哥斯达黎加—墨西哥，G3（墨西哥—哥伦比亚—委内瑞拉）和智利—美国的自由贸易协定。

家之间进行，因为他们之间往往在技术标准上存在较大差异，如智利—美国之间就有相互承认技术标准的规定，不过这些技术标准仅仅限定为对牛肉的销售分级，双方相互承认对方对出口牛肉的质量分级机构的认证行为。在动植物检疫措施方面，WTO 动植物检疫措施协定（SPS 协定）允许成员国建立自己的检疫标准，但必须以科学为基础，不能将之作为阻碍贸易的手段，并鼓励成员国采用国际标准，不过成员国也可采取更高的标准。在区域贸易协定中，有些协议如加拿大—智利的 FTA 就没有任何有关动植物检疫措施方面的规定，而有的规定得较为详尽，不仅重申 SPS 协定的规定，还对一些定义、程序进行澄清，要求成员方通知并公布国内 SPS 措施，强调双方以一贯标准执行 SPS，对执行 SPS 产生的争端，智利—美国和加拿大—哥斯达黎加的协议都明确提出将争端交由 WTO 处理。智利—欧盟的协议规定最为详细，对程序细节、信息获得、协商要求及时限等都作了细致规定。

为了保护新的农业化学和制药产品，智利—美国的 FTA 规定严于 TRIPs 协议。第一，成员方承诺对一般农业化学品的实验数据规定 10 年的禁止使用期（制药产品为 5 年），这表明一项农业化学品本身的专利到期后，其实验数据也不得用于相关产品上。这限制了智利等这些小国在发达国家的农业化学品专利到期后利用该过期专利技术所涉及的实验数据进行生产，因为小国的厂家没有实力进行耗时耗钱的实验。而 TRIPs 协议虽然也规定实验数据不得用于不公平的商业目的来制造新的化学产品，但是如何管制则由各国自行规定，可见 TRIPs 协议还给予成员国相当的立法空间。第二，上述协议还为补偿延迟授予专利将专利期限从 20 年延长至 25 年，在 NAFTA，成员方可以延长专利期限，但并没有义务这么做，而 TRIPs 协议也没有规定在任何情形下需要延长专利期限。这些协议为了保护农业化学品的专利，还规定其他生产者即使有了自己的安全和有效检测，但在任何时期都不能获得销售许可，而 TRIPs 协议则允许它们在专利到期之前获得销售许可，以便专利到期之后他们的产品即刻就可在市场销售。第三，美国在与安第斯国家签署协议时，试图提出对所谓的"第二次使用"专利进行保护，即对原有专利已经失效的某种农业化学品和药物的重新使用予以保护。第四，在保护新品种植物方面，上述成员都同意加入 1991 年的《保护新植物品种的国际公约》。

原产地规则是贸易协定中一项重要的规定，它直接关系到所涉及产品是否享受优惠待遇。原产地规则也可用于贸易保护。在 NAFTA，关税削减期限最长的部门原产地规则也最严格，在欧盟，为取得原产地认可在收集资料、信息及程序方面的花费占据了产品价格的 3%。农产品中粮食类的原产地规则一般采取在另一成员国境内"完全获得"原则，对转换了性质的货物，有三个基本标准对其是否"进行了实质性改变"进行判断，一是在关税税则的分类中有了改变，二是对国内成分有最低比例要求或进口成分有最高比例要求，三是技术要求。发达国家如欧盟和美国等在与发展中国家签署自由贸易协定时更倾向于采用严格的原产地规则，以达到限制进口的目的。[①]

二　西方国家推动双边和区域性投资条约自由化

贸易与投资有极为密切的联系，从国际粮食贸易视角来看，粮食加工产业的跨国投资能够影响世界粮食贸易的规模、方向，而贸易自由流动更是能影响粮食产业工业的规模和方向。TRIMs 协议是国际投资立法首次纳入多边贸易体制的一种尝试，它使得东道国不能实施当地成分要求等投资措施，有利于跨国粮食垄断集团控制海外投资企业的粮食原料供应。但是 TRIMs 协议只是专门管制投资措施的自由化投资条约，对西方国家跨国公司实现控制粮食产业链战略意义不大。

WTO 多边贸易体制具有准自动管辖权和授权胜诉成员采取贸易报复措施的争端解决机制，这对希望推动投资自由化的西方国家颇具吸引力，因此他们继续致力于在 WTO 框架下推动综合性多边投资协议的谈判。但是由于许多发展中国家对 WTO 体制全面调节投资问题强烈抵触，担忧将投资全面纳入 WTO 法律框架会使得东道国丧失外资管辖主权，因此 WTO 1996 年新加坡部长会议决定设立 WTO 贸易与投资工作组，只是研讨贸易与投资的关系、政府干预投资的地位、国际投资中技术转移的法律调整，贸易与投资关系、竞争政策等问题，这些问题被称为新加坡议题。由于贸易与投资工作组所从事的只是探讨工作而不具有立法或立法建议性质，而且各方在投资定义、透明度等问题上不能达成共识，2004 年 8 月 1 日之后，该议题便从多哈议程中取消，因此西方发达国家未能实现在 WTO 多边框架下缔结综合性投资规则的目标。在贸易与投资工作组研讨中，对如何确立跨国公司行为准则成为讨论的热点，不仅有成员国呼吁经合组织和联合国关于跨国公司行为规范的文件及其规则，也有成员国希望政府之间在管制跨国公司行为时应加

---

① Inkyo Cheong and Jungran Cho, "Market Access in FTAs: Assessment Based on Rules of Origin and Agricultural Trade Liberalization", http://www.rieti.go.jp/jp/publications/dp/07e016.pdf, 2009 - 10 - 3.

强合作。[1] 但是这些也因为投资议题根本就未纳入多哈谈判而不了了之。

西方国家的粮食战略，特别是美国的粮食战略，主要是对外大力发展农业垄断集团，并通过对外直接投资控制粮食产业链，因此美国等在 WTO 框架下推动投资立法的努力失败之后，就开始转向推动双边、区域投资条约自由化。

美国把缔结美式双边投资条约（Bilateral Investment Treatiy，BIT）作为实现美国跨国投资战略的重要法律工具，美式双边投资条约内容具有最大限度提高投资待遇和提供投资保护、尽可能限制东道国外资管辖权的特点，具体表现为：首先，在投资待遇上，不仅强调投资法待遇的国际法最低标准，更为重要的是要求投资准入阶段的国民待遇，禁止东道国采取履行要求，从而在很大程度上削弱了东道国运用限制性投资措施管制外资的权利。这一点对东道国管理涉及粮食安全产业的投资开放极为重要，一旦东道国接受了投资准入阶段的国民待遇和最惠国待遇要求，就意味着粮食加工企业、粮种培育、粮食仓储等粮食产业链的全面开放，并很可能受到国际粮食垄断集团对粮食产业链的全面控制。其次，在投资保护上，要求东道国接受征收和国有化补偿的"充分、及时、有效"的补偿标准。最后，在投资争议解决方面，赋予投资者依据双边投资条约径直提请 ICSID 国际仲裁的权利。美国式 BITs 对实现美国粮食战略及美资对外投资战略目标具有重要意义，但是由于它对东道国外资管辖权构成很大挑战，许多发展中国家出于经济安全等诸多因素考虑，并不愿意接受美式 BIT 的高度自由化投资条款，因此到 2000 年，美国对外缔结双边投资条约只有 46 个。[2]

为了更大范围地推动投资自由化，美国、欧盟等加快了区域投资立法的行动。其中的典范为《北美自由贸易协定》第 11 章对投资问题所作出的规定，几乎全部接受了美式 BIT 的主要规则。此外 1995 年经合组织（OECD）成员发起了缔结第一个综合性多边投资条约（Multilateral Agreement on Investment，MAI）的谈判，多边投资条约草案同样试图建立自由的投资准入、废除所有形式的投资措施或履行要求、给予外资强有力的保护和造就高效的争端解决程序。OECD 成员国大都是经济发展程度比较高的国家，在他们之间进行高标准投资协议的谈判可以避开发展中国家的障碍，并希冀之后运用

---

[1]　WTO, *Working Group on the Relationship between Trade and Investment.* WT/WGTI/M/10. 14 October 1999.

[2]　http：//www. state. gov/www/issues/economic/bit_ treaty. html，2010 – 3 – 25.

发达国家的政治经济影响逐步迫使发展中国家加入 MAI。但是 MAI 最终于 1998 年谈判失败，原因十分复杂，直接原因是某些发达国家对投资准入、环境保护、劳工标准、条约例外规则等采取表里不一的态度，而且各国纷纷在例外条款中纳入自己需要保护的产业，严重损害了条约的整体性。例如美国在提出放松投资管制、自由准入的同时，又要求享有国家安全例外、政府补贴和政府采购例外、少数民族扶持例外等诸多保护空间，美国这种自相矛盾的做法自然不能得到其他 OECD 成员国的认同，而欧盟、加拿大和法国为了抵制美国文化的侵蚀，强烈要求享受文化投资的例外，这些都遭到美国的强烈反对。

　　MAI 虽然失败了，但是在双边及区域经济条约中将投资和贸易共同进行规定是当代国际经济条约发展的一个新动向，我国也不例外，中国—巴基斯坦、中国—新西兰自由贸易协定都在货物贸易规则之后包含了投资规则。以中国—新西兰 FTA 为例，从第 3 章货物贸易到第 9 章服务贸易都是规定与贸易相关的措施，而第 11 章则是专门的投资条款，具体内容包含投资界定、投资待遇、投资征收补偿和投资争议解决。中国—新西兰 FTA 中关于投资的国民待遇是限制在准入后经营阶段，说明我国没有接受美式 BIT 准入阶段的国民待遇，也为我国抵御西方跨国垄断集团对国内粮食产业的控制留下了法律空间。① 虽然中国—新西兰 FTA 投资条款与我国与其他国家缔结的投资条约相比在投资自由化方面没有实质性的变革，但是毕竟是贸易协定下的投资规则，贸易自由化对投资开放还是有一些影响，第 146 条透明度和第 151 条投资促进与便利化等规定都是以前我国对外投资条约中所未包含的。中国与他国 FTA 中投资条约的变动反映了在 WTO 体制外投资自由化的发展趋势。

三　有关转基因植物品种的知识产权立法发展

（一）美国通过双边条约加强对转基因植物品种的知识产权保护

　　鉴于《TRIPs 协议》只是对转基因技术提供了最低限度的保护，美国以及其他西方国家转而谋求通过世界知识产权组织（WIPO）提高对转基因专利保护的水平。2000 年 11 月，WIPO 发起了所谓"专利议程"，其目的在于

---

① 　中国—新西兰 FTA 第 138 条：各方在管理、经营、运营、维护、使用、收益或处置方面，应当给予另一方投资者的投资及与该投资相关的活动，不低于其在同等条件下给予其本国投资者的投资及相关活动的待遇。

推动全球"一体化标准"的《实体专利条约》（the Substantive Patent Law Treaty, SPLT）的订立，而这种高标准是对《TRIPs 协议》给予发展中国家有限灵活性的倒退。[①] 美国还通过自由贸易协定大大强化对知识产权的保护，如《美国—新加坡自由贸易协定》中就取消了《TRIPs 协议》第 27.3（b）条不给予植物专利的规定，美国希望以与新加坡、约旦、智利签订的自由贸易协定为样本与其他国家签订自由贸易协定并获得高于《TRIPs 协议》的保护标准。

（二）《国际植物新品种保护公约》对植物新品种的保护

《TRIPs 协议》生效后，也促使不少发展中国家加入国际植物新品种保护联盟（UPOV）和《国际植物新品种保护公约》，公约有 1978 年与 1991 年的两个文本（我国目前加入的是 UPOV 公约 1978 年文本），1991 年文本提高了对植物新品种的保护水平。具体体现在以下几个方面：第一，1991 年文本取消了 1978 年文本对国民待遇的限制。UPOV 公约 1978 年文本对成员国在给予品种权进行保护时，对其他授予同等权利的联盟成员国的国民以及在这些国家任何一国定居或设有注册办事机构的自然人和法人的利益可以给予限制。1991 年文本删去了这个限制。第二，加大了品种权保护的范围及力度，1991 年文本将品种权保护对象的范畴从受保护品种的繁殖材料，扩大到了由受保护品种繁殖材料生产的收获材料（产品）以及特定情况下对这些材料的加工产品。对保护对象构成侵权行为的范畴，也从为商业目的的生产销售，扩大到某些繁殖及为繁殖而进行的驯化、出口、进口，以及用于上述目的储备，还可以进一步涉及其他可能对育种者权益有损害的活动。这些规定显著扩展了植物新品种权的范畴，大大加强了育种权利人的权利。第三，对"育种者豁免"增加了限制条件："育种者豁免"有利于植物品种的推陈出新，1978 年文本规定利用品种作为变异来源而产生的其他品种或这些品种的市场销售均不必征得育种者的同意，但如果是为另一品种的商业生产反复使用该品种时，则必须征得育种者同意。而 1991 年文本则规定一个依存性派生品种，仍是可以受到单独保护的；但是，此派生的品种的利用，需要经过其据以派生出来的品种的权利人的许可。显然这扩大和强化了

[①] The Statement of the Egyptian Delegation at the 37 series of the Meetings of the Assemblies of Member States of WIPO, "The WIPO Patent Agenda Must Promote Development," South Centre Bulletin 48, http: //WWW. southcentre. org/index. php? option = com_ content&task = view&id = 559&Itemid = 126, 2011 – 7 – 28.

原创育种者的权利，加强了保护力度。第四，将"农民特权"从强制性例外变为非强制性例外。1978 年文本的强制性例外是：农民利用受保护品种在自己的土地上以种植为目的生产种子的行为不受品种权的约束，但是1991 年文本则对成员国是否给予农民这种特权不施加强制义务。①

（三）粮农植物遗传资源的获取和分享规则：对跨国粮食垄断集团免费利用发展中国家粮食种质资源开发生物技术（含转基因）粮食新品种进行了限制

在粮食生产中，种质资源是一种重要的遗传资源，现代西方发达国家转基因育种技术主要利用现有育种材料内部的遗传物质或种质，进行改良成新的转基因粮食品种，并获得知识产权的专有保护。而发达国家育种的遗传物质或种质资源很大一部分是发展中国家农民在漫长的农业生产过程中经过选种和育种才培育出的品种，也就是说，发展中国家农民为转基因新品种提供了宝贵的种质遗传资源。这些转基因粮食品种在发展中国家推广后，发展中国家农民就会对其产生依赖，如果发展中国家不能获取发达国家基于本国粮农植物遗传资源改良的转基因育种技术或其他植物育种技术，这些转基因粮食品种就会对发展中国家粮食构成极大威胁。

对包括粮种在内的遗传资源的国际法律地位，国际社会存在人类共同资源原则和永久主权原则两种不同的原则和做法。1983 年 FAO 的《植物遗传资源国际约定》确认了人类共同遗产原则，这意味着在遗传资源上不存在任何权利，因此对发展中国家的种质资源的获取不会受到任何限制。这无疑是有利于发达国家通过各种手段不断从拥有丰富生物多样性的发展中国家获取种质资源。《植物遗传资源国际约定》最初并没有提及知识产权保护，这也意味着发达国家跨国粮食集团拥有的基因种子也是人类共同遗产，这自然不符合跨国垄断集团的利益。由于这个原因，发达国家种子产业在 1989—1991 年间推动 FAO 植物遗传资源委员会通过了三个重要决议，4/89 号决议认可由植物新品种保护联盟所保护的植物育种权与《植物遗传资源国际约定》不冲突；但是在发展中国家的争取下，2/91 号决议认可各国对于他们的植物遗传资源拥有主权权利，并规定育种者的品系和农民的育种材料应当仅仅依据开发者的意思在他们开发期间而被获得，可见对植物遗传资源的自由获取在向限制获取转变。《植物遗传资源国际约定》是个自愿性的不具法

① 王志本：《从 UPOV1991 文本与 1978 文本比较看国际植物新品种保护的发展趋向》，《中国种业》2003 年第 2 期。

律约束力的文件，影响自然极为有限。

1992 年 5 月在内罗毕联合国环境规划署召开会议通过了《生物多样性公约》（CBD 公约），1993 年公约正式生效。在公约缔结过程中，作为遗传资源提供者一方的发展中国家与作为遗传资源利用者一方的发达国家进行了艰苦的谈判，最后双方均作出重大让步，永久主权原则最终取代了人类共同遗产原则。由于各国在主要粮食作物的遗传资源上不可能自给自足，在获取粮农植物遗传资源①时需要相互依赖，因此 CBD 关于遗传资源获取和惠益分享采取了"双边路径"，即提供者和利用者之间双边谈判确定提供遗传资源的途径和收集、利用者应付的费用和经济回报，利用者获取遗传资源必须得到提供者的事先同意。但是这种建立在双边基础上的谈判交易成本和时间都难尽如人意，特别是经济贫困和粮农植物遗传资源相对匮乏的发展中国家很难以合理的价格获取所需要的遗传资源。

鉴于粮农植物遗传资源的保护和可持续利用对促进经济发展、确保粮食安全和消除贫困具有重要意义，2001 年 11 月在 FAO 主持下通过了《粮食和农业植物遗传资源国际条约》（简称 ITPGR），这也是 FAO 粮农植物遗传资源委员会自 1994 年发起的对《植物遗传资源国际约定》修订谈判的最终结果。ITPGR 一旦生效，将取代《植物遗传资源国际约定》，成为有法律约束力的国际文件。

与 CBD 关于遗传资源获取和惠益分享采取"双边路径"不同，ITPGR 建立了多边系统实现对粮农植物遗传资源获取和惠益分享，即多边体制是建立在各个国家通过多边谈判所商定条件上，获取和惠益分享的条件已经在多边谈判中商定，此后获取方（利用方）只需按照商定的条件请求从提供方获取，不需要再次进行谈判。ITPGR 规定各缔约方同意采取必要的法律措施和其他适当措施，通过多边系统向其他缔约国提供获取粮农植物遗传资源的便利。② 如何理解"必要和适当"，缔约国有很大自由裁量权，实际上等于公约为缔约国履行该项义务留下了一定自主选择和决定的空间。

根据 ITPGR，利用粮农植物遗传资源所产生的惠益可以通过信息交流、技术获取和转让、能力建设以及分享商业化产生的货币惠益四种机制分享，前三种机制运作方式较为概括和原则，实施前景并不能确保发展中国家作为提供粮农植物遗传资源方的利益。例如，ITPGR 规定技术获取和转让要遵守

---

① 粮农植物遗传资源指对粮食具有实际或潜在价值的任何植物遗传材料。
② ITPGR 第 12 条第 2 款。

知识产权制度，所以发达国家跨国粮食集团开发并获得植物育种权和专利权保护的品种仍然得到知识产权制度的保护。而分享商业化产生的货币惠益则有益于保障发展中国家和经济转型国家的粮食安全，该项机制是指从多边体制获取遗传资源的获取方以该植物遗传资源的种子等为基础开发出某个作物新品种，并对该品种进行了商业化，在这种情况下，获取方应该支付新品种商业化所得货币利益的一定份额。根据该机制支付的货币将由专门的信托基金管理，而且 ITPGR 规定这些资金应支付给提供粮农植物遗传资源的各国尤其是发展中国家和经济转型国家的农民。

2004 年 6 月 29 日《粮食和农业植物遗传资源国际条约》（简称 ITPGR）正式生效，已有 116 个国家和区域性组织批准或加入了该条约，我国尚未加入。①

一方面，从上述关于粮农植物遗传资源的获取和分享规则的演进历程来看，发展中国家对自身粮食安全具有重要意义的粮农植物遗传资源并没有丧失掌控权，CBD"双边路径"不仅让发展中国家在转让相关种质资源时对转让方式、补偿金额和经济回报等与接受者谈判，而且利用者获取遗传资源必须得到提供者的事先同意，从而避免跨国粮食集团窃取宝贵的粮农植物遗传资源。而 ITPGR 所规定的多边系统在建立了一种较为公平的粮农植物遗传资源商业化利用制度的同时，又恰好地平衡了发达国家作为利用和获取资源方和发展中国家作为提供资源方的利益，发展中国家可以根据自身情况适度向多边系统提供相关粮农植物遗传资源，这项义务不是强制性的，而纳入多边系统的供各国交流使用的相关粮农植物遗传资源品种有限，这样能够保护发展中国家珍稀植物资源品种不会流出境外。另一方面，从拥有生物技术培育新作物品种的发达国家角度来讲，其已开发出的新品种受到知识产权制度保护。

（四）孟山都诉阿根廷转基因大豆专利侵权案件

孟山都公司在推广转基因大豆 Roundup Ready 时，没有在阿根廷申请专利，对 Roundup Ready 基因的免费使用促使阿根廷大面积种植了含有该基因的大豆种子，在阿根廷，除了通过合法途径采购种子的农场以外，其他许多农场买的都是走私种子，或是合法选取和重复使用的免费转基因种子。阿根廷是世界上最主要的大豆出口国之一，Roundup Ready 大豆几乎占据了其全

---

① 张小勇：《粮食安全与农业可持续发展的国际法保障——〈粮食和农业植物遗传资源国际条约〉评析》，《法商研究》2009 年第 1 期。

部的大豆产量，而欧盟则是其主要的供应对象。孟山都转基因大豆在阿根廷商业化种植获得巨大成功，孟山都公司也依靠种子和除草剂的销售在市场中占据了一定份额，阿根廷种子公司支付了孟山都公司各种专利权引发的费用。2000 年孟山都公司突然宣布，要阿根廷农民支付种子专利费，孟山都要求阿根廷的农民要为每吨大豆支付高达 15 美元的专利补偿金，阿根廷政府拒绝了这一要求之后，孟山都公司转而在欧盟法院起诉，要求向从阿根廷进口这种大豆的欧盟进口商们索要数百万美元的补偿金作为侵权的罚款。

2010 年 7 月 8 日，欧盟法院对该案作出裁决，裁定孟山都公司败诉。孟山都提起诉讼的转基因大豆的基因虽在欧盟几个国家申请了专利，但在阿根廷并没有获得专利，在阿根廷不受专利制度的保护，因此阿根廷相关厂商和农民无须向孟山都公司缴纳专利使用费。在阿根廷种植的转基因大豆 90% 是含有孟山都在其他国家获得专利的 DNA 序列大豆品种，农民种植后出口至欧盟遭到孟山都起诉侵权，而欧盟法院对孟山都专利保护范围作出了限制，即根据 1998 年欧盟生物技术指令 98/44/EC 的规定：基因专利保护的是 "活" 的生物材料，不再保护虽然含有这种 DNA、但已是 "死" 的生物材料的转基因大豆衍生品，因此判决孟山都公司败诉。[①] 该案的裁决结果表明美国跨国公司不可能通过控制转基因技术限制发展中国家推广转基因粮食商业化种植。

第四节　西方国家粮食战略下国际粮食贸易特殊规则展望

一　国际投资立法整体呈现继续自由化发展趋势

20 世纪 70 年代末 80 年代初兴起的国际投资自由化浪潮，不仅是西方发达国家推动的结果，也是发展中国家发展经济、吸引外资需要的结果。虽然在 WTO 框架下达成多边投资协议未能成功，但是国际投资立法在许多发展中国家国内立法、双边及区域性投资条约层次继续呈现自由化发展趋势。

据联合国贸发会《2005 年世界投资报告》，自 1991 年至 2004 年 14 年间，平均每年有 64 个国家修改外资法，在此期间各国所作的共 2156 项修订

---

① 刘旭霞、李洁瑜：《中国转基因作物产业化的知识产权问题思考》，《科学杂志》2011 年第6 期。

中，有2006项是趋向于投资自由化的，占总数的93%。

投资自由化的另一重要表现是投资保护协定迅速增加，联合国贸发会的数据表明，截至2004年底，世界各国所签订的双边投资条约协定已经达到2392项，其中绝大多数（2010项）是1990年以后签订的。[①]

在国际投资立法内容上，主要体现为放宽对外资管制，提高对外资保护标准。例如准予外资进入的领域和条件放宽，各种限制性投资措施被纷纷取消，在外资保护方面，各国纷纷作出一般不实行国有化征收、即使征收也必须给予充分及时有效的补偿和承诺，而且各国放宽对投资者外资原本、利润汇出的条件。

在双边和区域性投资条约中，以美式BIT为代表，不仅要求投资准入自由、废除履行要求、投资措施，对东道国外资管辖权进行限制，而且进一步提高对外资的待遇标准，如必须给予外国投资者以"公平公正待遇"、给予外国投资者以不得低于依据"国际法"应当给予的"最低待遇标准"、必须给予外国投资者以"充分的安全与保护"等等；最为重要的变化是许多发展中国家在条约中纷纷同意将东道国支付与外国公司中间的投资争议提交国际仲裁。而在早期的国际投资条约中，东道国一般要求用尽当地救济是提交国际仲裁的必要前提条件，这个变化使得东道国对外资的管辖权受到国际仲裁的挑战，并使得跨国公司作为非国际法主体获得在国际仲裁庭—解决投资争端国际中心（ICSID）所设立的仲裁庭的出诉权。

国际投资立法自由化背景下，出现了发展中国家频频被外国投资者利用国际投资条约的提交国际仲裁条款将之诉至ICSID等国际仲裁机构的现象。联合国贸发会的数据统计，截至1994年底，国际投资仲裁案总共只有5起，而到2010年11月底，提交国际仲裁的共有390起，其中提交到ICSID的案件达245起，提交到联合国贸发会（UNCITRAL）的有109起。在已经作出裁决的197个案件中，有利于东道国政府的裁决有78个，约占总数的40%，有利于投资者的裁决59个，占总数的30%。[②] 在2009年的统计数据中，317个争端有77个是政府作为被告，其中有47个是发展中国家，17个是发达国家，还有13个为转型国家。[③] 大部分案件都是由来自发达国家投

---

① UNCTAD, *World Investment Repoert* 2005, p. 24.

② UNCTAD, *Latest DeveLopments in Investor-state Dispute SettLement*, IIA ISSUES NOTE, No. 1, March 2011, p. 2.

③ UNCTAD, *Latest Developments in Investor-State Dispute Settlement*, UNCTAD/WEB/DIAE/IA/2009/6/Rev1, p. 2.

资者提起的。

在许多发展中国家被提起国际投资仲裁的同时，基于《北美自由贸易协定》第 11 章所提起的国际投资仲裁也使得美国、加拿大和墨西哥政府深刻体会到一味强调自由化的国际投资条约可能会使得政府陷入十分被动的境地，而且可能危害公共利益。2004 年美国修改了其双边投资条约的范本，在许多方面增加了限制，对有关国家安全和利益的许多敏感性事项提交 ICSID 附加严格的限制和例外，包括重大安全例外、"金融服务"、"税收措施"等等。此外美国条约范本还对间接征收做了限制，以防政府行使税收、金融政策对外资产生不利影响的措施均被认定为征收。①

总的来说，西方发达国家虽然对危及其自身利益的条款做了某些修正，但其资本输出国地位仍将促使其推动国际投资立法自由化。在这个大背景下，无疑有利于跨国公司对外投资粮食产业。

二　WTO 框架下达成生物能源规则的可行性不大，生物能源产业发展还存在技术方面的困难

（一）欧美保护本国生物能源产业，反对推动生物能源贸易自由化

从保障全球粮食安全的层面出发，各国生产生物能源应该尽量使用非粮食作物，或通过贸易进口具有环境优势、最少危及粮食安全的原料或生物能源。相对于欧美而言，一些热带和亚热带地区因为生长季节周期多、季节长和劳动成本低等因素，更具有生产生物能源的比较优势，例如马来西亚、泰国和印度尼西亚都有丰富的生产生物柴油的原料棕榈油。到目前为止，巴西用甘蔗生产乙醇的总成本是各种类型乙醇生产中成本最低的，除此之外，巴西以大豆为原料的生物柴油和美国玉米乙醇的净生产成本最低，欧洲生物柴油的生产成本是巴西乙醇的两倍以上。

尽管一些发展中国家具有生产生物能源的比较优势，全球生物能源贸易量极为有限，每年只有全球总产量的 10% 参与国际贸易，其原因在于生物能源产业属于新兴产业，事关国家能源安全、温室气体减排和环境保护等国家重大决策问题，许多国家对本国生物能源产业进行补贴并对进口采取关税壁垒等贸易保护措施，以扶持本国生物能源产业发展，而目前 WTO 规则无法约束各国对生物能源生产极度扭曲市场配置的保护措施。

---

① 陈安：《中外双边投资协定中的四大"安全阀"不宜贸然拆除——美加 BITs 谈判范本关键性"争端解决"条款剖析》，载陈安主编《国际经济法学刊》第 13 卷第 1 期（2006），第 30 页。

根据经济学家们运用数据模型计算，如果经合组织国家和其他国家取消所有扭曲贸易的生物燃料政策将可能导致全球乙醇产量和消费下滑约10%—15%，下滑幅度最大的可能为欧盟（目前每升乙醇支持水平很高）和美国（最大的乙醇产量国）。因强制使用目标仍然存在，在目前这些受到贸易壁垒保护的市场，进口将大幅攀升，而巴西和其他发展中供应国的产量和出口均将有所增加。[①]

但是由于美欧的生物能源战略与粮食战略息息相关，所以他们对推动生物能源贸易自由化不感兴趣，但是巴西等生物能源出口国则主张将生物能源纳入多哈回合环境货物议题进行谈判，以求使得生物能源获得更优惠的自由化待遇，因此巴西在2005年、2007年先后表达了环境谈判应包括生物燃料的立场，但是这遭到了美国和一些其他OECD成员国的反对。[②] 随着多哈谈判陷入停滞状态，在WTO框架下达成生物能源贸易规则的可行性微乎其微。

（二）生物能源发展面临的现实困难

虽然液态生物燃料在交通运输中的作用将显著扩大。然而，无论是从能源使用总量还是从交通运输所使用的能源总量来看，液态生物燃料发挥的作用仍可能会有限。交通运输目前占到能源消费总量的26%，其中94%来自于石油，只有0.9%来自生物燃料。国际能源署在《2007年世界能源展望》的参考情景中预测，这一比例将在2015年上升到2.3%，2030年上升到3.2%，这相当于交通运输部门使用的生物燃料总量从2005年的1900万吨油当量增加到2015年的5700万吨和2030年的1.02亿吨。这一比例在全球能源需求总量中比例仍然很小。

现在的研究表明生物能源在实现能源安全和减缓气候变化方面也许并没有预期的效果。就能源安全而言，生物燃料确实只能提供全球能源供应中的小部分。当初设想的生物燃料具有温室气体减排作用现在也受到越来越多的质疑，事实上，最近的研究表明大规模地扩大生物燃料生产可能导致温室气体排放的净增加。生物能源的生产也有可能造成对环境的损害，扩大生物燃料生产对土地和水资源以及生物多样性的影响目前成为日益关注的焦点。

此外，生产生物能源的成本过高，许多国家的液体生物燃料生产目前在没有补贴的情况下不具备经济可行性。即使考虑到最近石油价格上涨的因

---

① FAO：《生物能源：前景、风险和机遇》，粮农组织出版物2008年（SOFA），第50—51页。

② 薛狄：《国际法对生物燃料问题的多维规制》，吉林大学2010年博士学位论文，第118页。

素，在众多的生产国当中，只有巴西的甘蔗乙醇目前在没有补贴的情况下与化石燃料相比具有竞争力。在现有的技术水平下，美国的玉米乙醇的生产只能短时间地获得市场生存力，随着玉米价格的进一步上升，玉米作为燃料作物原料的竞争力会再次丧失。现在美国生物燃料补贴对于纳税人和消费者而言已经相对较高，美国生物燃料加工厂和燃料作物种植者获得的支持达到每年60亿美元。

鉴于以玉米、大豆为原料生产生物燃料在经济上并不划算，美国《2007年能源独立与安全法案》规定了从2009年起运输燃料中混合使用可再生燃料的时间表，要求逐步提高高级生物燃料的使用数量，到2022年，符合标准的所有可再生燃料中必须有210亿加仑是高级生物燃料（包括木质纤维素生物燃料）。[①] 高级生物燃料以柳树、杂交杨树及桉树或芒草、柳枝稷和草芦等为原料，它们可以在不适于粮食生长的贫瘠、退化的土壤中生长，这种燃料大量开发仍面临技术困难。因此，生物能源发展和贸易的前景还有待时间和技术发展才能明确。

三　WTO及区域贸易协定框架下发展中国家维护国内粮食安全有政策空间

（一）WTO框架下发展中国家维护国内粮食安全的政策空间

WTO多哈回合谈判陷入停滞状态，已经开展的议题表达了发展中国家对原有规则不公平的抗议和不满，以及发展中国家希望通过新的规则有力地维护国内粮食安全的愿望。多哈谈判的阶段性成果和原有的WTO农业规则下发展中国家仍享有一些政策空间维护自身粮食安全。

在WTO框架下，市场准入并没有得到实质性的开放，关税化对推动粮食自由贸易的作用并不明显；出口补贴已经受到管制，当然西方国家可以通过国内支持继续给予粮食的大量补贴以冲击发展中国家的粮食市场，不过发展中国家可以通过国有企业贸易制度等保护国内市场。

其实除了粮食生产资源极度贫乏的国家之外，大部分国家具有一定的粮食生产能力，只要实行适当地对农业扶持的政策，就能够保证一定的粮食自给能力，从而避免对西方国家粮食产生依赖。从这个方面而言，那些发生粮食危机的国家发生粮食危机的主要原因在于国内政治动荡、战乱和对实行农

---

① United Nations, *Making Certification Work for Sustainable Development*: *The Case of Biofuels*, UNCTAD/DITC/TED/2008/1. pp. 10 – 11.

业剥夺的政策。

（二）区域贸易协定不能推动 WTO 粮食贸易规则自由化

欧盟、美国是区域自由贸易协定的积极推动者，他们都力求通过 FTA 谈判实行深度经济合作，在与弱小对手谈判时纳入并确定在 WTO 多边法律框架下无法纳入的议题和规则，如投资、竞争政策、知识产权保护和公共采购等，所以这些发达国家在推动区域深度一体化、推动区域规则自由化方面起了重要作用。

但是，区域粮食贸易规则的实践表明，区域经济协议的大量签订和内容向深度自由化发展的趋势并没有带来粮食贸易规则的自由化。鉴于粮食在各国经济中的敏感地位，大部分区域协议都把粮食排除在关税自由化进程之外，或者实施较长的自由化过渡期，以保护自身粮食安全。而在技术标准、动植物检疫措施、知识产权保护和原产地规则等方面，区域协议的规定存在很大差异，一般而言，美国、欧盟主导的区域贸易协定都力图将自己的高标准规则纳入到区域协议中去，而发展中国家则由于经济发展水平不一，在这些方面无法获得有效统一。近年来东南亚国家不断提高技术贸易标准和动植物检疫措施的要求，中国—东盟经济合作框架协议就没有对技术贸易壁垒和动植物检疫措施达成协调，仅仅声明成员方同意遵守他们在 WTO 相关规则中有关条款的承诺。[1] 这说明在区域贸易协定中对粮食等重要农产品还允许成员国保留相当的保护空间，虽然美国主导的北美自由贸易协定在投资自由化方面取得显著进展，但不具有普遍意义，区域贸易协定并没有在实质上推动粮食贸易规则的自由化。

（三）区域协议阻碍多边规则的顺利进行

多哈回合从启动到现在陷入僵局，各种复杂因素掺杂，其中区域贸易协议发展迅猛的势头对多哈回合进程起了相当的负面影响。多哈谈判开始不久的西雅图部长会议和坎昆部长会议连续失败，成员国在农业问题、棉花问题等无法达成共识，导致美国、欧盟将重心转移至区域贸易协定，并花费大量时间、精力探讨和从事区域自由贸易协定的谈判和缔结工作，以期实现他们在多边贸易体制无法实现的目标。而在这两个重大贸易实体的影响下，其他 WTO 中具有重要地位的成员国，特别是曾经并不热衷于缔结区域贸易协定的东亚国家，如日本、韩国和中国等，迫于形势压力不得不改变以往不参与区域集团的策略，转而紧锣密鼓地与亚太地区成员国谈判，并缔结了不少区

---

[1]　CAFTA《货物协议》第 7 条第 1 款。

域性优惠贸易协定。

　　首先，区域贸易协定的缔结极大损害了 WTO 多边贸易体制赖以生存和运作的最惠国待遇原则，不断增加的区域协定在成员国内部小集团之间形成了一种新的优惠，侵蚀了 WTO 大家庭内成员相互平等互惠的待遇。其次，不断蔓延的区域贸易协定也给多边贸易体制倡导的透明度原则的实际效力和影响带来消极作用，区域贸易协定中对许多事项并没有明确的规则，暗箱操作和不规范常常存在，会严重阻碍透明度原则的实际发挥作用。最后，区域协定的发展和普及会大大增加原产地规则的协调和统一的难度。目前除了欧盟、欧洲自由贸易区、中欧国家和波罗的海国家之间在原产地规则方面建立了协调性的泛欧洲制度外，各个区域贸易协定都有自己独立的原产地规则，其结果是一个国家参加了多少个区域贸易协定就会拥有多少个原产地规则。而且相关研究成果表明，一般说来区域贸易协定中的原产地规则要比非优惠原产地规则更加严格，尤其是农产品方面的原产地规则。这样一个国家的出口商在从事出口外贸活动中不得不因为出口目的不同而对产品和相应的文件资料不断作出调整，以满足各种不同的原产地规则。而同样作为进口国的行政当局和进口检验部门为了实施各种不同的原产地规则，相应要增加大量人力物力。墨西哥政府宣布不再继续签署区域贸易协定，就是因为大量复杂的原产地规则给海关检查增加了相当的压力而不得不暂停签署协议。总之，区域贸易协定造成原产地规则更加复杂化，大大增加了贸易成本，从根本上妨碍了多边贸易制度的根本任务——全球自由化的进行。

第 六 章

西方国家粮食战略对我国粮食安全的影响

第一节　西方国家粮食出口战略对我国粮食安全的影响

一　我国粮食贸易格局

半个世纪以来，我国粮食贸易格局发生了很大变化，20 世纪 50 年代我国以粮食净出口为主，60 年代至 80 年代，我国以净进口为主，90 年代进出口交替进行，进入 21 世纪之后，我国主要是粮食净进口，进口粮食数量稳步上升。从长远分析，我国粮食对国际市场的依赖将会增加，但是进口量占粮食总产量的比重会维持较低水平，不同品种的进口数量有较大差距。

表 6 - 1　　　　　我国粮食进出口情况（1999—2010）　　　　单位：万吨，%

年份	粮食总产量	粮食进口总量	粮食进口占总产量比例	粮食出口总量	谷物	粮食进出口净额
1999	50838.6	771	1.5	758	738	- 13
2000	46217.5	1357	2.9	1399	1378	42
2001	45263.7	1738	3.8	901	876	- 837
2002	45705.8	1417	3.1	1510	1482	93
2003	43069.5	2282	5.3	2221	2194	- 61
2004	46946.9	2298	6.4	506	473	- 2492
2005	48402.2	3286	6.8	1054	1014	- 2232
2006	49804.2	3183	6.4	643	605	- 2540
2007	50160.3	3237	6.5	1032	986	- 2205
2008	52870.9	3898	7.4	228	181	- 3670

续表

年份	粮食 总产量	粮食进口 总量	粮食进口占 总产量比例	粮食出 口总量	谷物	粮食进 出口净额
2009	53028.1	5223	13	329	132	−4894
2010	54648	6695	13	275	120	−6720

数据来源:《2009 年中国粮食发展报告》附录 13、附录 14, 其中粮食进出口净额、粮食进口占总产量比例是依据表中数据计算得出, 负数表示当年净进口, 正数表示净出口。2009 年、2010 年数据来自国研网统计数据库。

1995 年之前, 我国以小麦进口为主, 1996 年之后, 小麦的进口量急剧下降, 大米和玉米的进口量也逐渐减少, 而从 1996 年开始, 大豆的进口量迅速上升, 成为主要的进口粮食品种。我国小麦的进口市场相对集中, 主要源自美国、加拿大、澳大利亚等国, 以 2003 年为例, 在我国的小麦进口份额中, 从美国进口占 50.3%, 加拿大占 48.2%, 澳大利亚仅占 1.5%, 此外我国也从法国、英国、阿根廷等国家进口一定量的小麦。[①] 除了 2004 年、2005 年小麦进口分别上升到 723 万吨和 351 万吨之外, 我国进口小麦数量整体下降很快, 在 2007 年、2008 年进口量只有 10 万吨和 4 万吨, 不过 2009 年、2010 年小麦进口又开始有较大幅度上升, 分别达到 90 万吨、123 万吨。

在我国, 由于玉米产量大增, 从 1984 年开始我国成为玉米净出口国, 1985 年我国玉米开始大量进入国际市场, 净出口量达到 624.6 万吨, 1991—1994 年, 我国玉米出口量大增, 成为仅次于美国的世界第二大玉米出口国, 年均出口 949 万吨。此后 1995—2008 年的 14 年间, 有 11 年的玉米出口量在 200 万吨以上, 其中有 3 年的年出口量超过 1000 万吨。纵观历史数据, 美国曾是我国玉米最主要的进口来源国, 1988—2000 年美国在中国玉米进口市场的排名一直在第一和第二之间交替, 多数年份排第一, 而且市场份额比排在第二位的国家高出许多。但是由于我国自身玉米供应充足, 自 2000 年起, 我国几乎很少进口玉米。不过 2010 年进口玉米大幅上升达到 157 万吨, 为上年的 19 倍。

大米是我国的主要粮食品种, 大米贸易一直呈现"有进有出、出大于进"的净出口格局, 1998 年大米出口量高达 375 万吨, 之后有所下降, 1999—2003 年出口量保持在 180 万—300 万吨之间, 2004—2008 年出口量继续下降, 在 69 万—134 万吨之间浮动, 整体出口量大于进口量。在我国粮

① 王宏广:《中国粮食安全研究》, 中国农业出版社 2005 年版, 第 1—89 页。

食进口结构中，进口数量大、进口逐年攀升的粮食品种为大豆，1995 年进口仅为 29 万吨，至 1996 年一跃为 111 万吨，1997—1999 年进口量达到 288 万吨、319 万吨和 432 万吨，而到了 2000 年进口量更上了一个台阶，达到 1043 万吨，此后大豆进口数量如同坐了火箭炮一样不断攀升，更引发国人关于"大豆危机"的关注。我国另一进口大宗粮食产品为大麦，2000—2008 年的数据显示，除 1997 年的进口数量为 91 万吨之外，其余年份的进口在 107 万—237 万吨之间，是我国进口量第二大的产品。

表 6 - 2　　　　　　　我国粮食进出口情况（1999—2010）　　　　　单位：万吨

年度	进口量				出口量			
	小麦	大米	玉米	大豆	小麦	大米	玉米	大豆
1999	45	17	7	432	0	270	431	20
2000	88	24	0	1043	0	295	1047	21
2001	69	27	0	1394	46	186	600	25
2002	60	24	1	1132	69	199	1167	28
2003	43	26	0	2074	224	262	1639	27
2004	723	76	0	2023	78	91	232	33
2005	351	52	0	2659	26	69	864	40
2006	61	73	7	2824	111	125	310	38
2007	10	49	4	3082	307	134	492	46
2008	4	33	5	3744	31	97	27	47
2009	90. 4125	35. 681	8. 448	4255	—	78. 619	12. 958	35
2010	123. 066	38. 816	157. 32	5480	—	62. 234	12. 732	16

数据来源：《2009 年中国粮食发展报告》附录 13、附录 14，2009 年、2010 年数据来自国研网统计数据库。

二　西方国家粮食出口战略对我国粮食安全的影响

（一）我国进口小麦、大米很少，对西方粮食不存在依赖

我国的小麦进口市场较为集中，主要进口来源国为加拿大、美国和澳大利亚三国，尽管这三个国家对我国小麦的出口比重有所变化，但总的来说这三国占我国小麦进口总量的 80%—100%。由于我国小麦出口大于进口，入世后国内小麦供过于求的矛盾更加突出，但进口小麦对改善我国小麦品质还是有利的，美国、加拿大、澳大利亚等国小麦的总体质量普遍在我国中等小

麦之上，其中加麦和澳麦的质量更优。因此，适当进口一些小麦，有利于改善食品加工品质，对国内消费者是件好事，但对国内小麦产区和市场则带来了一些冲击。

作为我国主粮的稻米，1999—2010 年的数据显示我国稻米进出口相抵，出口大于进口，进口大米主要是满足品种多样化要求和对高品质大米的需要。我国稻米进口来源地是东南亚和南亚，如泰国、越南、老挝等国，其中从泰国进口比例最大，1997—2003 年，泰国稻米几乎垄断了中国稻米的进口市场，比重超过了 99%，只有 2002 年略低，为 97.73%。[①] 大米进口对国内市场没有构成实质性的影响。进口大米在国内市场所占的比重较小，加之价格因素，在很大程度上削弱了进口大米的竞争力。

中国粮食产量自 2003 年以来每年稳步增加，粮食供求形势进一步得到改善。2010 年中国的粮食总产量达到 5.46 亿吨，比 2009 年增长 1620 万吨。充足的国内生产使得我国近年来主要粮食品种除大豆外的进口量均有所下降，国内在稻米、小麦上的对外依存度较低，而且稻米、小麦的出口大于进口；2008 年国际粮价的暴涨对国内的影响不大，稻米、小麦 2008 年年初的价格涨幅均低于 10%。因此，我国虽然在 1996 年之前进口小麦较多，但在我国立足本国生产的前提下，西方国家补贴粮食并低价占领他国粮食市场的战略并没有对我国粮食安全造成不利影响，当西方发达国家改变粮食战略，逐渐减少粮食补贴，发展生物能源计划，引发 2008 年粮价暴涨时，我国国内供应充足，没有受到国际市场暴涨暴落的冲击。

（二）近年我国对美国大豆依存度不断提高，但已通过增加进口来源国缓解对美国大豆的依赖

中国粮食品种中进口量最大的、受国际市场价格影响最大的是大豆，大豆是我国目前最重要的油料作物，国内目前的大豆对外依存度已经超过70%。自 2003 年以来，大豆的进口量增长了 2 倍，目前国内的进口大豆占到了市场份额的 80% 左右。我国大豆进口主要来源国是美国、巴西、阿根廷、加拿大等，其中，美国大豆在我国大豆进口市场有相当大的影响力，是我国最大的大豆供应国，自 20 世纪 90 年代以来，其市场份额就一直保持领先地位，自美大豆进口量占中国总大豆进口量的 45%，我国对美国大豆存在进口依赖。大豆属于油料作物，在海关统计分类中列入第 12 章——油籽；子仁；工业或药用植物；从表 6 - 3 中我们可以看到从美国进口的油料作物

---

① 王宏广：《中国粮食安全研究》，中国农业出版社 2005 年版，第 131 页。

价值最高，其次是巴西，但是从拉美三国（阿根廷、巴西和智利）进口的油料作物基本与美国进口的价值相当，这也说明我国已经注意增加大豆进口来源国，以避免形成对美国大豆的依赖。

表6-3 我国谷物、大豆产品部分来源国进口净值 单位：千美元

年份	加拿大		美国		拉美合计	阿根廷	巴西	智利
	谷物	油籽；子仁；工业或药用植物；	谷物	油籽等	油籽；子仁；工业或药用植物；	油籽等	油籽等	油籽等
2008	93592	782407	3233	8508009	13099260	5789472	7281777	28011
2009	152682	1573758	95131	9421617	9041867	1651855	7350424	39588
2010	194358	917210	379894	11490257	13186931	4985485	8146437	55009

数据来源：国研网统计数据库。

进口大豆对国内农业的冲击效应明显，国产大豆要比进口大豆贵很多，销路受限，市场效益有限，因此很多种植大豆的农民转而种植水稻和玉米。2002年我国取消大豆进口关税和配额限制，就在不到10年间，我国从大豆出口大国变成了世界上最大的大豆进口国。[1] 在进口大豆的冲击下，国内大豆种植面积不断减少，2011年7月，国家发改委农经司对全国农业考察调研时发现东北种植国产大豆的面积比去年减少了1400万亩，比2009年国产大豆的种植面积减少了2000万亩，相关人士预计，2011年我国对进口大豆的依存度将达到80%，而在2009年，中国对进口大豆的依存度还是70%。[2]

（三）西方国家粮食援助对我国粮食生产没有产生消极影响

关于粮食援助，西方国家主要是通过联合国世界粮食计划署（WFP）对我国进行粮食援助。援助关系于1979年建立，在过去的30年间，WFP从起初的以粮食援助为手段提供救济，不断延伸并实现了转型，西方粮食大国如加拿大、美国、澳大利亚、欧盟等均通过WFP对我国进行了粮食援助。20世纪80年代中后期，认捐国通过WFP向中国提供小麦的数量达到峰值。1986—1988年，中国平均每年得到WFP 40万吨的发展援助粮食，是当时WFP全球最大的项目，远远超过其他国家，中国在1979年至2005年期间获得WFP价值10亿美元的粮食援助，并同时开始对WFP在其他国家的工

---

[1] 农业部：《进口美国大豆冲击中国大豆生产》，国务院信息研究网，2009年9月22日。

[2] 《国家发改委农业调研喜忧参半，大豆耕种急剧减少》，《中国经营报》2011年7月29日。

作提供支持。

西方国家的粮食援助并没有对我国粮食生产产生消极影响，我国自 20 世纪 90 年代之后粮食生产总量逐年上升，WFP 对华发展援助逐渐减少，自 2006 年起，世界粮食计划署停止了对中国的援助，并且中国开始通过 WFP 对外进行粮食援助。从 1981 年开始至 2008 年，中国总共向 WFP 的海外援助行动捐赠了 2755 万美元。[①]

三　西方粮食大国尚未与我国订立区域性自由贸易协定

（一）我国参与区域贸易协议的进展

中国—东盟自由贸易区（CAFTA）是中国参与的第一个区域性贸易协定，2002 年 11 月中国与东盟签署了《中国—东盟全面经济合作框架协议》（简称《框架协议》），之后双方于 2004 年 11 月签署了《中国—东盟经济合作框架协议货物协议》（简称《货物协议》）和《中国—东盟争端解决机制协议》，其中《框架协议》第 6 条早期收获计划要求各成员国自 2001 年 1 月 1 日起对 560 多种农产品实行快速减税，而《货物协议》则规定成员国自 2005 年 7 月 20 日起对大部分货物实行减税。2007 年 1 月和 2009 年 8 月双方又通过签署《服务贸易协议》和《投资协议》将双方的自由贸易推向更深领域，最终中国—东盟自由贸易区于 2010 年 1 月 1 日正式全面启动。

中国还与巴基斯坦签署于 2007 年 7 月 1 日开始实施双边 FTA，2008 年 10 月与新加坡签订的自由贸易协定于 2009 年 1 月 1 日正式生效，该协定涵盖货物贸易、服务贸易、人员流动、海关程序等诸多领域，是一个内容全面、自由化程度不断加深的协定。中国与智利、秘鲁分别于 2005 年 11 月和 2009 年 4 月签署的自由贸易协定说明中国区域经济合作战略已经从周边国家拓展到拉美。此后中国继续加大与美洲国家的经济合作力度，并于 2010 年 4 月与哥斯达黎加签署了双边 FTA。

中国与新西兰于 2008 年 4 月签署《中国—新西兰自由贸易协定》是中国与发达国家签署的第一个双边自由贸易协定，该协定从 2008 年 10 月 1 日起正式生效。此前签订的 FTA 虽然也强调在货物、服务投资三方面推进自由化，但是都是采取分项逐步谈判的方式进行的，而中新 FTA 则是在同一个协定中涵盖了货物贸易、服务贸易、投资三方面内容，同时协定还对自然

---

① WFP：《联合国世界粮食计划署在中国：1979—2009：互助合作三十年》，WFP 出版物，第 14—30 页。

人流动、知识产权等进行了规定，这也是以前协定所从未涉及的，此外双方为加强劳动、环境方面的合作签订了《环境合作协定》、《劳动合作谅解备忘录》。在货物贸易自由化方面，新西兰承诺将在 2016 年 1 月 1 日前取消全部自中国进口产品关税，其中 63.6% 的产品从协定生效时起即实现零关税，中方承诺将在 2019 年 1 月 1 日前取消 97.2% 自新西兰进口产品的关税，其中 24.3% 的产品从协定生效时起即实现零关税。

中国还相继启动了中国—南部非洲关税同盟、中国—海湾合作委员会、中国—冰岛、中国—澳大利亚、中国—挪威自由贸易区的谈判。在我国已经签署和计划谈判的区域自由贸易协定中，尚不包括与西方粮食大国之间达成的类似协议。

(二) 我国与西方粮食大国的区域自由贸易战略目标存在差异

我国一直以来致力于加入 WTO，并且从全球自由贸易中受益匪浅，因此最初我国对缔结区域（双边）自由贸易协定并不重视。随着世界贸易组织多哈谈判不断陷入僵局和各国战略性 FTA 的出现，组建贸易集团成为各国促进贸易和投资的不可避免的紧迫任务，除了欧盟、美国等热衷于构筑各自的区域经济网络之外，东盟、日本、韩国等亚洲国家纷纷行动，签署区域（双边）自由贸易协定，日本签订了 8 个双边经济伙伴关系协定（EPA），韩国目前已经签订了 5 个双边自由贸易协定，在这个区域经济合作浪潮中，中国如不积极参与就很可能被边缘化，并受到贸易转移的不利经济影响，可以说，我国的区域贸易战略从一开始就处于被动状态。东盟是我国开展区域经济合作的第一站，从地缘政治经济学角度来看，打造一个良好的地缘经济环境，维护地缘经济安全，无疑是我国实现和平崛起的首要目标。在经济合作中，中国应与周边国家分享经济成长的果实，以消解周边国家因中国经济发展所造成的疑虑与恐惧。通过构建与东盟、巴基斯坦等周边国家的自由贸易区，促成一个庞大的、开放式的、良性互动与合作的亚洲内部市场，也能减轻对欧美市场的依赖，这种合作无疑对区域合作的各方都是双赢的结果，因此出于地缘政治经济安全考虑，我国最先与东盟、巴基斯坦等周边国家缔结区域性 FTA。在我国与其他州的中小国家缔结 FTA 的过程中，拓展我国产品市场、开发能源、保障能源的持续供给就成为实施我国区域自由贸易战略的重要考量因素。

西方粮食大国经济发达、投资活跃、技术先进，同时市场广阔，与我国在经济构成上具有互补性。从理论上讲，发达国家与发展中国家之间订立自由贸易协定可以通过国际贸易、外商直接投资及信息交流、人员流动等方式促进技术、投资向发展中国家转移，同时也促进发展中国家产品打开发达国家市场，但实际上南北协定的双方由于经济发展程度差异、谈判能力差异，使双方在协定中处于不平衡的地位，发展中国家通常作出了很大的让步。

目前，美国、欧盟与发展中国家签订的 FTA 一般包括以下条款：商品的市场准入；服务贸易；知识产权保护；新加坡议题，包括投资、政府采购和竞争政策。上述条款中对发展中国家的要求已经远远高于 WTO，许多在 WTO 多哈回合谈判中遭到了发展中国家反对的问题又被美国等国引入到 FTA 的谈判中来。

在市场准入方面，发展中国家产品的市场竞争力通常较弱，而对于发展中国家有竞争力的行业，又面临发达国家对其敏感部门进行保护，使发展中国家无法充分利用市场准入增加的好处。另外，FTA 增加了发达国家对发展中国家的市场准入，使发展中国家失去了对本国关税政策的控制力。在服务贸易方面，一些南北协定采用负列表的方法，发展中国家开放的压力加大。在知识产权保护方面，发达国家在 FTA 中试图取消或降低 TRIPs 协定中的灵活性；要求发展中国家制定更高的知识产权保护标准。在投资方面，发展中国家政府对投资者的投资准入受到国民待遇条款的限制，开放幅度加大。政府采购条款和竞争条款降低了发展中国家政府对国内政策使用的空间。这种发展中国家让步过多的协议我国是不可能接受的。

从发达国家的区域协议战略来看，推动经济一体化进程仅仅是其区域战略的一部分，政治上发达国家希望通过区域协定扩展自己的势力范围和影响力，对在政治经济对自己构成威胁和挑战的其他大国，西方发达国家并不打算签署自由贸易协定。所以无论在经济目标还是政治战略目标上，我国与其他西方国家的区域战略都存在差异，西方粮食大国不需要通过区域协议来对我国的粮食安全施加影响。

第二节　西方跨国粮食集团对我国粮食产业链的投资与控制

随着贸易自由化及投资一体化的不断发展，西方跨国粮食垄断集团在全球范围内投资不断增长，成为粮食领域内的跨国巨头，也成为市场的操控者。西方跨国粮食垄断集团对发展中国家贸易投资出现了控制发展中国家粮食产业链的态势。作为世界上最大的发展中国家，我国有庞大的人口规模和庞大的市场需求；对跨国粮食集团而言，在中国的粮食领域有着极为广阔的成长空间。

目前世界最大的四家跨国粮食集团 ADM、邦吉、嘉吉、路易达孚已经大规模进入我国粮油领域，他们不仅重视对植物油加工原料——大豆进出口价格、数量进行控制，而且还把触角伸至粮食产品加工及流通领域，在粮食市场剩余品时代粮食安全的关键开始转向加工流通领域，鉴于近年来我国粮食产量一直增加，粮食供应得到可靠的保障，用低价粮食在中国倾销可行性不大、成本过高，因此加大对粮食加工领域的投资，就能掌握粮食制成品的定价权，这将影响到我国粮食市场的调控。

一　外资对我国食用植物油产业的投资与控制

随着我国经济发展，人民生活水平提高，食用植物油的需求也越来越大，为了满足原料和提高加工能力，我国逐步放开了油脂原料——大豆的进口，对外商投资食物油加工也持欢迎态度。这样外资通过独资、合资方式设立油脂加工企业之后迅速控制了对原材料——大豆的进口权，这样跨国垄断集团便可获取双重利润——加工油脂和原料贸易的利润。经过十几年的发展，外资已成为我国植物油加工产业举足轻重的力量。美国 ADM、邦吉、嘉吉、法国路易达孚等大型跨国粮食加工企业都在我国有投资，这四家外资企业在我国植物油产业中占有很高份额。

据资料统计，"ABCD" 即美国 ADM、邦吉、嘉吉、法国路易达孚四大粮商已经控制了全国 66% 的大型油脂企业，控制产能达到 85%。[1] 除去这四家跨国粮商以外，还有如丰益国际、新加坡来宝等外商也在我国植物油产业占有一定地位。因此，外资大量进入我国植物油产业，在我国植物油产业有形成垄断的潜在风险。外资可以利用其在原材料采购、贸易、运输、压榨等方面的巨大优势对我国植物油产业施加巨大的影响，而且还有可能通过影响芝加哥期货交易所相关商品的价格，左右我国国内大豆的价格。

二　美国粮商试图通过对粮食加工和粮食储藏领域的投资在我国粮食流通市场获得影响力

美国 ADM 公司和新加坡 WILMAR 集团共同投资组建的益海嘉里（中国）集团是 ADM 在中国扩张的典型代表。继油料产品之后，近年来益海嘉里集团已在山东、河南、河北、黑龙江、湖南等粮食主产区建立或并购粮食

---

[1]　谢春凌：《外资对我国植物油产业的影响与对策》，《改革与战略》2011 年第 3 期。

加工企业，并开始构建从收储到加工、销售的一条龙经营体系。益海嘉里母公司丰益国际 2008 年财报显示，益海嘉里在中国已经拥有了 9 家面粉加工企业。在 2008 年前，这个数字还仅为 5 家，而到了 2009 年这个数字已经增加到 12 家。①除了粮食领域，益海集团还将其触角延伸到了化工领域。目前，益海集团已开始与山东兖州当地的化工公司接洽，计划推进粮油副产品深加工项目。而且，日渐浮出水面的案例不止于益海集团，邦吉、嘉吉、路易达孚等跨国粮商都通过类似途径渗透到中国粮食流通市场的广大领域。

我国从事粮食加工行业的业内人士均认识到，外资四大粮商习惯于从种子、化肥等生产环节到建立自己的运输通道等流通环节，以掌控整个链条，但目前还没有人给出过具体、完整的外资粮商调研报告。

三　对我国粮油加工产业受外资影响的评估

根据我国目前统计口径，粮食加工主要分为大米加工业、小麦粉加工业和食用植物油加工业三大块。2009 年，全国报送粮油加工业统计报表的粮油加工企业（以下简称入统企业）11035 个，比上年增加 258 个，在全部入统企业中，国有及国有控股企业 1055 个，占 9.6%；外商及港澳台商投资企业 111 个，占 1.0%；民营企业 9869 个，占 89.4%。

在粮油加工企业中，国有企业数量逐年下降，2003 年占 25.2%，2004 年占 22.8%，2005 年占 13.1%，2006 年占 10.7%，2007 年占 9.6%，2008 年占 12%，2009 年占 9.6%，虽然外商投资企业数量并不占优势，2007 年数量仅占 1%，2008 年数量仅占 0.9%，2009 年数量仅占 1%，但是其产值比重、利润比重却不断增加，2007 年产值比重为 26%，利润比重为 40.1%。2009 年粮食加工业外资企业的销售收入比 2008 年增长 22.9%，利税总额增长 21.4%。②

在粮油加工领域，外资对我国食用植物油产业的影响和控制越来越大，跨国公司四大粮商均涉足我国植物油加工和贸易，这些跨国公司在美国、巴西和阿根廷等主要的油脂油料出口国，均建有生产、收储、加工和服务于国际贸易的物流体系，他们在我国设立的加工企业大量进口大豆，不仅对我国国产大豆生产带来冲击，而且使得我国植物油原料进口依存度加大，外资的

---

① 张荣胜、闻有成：《国际粮商进入中国收购小麦，外资新一轮跑马圈地》，《经济参考报》2010 年 7 月 21 日。

② 《2010 年中国粮油加工业统计报告》，国家粮食局。

产能和产量都已经具备控制国内植物油原料价格和植物油市场价格的能力，其潜在的垄断威胁引发了各界关注。

根据国家粮食局和中国粮食行业协会提供的统计数据及相关资料，2010年全国入统食用植物油加工企业 1468 个（日油料加工能力 30 吨以上的食用植物油加工企业）。2010 年油料加工能力、年精炼能力和食用植物油产量按企业经济类型划分，外商及港澳台商投资企业分别为 3579.1 万吨、1428.6万吨和 1371.4 万吨，分别占总数的 27.30%、35.96% 和 43.48%；民营企业分别为 8371 万吨、2187 万吨和 1530.4 万吨，分别占总数的 63.84%、55.06% 和 48.51%；国有及国有控股企业分别为 1161 万吨、356.8 万吨和252.6 万吨，分别占总数的 8.86%、8.98% 和 8.01%。

表 6 - 4　　外资企业和港澳台企业在植物油加工领域的生产能力和产量

单位：万吨

年度	年油料加工能力	占总数比例（%）	年精炼能力	占总数比例（%）	食用植物油产量	占总数比例（%）
2009	2819.6	25.9	1241.9	36.8	1255.8	45.4
2010	3579.1	27.30	1428.6	35.96	1371.4	43.48

资料来源：《2011 年中国粮食年鉴》。

在粮食大米等加工行业，据统计，外资对玉米、大米和面粉的加工占其主要地位，玉米加工年生产能力占外资企业粮食加工年生产能力的一半以上，主食（大米和面粉）加工的比重也接近一半（46.1%），其中面粉加工能力已占外资粮食加工能力的近 1/3。[①] 外资虽已进入小麦、稻谷、玉米加工领域，但所占市场份额并不高。见表 6 - 5，外资在大米、玉米、面粉加工产业的总产值只占全国总数的 12.5%，在工业增加值、销售收入、从业人数方面，比例都不高，可见，在大米、小麦等粮食加工产业，外资所占比例较低，不像食用植物油那样几乎占据半壁江山，外资对整个粮食加工业中影响力有限，不构成粮食加工行业的垄断威胁。

近年来某些跨国公司已经开始把目光转向粮食仓储行业，据报道，益海嘉里集团与黑龙江益海粮油和黑龙江龙粮储备公司合作，准备建设大型收储基地，并开始构建从收储到加工、销售的一条龙经营体系，不过这已引起我国立法部门注意，我国外商投资立法已经把仓储作为限制外资进入领域，因

---

① 蓝海涛：《当前我国粮食加工业利用外资的突出问题及对策》，《宏观经济研究》2011 年第5 期。

此外资不可能在该领域占据优势地位。

表6-5 粮食加工业外资企业产值、销售收入统计表

年度	工业总产值	占总数比例	工业增加值	占总数比例	产品销售收入	占总数比例	利税总额	占总数比例	从业人数	占总数比例
2009	639.1亿元	12.5%	118.2亿元	15.8%	638.2亿元	12.5%	57.3亿元	26.2%	4.2万人	7.3%

资料来源:《2010年中国粮食年鉴》。

第三节 西方国家转基因粮食战略对我国粮食安全的影响

一 我国转基因粮食进口安全在可控范围之内

虽然美国在转基因生物技术研发和生产占据世界主导地位,但是不少发展中国家在推广转基因作物商业化种植方面进展很快,截至2009年底,全球已有25个国家批准了24种转基因作物的商业化应用。以转基因大豆、棉花、玉米、油菜为代表的转基因作物种植面积,由1996年的2550万亩发展到2009年的20亿亩,14年间增长了79倍。美国仍然是最大的种植国,2009年种植面积9.6亿亩;其次是巴西,3.21亿亩;阿根廷,3.195亿亩;印度,1.26亿亩;加拿大,1.23亿亩;中国,5550万亩;巴拉圭,3300万亩;南非,3150万亩。值得一提的是,2000年以来,美国先后批准了6个抗除草剂和药用转基因水稻、伊朗批准了1个转基因抗虫水稻商业化种植;加拿大、墨西哥、澳大利亚、哥伦比亚4国批准了转基因水稻进口,允许食用。[1] 自1996年转基因作物商业化种植以来,全球主要转基因作物品种为大豆、玉米、棉花、油菜4种作物。2009年转基因大豆、玉米、棉花、油菜的种植面积分别为6920万、4170万、1610万、640万公顷,分别占全球转基因作物种植面积的52%、31%、12%、5%,从转基因品种占该作物全球种植总面积的比例来看,转基因大豆、棉花、玉米、油菜分别占该种作物

---

[1] 农业部农业转基因生物安全管理办公室:《农业转基因技术与生物安全问答》,http://www.gov.cn/gzdt/2010-03/15/content_1555803.htm,2012-2-24。

种植面积的 77%、49%、26%、21%。[①]

我国在加入 WTO 之前，进口转基因粮食数量并不大，例如在 1998 年我国进口大豆才 319.3 万吨，但自从 1999 年中美达成入世协议，中国承诺开放大豆市场之后，2000 年中国进口大豆就暴增到 1041.9 万吨，2001 年底中国加入 WTO，大豆进口实施 3% 的单一低关税，大豆进口量开始节节攀升，2010 年进口量高达 5480 万吨，相关人士预计，2011 年我国对进口大豆的依存度将达到 80%。我国还进口豆油数百万吨，其中绝大部分是转基因大豆及其产品，中国从大豆的净出口国变成了世界上最大的进口国。2010 年我国进口玉米首次超过出口量，大规模进口转基因玉米也引发各界广泛关注。[②]

我国是世界上最大的大豆进口国，大豆国际贸易格局对我国粮食安全至关重要。1983 年以后，世界大豆出口市场由原先的美国完全垄断逐渐转变为美国、巴西与阿根廷三国垄断的格局。巴西与阿根廷在大豆生产上有着得天独厚的地理优势，加之政府的有力扶持和低廉的劳动成本，大豆产量迅速上升，巴西与阿根廷在大豆出口时相较美国大豆有极大的成本优势。这些因素的共同作用使得巴西与阿根廷的大豆出口迅速增加，到 2004 年，巴西的大豆出口额达到了 53.95 亿美元，阿根廷为 17.40 亿美元，依次占世界市场份额的 34.91% 与 11.26%；同时，使美国的市场份额锐减到 34.91%，巴西与阿根廷的加入使得世界大豆市场上的竞争性因素大大增加，对世界大豆出口贸易的格局产生了巨大的影响，使得美国无法在国际市场上像以前一样通过操纵市场来攫取超额利润，也有利于我国用更低的价格获得更高质量的大豆进口。我国进口巴西、阿根廷大豆也改变了我国大豆进口依赖美国大豆的局面，有利于我国的大豆贸易安全。数据显示，1996—2006 年，美国、巴西与阿根廷的大豆对我国的年均出口额依次为 15.17 亿美元、10.65 亿美元与 8.59 亿美元，各占我国市场份额的 44%、31% 和 25%，三国合计占到我国市场 99% 的大豆进口。[③]

我国进口转基因大豆和玉米主要原因在于国内生产无法满足需求，国内非转基因大豆出油率低，国外转基因大豆的出油率为 19%—20%，而国内

---

① 陈健鹏：《谨慎推进转基因粮食作物商业化》，国研网，2011 年 2 月 24 日。

② 《大规模进口玉米再开闸，转基因作物侵略隐忧初现》，国研网，2010 年 8 月 11 日。

③ 蓝昊、宣亚南：《世界大豆贸易格局的演变及对我国的启示》，《国际贸易问题》2008 年第 6 期。

大豆的出油率大多在 16%—17% 之间，低于国外大豆近 3 个百分点，单产低，除了 1999 年和 2002 年中国单产达到世界平均水平的 80%，其他年份均在世界平均水平的 70% 左右，更是远远低于美国、阿根廷等大豆主产国的单产水平①，因此国内大豆种植成本高，价格高居不下影响销路。此外，国内政策对大豆产业的扶持力度不够也导致我国大豆种植面积不断减少，大豆产量逐年下滑。

值得指出的是，美国粮食输出战略对我国大豆贸易格局的转变也起了很大的作用。在中国加入 WTO 谈判时美国就施压迫使中国做出了开放大豆市场的承诺，并降低大豆进口关税，美国还通过各种途径迫使我国推迟实施转基因农作物的监管制度。

2002 年 3 月 20 日，农业部颁布了《农业转基因生物安全评价管理办法》、《农业转基因生物进口安全管理办法》、《农业转基因生物标识管理办法》，不仅要求进口转基因产品必须通过我国的安全审查，还要求对"以转基因动植物、微生物或者其直接加工品为原料生产的食品和食品添加剂"必须进行标识。上述制度对美国向我国出口的大豆、玉米等转基因农作物产生了很大影响，美国一些政府官员和出口商认为我国实施转基因标识制度并没有任何科学证据，这将妨碍美国对我国出口转基因制品。美国有关厂商积极活动希望对中国施加压力。鉴于此，时任美国总统乔治·布什在其对中国进行工作访问期间，向朱镕基总理提出了推迟或放松对美国转基因农作物实施标识制度的要求。朱总理拒绝了这一要求，他同时指出，中国要求在转基因作物上加贴标识是与国际惯例接轨的措施，并非针对美国的贸易壁垒。②出于减少贸易摩擦和技术的考虑，2002 年 3 月 10 日，农业部发布了《转基因农产品临时措施的公告》，规定在 2002 年 12 月 20 日之前，境外公司可凭临时证明继续对华出口转基因农产品，2002 年 10 月 11 日、2003 年 7 月 17 日，农业部又两次延长该临时措施的有效期至 2004 年 4 月 20 日，推迟各管理办法的实施时间。③

截至目前，农业部已先后批准了转基因棉花、大豆、玉米、油菜四种作

---

① 崔春晓、宣亚南：《中国大豆贸易的影响因素分析与对策思考》，《世界农业》2007 年第 8 期。

② 秦天宝：《中美农业转基因作物标识之争——生物安全保障措施还是"绿色贸易壁垒"？》，《国际论坛》2002 年第 4 期。

③ 崔春晓、宣亚南：《中国大豆贸易的影响因素分析与对策思考》，《世界农业》2007 年第 8 期。

物的进口安全证书，除棉花外，其余进口转基因作物用途仅限于加工原料。农业部至今没有批准任何一种转基因粮食作物种子进口到中国境内商业化种植。①

二　西方跨国粮食集团对我国粮食种业的投资与影响

（一）我国对外资投资我国种业的法律管制

在外商投资方面，我国 2004 年的《外商投资产业指导目录》把粮食（包括马铃薯）、棉花、油料种子开发生产作为限制外商投资的产业，要求对上述产品种子开发生产中方必须控股 50% 以上；2007 年我国再次对《外商投资产业指导目录》进行了修订，农作物新品种育种和种子开发生产属"限制外商投资的产业"，中方必须控股 50% 以上。这意味着我国对所有农作物而不仅仅是粮食作物的种子育种开发采取了缩紧开放和控制的态势，外资公司只能与本土种子公司合资，共同发展大田作物，且不能控股。最后从 2004 年起《外商投资产业指导目录》还把转基因植物种子的开发、生产列为禁止外商投资的产业，由于粮种的培育选种一般都要在当地进行试验检测，因此在转基因粮食种业方面，依据我国现有法律，跨国粮食集团已经无法通过合资、合作方式对我国转基因粮食进行掌控，唯一的方式就是经过重重审批获得农业部批准在我国销售转基因粮食种子。而如前文所述，我国除了棉花之外，其他转基因作物都仅仅作为加工原料而进口的，农业部至今没有批准任何一种转基因粮食作物种子进口到中国境内商业化种植。总之，跨国粮商在转基因粮种方面难以对我国粮食产业链实施控制。

（二）跨国公司投资我国种业的基本情况

对外资投资我国种业我国是逐步限制，例如在 1997 年的《外商投资产业指导目录》中就没有把转基因植物种子的开发、生产列为禁止投资的产业，而只是把粮食、棉花、油料种子开发生产列为限制外商投资的产业，要求中方控股或占主导地位，对大豆、油菜籽食用油脂加工和玉米深加工，以及生物液体燃料（燃料乙醇、生物柴油）生产都没有明确列入限制类，更没有明确要求中方控股。这就意味着在 20 世纪 80—90 年代我国没有对跨国公司投资我国种业以及食用植物油加工行业进行严格控制，外资可以通过合资、合作公司的方式参与转基因种子开发、生产，当然参与过程中中方要处

---

① 《我国从未批准进口转基因粮食种子在国内种植》，http：//news. 163. com/10/0315/15/61R000MH000146 BB. html，2012 - 1 - 15。

于主导或控股地位。2004 年修订后管制更严格的外商投资产业指导目录仅对以后新设立的外商投资企业有效，在此之前设立的中外合资、中外合作的企业时仍可以进行转基因植物种子的研究、开发工作。

因此早在我国加入 WTO 之初，外国种业公司就已经大举进入中国种业市场，目前跨国公司已在我国设立多家种子合资企业，并与种子科研机构开展合作。美国的孟山都、杜邦、先正达等大型跨国种子集团都在我国进行投资，开展业务。孟山都在我国的业务集中在抗虫棉和玉米种子，先正达最开始在我国是拓展蔬菜种子业务，2008 年获得农业部批准合资玉米种子公司，也开始进入我国的玉米种子市场。在我国粮种产业影响最大的美国跨国公司是杜邦先锋，2002 年，杜邦先锋的 4 个品种拿到了我国政府的许可证，获准在中国市场推广销售，此后该公司与我国合营的种业公司培育的玉米种子"先玉 335"在市场上大获成功，到 2010 年，该公司玉米品种"先玉 335"在中国的种植面积约有 3000 多万亩，加上相关品种，总面积估计接近 6000万亩，约占玉米总面积的 13%。[①]

所以，外资进入我国种业首先针对玉米种子市场，都是采取与国内种子公司合资进入我国玉米市场的方式，截至 2008 年，在我国登记注册的外商投资农作物种业公司已有 76 家，其中包括 26 家独资公司、42 家合资公司、8 家中外合作经营公司。[②]

（三）我国粮食转基因专利并未被外方控制

当前，西方发达国家在研发和推广转基因作物品种、技术中处于主导和领先地位，这些技术又高度集中在少数跨国公司手里。目前在农业生产方面最为普及的是抗虫基因和抗除草剂基因，全球约 70% 以上的抗虫基因专利被孟山都、拜耳、杜邦先锋、先正达、陶氏益农 5 家跨国公司掌控；全球约63% 的抗除草剂基因被孟山都、拜耳、杜邦先锋、先正达等公司拥有，所以目前转基因种子培育技术及种子产业是高度垄断的行业，根据 ETC Group 的数据，1996 年全球商品种子市场销售额的 37% 由全球前十大种子公司占据，到 2006 年该数据竟提高到 57%，可见集中垄断势头还在加剧。[③]

每一种粮食植物都包含庞大的基因数量，对良种进行改良需要涉及多项

---

① 汪孝宗、李小晓、李倩：《中国粮食的物种危机：外资谋从源头上控制我国种业》，《中国经济周刊》2011 年 6 月 15 日。

② 陈剑：《中国粮种安全面临挑战》，《环球财经》2008 年第 12 期。

③ 陈健鹏：《谨慎推进转基因粮食作物商业化》，国研网，2011 年 2 月 24 日。

转基因技术，即使部分基因或转基因申请了专利，但都只属于粮食转基因技术中的一小部分。例如水稻，始于 1998 年的国际水稻基因组测序计划已于 2002 年宣布完成，预测遗传基因共 62435 个，后续开发新的转基因品种，大都会在现有技术基础上进行，只要对已有技术上进行了改进和创新，改进后的发明同样具有自主知识产权。

我国不仅拥有转基因植酸酶饲用玉米的知识产权，还有两个抗虫转基因品种水稻获得生物安全证书——"华恢 1 号"和"Bt 汕优 63"。"华恢 1 号"与"珍汕 97A"所配的杂交组合为"Bt 汕优 63"，"华恢 1 号"与国内的一项专利有密切关系，但并不存在对国外申请人在中国的有效专利构成侵权风险。

我国今年转基因培育技术进展很快，而且申请专利的积极性也很高。根据中国专利文献检索系统的公开数据，截至 2009 年 12 月 31 日，涉及植物转基因技术的中国专利（申请）总量为 6030 件，其中国内申请 3395 件，占总申请量的 66.3%；国外申请 2035 件，占总申请量的 33.7%。非常明显的是，近年来，国内申请增长非常快，2005—2007 年，我国申请人共申请了 2047 件，而国外申请人自 2000 年来，每年的申请量都徘徊在 100 件至 200 件。但是，在专利权保护的深广度上，国外申请明显保护范围大，比如 1986 年至 2001 年间，国内转基因专利申请的平均权利要求为 5 项，而国外申请人的要求是 18 项；我国转基因专利申请 72% 是由大专院校和科研机构申请的，11.1% 的申请人是企业，但是国外转基因专利申请的大头在企业，占据 80%，大专院校和科研机构申请比例为 15%。这说明在我国研发转基因的部门并非实业部门，目前科研院所占主导地位，在我国当前的科研转化体制较为落后的情况下，不利于将实验室成果迅速应用到实践部门。[①]

此外，北京恒和顿科技有限企业对转基因水稻的专利在中国国家专利局专利数据库、欧洲专利数据库及美国专利数据库中进行相关专利检索，检索起始时间为 1980 年 1 月 1 日，截至 2008 年 12 月 31 日，从转基因水稻及相关专利的检索结果看，日、中、美三国是水稻基因及相关专利的申请大国，在 1989—2008 年间，日本和中国已经超过美国，在转基因水稻技术领域取得优势地位，尤其是中国，2000 年之后，水稻基因和转基因技术专利申请量，呈逐年上升趋势，近 10 年的专利申请总量和年申请量，均远远高于美、

---

① 以上数据引自国家知识产权局《粮食转基因专利被国外控制说不准确》，载《法制日报》2009 年 3 月 22 日。

日和其他国家。这说明中国在转基因水稻的专利布局上，已经有自己独特的技术优势。[①] 所以国家知识产权中心主任张清奎在接受记者专访时强调我国粮食转基因专利几乎被外国控制这一说法并不准确，与事实不符。[②]

总之，虽然西方国家跨国公司在转基因技术上具有领先地位，但我国作为发展中大国，在转基因粮食知识产权方面也具有领先地位，西方跨国公司并没有在技术和专利方面控制我国，西方跨国公司的专利权覆盖范围是否对我国转基因农作物生产构成影响，还有待分析判断。

第四节　西方国家生物能源战略对我国粮食安全的影响

一　西方国家生物能源战略推高国际粮食价格

因对燃料乙醇的支持措施可计入农业协议中的"绿箱"补贴而不用削减，主要生产国对乙醇燃料投入了大量补贴，乙醇成为生物燃料的主要形式，目前，全球85%的液体生物燃料都是乙醇。两个最大的乙醇生产国——巴西和美国的产量占总产量的近90%，其余产量大部分来自加拿大、中国、欧盟（主要是法国和德国）以及印度。而欧盟则居世界生物柴油产量之首，产量占据全球产量的60%以上。[③]

虽然各国大力研发非粮作物和高级生物燃料生产技术，但以农林生产剩余物和废料为加工原料的木质纤维素高级生物燃料还不能商业化生产，以玉米、大豆、小麦为代表的粮食作物仍然是目前生物燃料的主要加工原料，除甘蔗乙醇外，以木薯、麻疯树、甜高粱等非粮生物燃料构成有限。由于美欧实施强制使用生物能源比例政策，加之国际石油价格不断上涨，使得对生物燃料生产原料作物的需求猛增。2007年，用来生产乙醇的小麦和粗粮预计有9300万吨，比2005年翻了一倍，这占到同期小麦和粗粮用量总增长的一半以上。大部分需求增长来自美国，2007年，该国用于乙醇生产的玉米使用量增加到8100万吨，并且在2008年度预计还将再增长30%。

---

① 刘旭霞、李洁瑜：《我国转基因水稻产业化中的知识产权问题——对"遭遇国外专利陷阱"的回应》，《生命科学》2011年第2期。

② 国家知识产权局：《粮食转基因专利被国外控制说不准确》，《法制日报》2009年3月22日。

③ Toni Harmer："Biofuels subsidies and the law of the WTO", *International Centre for Trade and Sustainable Development（ICTSD）*，Issue Paper No. 20，June 2009.

大量粮食被用作生产生物燃料，直接刺激了这些粮食作物价格急剧上涨，而且导致其他农产品价格水涨船高。因为在目前技术条件下，即使生物能源生产采取非粮食作物，粮食和以非粮食作物为原料的生物能源在争夺土地和生产资源，同样会导致农产品价格上升，两者的价格会联动变化。① 所以自 2002 年以来，粮农组织名义粮食价格指数已经翻了一番，实际价格指数也迅速上升。到 2008 年初，实际粮食价格比 2002 年的水平高出了 64%，而之前 40 年，该指数主要呈下降或持平趋势。上涨幅度最大的是植物油价格，同期平均上涨了 97%；其次是谷物（87%）、乳制品（58%）和稻米（46%）。②

粮食价格上涨将会对粮食净进口国产生不利的影响，根据粮农组织的最新分析，2007 年全球进口食品开支比上一年的创纪录水平又增加了约 29%。大部分开支增量来自进口粗粮和植物油价格上涨——这两类商品在生物燃料生产中占突出地位，饲料原料价格的上扬导致肉制品和奶制品价格上涨，增加了这些商品的进口开支。

二　近年我国粮食进口不断增加，以粮食为原料的生物能源产业对我国粮食安全产生消极影响

按照国家发改委会同有关部门编制完成的《国家粮食安全中长期规划纲要（2008—2020 年)》，受人口、耕地、水资源、气候、能源、国际市场等因素变化影响，从中长期发展趋势看，我国粮食和食物安全将面临严峻挑战。因此通过国际市场进口部分粮食将是未来我国解决粮食供需矛盾的一种重要途径。但是目前世界上主要粮食出口国美国、欧盟、加拿大纷纷发展生物能源产业，在消耗大量粮食的同时也推高国际粮价，对作为粮食净进口国的我国很不利。

进入 21 世纪以来，我国粮食进口额不断攀升。虽然我国一直是玉米生产大国，从 1984 年开始我国就开始成为玉米净出口国，1995—2008 年的 14 年间，有 11 年的玉米出口量在 200 万吨以上，但是自 2009 年开始我国的玉米进口量开始回升，而 2010 年进口玉米总量大幅上升达到 157 万吨，为上

---

①　由于一些目前供食用和饲用的作物（如玉米、油棕和大豆）会被用于生产生物燃料，或生产食品的农业用地会被用来生产生物燃料，造成各种农作物争夺有限的生产资源。当生物燃料需求抬高了生物燃料原料商品价格时，所有以同样资源为基础的农产品价格都会水涨船高。

②　FAO：《生物能源：前景、风险和机遇》，粮农组织出版物 2008 年（SOFA），第 41—43 页。

一年的 19 倍，出口玉米仅为 12.732 万吨，说明该种作物的进出口已处于严重不平衡状态。在我国粮食进口结构中，进口数量大、进口逐年攀升的粮食品种为大豆，1995 年进口仅为 29 万吨，从 2000 年开始进口量如同坐了火箭炮一样不断攀升，2008 年至 2010 年进口数量分别为 3744 万吨、4255 万吨和 5480 万吨，引发国人关于"大豆危机"的关注。我国小麦进口自 2009 年起超过出口额。如果这一势头继续发展下去，不断上涨的国际粮价会给我国粮食进口用汇带来压力。[①]

我国玉米进出口处于严重不平衡状态，很大一部分原因是我国国内以玉米为原料的燃料乙醇生产膨胀所致。20 世纪 90 年代末为解决粮食过剩和能源短缺，我国制定了生物燃料乙醇"十五"发展专项规划，主要是用玉米、小麦等陈化粮加工生产燃料乙醇，2005 年，我国出台《可再生能源法》，对生物能源的发展规划、技术、推广、经济激励措施等作了规定，以鼓励支持生物能源产业的发展。在国家优惠政策的扶持下，我国燃料乙醇生产迅速膨胀，2007 年燃料乙醇产量达 18.4 亿升，生物柴油达 1.14 亿升，居世界燃料乙醇产量第 4 位。[②]

随着我国生物能源产业对陈化粮的消化完毕，目前主要以新玉米为生产原料，玉米工业消费量占总消费量的比重，已由 2002/2003 年度的 11.88% 提高到了 2007/2008 年度的 23.51%，以致在 2006 年我国首次出现了玉米和小麦的价格倒挂，即玉米价格超过了小麦。[③]

从未来发展的趋势看，按美国食品与农业政策研究所（FAPRI）的预测，到 2015 年，中国玉米总的预期消费量为 18159 万吨，2006 年的汽油消费量约为 4600 万吨，按照年平均增长率 6% 计算，2015 年汽油消费量将达到 7700 万吨（崔凯，2007）。如果有一半数量按 10% 的燃料乙醇添加汽油计算，2010 年达到 385 万吨，这会给中国的粮食安全带来哪些影响呢？按照 1 吨燃料乙醇需要 3.3 吨玉米计算，385 万吨燃料乙醇折合需消耗玉米 1270 万吨，2015 年燃料乙醇用玉米将占玉米总产量的比例为 8.2%，因此，国内燃料乙醇的发展确实在一定程度上影响了未来玉米的供求趋势。

为了避免生物能源发展危及国家粮食安全，需控制生物能源产业过热发

---

①　数据来源：《2009 年中国粮食发展报告》附录 13、附录 14，2009 年、2010 年数据来自国研网统计数据库。

②　国家发改委能源局：《我国生物液体燃料的生产现状与前景》，国研网，2005 年 12 月 30 日。

③　黎霆：《粮食安全约束下的生物能源发展路径》，《中国发展观察》2009 年第 11 期。

展。2007 年 7 月，农业部出台了《农业生物质能产业发展规划（2007—2015 年)》，明确提出始终要把保障国家粮食安全作为农业发展的第一任务，开发能源作物应坚持"不与人争粮、不与粮争地"的前提。2006 年 12 月 18 日，国家发改委和财政部发出紧急通知，要求"立即暂停核准和备案玉米加工项目，并对在建和拟建项目进行全面清理"。对国内一些地方盲目发展玉米加工乙醇燃料明确表态不予支持。

　　总之，在我国粮食安全重于能源安全，我国的生物能源产业必须建立在以非粮作物基础上。在现有技术还不能大规模生产以非粮食为原料的生物能源的情况下，我国应该考虑通过国际贸易解决一部分生物能源需求。

第七章

西方粮食战略下我国粮食贸易政策的抉择

第一节 WTO 框架下我国的粮食进出口贸易规则

《国家粮食安全中长期规划纲要（2008—2020 年）》提出我国应在"保障国内粮食基本自给的前提下，合理利用国际市场进行进出口调剂"。这就是说，我国参与国际粮食市场的前提首先是国内粮食基本自给，其次才是通过贸易调剂补缺。作为人口大国，我国不会也不可能主要通过国际贸易解决粮食安全问题，国际贸易市场对我国粮食供需只是发挥次要和补充作用。但是随着我国加入 WTO 过渡期的结束，以及我国不断缔结一些区域性自由贸易协定，粮食进出口贸易对国内粮食安全的影响也越来越大，因此应审慎评估我国参与并接受的粮食贸易规则的效果及影响，并及时调整我国的贸易政策。

一 某些重要粮食产品进口关税较低，不能有效防范国外粮食对国内产品的冲击

经过入世过渡期的逐年减让，中国已成为世界上农产品关税总水平最低的国家之一，农产品平均关税从 2001 年的 23.2% 降至 2006 年的 15.23%，仅为世界农产品平均关税 62% 的 1/4。[1] 在承诺清单中，我国承诺大米、硬粒小麦和玉米自 2004 年 1 月 1 日起最终约束税率为 65%，对大豆、大麦的实施税率仅为 3%，豆油、菜籽油自 2006 年 1 月 1 日的最终约束税率仅为 9%。我国承诺对实施税率的任何变更至少实行 1 年，以提供稳定性，且关

---

[1] 程国强：《农业：后过渡期形势严峻》，《瞭望》新闻周刊 2005 年第 16 期。

税将不高于签订合同时的实施关税。

对粮食、植物油和酒类等农产品类别，我国在加入 WTO 时就取消其进口许可证。中国使用关税配额制对小麦、玉米和稻米等敏感性农产品加以保护。自 2004 年起，粮食等重点农产品的进口关税配额数量已经达到最高点，2005 年之后将继续维持这样的高水平。如 2011 年的进口粮食配额分别是：小麦 963.6 万吨，国营贸易比例 90%；玉米 720 万吨，国营贸易比例 60%，大米 532 万吨，国营贸易比例 50%。① 除小麦继续保持 90% 的国营贸易比例外，其他农产品的国营贸易比例将逐步缩小。中国还承诺到 2006 年 1 月 1 日起，取消大豆油、菜子油、棕榈油的关税配额，而且还取消此类油种进出口的国家专营，给予所有个人和企业从事此类油种贸易的权利。

关税配额目前主要分配给国营贸易企业，今后在分配关税贸易配额时将逐步提高非国营贸易企业的比例。从中国对粮食配额管理的具体规定来看，国营贸易、按需求发放许可证、按历史实绩分配配额以及生产规模等构成了中国管理粮食关税配额的基本方式。依据 2011 年对粮食、棉花进口关税配额、数量、申请条件和分配原则，进口关税配额申请者除了工商注册、具有良好的财务状况和纳税记录等条件外，还必须符合下列条件之一：

第一，小麦：1. 国营贸易企业；2. 具有国家储备职能的中央企业；3. 2010 年有进口实绩；4. 日加工小麦 400 吨以上的生产企业；5. 2010 年无进口实绩，但具有进出口经营权并由所在地外经贸主管部门出具加工贸易生产能力证明、以小麦为原料从事加工贸易的企业。

第二，玉米：1. 国营贸易企业；2. 具有国家储备职能的中央企业；3. 2010 年有进口实绩的企业；4. 以玉米为原料，年需要玉米 5 万吨以上的配合饲料生产企业；5. 以玉米为原料，年需要玉米 10 万吨以上的其他生产企业；6. 2010 年无进口实绩，但具有进出口经营权并由所在地外经贸主管部门出具加工贸易生产能力证明、以玉米为原料从事加工贸易的企业。

第三，稻谷和大米（长粒米和中短粒米需分别申请）：1. 国营贸易企业；2. 具有国家储备职能的中央企业；3. 2010 年有进口实绩的企业；4. 具有粮食批发零售资格，年销售额 1 亿元人民币以上的粮食企业；5. 粮食年进出口额 2500 万美元以上的贸易企业；6. 2010 年无进口实绩，但具有进出

---

① 国家发改委 2010 年第 27 号公告：《2011 年粮食、棉花进口关税配额、数量、申请条件和分配原则》。

口经营权并由所在地外经贸主管部门出具加工贸易生产能力证明、以稻谷和大米为原料从事加工贸易的企业。

由此可以看出，国营贸易企业在获取配额方面有优先，根据粮食品种的敏感程度不同，我国对粮食的国营贸易份额也规定了不同的比例，最高的小麦在执行期内一直保持了90%的高比例，对玉米则从2002年的68%下降到2004年的60%，大米则一直保持了50%的份额，因为小麦、玉米和大米是我国最重要的粮食品种，国家必须对它们的进出口保持调控权。

表7-1　　　　　　　　　　　中国农产品关税配额

产品	年度	关税配额（万吨）	配额内税率（%）	国营贸易比例（%）	非国营贸易比例（%）	配额外关税（%）
小麦	2004	963.6	1	90	10	65
玉米	2004	720	1—10	60	40	65
大米	2004	532	1—9	50	50	65
大豆油	2004	311.8	9	18	82	30.7
	2005	358.7	9	10	90	19.9
棕榈油	2004	270	9	18	82	30.7
	2005	316.8	9	10	90	19.9
菜籽油	2004	112.66	9	18	82	30.7
	2005	124.3	9	10	90	19.9
食糖	2004	194.5	15	70	30	50
棉花	2004	89.4	1	33	67	40
羊毛	2004	28.7	1			38

注：2006年取消大豆油、棕榈油、菜籽油进口的关税配额管理，实行9%的单一关税管理。2005年取消羊毛和毛条的进口指定经营制度。

资料来源：对外贸易经济合作部：《中国加入WTO法律文件》，2001年。

中国还作了管理关税配额以使配额完成率最大化的具体承诺，特别是，如果关税配额未被使用将再次分配给其他最终用户。另外，各种商品一定比例的进口关税配额将分配给非国营贸易企业。如果到任一给定年度的10月份前分给国营贸易企业的关税配额未能签订合同，这部分配额将再次分给非国营贸易企业。

此外，我国放弃了使用农产品特殊保障措施（SSG）的权利。[①] 这意味

---

① 张汉林、石庆方：《农业承诺与竞争和发展》，人民日报出版社2002年版，第66页。

着在某些粮食作物进口大增时我国缺乏灵活的保障措施避免其对国内生产的冲击。

二　粮食、植物油等涉及国家粮食安全的产品由国营贸易企业专营，并进行价格控制

依据我国入世议定书第 5 条，我国要在入世之后逐步放开贸易经营权，以便在加入后 3 年内，使所有在中国的企业均有权从事所有货物的贸易，但附件 2A 列举了一些涉及国计民生的重要产品继续实行国营贸易企业专营制度。这些由国营贸易专营进口的农产品包括小麦、玉米、稻米和大豆油等植物油，专营的出口农产品包括大米、玉米、大豆、茶、丝等。我国将这些产品的进口、出口和经营紧紧掌握在国家指定的公司手中，这使得入世后农业贸易不至于对我国农业发展和粮食安全产生严重的影响。

不过，中国承诺自 2006 年 1 月 1 日起，将把大豆油、菜籽油、棕榈油和芥子油等植物油国家专营进出口的农产品中取消，并给予所有个人和企业从事此类油种贸易的权利。

基于我国主要粮食品种进出口采取主要由国营贸易企业专营，并在关税配额内负责具体进口事宜，非国营贸易企业获得的关税配额较少，因此引发了 WTO 成员对我国国营贸易企业制度的质疑。为此中国入世工作组报告第 208 段中承诺保证国营贸易企业自主经营，进口采购做法和程序应完全透明。在第 212 段中，中国承诺将每季度公布非国营贸易商提出的进口要求及所发放的许可证，并应请求提供与此类贸易商有关的工作信息，其他入世承诺也规定了我国更为详尽的透明度义务。"中国实际承担了较 WTO 规则更为具体和详尽的透明度义务，这种加重的负担主要来自于 WTO 成员对中国计划经济体制下贸易政策的暗箱操作的担忧。"①

需要指出的是，我国采取国营贸易企业专营主要粮食的进出口这种管理方式的初衷是希望更好地保护国内粮食生产，尽管国营贸易有可能会带来无效率的问题，但是，相对于保护国内粮食生产能力和保证国内粮食安全而言，损失一定的效率显然是值得的。

WTO 协定是建立在市场经济基础上的，货物和服务的价格作为资源配置的信号显然也由市场的供求力量决定，不应该由政府对货物的价格施加行

---

① 何颖：《论 WTO 国营贸易规则与中国的入世承诺》，载《国际经济法学刊》第 12 卷第 3 期。

政控制。所以入世议定书第 9 条要求我国应允许每一部门交易的货物和服务的价格由市场力量决定，且应取消对货物和服务的多重定价做法。目前，我国存在 3 种价格形式：政府定价、行政指导价和市场调节价。政府定价是由政府价格管理部门制定的价格，未经这些部门批准，不得变动，实行政府定价的产品和服务是对国计民生具有直接影响的产品；行政指导价是一种比较灵活的定价形式，由价格管理机关规定基准价格或浮动幅度，企业在指导价的限度内，根据市场情况，自行决定价格；市场调节价，则是企业有权在关于价格的普遍适用的法律、法规和政策允许的范围内，依据市场供求状况自主确定价格。我国经过多年的市场体制改革，价格制度已趋于合理，市场化程度越来越高，政府定价比重已大幅下降，市场调节价比重上升。依据我国入世议定书附件 4，在农产品中，我国可以对烟草和食盐两种农产品类别实行国家定价的方法，对粮食、植物油、蚕茧和未梳棉花等农产品实行行政指导价。对粮食、植物油实行行政指导价的目的也是为了防止粮价大起大落给国内居民生活造成损害，也是我国维护国内粮食安全与稳定的一项重要制度。我国在对一些农产品实行价格控制时，应遵循透明度的原则，通过举行价格听证会提高政府控制价格的合理性和透明度，这也是 WTO 规则所要求的。

三 在国内支持和出口补贴规则方面我国未能享受与发展中国家同等待遇，导致未来对粮食进行支持受到限制

中国的农业补贴起始于 20 世纪 50 年代末，最早以国营拖拉机站的"机耕定额亏损补贴"形式出现，之后逐渐扩展到农用生产资料的价格补贴、农业生产用电补贴、贷款贴息补贴等方面，但是这些补贴，几乎涉及农产品生产与流通的全过程，农民仅是间接受益，补贴对粮食生产的鼓励作用不大。90 年代后期，中国开始对粮食和棉花等农产品进行流通体制改革，实行了较大力度的价格和流通干预政策，政府对这些农产品的收购价格明显高于市场价格。但当时实行该政策的主要目的是通过价格干预刺激农产品供给以抑制通货膨胀，在通货膨胀问题消除后，粮食价格就不断降低，政府也就不再实行这种收购政策。按照 WTO《农业协议》对农业支持、补贴的分类，在中国"入世"之前，各项农业政策大都符合《农业协议》规定的"绿箱"支持（如国家采取的一系列财政支农政策、商品基地建设以及农业开发项目等）可免予削减。而有关市场支持政策（如收购政策），则属于负保

护政策（综合支持总量为负数）。[①]

　　由于我国长期以来一直奉行的是农业支持工业发展的产业关系政策，国家的宏观政策主要向工业和农产品消费者倾斜，对农业的补贴较少，对贸易没有太大的扭曲。因此，按照 WTO 的计算规则，我国对农业生产的国内支持措施水平为负值，在农业协议实施期无须削减国内支持。WTO《农业协议》允许各成员国使用"绿箱"补贴，规定了各成员国"黄箱"补贴的微量允许标准量，中国承诺无论是针对特定产品还是非特定产品，可免于减让的"黄箱"补贴不超过农产品总值的 8.5%，且中国对全部产品和每一特定产品的补贴都将以此为限，我国"黄箱"支持的上限不同于一般发展中国家的 10%，也与发达国家的 5% 的上限有区别，这是因为我国庞大的经济规模使得我国在入世谈判中无法获得与发展中国家完全同等的待遇，只能介于两类国家之间。如果按照基期的农业生产总值的价值量计算，中国被允许可以免于减让的国内支持就只有 400 多亿元人民币。

　　此外，对发展中国家可享有免予削减的发展箱措施待遇，在入世谈判中，我国已同意放弃这类给予发展中国家的差别待遇，把此类补贴包括在综合支持总量的计算中，总之我国对粮食生产投入进行补贴将受到限制。

　　至于出口补贴，中国曾在入世谈判时提出希望保留使用出口补贴的权利，但受到美国等谈判代表的反对，因此最终在入世议定书第 12 条承诺我国不得对农产品维持或采取任何出口补贴，同时由于 1996—1998 年基期内我国的农产品出口补贴水平为零，因此，我国无须承担任何出口补贴削减义务。有些国家认为，中国谷物、食油和食品进出口公司（COFCO）是国营贸易公司，可通过国内采购体制购买低价的"配额粮食"，并在世界市场上以低于国内价格的价格销售，这实质相当于对粮食的出口补贴。因此，这些国家要求中国承诺保证所有实体，包括国家或地方各级国营贸易公司和任何其他国家附属、国家经营或控制的实体依照中国的 WTO 义务从事经营，包括维持零出口补贴的义务。因此，中国承诺国家和地方各级机关将不对在中国的实体提供与其 WTO 义务不一致的资金转移或其他利益，包括补偿因出口而产生的亏损。为了提高该承诺的透明度，中国入世工作组报告第 208 段中承诺保证国营贸易企业自主经营，进口采购做法和程序应完全透明。在第 212 段中，中国承诺将每季度公布非国营贸易商提出的进口要求及所发放的许可证，并应请求提供与此类贸易商有关的工作信息。但是 WTO 秘书处

---

① 程国强：《WTO 农业规则与中国农业发展》，中国经济出版社 2001 年版，第 107 页。

2006 年中国贸易政策评审报告认为，中国继续使用国营贸易企业出口某些农产品，使政府可以影响产品的国内价格和出口价格。国营贸易企业的出口考虑到国内和国际需求与供应，并试图维持"战略"农产品的物价稳定，保证国营加工产业获得充足的投入物，由此，国营加工产业获得了隐蔽的补贴。[1]

四 我国的农产品贸易救济措施和出口限制规则

我国入世承诺放弃了对农产品采取特殊保障措施的权利，因此在 WTO 框架下我国能够实施的贸易救济措施就是反倾销、反补贴和保障措施。从我国商务部网站公布的信息来看，截至 2012 年 8 月，我国总共只对两种农产品采取了贸易救济措施。第一起是商务部于 2006 年 2 月 6 日发布立案公告，决定对原产于欧盟的进口马铃薯淀粉（以下简称被调查产品）进行反倾销调查。经过调查，商务部最终裁定，原产于欧盟的进口马铃薯淀粉存在倾销，中国马铃薯淀粉产业遭受了实质损害，裁决自 2007 年 2 月 6 日起，对原产于欧盟的进口马铃薯淀粉征收 17%—35% 的反倾销税，为期 5 年。[2] 2009 年 9 月 27 日，商务部发布立案公告，决定对原产于美国的进口白羽肉鸡产品进行反补贴立案调查。经过调查，商务部最终裁定，原产于美国的进口白羽肉鸡产品存在补贴，中国国内白羽肉鸡产业受到了实质损害，对原产于美国的进口白羽肉鸡产品征收反补贴税，实施期限 5 年。[3] 相对于工业部门而言，我国采取的农产品贸易救济措施数量非常少，一个重要原因是农民是分散的个体，即使遭受外国农产品冲击也不易联合起来寻求救济。已经发生的两起贸易救济都是由农产品加工部门提起申请的。总之在我国的贸易体制下，对农民种植粮食进行贸易保护主要还需要依赖关税等措施。

由于 WTO 未形成严格的出口限制规则，事实上允许各成员国对粮食出口实施限制，在 2008 年粮食危机爆发时，我国政府也采取了取消出口退税，对小麦、玉米、稻谷、大米、大豆等主要粮食征收 5%—25% 不等的出口暂定关税，对大米、玉米和小麦制粉产品实施出口配额等措施。

① *Trade Policy Review*，WTO，Doc. WT/TRB/S/161，28 February 2006，Part IV，Spara. 29.

② 商务部公告 2007 年第 8 号：《对原产于欧盟的进口马铃薯淀粉反倾销终裁公告》。

③ 商务部公告 2010 年第 52 号：《关于对原产于美国的进口白羽肉鸡产品反补贴调查最终裁定的公告》。

第二节　WTO 体制外我国的粮食贸易特殊规则

一　我国对跨国垄断集团控制粮食行业的行为立法滞后

由于西方国家跨国粮食集团的扩张战略是对发展中国家粮食产业链上下游均进行投资并逐步控制，我国的外商投资立法对此种行为的管制显然存在滞后。

（一）投资准入立法对外资控制植物油加工领域管制滞后

在我国 1997 年和 2004 年的《外商投资产业指导目录》中，粮食的储藏及加工属于鼓励外商投资项目，2007 年修订时才将之从鼓励类投资项目中取消，但是此时已有一些跨国粮商开始悄然渗透我国从粮食储备到粮油价格的流通市场，例如在著名的优质麦产区山东省兖州市，国际粮商 ADM 旗下的益海集团与改制后的兖州当地粮管所合作，利用其收储网络大量收购小麦、玉米等粮源，据了解兖州当地粮管所每年为益海集团收购的粮食约达 2 万吨，占当地粮食总量的 5% 左右，已形成具有一定规模的收储网络。同时，益海集团在兖州投资建设总额达 6 亿人民币的一系列项目。其中包括日处理 500 吨花生压榨油项目、日处理 1000 吨小麦面粉加工项目、粮油物流项目、良种繁育及示范推广项目、供销社网点整合项目等。而其他跨国粮商如邦吉、嘉吉、路易达孚等跨国粮商都通过类似途径渗透到中国粮食流通市场的广大领域。

2004 年的《外商投资产业指导目录》中油脂加工虽然属于限制外商投资类，但直至 2007 年修订目录时才明确具体到将大豆、油菜籽食用油脂加工列为限制类并要求中方控股，其结果是外资大量进入我国植物油产业，并迅速控制了对原材料——大豆的进口权。此外，目录还把玉米深加工和生物液体燃料（燃料乙醇、生物柴油）生产都列为限制外商投资的产业，要求中方控股，这表明我国希望通过限制外商投资食用油脂加工以控制大豆进口数额，同时对生物燃料的发展也保持谨慎的态度。我国对外资从事批发、零售农药、农膜、化肥采取逐步开放的方式，最终于 2006 年 12 月 11 日开始允许外商建立独资批发公司从事农药、农膜、化肥批发业务，但是经营农药、农膜、化肥、粮食、植物油、食糖、烟草、棉花的超过 30 家分店的连锁店不允许外方控股。

（二）我国对外投资条约自由化程度不断提高①

我国对跨国公司控制我国粮食产业的行为立法滞后还体现在对外缔结投资条约方面，我国在与一些国家谈判时开始接受一些自由化的投资条约条款。与 20 世纪 80 年代初到 90 年代的内容较为谨慎的投资条约相比，我国新一代投资条约的发展呈现自由化、对外投资保护标准不断提高的态势，主要体现为：

1. 投资定义较为宽泛

我国对外投资协议一般列举了 5 类受保护的投资资产形式，采取的是"基于资产"的投资定义，但也将这种资产与企业管理联系，体现了我国强调对直接投资保护的意图。如 2003 年中德投资协定议定书特别规定："投资，系指为了企业建立持续的经济关系，尤其是那些能够对企业的管理产生有效影响的投资。"② 但是相对于前期的条约，新一代投资条约还是扩大了投资的范围，如以中德条约为例，概括规定了知识产权，将"商业秘密"和"商誉"列为受保护的财产，此外还扩大了特许权的范围，除矿产权外，增加了耕作、开采自然资源的特许权，间接投资也受到保护等。

2. 在投资条约中开始引入国民待遇

在 1998 年之前我国签订的 BITs 中，只有少数协定对国民待遇作出了规定，但在这些协定中，我国承担的给予国民待遇义务是一种"软性"义务，具有很强的弹性，有的甚至构成了对国民待遇的实质性限制。例如 1986 年中国与英国协定第 3 条第 3 款以及 1993 年中国与斯洛文尼亚协定第 3 条第 2 款使用的措辞是缔约一方应"尽可能"、"根据其法律法规"对缔约另一方投资者实行国民待遇，而 1988 年中国—日本协定正文规定的是符合现代投资法上国民待遇原则的措辞，但又在附件中规定了缔约国基于公共秩序、

---

① 余莹：《国际投资条约自由化背景下防御性条款的设置——对我国 BITs 实践的思考》，《北方法学》2008 年第 3 期。

② 1983 年中国—德国 BIT 第 1 条投资是指：（1）动产和不动产的所有权以及其他物权，如抵押权、质权等；（2）公司股份和其他形式的参股；（3）用于创造经济价值的金钱请求权或具有经济价值的行为请求权；（4）版权、工业产权、工艺流程、专有技术、商标和商名；（5）特许权，包括勘探、开采和提炼的特许权。2003 年重新签订的中国—德国 BIT 第 1 条投资包括：（1）动产，不动产及抵押、质押等其他财产权利；（2）公司的股份、债券、股票或其他形式的参股；（3）金钱请求权或其他具有经济价值的行为请求权；（4）知识产权，特别是著作权、专利和工业设计、商标、商名、工艺流程、商业秘密、专有技术和商誉；（5）法律或法律允许依合同授予的商业特许权，包括勘探、耕作、提炼或开发自然资源的特许权。前后比较，投资定义显然在知识产权和特许权方面有了变化。

国家安全等不实行国民待遇的例外。所以前期我国的 BITs 并未真正确立国民待遇原则。1998 年之后我国关于外资国民待遇的态度有了较大变化，在 BITs 正文中一般不再使用"尽可能"、"根据其法律法规"等限制性语言，如 2003 年中国与德国关于促进和相互保护投资的协定第 3 条第 2 款规定："缔约一方应给予缔约另一方投资者在其境内的投资及与投资有关活动不低于其给予本国投资者的投资及与投资有关活动的待遇。"另一方面，又通过"冻结条款"保证我国能继续实施并维持现有的与国民待遇不同的保护措施，通过"回撤条款"表明我国承诺以后取消现有不符合国民待遇的措施。

从商务部条法司公布的我国对外签订的投资保护协定的文本来看，大都对国民待遇的规定采取了与中德协定相同的措辞，正文正式给予外国的投资者及其投资以国民待遇，附件又对国民待遇仍实行一定限制。总之，虽然我国实施的还不是完全的国民待遇，但这种立法方式表明我国已非常倾向于采取正式、完全的国民待遇。

3. 全盘接受 ICSID 仲裁管辖

我国自 1998 年 7 月与巴巴多斯签订的 BITs 全盘接受 ICSID 仲裁管辖以来，又陆续在 10 多个 BITs 全面接受了 ICSID 仲裁管辖，对提交 ICSID 仲裁不再限于征收补偿额的争议而是扩大与投资有关的任何争议，提交 ICSID 仲裁前仅要求投资者用尽东道国的国内行政复议程序。[①] 我国一改以往对提交 ICSID 仲裁管辖的"逐案同意"的态度而转变为对 ICSID 仲裁全面接受，这种不加任何限制的方式不仅与美国、加拿大这些发达国家的 BITs 实践不同，也可能因为我国与其他国家 BIT 中的最惠国待遇条款使得这种接受被全面扩大化，而使我国面临极大风险。

4. 征收与间接征收

我国前期的 BITs 如中英协定等一直主张我国对国有化征收的态度仍然是国家可基于公共利益等对外国投资进行国有化征收，征收补偿的标准是适当补偿，并且也没有涉及间接征收。但在新一代投资条约中可以很明显地看出，我国已经逐步接受了发达国家一直主张的间接征收的概念以及全面补偿要求。如在 2003 年的中德投资协定中，第 4 条征收与补偿第 2 款规定："缔约一方投资者在缔约另一方境内的投资不得被直接或间接地征收、国有化或者对其采取具有征收、国有化效果的其他任何措施（以下称'征收'），

---

① 至 2004 年底中国只与 17 个国家签订全面接受 ICSID 仲裁管辖权的 BITs，其中只有德国和荷兰是发达国家。

除非为了公共利益的需要并给予补偿。这种补偿应等于采取征收或征收为公众所知的前一刻被征收投资的价值，以在先者为准。补偿的支付不应迟延，应包括直至付款之日按当时商业利率计算的利息，并应可有效地兑换和自由转移。"该款的实质内容已经非常接近发达国家所主张的"赫尔原则"。

截至 2010 年 7 月，我国已经对外缔结了 127 项双边投资条约，其中已经生效的有 100 项，还有 27 项已经签字尚须各自批准。其中与发达国家生效的 BITs 有澳大利亚、日本、英国、法国、瑞士、瑞典、德国、芬兰等。①这些双边投资条约虽然还没有全面在投资准入实行国民待遇，因此跨国粮食垄断集团还不能享有大幅进入我国粮食产业链的便利，但是我国对外投资条约明显提高了外资的保护水平，对已经在我国投资的跨国粮食集团而言，其投资能够得到条约的有效保障，我国不得随意以其有可能危及我国粮食安全为由限制其投资，否则就可能会被认为构成征收，被诉至 ICSID。

二　我国对转基因粮食贸易的管制和转基因植物品种的知识产权保护

（一）转基因粮食品种标识和进出口贸易管制规则

我国目前已颁行了一系列法律法规加强对农业转基因生物安全管理，1996 年农业部发布了《农业生物基因工程安全管理实施办法》，2001 年国务院颁布了《农业转基因生物安全管理条例》（以下简称《条例》），对在中国境内从事的农业转基因生物研究、试验、生产、加工、经营和进出口等活动进行全程安全管理。此后我国政府根据上述条例分别制定并颁布了《农业转基因生物安全管理办法》、《农业转基因生物进口安全管理办法》和《农业转基因生物标识管理办法》三个实施细则性质的规章，发布了转基因生物标识目录，建立了研究、试验、生产、加工、经营、进口等环节的许可和标识管理制度。卫生部也制定了《转基因食品管理办法》，2006 年 1 月，我国农业部颁布了《农业转基因生物加工审批办法》。上述法规和规章构成了我国对转基因生物产品管制的基本法律框架。

1. 进口转基因产品安全审查制度规定，没有国务院农业行政主管部门颁发的农业转基因生物安全证书，不得进口农业转基因生物。

依据《条例》及配套规章，农业部对进口农业转基因生物按照用途分三类进行管理：第一类是用于研究和试验的，条例规定从境外引进农业转基

---

① 根据商务部网站信息统计。

因生物用于研究、试验的，引进单位应当向国务院农业行政主管部门提出申请，不仅要具有规定的申请资格，有相应的安全管理、防范措施，还要求引进的农业转基因生物在国（境）外已经进行了相应的研究、试验。第二类是用于生产的，境外公司向我国出口转基因植物种子、种畜禽、水产苗种和利用农业转基因生物生产的，我国要求输出国家或者地区已经允许作为相应用途并投放市场；而且输出国家或者地区经过科学试验证明对人类、动植物、微生物和生态环境无害，有相应的安全管理、防范措施；主管部门方可批准试验材料入境并依照本条例的规定进行中间试验、环境释放和生产性试验：生产性试验结束后，经安全评价合格，并取得农业转基因生物安全证书后，方可依照有关法律、行政法规的规定办理审定、登记或者评价、审批手续。第三类是用作加工原料的，条例要求境外公司向我国出口农业转基因生物用作加工原料的，输出国家或者地区已经允许作为相应用途并投放市场，并经过科学试验证明对人类、动植物、微生物和生态环境无害。进口用作加工原料的农业转基因生物安全证书申请程序包括两个环节：一是境外研发商向农业部申请安全证书，经我国第三方检测机构在中国境内检测，并经安委会评审合格的，由农业部批准发放进口用作加工原料安全证书。二是境外贸易商凭研发商获得的安全证书等资料，向农业部申请每船进口安全证书，农业部批准后发放每批次进口安全证书。①

截至目前，经安委会评审，农业部已先后批准了转基因棉花、大豆、玉米、油菜4种作物的进口安全证书，除棉花外，其余进口转基因作物用途仅限于加工原料。农业部至今没有批准任何一种转基因粮食作物种子进口到中国境内商业化种植。②

2.《农业转基因生物标识管理办法》规定，自2002年3月20日起，凡在我国境内销售列入农业转基因生物标识目录的农业转基因生物，应当进行标识；未标识和不按标识的，不得进口和销售。目前我国以列举的方式规定下列转基因农产品必须遵守标识规定：（1）大豆种子、大豆、大豆粉、大豆油、豆粕；（2）玉米种子、玉米、玉米油、玉米粉；（3）油菜种子、油菜籽、油菜籽油、油菜籽粕；（4）棉花种子；（5）番茄种子、鲜番茄、番茄酱。

我国《农业转基因生物安全管理条例》关于用于生产的和用作加工原

---

① 《农业转基因生物安全管理条例》第31、32、33条。
② 《农业部就农业转基因技术与生物安全等问题答问》，http://www.zgxcfx.co，2010－5－8。

料的规定，都要求转基因产品在输出国经过科学试验证明对人类、动植物、微生物和生态环境无害，有相应的安全管理、防范措施，并取得我国农业部批准发放进口用作加工原料安全证书和进口安全证书之后，方能进口。该《条例》似乎建立在这样的一种假设基础上，即可以通过科学实验验证转基因生物的安全性，转基因生物或者对人类、动植物、微生物和生态环境无害，或者存在危害，不存在现有科学条件下可能无法证明转基因的安全性与否的情况。这表明我国对转基因生物安全管理原则主要是事先审查、审查合格即安全，也就是说我国法律并没有采纳严格的风险预防原则，与美国等转基因生产大国较宽松的管理模式类似。当然这种模式有利于转基因产品的进口和投入生产，但在出现转基因生物发生对人类或环境有某种事先审查时未能发现的危害时，就因转基因已经大量进入市场，危害已经扩大，消除危害后果十分困难甚至无法消除。

（二）对转基因粮食新品种的知识产权保护规则

由于《TRIPs协议》要求成员国通过专利制度和专门的特别制度或二者的组合对植物新品种进行保护，并且我国加入了《国际植物新品种保护公约》（UPOV公约）1978年文本，为履行条约，因此我国建立了专门制度保护转基因植物新品种。

1. 专利法只保护转基因植物的生产方法，转基因植物本身不能获得专利保护。

从国内来看，我国现行《专利法》第25条明文规定对动物和植物品种不授予专利，但对生产动物和植物品种的方法授予专利。我国《专利法》对转基因植物不予保护，是有一定原因的。若对转基因植物的产生方式采用专利保护，技术上如何确定其专利"三性"（新颖性，创造性，实用性）比较困难，因此，我国的专利法暂时没有授予动植物新品种以专利权。

2. 国家植物品种保护名录中列举的植物的属或者种才能够获得《植物新品种保护条例》的保护。

我国1997年10月1日施行的《中华人民共和国植物新品种保护条例》对转基因植物新品种予以保护，根据该条例第13条的规定，只有属于国家植物品种保护名录中列举的植物的属或者种能够获得保护，而并不是所有的植物新品种都能够受到品种权的保护。截至2010年，农业部已经发布了8批农业植物保护名录，水稻、玉米、大豆、普通小麦、高粱、大麦等粮食品种都已经列入该保护名录之中。①

  依据我国《植物新品种保护条例》第6条规定，如果没有经过品种权人的允许，任何个人和单位都不得为商业目的生产或者销售该授权品种的繁殖材料，也不得将该授权品种的繁殖材料重复使用于生产另一品种的繁殖材料。同时条例也对植物新品种权做出了一些限定：② 首先规定了科学研究和农民留种的例外，即利用授权品种进行育种及其他科研活动和农民购买的品种经过自己繁殖自己使用的，可以不经过权利人的允许，也可以不向权利人支付使用费继续自己使用，但是不能销售该繁殖材料产出品，这项规定即"育种特权"和"农民特权"。其次对植物新品种有强制许可制度。在一些情况下，为了特定的利益，国家相关机关可以作出植物新品种强制许可的决定，并通过一定的方式公告社会。

  由于我国接受的是 UPOV 公约 1978 年版本，因此我国《植物新品种保护条例》在对植物新品种的保护范围、保护期限等方面均与 UPOV 公约 1991 年版本存在差距，1991 年文本的品种权保护对象的范畴不仅包括授权品种本身，还包括由受保护品种繁殖材料生产的收获材料产品以及特定情况下对这些材料的加工产品，而我国只保护授权品种本身；1991 年文本品种权保护期限达 20 年，高于我国的 15 年保护期。而 UPOV 公约 1991 年文本一改研究免责、农民免责等强制性限制条款，规定各成员国可自行决定是否规定农民免责条款及农民特权行使的条件，许多发达国家因此对农民免责例外施加很多限制，保护育种者权。这样我国面临提高保护标准的压力。

  （三）我国没有加入《粮食和农业植物遗传资源国际条约》，通过《人类遗传资源管理暂行办法》规定了基因资源的双边谈判分享机制

  我国于 1998 年 6 月颁布实施了《人类遗传资源管理暂行办法》，对涉及粮农植物遗传资源在内的人类遗传资源的管理、出入境、研发知识产权归属等进行了规定。根据该暂行规定，我国对重要人类遗传资源严格控制出口、出境，我国可与国外合作研究对我国人类遗传资源进行开发，但涉及我国人类遗传资源的国际合作项目，须由中方合作单位办理报批手续。

  对利用粮农植物遗传资源所产生的惠益分享，我国目前采取的是双边协议谈判分享机制，合作研究开发成果属于专利保护范围的，应由双方共同申请专利，专利权归双方共有。双方可根据协议共同实施或分别在本国境内实

---

① 农业部：《中华人民共和国农业植物品种保护名录（第八批）》。

② 《植物新品种保护条例》第 10 条和第 11 条。

施该项专利，但向第三方转让或者许可第三方实施，必须经过双方同意，所获利益按双方贡献大小分享。

三　我国缔结的区域农产品贸易规则

我国与东盟相互从对方进口和出口粮食，进入 21 世纪，随着双边农产品贸易额的增加，中国对东盟蔬菜、水果、水产品、谷物及粮食制品的出口额和在农产品出口额中所占比值逐渐增大。2009 年，这四大类农产品的出口额分别达到 13.53 亿美元、10.85 亿美元、7.71 亿美元和 2.66 亿美元，占农产品出口份额分别为 25.25%、20.23%、14.39% 和 4.95%。从进口情况来看，植物油是中国从东盟进口的传统农产品，谷物也一直保持一定数量的进口，2009 年进口谷物和粮食制品达到 5.04 亿美元。[①] 相形之下，我国从东盟进口粮食超过了向东盟出口粮食。作为我国对外签署的第一个区域自由贸易协定，中国—东盟自由贸易协定（CAFTA）农产品贸易规则有一定的特色，另外，中国—新西兰 FTA 是我国与发达国家缔结的第一个内容全面的自由贸易协定，其农产品贸易规则体系完备，因此本书分析研究上述两个 FTA 的农产品贸易规则，其模式、内容将对我国未来区域粮食贸易规则的发展具有先例、示范作用。

（一）区域粮食贸易规则的内容体系

CAFTA 粮食贸易规则体系主要是 2004 年 11 月签署的《中国—东盟经济合作框架协议货物协议》（简称《货物协议》）和《中国—东盟争端解决机制协议》，主要内容只与市场准入有关，区域内部的动植物检疫措施—技术贸易壁垒标准尚未协调统一，而且协议未涉及农业补贴、国内支持、农产品特殊保障机制等内容，主要原因在于中国与东盟各国都是发展中国家，对农业进行财政支持的力度有限，没有像欧盟、美国那样能够对农业进行巨额补贴。

但是中国—新西兰 FTA 显然已经构建了完整的农产品贸易规则体系，协定共有 18 章和 14 个附件，其中第 3 章货物贸易、第 4 章原产地规则及操作程序、第 6 章贸易救济、第 7 章卫生与植物卫生措施、第 8 章技术性贸易壁垒、第 16 章争端解决都与农产品贸易规则有关，值得关注的是中国—新西兰 FTA 中涉及了出口补贴、动植物检疫措施、技术性贸易壁垒等内容，

---

① 李红梅、吕向东：《中国—东盟自由贸易区双迎农产品贸易状况分析》，《世界农业》2010年第 6 期。

其中更包括有农产品特殊保障制度，这说明随着我国对外缔结的区域 FTA 增多，农产品贸易规则也逐步完善。

（二）市场准入

中国—东盟区域经济合作成员中除了老挝、缅甸之外均为 WTO 成员国，因此区域内关税减让等措施须在 WTO 法律框架下进行。GATT 第 24 条以及 WTO 关于第 24 条的谅解只是要求区域集团不得增加或提高对外部成员的关税壁垒，而对区域集团内部关税减让的幅度以及模式并不加以干涉，WTO 农业协议中要求成员国在农产品市场准入方面有关税化的义务，但是关税减让的幅度和模式均由成员国谈判时自行确定，相对于 WTO 农业协议及各国所作的农产品关税减让承诺，中国与东盟就农产品关税减让问题取得重大进展，各方推动农产品自由贸易的意愿十分明显。

首先，早期收获计划减税成果显著。从 2004 年 1 月 1 日起，CAFTA "10 + 1" 各成员国就税则第 18 章约 560 多种农产品开始实行快速减税，其中中国和东盟 6 国（老成员）不迟于 2006 年将有关产品税率减至 0%—5%；东盟 4 国（新成员）不迟于 2010 年减至 0%—5% 早期收获计划还鼓励成员方扩大关税削减的幅度和范围。其次，未列入早期收获计划的农产品，《货物协议》采取两种关税削减和取消模式，一是正常类产品的关税削减，最终税率要降低至零，另一类是敏感类产品的关税削减，这类产品的最终税率可不为零，成员国可根据自身情况对某些农产品给予保护，特别是那些列入高度敏感类的农产品，成员国始终可以保留较高关税。不过，为推动区域内自由贸易和关税减让，中国—东盟自由贸易区货物贸易谈判采取的是消极列表（negative list）方式，凡是没有列入敏感清单的产品均为正常产品，同时对敏感类产品要求在各缔约方同意基础上设定上限。这样，在中国—东盟自由贸易区框架下，保证了大部分产品都被列入正常类，以使其关税最终削减至零。从上述关税减让的内容来看，CAFTA 采取了"逐步降税、适度保护"原则，农产品关税减让幅度较大，但现有的关税削减计划并未危及我国基础性农产品和农业安全。由于谈判时允许成员方根据自身安排将重要的农产品纳入敏感类进行保护，我国将大米、玉米、面粉、糖、植物油、羊毛、烟草制品等事关国计民生的大宗农产品纳入敏感类给予适度保护，避免了区域内自由贸易关税大幅降低对这些农产品所带来的冲击。此外，早期收获计划所涵盖的产品是《海关税则》第 1 章到第 8 章的产品，主要类别是活动物、肉及可食用杂碎鱼、乳品、蛋、蔬菜水果类，这些农副产品属于劳动密集型产品，我国在国际市场上还具有一定的比较优势，所以，现有的市场准入安排并不会对我国粮食安全带来较大冲击。

中国—新西兰 FTA 对粮食及其他农产品没有采取区分为正常类和敏感类产品分别降税的模式，而是在关税减让表中针对不同产品采取不同降税模式，在中国从新西兰进口的农产品中，粮食类产品基本维持在 WTO 框架下的最惠国税率，没有降税。这种安排是合理的，一方面中国主要从新西兰进口羊、牛肉，几乎不进口稻米、小麦等，即使降税也意义不大，另一方面，新西兰是发达国家，我国如果对其农产品采取过度开放的降税措施，对今后我国与其他发达国家缔结 FTA 有示范作用，不利于我国对重要农产品进行关税保护。

数量限制方面，数量限制措施对进出口贸易的影响非常显著，从 CAF-TA《货物协议》的相关规定来看，CAFTA 对成员方保留限制措施持坚决反对态度，但又给予成员方实施 WTO 规则允许的数量限制。总之，将 CAFTA 与 WTO 规则比较，可以看到在 CAFTA 下数量限制措施受到了更为严格的管制。例如，WTO 虽然确立了一般取消数量限制的基本原则，但规定了保障国际收支平衡的例外、发展中国家国际收支困难的例外以及保障措施的例外。而 CAFTA 虽允许成员享有国际收支平衡的例外，但在保障措施的实施方式上就不允许采取数量限制，只能采取恢复关税至最惠国关税水平的方式。

中国—新西兰 FTA 第 3 章第 11 条规定除非根据其 WTO 权利和义务或根据本协定其他条款采取或维持的措施，一方不得对来自另一方任何货物的进口或向另一方任何货物的出口采取或维持任何非关税措施。也就是说，协议遵循了 WTO 关于数量限制的规则，没有作出特别的规定。

中国—新西兰 FTA 在农产品贸易规则中有创新之处的规定是农产品特殊保障措施，有权实施农产品特殊保障措施的仅仅为中方，实施的产品当然也有所限制，主要是奶油、黄油、奶酪类产品，没有粮食制品。[①]

（二）技术贸易壁垒、动植物检疫措施问题

据 Gloria O. Pasadilla 研究表明，东盟国家所实施的非关税措施中，大部分是针对农产品的，而其中技术标准措施等又在这些非关税措施中占相当比重。[②] 所以中国与东盟国家之间的技术贸易壁垒、动植物检疫措施的协调就

---

① 《中国—新西兰自由贸易协定》附件 2：农产品特殊保障措施。

② Gloria O. Pasadilla, *Effect of preferential trading agreements on agricultural liberalization*, http://www.unescap.org/, 2008 - 4 - 27。

非常重要。但是 CAFTA 没有专门就技术贸易壁垒、动植物检疫措施问题达成协议，仅仅声明成员方同意遵守他们在 WTO 相关规则中有关条款的承诺。也许保留各自的技术标准措施能够起到让各国灵活使用并服务于保护本国农产品的目的。

中国—新西兰 FTA 第 7 章卫生与植物卫生措施、第 8 章技术性贸易壁垒则为 FTA 双方协调各自的卫生检验措施和技术标准提供了详细的规则和程序。第 7 章卫生与植物卫生措施为促进双方卫生与植物卫生议题的交流、磋商和便利双边贸易规定了实施细节，包括确定双方协调信息的主管部门、进行风险分析的程序，共同制定适应地区条件相关原则、标准和程序，信息合作与通知等等。在第 8 章技术性贸易壁垒中不仅要求双方协调技术标准，并及时公布，而且还要求双方都采用国际标准。[①] 显然这些规定要比 CAFTA 大大前进了一步。

(四) 贸易救济措施

中国—东盟自由贸易区法律框架下关于农产品贸易救济措施的规定主要是保障措施，补贴与反补贴措施、反倾销措施则遵从 WTO 规则中有关条款的规定。中国—东盟《货物协议》第 9 条为保障措施条款，该款规定了保障措施实施的条件，程序机构以及限制性规定。由于该款允许区域内成员国（同时又是 WTO 成员国）采取 WTO 框架下的保障措施，因此中国—东盟自由贸易区成员国中凡是已加入 WTO 的在采取农产品保障措施时面临三种选择：自由贸易区内部的保障措施、WTO 框架下的保障措施和《农业协议》所规定的农产品特殊保障措施。

中国—东盟自由贸易区成员有印度尼西亚、马来西亚、菲律宾、泰国这 4 个国家可以采取 WTO 框架下的农产品特殊保障措施，实施的产品范围各自不同，主要有谷类、动物及其部分、水果蔬菜、糖及糖果等，而自由贸易区内其他国家则不能实施 WTO 框架下的农产品特殊保障措施。在 WTO 框架下的农产品特别保障措施，实施方（进口方）根本无须证明相关产品进口是否对国内产业造成任何影响，只要该产品的进口量或进口价格超过数量或价格触发水平，便可实施，所以相形之下，特别保障措施的适用条件更宽松、简便，实施过程也更加透明且具有操作性，对 4 个具有启用特别保障措

---

① 中国—新西兰 FTA 第 8 章第 94 条第 1 款：只要有关国际标准已经存在或即将拟就，双方应当使用国际标准，或者使用国际标准的相关部分，作为技术法规和相关合格评定程序的基础，除非这些国际标准或其中的相关部分无法有效、恰当地实现合法的立法目的。

施资格的东盟成员国来说，它更能适应农产品进口保护的需要。

CAFTA《货物协议》第 9 条第 3 款关于区域内部保障措施启用条件总体上与 WTO 之下的保障措施的启用条件保持一致，认为进口增加、国内产业存在严重损害或严重损害威胁、上述两者之间存在因果关系是实施保障措施的基本要件，但仔细分析，CAFTA 保障措施与 WTO 保障措施在启用条件上仍存在一些细微差异。依据国内一些学者的观点，区域集团内部启用保障措施的条件应严于 WTO 之下保障措施的启用条件，这样才能确保区域内部贸易自由化的效用以及成员方的优惠高于区域外成员。[1] 但是 CAFTA 保障措施规定，"不可预见的发展"仅仅是履行关税减让义务之外的其他义务导致进口激增时援用保障措施需要证明的要件，而对于关税减让导致的进口激增，无须如此复杂的证明。如前文所述，CAFTA 农产品贸易在市场准入中最大的成就在于大大降低了关税，这就意味在 CAFTA 区域内因关税减让而启用保障措施的可能性更大，这样就无须证明进口增加是"不可预见的发展"，因此启用条件较在 WTO 框架下启用更为容易。

CAFTA 保障措施、WTO 保障措施和 WTO 农产品特殊保障措施实施的方式、期限和补偿方式不同。CAFTA 保障措施实施的方式不包括数量限制，而仅仅是将所涉产品的适用税率提高至该产品的最惠国税率，实施期限最多 4 年，而且该实施期限必须在所涉产品过渡期届满之日终止。WTO 下的保障措施包括提高关税、数量限制、关税配额，一般不得超过 4 年，保障措施的实施方应设法维持其与其他成员方之间的权利义务平衡，并与受措施影响的成员方商议确定适当的补偿办法，如无法达成协议，受影响方有权对实施方中止履行对等的关税减让或其他义务。WTO 农产品特别保障措施只能采取附加关税的形式，附加关税水平参照固定的公式确定，数量触发式特别保障措施的实施期限为当年年底，而价格触发特别保障措施则不存在实施期限的问题。此外，特别保障措施并不存在关于补偿和报复的规定，只有采取向有利害关系的成员方提起磋商的方法，磋商结果并不影响特别保障措施的实施。

中国—新西兰 FTA 协定第 6 章是关于贸易救济的规定，包括一般贸易救济和双边保障措施。在中新协议中，虽然双方采取反倾销、反补贴措施是以 WTO 的规定为主，但协议增加了不少特别的要求，如透明度的要求、及时通知对方的义务，并特别要求任何一方不得实施出口补贴。采取全球保障

---

[1]　陈立虎：《区域贸易成员实施保障措施问题研究》，《现代法学》2005 年第 6 期。

措施时，如果原产于另一方的货物的进口并未造成损害，则可将其排除在该措施之外。中国—新西兰 FTA 双边保障措施的实施条件与 CAFTA 类似，是"削减或取消关税的结果，导致某一享受本协定优惠关税待遇的产品进口至一方境内的数量绝对增加，或与国内生产相比相对增加，且对生产同类或直接竞争产品的国内产业造成严重损害或严重损害威胁"。实施方式是将关税恢复至最惠国关税水平，实施期限为 2 年，可延长 1 年。与 CAFTA 不同的是，中国—新西兰 FTA 还专门增加了关于农产品特殊保障措施的规定，有权实施的仅为中方当事人，实施方式采取征收附加关税，期限为至实施该措施的当年年底。中国—新西兰 FTA 的贸易自由化程度要比 CAFTA 深，虽然关于贸易救济的规定内容较多，但其出发点和目的是为了使贸易救济手段不成为妨碍贸易的壁垒，因而更注重采取措施的透明度、通知、协调和联系点的建立。

第三节　发展中国家粮食安全的经验与教训

在西方国家粮食战略影响下，发展中国家自觉或不自觉地卷入了粮食自由贸易的浪潮。从纯粹的理论出发，粮食自由贸易能够有效地在全球实行资源配置，从而更好地发挥粮食生产国的生产能力和资源优势。但是，国际粮食市场并非一个充分竞争的自由市场，如前文所述，粮食生产、贸易受到政府多方面政策目标和国际战略布局的影响，西方发达国家本身对粮食进口设置了重重障碍，对国内粮食加以高度保护就充分说明了粮食贸易不可能实现真正意义上的自由竞争与贸易。对此，粮食进口国、发展中国家就需要根据本国实际情况制定相应的粮食生产、贸易政策，切不可头脑发热盲目参与到本已不公平的国际粮食贸易竞争，对本国粮食生产不加以任何支持，否则一旦发生食物短缺、粮价暴涨等突然事件引发国内动乱，其严重后果必将难以弥补。这方面有两个发展中大国分别为我们提供了正反两个样本，也为我国寻求进口贸易与粮食生产之间的平衡提供了有益的经验与教训。

一　菲律宾从粮食出口国沦为粮食不能自给国：贸易政策与农业政策的失败

（一）菲律宾实行"出口替代"的农业政策，粮食开始依赖进口

在菲律宾国民经济比例中，农业部门 GDP 占总量的 20%，就业占 40%以上，这说明农业是菲律宾经济中非常重要的部门。在 20 世纪 70 年代，菲

律宾粮食生产不断增长，1965—1980 年的大米产量增长率达 4.6%，完全能够自给自足。但是进入 80 年代之后，农业生产停滞不前，80 年代年均增长率仅为 1%，1990—1995 年的年均增长率为 1.4%，低于人口增长率，在亚洲属于低发展水平。在 20 世纪 80 年代菲律宾主要粮食作物的生产不仅没有增长，甚至开始衰退，水稻、玉米是菲律宾的主要粮食作物，但是在菲律宾加入 WTO《农业协议》后，玉米、大米由于受到廉价进口产品的冲击，生产受到很大影响，原菲律宾玉米主产区棉兰老岛的玉米种植几乎已经消失，1995 年、1998 年和 2000 年玉米的农业总增加值的增长率分别为 -8.65%、-11.7% 和 -1.6%，水稻的总增加值在 1998 年增长率下降为 -24.1%。[①]而联合国粮农组织的数据显示，虽然从 1980 年起大米的产量每年都有增加，但是大米的进口数量也在逐年增加，大豆的进口数量也在不断增加。据菲律宾农业部统计数据显示，1986—1988 年大米进口只占菲律宾消费总量的 1%，到了 1995 年就升至 4%，而在 1998 年大米占菲律宾国内消费量的 32.34%！[②] 菲律宾粮食生产已经无法满足日益增长的人口需求，必须通过进口来保障粮食安全。作为一个曾经物产丰富的农业大国，菲律宾具有优良的自然条件，气候适宜稻米生产，而今菲律宾人的主食——大米对进口的依赖程度不断加深，菲律宾政府不恰当的政策起了极为重要的作用。

菲律宾农业生产具有农场规模小、技术水平不高等特点，生产以人力为主、机械化运用水平低，生产率和效率较低，发达国家的谷物、稻米的产量分别是菲律宾的 5 倍和 3 倍以上，所以菲律宾无法与发达国家受到高度补贴的粮食竞争，因此菲律宾对进口农产品采取数量限制、进口禁止、价格控制和政府控制贸易等保护措施，关税也对进口农产品普遍进行征收。

表 7-2　　　　　　　　　菲律宾主要粮食品种进口数量　　　　　单位：吨

粮食品种	2005 年	2006 年	2007 年	2008 年
小麦	250000	1855670	2393790	2251790
大豆	1436200	1471700	1820000	1420430
大米	1100000	1800000	1900000	2500000

数据来源：www.faostat.fao.org

① Arze Glipo, Val ibal and Jayson Cainglet, *Trade Liberlization in the Philippine Rice Sector*, Development Forum, No. 1, Series 2002.

② Francisco G. Pascual and Arze G. Glipo, *WTO and Philippine Agriculture: Seven Years of Unbridled Trade Liberalization and Misery for Small Farmers. Development Forum*, No. 1 Series 2002.

但是到了20世纪80—90年代，菲律宾在国际货币基金组织和世界银行倡导下开始对农业政策进行自由化改革，1981年马科斯政府实施农工平衡发展战略（Balanced Agro-Industrial Development Strategy），决定在国际市场发展其具有比较优势的农产品，取消了对国内一般农作物的贸易保护和生产支持，对化肥和生产投入品的政策进行了完全的修改，把原先给予农民的30%化肥补贴改为提供给化肥进口商15%的关税补贴。马科斯政府下台之后的阿基诺政府基本延续了上述政策，并对化肥进口实现自由化，对政府所有的公司实行私有化，取消了大米贸易和销售的补贴，对大米和谷物的价格支持也减少了。基于菲律宾稻米生产的衰退状况，阿基诺政府在1988—1989年曾实施提高大米生产率计划，在90年代早期实施稻米行动计划，这一计划试图给稻米种子和化肥提供补贴，但是由于预算等问题这些计划仅仅停留在纸面没有真正得到实施，90年代之后，再也没有对农业生产投入的增加，对农业的支持1997年为国民预算的3.99%，2000年反而下降到2.29%。即使是投入到农业部门，也只有30%—40%是用于提高农业生产率，对农业研究的投入，仅仅占到农业开支的0.3%，对农业灌溉等基础设施的投入也在下降，这样粮食生产率自然也无法提高。

对农业支持的减少加上进口化肥的价格不断上涨，在80—90年代菲律宾开始丧失种植水稻的比较优势，水稻的成本要比周边国家高出不少，例如，在90年代中期，菲律宾水稻的成本是5.17比索/公斤，而在泰国和越南的水稻成本分别只有4.3比索/公斤和2.33比索/公斤，国际市场上稻米实际价格呈下降趋势，菲律宾大米的市场价格几乎是泰国和越南大米价格的2—3倍。在这种背景下，菲律宾政府决定重新定义粮食安全，不再认为粮食自给自足是实现粮食安全的唯一途径，通过进口粮食也能够维系粮食安全，同时菲律宾鼓励农民转向种植高价值的经济作物出口。菲律宾政府对加入WTO实现农业自由化持极为乐观的态度，认为加入WTO之后，菲律宾每年的农业出口将至少增加34亿比索，农业总值将增加600亿比索，而且每年将增加50万个劳动岗位。[1]

在WTO成立后，为了执行在WTO《农业协议》的承诺，菲律宾政府对农业继续实行进一步的自由化政策。首先，菲律宾政府集中对其在国际市场上具有高价值的农作物进行支持，希望以此扩大一些经济作物如椰子油等的

---

[1] Francisco G. Pascual and Arze G. Glipo, *WTO and Philippine Agriculture: Seven Years of Unbridled Trade Liberalization and Misery for Small Farmers.* Development Forum, No. 1 Series 2002.

出口。其次，削减粮食等产品的进口关税，菲律宾在 WTO 农业方面承诺敏感产品如谷物、糖等的初始约束关税为 100%，但到 2004 年关税就必须下降至 40%—50%，而其他发展中国家的敏感产品初始关税高达 300% 左右。虽然菲律宾未将大米纳入自由化进程，但是承诺给予大米最低市场准入，最低准入在 1995 年是年消费量的 1%，到 2005 年增加到 4%。这种战略导致稻米和谷物的种植面积从 1988 年的 370 万公顷减少到 1997 年的 270 万公顷，菲律宾政府推动的出口导向农业政策也使得靠近都市工业带的一些稻田变为工业用地。2001 年菲律宾通过了稻米安全网法案，取消了国家粮食局（NFA）的大米进口专营权，允许私营部门从事大米进出口业务。由此，大米进口量节节攀升，大米的实际进口量在 1995 年就达到了国内消费总量的 3.7%，而在 1998 年进口量高达消费量的 32%。

但是，菲律宾的农产品出口并未如期得到增长，从 1994—2000 年的菲律宾农业出口数据表中可以看到，1997—2000 年农业出口还下降了 25%。其中菲律宾第二大农业出口产品椰子油从 1998 年的出口值 1400 万比索下降到 1999 年的 460 万比索，至 2000 年又恢复到 1050 万比索。

表 7-3　　　　　　　　菲律宾农业出口值（1994—2000 年）　　　单位：百万美元

年份	1994	1995	1996	1997	1998	1999	2000
出口值	2072.02	2499.06	2306.64	2337.51	2224.67	1760.14	1982.73

数据来源：www.faostat.fao.org.

尽管农作物的出口不断下降，菲律宾政府仍然盲目地拓展经济作物——芦笋、芒果、菠萝和香蕉的生产和出口。80—90 年代国际货币基金组织、世界银行倡导的农业结构调整计划就要求菲律宾发展经济作物推动农业贸易自由化，加入 WTO 后市场准入可能会大大增加的美好前景也促使菲律宾把发展这些经济作物作为 90 年代中期农业发展计划的中心任务，其后果就是经济作物种植面积大大增加，稻米种植面积大大减少。例如菠萝种植面积从 1989 年的 61000 公顷增加到 1996 年的 102000 公顷，不到 10 年几乎翻了一倍，香蕉种植面积在 7 年间增加了 4 万公顷，棉兰老岛的稻米和玉米种植面积分别下降了 63.56% 和 46.67%。[1]

在加入 WTO 后不久，菲律宾不仅大米进口大大增加，谷物类、牛奶、

---

[1]　Cristina C. David, "Agricultural Policy and the WTO Agreement: The Philippine Case", *Philippine Institute for Development Studies*, The PIDS Discussion Paper Serie No. 97-13, May 1997.

牛肉、植物油等进口都大为增加，严重影响了该国的食物自给能力。在国际粮食价格急剧上涨时菲律宾就首当其冲，发生大米短缺，粮价暴涨，甚至引发骚乱，如 1995 年和 2008 年的粮食危机都给菲律宾民众带来冲击，菲律宾政府不得不到处寻找进口粮食源，不断上涨的粮价又使得财政已处于赤字状态的菲政府焦头烂额。

菲律宾屡次发生粮食危机，国内政策失当是主要原因，政府没有制定正确的粮食生产战略，对国内粮食生产支持严重不足，粮农受到多重盘剥种粮积极性不高，对经济作物的倾斜导致粮食种植面积大为减少，粮食生产无法满足国内需求，粮食供应依赖于进口；国家粮食局私有化进程弱化了其公共职能，使得其为了追求利润不能在市场波动时利用储存、抛售或进口等手段干预大米市场维护市场稳定；再者菲律宾现有的细分土地结构下难以进行规模生产、生产技术落后，诸多因素综合作用下，粮食问题常常成为困扰该国的一大难题。

（二）美国粮食战略对菲律宾的影响

菲律宾粮食问题也在某种程度上是美国粮食战略影响所致。二战前菲律宾受美国殖民统治达 40 年，美国统治时期，根据菲美自由贸易法，菲律宾向美国出口 4 项经济作物——马尼拉麻、椰子、蔗糖、烟草，这实质上就是美国殖民战略下的贸易安排，它使得菲律宾逐渐成为向美国出口经济作物的基地，并将菲律宾变成依赖美国粮食的附属国。菲律宾独立后，菲律宾政府并没有改变这种以出口热带经济作物换取进口粮食的做法，只是由于国际分工的发展，菲律宾主要粮食进口国已转变为亚洲的泰国（66%）和越南（22%），而从美国进口的粮食只占 12%，为菲律宾粮食来源国第三位（2003 年数据）。[①]

美国转而通过粮食援助等方式加强对菲律宾的粮食输出，1991—2001年，菲律宾得到了美国 PL480 计划下的总计 1.9 亿美元的优惠贷款，以进口美国大豆、玉米和大米，1997 年该计划使美输菲农产品总值达 2000 万美元，2001 年达 4000 万美元，2002 年，该计划下菲律宾仅从美国进口玉米就达 200 万美元，导致菲律宾自己的玉米生产受到严重冲击。[②] 2003 年菲律宾也是亚洲接受美国 PL480 计划贷款最多的国家。同时，美国的大型农业跨

---

① Liborio S. Cabanilla, "Agricultural Trade Between the Philippines and the US: Status, Issues and Prospects", *The PIDS Discussion Paper Series No.* 2006 – 05, February 2006.

② 《菲律宾农业自由化的教训及启示》，国务院发展研究中心信息网，2005 年 7 月 7 日。

国集团也加紧了对菲律宾农业产业链的控制，孟山都在菲律宾销售农药和杂交种子获得巨大成功，2003 年该公司菲律宾销售额就高达 3000 万美元。[①]

（三）菲律宾解决粮食安全的农业改革政策

早在 70 年代经过"绿色革命"，菲律宾曾经圆满解决了粮食需求问题，但是绿色革命所带来的环境污染、土地退化使得菲律宾粮食生产增长缓慢，而因为不实行计划生育政策使得菲律宾人口增长率长期居高不下，人口不断增加抵消了粮食增长，菲律宾又陷入国内粮食供应不足的困境。在巨大的压力之下，菲律宾政府开始实施一些改革计划，以期增加粮食产量，提高粮食自给率。这些改革从 20 世纪 80 年代末期就已经开始，主要包括：（1）进行土地改革，改革土地结构，将大地主的土地所有权转移到无土地的人手中。（2）对农业发展提供服务支持，包括改善基础设施和提高科技水平。（3）对谷物、蔗糖、椰子进行提高生产率、竞争力的改革，增加对灌溉、农业科技和其他公共事务的投入。（4）加强带国营性质的国家粮食局的公共服务功能。（5）执行公共法案 8435（即 1997 年农业和渔业现代化法），并加以资金投入。上述措施或是直接针对粮食安全所设置，或是为了提高农业生产率，从长远角度解决粮食生产问题。[②]

菲律宾的农业改革政策历经数届政府，阿基诺政府执政时实施了粮食部门发展计划和 GSDP 贷款（The Grains Sector Development Program And Gsdp Loans），但是由于涉及农业结构调整，在 90 年代债务危机背景下农业改革是件十分复杂困难的事情，因此到了 1992 年就没有进行进一步的行动。阿基诺政府时期的粮食发展计划延续到罗马斯政府，并以此为由与亚洲开发银行签署了 GSDP 贷款协议，该协议于 2002 年由 Estrada 政府履行，这笔贷款主要目标是促使菲律宾提高生产率，实现粮食自给，主要用于粮食产区的灌溉设施和农场到市场的道路建设，促进私人对粮食部门的投资、提高政府收集、分析和处理粮食方面的数据。但是菲律宾政府并没有如期按贷款协议的期限进行相应的改革，因为先后有几任总统换届，而相应负责粮食改革的部门及负责人也进行了更替，他们需要一段时间对 GSDP 下错综复杂的农业改革进行了解才能提出改革方案，这样自然延误了改革进程。

---

① Liborio S. Cabanilla, "Agricultural Trade Between the Philippines and the US: Status, Issues and Prospects", *The PIDS Discussion Paper Series NO.* 2006 – 05, February 2006.

② V. Bruce J. Tolentino: "The Globalization of Food Security: Rice Policy Reforms in the Philippines", *Philippine Journal of Development*, Number 54, Volume XXIX, No. 2, Second Semester 2002.

总的来看，菲律宾农业改革政策的实施效果并不理想，官僚主义加之不断变动的农业部门与农业部长，每次变动都伴随着不同的改革方案和振兴粮食计划，此外由于预算和财政紧张，每次计划都没有得到有效落实。例如，70 年代马科斯政府力促粮食自给的 Masagana99 计划延续时间较长，长达 15 年，但是 1986 年该计划就被 1987 年的大米生产率增强计划（the Rice Productivity Enhancement Program，RPEP）所取代，后者减少了对灌溉的投入，而提高了对种子、化肥的信贷支持。RPEP 计划仅仅实行了两年半就被大米行动计划（Rice Action Program，RAP）所取代，RAP 也只实行了两年半，此后每次计划都实行不到 3 年。可见，要改善粮食生产状况，要实现粮食自给自足的目标是个长期的过程，需要持之以恒的政策。2008 年粮食危机之后，菲律宾意识到粮食安全问题的迫切性，加强了对农业基础设施方面的投入，并削减大米进口，保障国内收购。2011 年第一季度菲律宾农业产值同比增长 4.1%，是自 2004 年以来最快增速，占农业产出 53% 的种植业增长了 8.19%，其中大米增产 15.63%，达 403.7 万吨；玉米增产 19.50%，达 191.5 万吨，农业部部长阿尔卡拉预计上半年大米产出将达到 760 万吨。2010 年菲律宾进口大米 245 万吨，2011 年的进口目标仅为 2009 年的 1/3。① 菲律宾政府能否如期实现在 2013 年粮食自给自足的目标，现在做出判断还为时过早。

二　墨西哥农业改革政策的经验

（一）北美自由贸易协定推行农产品自由化对墨西哥粮食生产的影响

2003 年，墨西哥农业人口占总人口的 25%，随着经济发展，农业 GDP 的比重逐年下降，2003 年占 4%。墨西哥主要粮食作物是玉米、高粱和小麦，玉米占全部主要农作物产量的 65%，高粱占 20%。与发达国家相比，墨西哥农业整体生产率低下，但是北部灌溉地区的玉米和小麦单产要比全国水平高出 2 吨/公顷。墨西哥农业具有明显的二元化特点，即北部农业引进先进技术生产率较高并参与国际市场竞争，而南部经济落后农业生产以本地消费为主，不过这种内向性农业不易受到来自美国、加拿大进口农产品的冲击。

20 世纪 80 年代拉美债务危机爆发后，发达的债权国通过国际货币基金

---

① 《2011 年第一季度菲律宾农业产值同比增长 4.1%》，国务院发展研究中心信息网，2011 年 5 月 12 日。

组织和世界银行要求墨西哥等债务国进行新自由主义的结构性改革，在农业方面体现为放宽管制，减少对农业的直接干预，民营化改革等等。随后墨西哥于1986年加入关贸总协定，1994年加入北美自由贸易协定（NAFTA），墨西哥大大降低了进口农产品的关税，并取消了许多非关税限制。从NAFTA生效之日起，墨西哥对基本农作物实行自由贸易，但对较为重要的粮食采取关税配额进行一定的保护。墨西哥实施关税配额的产品包括玉米、大麦、干豆和奶粉，从1995年起，玉米、大麦、干豆的配额逐年提高，从2003年1月1日起，小麦、大麦、大米、大豆油等配额取消，美国、加拿大的产品可以免税进入墨西哥，从2008年1月1日起，玉米、蔗糖、干豆等配额取消。根据NAFTA的规定，美国对墨西哥具有竞争力的水果、蔬菜等也逐步实行自由化，最终于2008年取消关税。此外，墨西哥对多种农产品可以采取保障措施，一旦来自美国、加拿大的农产品进口激增对墨西哥造成损害，墨西哥就可援用保障条款中止关税减让。

墨西哥加入NAFTA之后，大麦、大豆、玉米和小麦等进口有了较大幅度增长，美国对墨西哥农业出口从1993年的36亿美元增长到2005年的93亿美元，其中，增长较快的是水果汁（112%）、蔬菜（267%）和谷物类（149%），美国向墨西哥出口的饲料用谷物和油料作物以及相关产品在NAFTA时期增长了一倍，2003年达1600万吨。不过墨西哥对美国的农产品出口也增长了近3倍，其中蔗糖及相关产品增长了595%，谷物类增长了328%。[①] 这说明美国与墨西哥之间农产品贸易存在极大的互补性，他们之间缔结区域贸易协定对双方的农产品贸易发展均有促进作用。当然，数据也表明，墨西哥对美国农产品贸易存在逆差，特别是在粮食产品方面，与1991—1993年相比，墨西哥谷物和油料作物从美国进口在2005—2007年间分别增长了173%和191%，粮食进口呈扩大趋势。

表7-4   墨西哥对美国主要农产品贸易（1991—2007）

年份	出口（百万吨）		进口（百万吨）	
	蔬菜	水果	谷物	油料作物
1991—1993	1.33	0.89	6.38	2.18
2001—2003	2.56	1.19	14.71	5.26

---

① 何树全：《NAFTA框架下的贸易自由化与农业发展：以墨西哥为例》，经济管理出版社2008年版，第78页。

续表

年份	出口（百万吨）		进口（百万吨）	
	蔬菜	水果	谷物	油料作物
2005—2007	3.14	1.68	17.42	6.34

资料来源：美国农业部贸易数据库（http//www. fas. usda. gov/）。

很多人认为，加入 WTO 和 NAFTA，墨西哥撤除对粮食作物的关税保护，会导致美国粮食大举占领墨西哥市场，从而墨西哥粮食安全将处于危险地位，但是对墨西哥主要进口农产品的产量、种植面积和单产等方面的实证数据分析，尽管进口农产品对墨西哥农业生产带来一些影响，但墨西哥的农产品供给结构并未发生根本变化。具体来说，大豆、小麦的种植面积、收获面积和产量都出现了下降趋势，但是其他的粮食产品包括大麦、玉米、干豆等种植面积、收获面积和产量都呈上升趋势，而且多数出口蔬菜的种植面积、产量和单产都有所增加。

总之，墨西哥的粮食生产虽然受到美国、加拿大粮食的影响，但并未像某些经济学家所预测的那样进行重大调整，粮食生产也没有遭受很大的冲击，并且在墨西哥文化、社会和经济中占有重要地位的玉米种植面积和产量并没有因为 NAFTA 的实施而减少。NAFTA 生效之后，美国和墨西哥相互出口和进口玉米，墨西哥虽然规定在 2008 年 1 月 1 日之前采取关税配额作为墨西哥对美国玉米市场完全开放的过渡措施，但实际上，墨西哥政府并没有真正实施所承诺的关税配额制度，对超额进口的玉米，仅象征性征收 1%—3% 的关税，这种超前开放市场的措施更加促进了美国玉米对墨西哥的输出。从 2008 年起，墨西哥玉米贸易完全自由化。但是墨西哥玉米进口实际上每年都超出了配额，1996 年、2006 年和 2007 年进口量达到 630 万吨、780 万吨和 820 万吨，墨西哥政府实际取消了对玉米市场和生产者的 15 年保护期。同时墨西哥对美国玉米出口额也在增加，出口的玉米从 1991—1993 年总计 4119 吨增加到 2007 年的 96211 吨。[①]

虽然墨西哥从美国进口的玉米远远高于墨西哥向美国出口的玉米，但是墨西哥的玉米生产并没有受到很大冲击，墨西哥玉米年均收获面积（770 万公顷）要高于 NAFTA 之前 10 年的年均收获面积（700 万公顷），墨西哥玉米生产并不因美国玉米大量进口而萎缩，专家认为有以下几个原因：首先，

---

① 何树全：《NAFTA 框架下的贸易自由化与农业发展：以墨西哥为例》，经济管理出版社 2008 年版，第 118 页。

墨西哥的玉米种类与美国不同。美国生产的黄玉米主要用作动物饲料，而墨西哥生产的白玉米主要满足人们食用，两国实行贸易自由化，并不会对各自玉米生产消费产生根本性影响。其次，墨西哥农民在竞争压力下习惯扩大种植面积而不是生产转向。由于农民缺乏信贷和技术支持，尽管玉米价格在下降，但缺乏信息和技术等支持的小农除了继续种植玉米似乎没有其他选择。①

（二）墨西哥的农业政策改革

墨西哥玉米生产不降反升，固然是经济规律自动发挥调节作用的结果，但是不可否认墨西哥正确的农业支持政策能够使得其国内主要粮食生产有效应对农业自由化贸易的冲击。

墨西哥粮食市场自由化是一个逐步的过程，首先把粮食产业改革为具有竞争性质的行业，而不是受垄断保护的行业。从1998年开始墨西哥就对国营贸易企业——国营民生公司进行制度改革，将其转为具有私人性质以盈利为目的的企业，并逐步减少国营民生公司对粮食的干预价格，对粮食产业领域的种子、化肥、仓储公司均引入竞争，涉及上述领域的国企都进行私有化；其次，取消对生产者的价格支持，墨西哥逐步消除了主要粮食作物——小麦、高粱、大豆、大米、大麦、红花、玉米生产者的价格支持。②

由于这些私有化、市场化改革大大降低了政府对基础粮食产业的保护力度，这样会导致受到来自美、加农产品的激烈竞争，影响墨西哥国内农业部门的生产与发展，因此墨西哥政府制定了多项政策以便在商品价格自由化和竞争激烈化过程中保护本国农业，其中最重要的两项计划是乡村直接支持计划和乡村联盟计划。乡村直接支持计划是对种植基本粮食作物（大麦、豆类、玉米、棉花、大米、高粱、大豆、小麦等）的农民实行直接收入支付，直接收入支付按照种植面积给付，也是符合WTO农业补贴协议的绿箱补贴，而不再是对粮食等作物的价格支持。乡村直接支付计划持续15年，一直到北美贸易完全自由化的2008年底结束，该计划主要受益对象是耕种面积较少谷物和油料作物种植户，使得他们得以继续按消费习惯维持传统玉米生产。

---

① 张勇、李阳：《北美自由贸易协定对墨西哥农业的影响》，《拉丁美洲研究》2005年第2期。
② 同上。

表 7－5　墨西哥主要进口农产品的种植面积、收获面积、产量和单产

产品	年份	种植面积 （千公顷）	收获面积 （千公顷）	产量 （千吨）	单产 （吨/公顷）
大麦	1983—1990	303.04	274.20	517.54	1.88
	1991—1993	295.87	269.41	556.90	2.08
	1994—2004	282.08	275.88	649.59	2.32
干豆	1983—1990	2163.85	1797.10	997.53	0.55
	1991—1993	2070.25	1719.48	1128.22	0.65
	1994—2004	2258.36	1890.62	1233.58	0.65
玉米	1983—1990	8076.36	6936.19	12472.19	1.79
	1991—1993	7993.44	7198.13	16435.37	2.28
	1994—2004	8717.77	7686.68	18642.95	2.43
高粱	1983—1990	1950.09	1706.81	5566.17	3.25
	1991—1993	1313.81	1211.46	4080.70	3.32
	1994—2004	2027.90	1811.43	5724.06	3.15
大豆	1983—1990	401.09	377.76	704.05	1.85
	1991—1993	305.51	300.75	605.36	2.02
	1994—2004	126.51	99.77	154.36	1.47
小麦	1983—1990	1086.64	1036.00	4292.31	4.15
	1991—1993	953.49	925.79	3754.56	4.05
	1994—2004	789.01	737.52	3287.39	4.05
合计	1983—1990	13981.07	12128.06	24549.78	2.25
	1991—1993	12932.38	11625.02	26561.11	2.40
	1994—2004	14201.62	12501.91	29691.93	2.42

资料来源：联合国粮农组织、墨西哥农业部数据库。转引自何树全《NAFTA 框架下的贸易自由化与农业发展：以墨西哥为例》，经济管理出版社 2008 年版，第 117 页。

　　乡村联盟计划主要目标是提高生产者收入，提高农业产量和推广农业技术，对农民购买资本品和技术提供一次性支持，改善农业贸易平衡，使粮食产量增长达到人口增长的 2 倍，确保国家粮食安全。该计划具体包括施肥和灌溉、牧场、农业设备、机械化农场和特定农牧产品的生产的计划，帮助农民提高生产水平和生产效率。这一计划使 390 万农户受益，其受益的大多数是拥有 5—20 公顷的农户，这些农户都是商业型的，能够参与贸易竞争。

　　除了上述两大收入支持措施之外，墨西哥还设计了营销支持和区域市场发展计划，该计划主要针对有剩余产品出售的地区，符合资格的农业生产者可以获得固定金额的支付，且必须有剩余农产品出售，大约只有10%的农业生产者可以获得该计划的支持。营销支持也是墨西哥农业部第二大预算项目，2000年以后美国对墨西哥白玉米出口量下降就与之有关。

当然墨西哥的农业政策改革并非完美，有学者也对墨西哥接受NAFTA自由贸易规则的后果持批评态度。首先墨西哥加入NAFTA的结果使得墨西哥国内玉米价格大幅下跌，到2001年，墨西哥实际玉米价格较其加入NAF-TA前至少降低了70%，这对墨西哥玉米种植者而言是非常不利的，农民为了弥补收入下降不得不扩大生产。产量和进口量的增加并没有带来消费市场玉米饼价格的下降，从1994年1月到1999年1月，玉米饼的价格上涨了483%，年均涨幅达35%以上。墨西哥玉米饼价格就不断上涨。生产与销售市场价格的脱离表明墨西哥的农业政策存在一些问题，其中的差价为中间厂商攫取。实际情况是，墨西哥的玉米面粉市场是一个垄断市场，两家最大的玉米面粉生产公司（GIMSA和MINSA）各自的市场份额分别为70%和27%，这两家公司通过市场权力垄断玉米面粉从而获得最大利润。[1] 然后，购买玉米面粉生产玉米饼的食品加工商能够将他们增加的成本转移给消费者。尽管墨西哥政府采取补贴措施，但补贴是给予玉米面粉生产企业，而不是给予消费者，2008年2月墨西哥民众还上街游行抗议玉米饼价格高涨。总之，墨西哥玉米饼价格上涨不完全是自由贸易的结果，而是其支付对销售环节的政策取向存在偏差，忽视了消费者的利益。其次，还有学者认为，虽然墨西哥玉米生产不降反升，但是这是以高投入的化肥、杀虫剂为代价的，而小农场主由于缺少通过使用大量农业化肥提高玉米产量的资源，将边际土地也纳入耕种以扩大生产。由此导致森林砍伐、土壤侵蚀、河流水资源受到污染、对生态保护区及其他保护区的入侵等环境生态后果。[2]

三　对我国的启示

菲律宾、墨西哥都是较大的发展中国家，又都采取积极参与全球化、全盘接受自由贸易规则的政策，他们都鼓励农民种植具有比较优势的作物参与国际市场竞争，粮食生产不同程度受到来自美国等粮食战略的影响。两国在

---

① 何树全：《NAFTA框架下的贸易自由化与农业发展：以墨西哥为例》，经济管理出版社2008年版，第155页。

② ［美］Carmen G. Gonzalezg：《〈北美自由贸易协定〉是中国的良好范例吗？——来自墨西哥和美国的经验》，郭蕾译，《江西社会科学》2009年第5期。

2008 年粮价暴涨时都深受其害，导致民众上街示威游行，不过两国的粮食生产结构并不相同，应对粮食危机影响的能力存在差异，事实上，墨西哥本国粮食生产并未因为实现贸易自由化发生结构性变化，相反粮食产量也高于加入 NAFTA 之前的产量，而且墨西哥水果、蔬菜的生产和出口都大为增加。显然，菲律宾和墨西哥农业在自由化贸易规则下的表现存在较大差异。

首先，存在这种差异的主要原因在于两国政府对待粮食生产的态度不同。菲律宾政府完全采纳比较优势理论，实行农业作物参与全球竞争，对粮食作物生产支持严重不足，导致国内粮食种植面积大大减少，经济作物种植面积增加，菲律宾经济作物产量增加但因出口竞争、替代品的出现和价格下降等原因没有获得理想的出口收入。而墨西哥政府虽然在加入 NAFTA 之前就开始对农业实行自由化制度改革，与菲律宾政府一样逐步取消国营贸易企业的专营权，发展具有比较优势的农作物，但是墨西哥政府仍然保持对种植基本粮食作物的农民的直接收入支持，在一定程度上保证了农民利益，从而也确保粮食耕种面积维持甚至上升，粮食自给率不会因为转种经济作物而受影响。

其次，两国地理位置不同，在与美国等进行农产品贸易时墨西哥享有极为便利的地缘优势，蔬菜、水果输往美国运输方便、距离短，气候、生活习惯接近，墨西哥产品更易为美国消费者所接受，这也是远离美国的菲律宾所无法获得的条件。

最后，两国在政策实施的有效性、国内人口增长速度等方面都存在差异，菲律宾的官僚主义、政策不断变化都阻碍了政府对粮食产业的支持，农业生产技术落后，导致粮食生产减少，而没能控制人口的结果使得粮食增长无法满足不断增长人口的需要，后果是粮食不能自给，依赖进口，一旦国际市场粮价波动就会立刻对国内粮食市场造成冲击。而墨西哥政局稳定，对农业的财政支持都能到位，而且墨西哥人口自 1982 年之后明显减慢，粮食增长率已经略高于人口增长率，这也能很大程度缓解墨西哥粮食安全问题。至于墨西哥玉米饼价格快速上涨，引起民众不满，这是由于墨西哥政府对粮食原料进行补贴而未能对终端消费者进行补贴，同时有没有对玉米饼价格实行控制，是政策失误所导致，但是墨西哥本国粮食生产仍维持稳定。

第四节　我国粮食贸易政策抉择

从西方国家粮食战略对我国的影响及我国粮食生产的资源条件来看，目前我国粮食安全面临的最大问题是在有限的土地和日渐紧缺的水资源约束下，我国粮食生产能否满足人们日益提高的生活水平的需要。虽然近几年我国粮食产量不断增长，但是已经给我国的环境、生态造成了极大的压力。但是作为人口大国我国不能也不可能依赖国际市场解决我国的粮食需求，因此现实的做法是对我国粮食生产状况进行合理评估，对我国粮食进出口比例、品种等作出科学的预测和判断。

一　对粮食进出口贸易政策的评估

（一）耕地、淡水资源和气候异常制约我国粮食生产

受农业结构调整、生态退耕、自然灾害损毁和非农建设占用等影响，我国耕地资源逐年减少。据调查，2007 年全国耕地面积为 18.26 亿亩，比1996 年减少 1.25 亿亩，年均减少 1100 万亩。目前，全国人均耕地面积1.38 亩，约为世界平均水平的 40%。耕地面积下降速度过快直接威胁我国粮食安全，从 2007 年起我国严格执行规划管理，落实各项耕地保护措施，耕地减少的势头才得以变换，但总体上我国属于耕地资源严重不足的国家。同时，我国耕地整体质量也较差，中低产田占较大比重，受干旱、瘠薄、洪涝、盐碱等多种因素影响，质量相对较差的中低产田约占 2/3。[①] 另外，我国大部分耕地存在养分不平衡、有机质含量下降、土层流失等问题，山东、河北、河南、山西、新疆 5 省（自治区）严重缺氮的耕地面积占其耕地总面积的一半以上；海南、广东、广西、江西等省（自治区）有 75% 以上的耕地缺钾，缺乏中量元素的耕地占全国耕地总量的 63.3%。根据农业部对10 个省的调查，2003 年，我国土壤有机质含量比 1990 年下降 0.35 个百分点，下降最多的是东北黑土区，达 1.5 个百分点，这主要是由于近年来东北表层黑土流失严重，每年平均以 0.3—1.0 厘米的速度流失，黑土厚度已经由开垦初期的 60—80 厘米减少到 20—30 厘米。[②]

同样，水资源的紧缺也严重制约我国粮食生产的发展。目前，我国人均占有水资源量约为 2200 立方米，不到世界平均水平的 28%，每年农业生产缺水 200 多亿立方米，且水资源分布极不均衡，水土资源很不匹配。我国北方地区水资源短缺矛盾更加突出。东北和黄淮海地区粮食产量占全国的

① 《国家粮食安全中长期规划纲要（2008—2020 年）》。

② 中国粮食研究培训中心编著：《中国粮食安全发展战略与对策》，科学出版社 2009 年版，第2 页。

53%，商品粮占全国的 66%，但黑龙江三江平原和华北平原很多地区超采地下水灌溉，三江平原近 10 年来地下水位平均下降 2—3 米，部分区域下降 2—5 米，华北平原已形成 9 万多平方公里的世界最大地下水开采漏斗区（包括浅层地下水和深层承压水）。[①]

此外，近年来我国自然灾害严重，不利气象因素较多，2004 年后，我国已经出现温度上升和降水减少的问题。北方地区降水持续偏少，干旱化趋势严重，根据对未来我国大部分地区气温和降水趋势的预测，北方温度升高会导致蒸发力加大或蒸发降水差加大，这无疑会对我国北方地区的小麦和玉米生产产生不利影响。

耕地减少、水资源短缺、气候异常、污染加剧严重制约了我国的粮食生产能力，如不加控制将对我国中长期粮食安全构成极大威胁。

（二）人口、经济和社会发展因素导致粮食供求趋紧，粮食供应存在结构性矛盾

人口增长将导致粮食消费需求的刚性增长。根据国家计划生育委员会的预测，到 2020 年和 2030 年，我国的人口将从 2003 年的 12.92 亿人先后增加到 14.7 亿—15.4 亿人和 15.3 亿—16.3 亿人，进入人口数量最多的时期。人口的增长将导致粮食消费需求的刚性增长，如果按照人均 400 公斤的年粮食消费量来计算的话，2020 年和 2030 年，我国粮食需求总量将分别达到 6.4 亿吨和 7.2 亿吨。从现在起到 21 世纪中叶，中国城市化率将从 37% 提高到 75% 左右。[②] 这意味着在中国工业化、城市化迅速推进的进程中，我们还要面对耕地被大量占用、播种面积下降和消费、社会结构变化给粮食安全带来的风险和挑战。因此，粮食供求趋紧将成为一种常态。

随着人民生活水平提高和膳食结构改善，我国将出现口粮消费减少、饲料用粮需求增加的新情况。小麦供需总量基本平衡，但品种优质率有待进一步提高。大米在居民口粮消费中约占 60%，且比重还在逐步提高，但南方地区水田不断减少，水稻种植面积大幅下降，恢复和稳定生产的难度很大，稻谷供需总量将长期偏紧。玉米供需关系趋紧。大豆生产徘徊不前，进口依存度逐年提高。北方种植大豆、南方种植油菜籽比较效益低，生产缩减。粮食品种间（如东北大豆、玉米、水稻）争地及粮食作物与油料、棉花、烤

---

① 《国家粮食安全中长期规划纲要（2008—2020 年）》。

② 中国粮食研究培训中心编著：《中国粮食安全发展战略与对策》，科学出版社 2009 年版，第 3 页。

烟等经济作物之间的争地矛盾将长期存在。

总之，我国粮食和主要农产品供给只能基本保持平衡，结构性矛盾日益突出，而新形势下的国家粮食安全，要求整体平衡，供求有序，既要保障口粮安全，又要保障饲料安全；既要总量安全，也要结构安全，每个粮食品种的短缺都会对我国粮食安全构成威胁。

（三）可以通过国际贸易调节我国粮食需求

依据国际贸易比较优势理论，各国资源禀赋不同，对缺乏粮食生产资源的国家而言完全依靠自己生产满足国内需求，并非资源的最佳配置，通过国际贸易，实现分工与交换，尽最大效能地利用本国与世界资源，也是实现粮食安全的重要途径。实际上 WTO 的建立和全球化程度的深入发展使得一国完全封闭、不参与国际市场的交换已经变得越来越不可实行，越来越多的缺乏粮食生产资源的国家已经接受了通过一定程度的进口解决粮食安全问题。例如日本政府曾经非常重视国内的粮食生产，大米是日本人的主要食粮，日本以高过国际市场几倍的价格"保护"本国的稻米生产，国家财政为此背上了沉重的包袱，保护的结果是日本狭小的粮食生产规模没有改变，专业化的自立农场没有出现，粮食生产越来越缺乏国际竞争力，最后不得不增加大米的进口量，进口量占国内消费量的比重从 1995 年的 4% 增加到 2000 年的 8%。[①]

根据我国学者研究成果显示，我国粮食在总体上呈比较劣势，其中主要粮食品种小麦、大米、玉米、大豆属于比较劣势的产品，而丝、天然蜂蜜、茶叶、蔬菜、养殖业农产品等则具有比较优势。我国参与国际农产品贸易，就面临是否遵循比较优势理论的抉择，即是否应适当放弃部分粮食生产，转而生产自己具有比较优势的蔬菜等劳动密集型农产品，以获得最大的比较效益。对这个问题，经济学界已经有许多研究成果对此作出了回答，粮食是一种公共物品，我国不可能完全将粮食问题通过市场解决。但是未来几十年内我国粮食增产将受到极大制约，满足不断上升的粮食需求存在相当的难度，在这种背景下，在一定程度上进口部分紧缺粮食品种将成为我国保障粮食安全的必然选择，通过国际贸易途径获得粮食是弥补国内供需紧张的一种辅助方式。

我国从 20 世纪 60 年代起就开始不断进口粮食，期间粮食出口与进口交

---

① 严瑞珍、程漱兰：《经济全球化与中国粮食问题》，中国人民大学出版社 2001 年版，第 180—182 页。

替进行，中国入世之后，粮食进口量开始不断上升，除了2002年有少量粮食出口之外，其余年份粮食进口量在逐年上升，说明我国已经根据国内生产和消费需求适当进口一部分粮食，其中主要进口的粮食品种为大豆、小麦，而大米则能够有部分出口到国际市场。

表7-6　　　　　　　我国粮食进出口情况表（1999—2008）　　　　单位：万吨

年份	粮食进口总量	谷物	大豆	粮食出口总量	谷物	大豆	粮食进出口净额
1999	771	339	432	758	738	20	-13
2000	1357	315	1043	1399	1378	21	42
2001	1738	344	1394	901	876	25	-837
2002	1417	285	1132	1510	1482	28	93
2003	2282	208	2074	2221	2194	27	-61
2004	2998	975	2023	506	473	33	-2492
2005	3286	627	2659	1054	1014	40	-2232
2006	3183	359	2824	643	605	38	-2540
2007	3237	155	3082	1032	986	46	-2205
2008	3898	154	3744	228	181	47	-3670
2009	5223	315	4225	329	132	35	-4894
2010	6695	571	5480	275	120	16	-6420

数据来源：国研网统计数据库，其中粮食进出口净额是依据表中数据计算得出，负数表示当年净进口，正数表示净出口。

　　当然通过国际市场调节我国粮食需求必须满足一些前提条件，例如外汇充足、国际市场有充足的粮食供应，同时还应能够承受国际市场供应和价格的风险与不确定性。我国近年来外汇储备不断增加，所以并不会像某些贫穷的发展中国家那样缺乏资金从国际市场购买粮食，最新数据显示，至2011年6月末，我国外汇储备达到31974.91亿美元，同比增长30.3%，对我国而言显然外汇储备过多，以至于央行行长周小川2011年7月18日在清华大学金融高端讲坛上坦言，外汇储备已经超过了我国需要的合理水平，外汇积累过多，导致市场流动性过多，也增加了央行对冲工作的压力。[1] 因此适当进口部分粮食还能够缓解外汇储备过多带来的压力。

　　总之，对我国而言适度进口粮食是必然选择，进口粮食就是间接地进口

---

① http://news.qq.com/a/20110419/000042.htm，2011-7-27.

土地和水资源，从国际经验来看，国内生产的粮食能够满足需求量的90%，就已经是非常高的自给率了，我国现在保持着95%左右的高自给率，对世界粮食安全作出了巨大贡献，也付出了较大代价，加重了国内资源消耗的压力，因此我国应该在稳定国内粮食综合生产能力的同时，利用国际市场进行品种调剂和总量调节，既不依赖国际市场，同时又根据国内粮食供求缺口情况，进行适量进口。这一政策已经得到国家认可，并被写入《国家粮食安全中长期规划纲要（2008—2020年）》，该纲要提出我国应在"保障国内粮食基本自给的前提下，合理利用国际市场进行进出口调剂"。这就是说，我国参与国际粮食市场的前提首先是国内粮食基本自给，其次才是通过贸易调剂补缺。作为人口大国，我国不会也不可能通过国际贸易解决粮食安全问题，我国不会出现菲律宾那样因为国际粮食市场波动引发国内风潮的事件，国际贸易市场对我国粮食供需只是发挥次要和补充作用。因此我国在参与国际粮食贸易时要针对我国粮食生产的自然条件和发展规律有针对性地进行选择，多进口一些我国不具有生产优势的粮食品种，并出口一些我国生产富余的粮食品种。

对粮食援助问题，我国已经从粮食受援国转变为粮食援助国，但是我国对外进行粮食援助，必须考虑到中国的粮食生产能力有限，资源、能源短缺，还有贫困人口，从目前中国的粮食总量和消费情况来看，中国可以适当地对发展中国家的一些贫困地区实行粮食援助，采取的方式可以是双边和多边，并且也可以以货币援助当地采购方式进行。但如果要实行较大规模的粮食援助计划，必须以国家粮食安全为前提。

二　对外资参与我国粮食产业应持开放政策

改革开放以来，我国吸引外商直接投资取得了辉煌成就，2003年，中国吸引的FDI总量位居世界第一。2008年吸引外资仍居世界第三位，达1083.1亿美元。[1] 外资给我国带来资金、先进技术和管理经验，是推动我国经济增长的重要力量，外资参与有助于我国市场经济体制的完善，对外资开放不仅促使我国多种竞争实体在公平环境下竞争，从更深远意义而言还能促

---

[1] 《2009年世界投资报告》，外资存在多种形式，通常包括外国直接投资（FDI）、证券投资（PPI）、银行私人信贷、官方援助及双边与多边转移支付。我国利用外资的主要形式是直接投资，而证券投资在全球资本跨境流动中占有非常大的比重，发达国家主要以证券投资为利用外资的形式。确切地说，中国是吸引外国直接投资最多的国家之一，但不是利用外资最多的国家，世界上许多国家的利用外资规模都超过中国。

使我国经济体制转型。对任何一个现代国家而言，外资都是新鲜的血液和生命力的重要构成部分，吸引外资是经济发达、体制完善、参与国际化全球化的必然选择，因此积极吸收外资应当是我国一项长期坚持不懈的政策。

从产业层面来看，通过对外资企业工业总产值、工业增加值及其占该行业的比例，以及该行业内外资企业数量的研究表明，外资对我国农副产品加工行业的控制非常有限，外资企业所在的加工市场是竞争比较完全的市场，并不构成对我国产业安全的威胁。

表 7 - 7　　规模以上农副产品加工业总产值表（按企业所有制形式）

农副产品加工业工业总产值（亿元）	全国总计	国有及国有控股企业	私营工业企业	外商投资和港澳台商投资工业企业
2007	17496.08	1293.00	6723.71	2474.00
2008	23917.37	1313.64	9953.49	6400.04
2009	27961.03	1509.41	12558.30	6880.61
2010	34928.07	1970.87	16282.78	7854.98

表 7 - 8　　规模以上农副产品加工业总产值、工业增加值和企业单位数量年度表

农副产品加工业	企业单位数（个）	工业总产值（亿元）	工业增加值（亿元）
全国统计总数，2006 年	16356.00	12973.49	3492.09
全国统计总数，2007 年	18140.00	17496.08	4642.45
国有及国有控股企业，2006 年	1137.00	1069.79	230.66
国有及国有控股企业，2007 年	857	1293.00	280.76
私营工业企业，2006 年	9256.00	4771.18	1355.83
私营工业企业，2007 年	10783.00	6723.71	1860.91
外商投资和港澳台商投资工业企业，2006 年	2321.00	3605.44	930.24
外商投资和港澳台商投资工业企业，2007 年	0	2474.00	4881.23

资料来源：国研网数据库，上述企业统计数据为规模以上企业（年产值为 500 万元以上）的统计数据。

由于外资对我国粮油加工行业特别是植物油加工行业的影响和控制越来越大，引发了国人对外资威胁我国粮食安全的担忧。但是从我国 2010 年统计数据来看，年油料加工能力、年精炼能力和食用植物油产量按企业经济类型划分，外商及港澳台商投资企业分别为 3579.1 万吨、1428.6 万吨和 1371.4 万吨，分别占总数的 27.30%、35.96% 和 43.48%；民营企业分别为 8371 万吨、2187 万吨和 1530.4 万吨，分别占总数的 63.84%、55.06% 和 48.51%；国有及国有控股企业分别为 1161 万吨、356.8 万吨和 252.6 万吨，分别占总数的 8.86%、8.98% 和 8.01%。[①] 外商港澳台的市场份额仍不及民营企业，外资尚未在我国粮油加工领域占据垄断地位。对待外资进入我国粮油加工产业，我国应该把握几点：首先，在粮油加工产业存在众多外资，分属于不同国家和不同的跨国公司，他们之间也存在竞争，不应当把粮油加工行业所有外资企业简单作为一个市场竞争主体来作判断；其次，市场份额大不等于垄断，因为垄断是市场竞争主体运用其市场优势地位限制竞争，判断是否垄断主要看这个企业是否运用其优势地位限制竞争。现在我国还没有一个行业真正被外资企业垄断，从目前看，仅凭某个外资企业在我国扩展业务、渗透到产业链上下游的行为难以在短期内形成对中国某个产业的垄断。

现在对国内经济发展构成真正威胁的还多是国有企业，我国通过市场准入限制、政策优惠许可、金融支持政策等造成了不少行业的垄断。但是我国要实现经济可持续增长和经济结构合理调整，必须摒弃加强国有垄断势力的做法，绝大多数竞争性行业应该允许外资、民营企业进入，这样才能真正加强我国的产业竞争力。为此不能把随意因为一个企业或者一个产业在市场竞争中遭遇困难就认为我国经济安全受到威胁，也不能把某个产业在国际贸易中遇到的风险和问题都归责于外资，这会给某些企业企图以国家经济安全为名获得特殊保护留下借口。

虽然学界和实务部门对外资粮食加工企业是否会影响我国粮食产业安全的分歧较大，但我国外资法已经加强了对外资进入粮油加工产业的限制。2007 年我国对《外商投资产业指导目录》修订时，把大豆、油菜籽食用油脂加工和玉米深加工都列为限制外商投资的产业，要求中方控股，2011 年修订《外商投资产业指导目录》时继续加强限制外资进入，所有的食用油脂加工均要求中方控股，限制领域扩大至大米、面粉加工，粮食收购和储存也新增为外资企业限制进入的领域。

当前中国经济结构性缺陷的负面影响已经开始显现，内资垄断集团给国内经济所带来的效率低下、技术落后等问题一直不能有效得到解决，因此在粮油加工领域也要防止内资大型国企借粮食安全为名行垄断之实。对外资进

---

① 《中国粮食年鉴 2011 年》。

行限制的粮油加工领域应该保持一个原则，即应限制已经在我国占据相当市场份额的外资进入，例如对跨国垄断集团的继续投资应进行控制，而对其他类型的外资不宜限制。

三　我国不具备生产生物能源的资源优势，应支持可持续发展的生物能源的自由贸易

我国生物燃料产业发展始于 20 世纪 90 年代末，当时国家粮食库存爆满，为解决粮食过剩和能源短缺，国家制定了生物燃料乙醇"十五"发展专项规划，主要是用玉米、小麦等陈化粮加工生产燃料乙醇，并于 2000 年正式启动燃料乙醇项目，国家投资 4.8 亿元人民币在吉林和黑龙江先后建设了 4 家燃料乙醇加工企业，总生产能力超过 100 万吨；为鼓励扶持生物能源加工企业，国家决定对燃料乙醇生产企业免征 5% 的消费税，增值税实行先征后返；对用于生产燃料乙醇的陈化粮实行补贴。与此同时，为了规范燃料乙醇的生产，国家质量技术监督局于 2001 年和 2004 年，分别发布 GB18350—2001 变性燃料乙醇和 GB18351—2001 车用乙醇汽油两个国家标准及车用乙醇汽油强制性国家标准 GB18351—2004。2005 年，国家出台《可再生能源法》，对生物能源的发展规划、技术、推广、经济激励措施等作了规定，以鼓励支持生物能源产业的发展。从 2004 年 10 月起，黑龙江、吉林、辽宁、河南、安徽 5 省及湖北、山东、河北及江苏的部分地区，强制封闭使用车用乙醇汽油。

在国家优惠政策的扶持下，我国燃料乙醇生产迅速膨胀，2007 年燃料乙醇产量达 18.4 亿升，生物柴油达 1.14 亿升，居世界燃料乙醇产量第 4 位。据专家预测估计，到 2010 年，我国年生产生物燃油约为 600 万吨，其中生物乙醇 500 万吨、生物柴油 100 万吨；到 2020 年，年生产生物燃油将达到 1900 万吨，其中生物乙醇 1000 万吨，生物柴油 900 万吨。[①]

我国以玉米为原料生产乙醇虽然转化率为 399 升/吨，但是每公顷种植玉米的单产率为 1995 升/公顷，不仅远低于巴西、印度以甘蔗为原料的乙醇单产率（两国单产率分别为 5476 升/公顷、4522 升/公顷），也低于马来西亚、印度尼西亚以油棕为原料的生物柴油的单产率（分别为 4736 升/公顷、4092 升/公顷）。[②] 由此可见，我国并不具备生产生物能源的比较优势。以 3.3 吨玉米生产 1 吨燃料乙醇，可以推算我国 2007 年生产的 140 万吨乙醇

[①]　国家发改委能源局：《我国生物液体燃料的生产现状与前景》，国研网，2011 年 11 月 2 日。
[②]　FAO：《生物能源：前景、风险和机遇》，粮农组织出版物 2008 年（SOFA），第 65 页。

燃料共需消耗 462 万吨玉米，2007 年我国粮食总产量是 50160.3 万吨，粮食净进口为 2205 万吨，玉米出口 492 万吨。[①] 虽然 2007 年数据显示我国粮食进口量不高，玉米出口大于进口，目前的燃料乙醇产量还没有对粮食总量平衡构成实质性影响，但是随着我国生物能源产业对陈化粮的消化完毕，目前主要以新玉米为生产原料，玉米工业消费量占总消费量的比重，已由 2002/2003 年度的 11.88% 提高到 2007/2008 年度的 23.51%，以致在 2006 年我国首次出现了玉米和小麦的价格倒挂，即玉米价格超过了小麦。这就引发了社会各界人士对生物能源产业扩张会威胁我国粮食安全的担忧，为了避免生物能源发展危及国家粮食安全、控制生物能源产业过热发展，2007 年 7 月，农业部出台了《农业生物质能产业发展规划（2007—2015 年）》，明确提出始终要把保障国家粮食安全作为农业发展的第一任务，开发能源作物应坚持"不与人争粮、不与粮争地"的前提。

可见在我国土地、水资源极为有限的情况下，即使发展以非粮食原料为基础的生物能源产业，也同样会受制于非粮作物与粮食争地、争水的困境。因此我国生物能源发展将寄于未来对纤维素原料提取乙醇技术获得突破，而现阶段最佳的策略还是适当进口部分生物能源以满足我国减少碳排量、缓解能源短缺的需求。对国际生物能源贸易，我国应秉持自由贸易原则，支持以非粮生物能源的自由贸易，反对对国际粮食安全有不利影响的扭曲资源配置的补贴。

四 与一些粮食生产资源丰富的国家和地区订立区域贸易协定

区域经济合作是当前世界经济发展的一大趋势，我国已经与东盟、拉美一些小国签订了双边自由贸易协定。但是与大多数国家建立自由贸易区主要出于经济上利益考虑，不同的是，中国自由贸易区建设从一开始就立足于兼顾经济效益和政治需要两个方面来考虑，并且政治外交战略在自由贸易区建设中是作为主要考虑因素，这样能使自由贸易区配合我国的外交战略，从而为我国的和平崛起创造一个良好的国际环境。但实际效果表明，我国在与东盟的区域经济合作时付出了较大的经济利益，但区域贸易协定战略的政治目标未必如愿实现。而且就经济福利而言，中国—东盟区域合作的福利效果仅为 14 亿美元，远低于中国与日韩进行区域合作的福利效果 349136 亿

---

① 《2009 年中国粮食发展报告》，附录 13、附录 14。

美元。①

　　因此未来我国进行区域贸易协定谈判时，谈判对象应重点选择相互经贸关系密切、贸易互补程度较高、市场规模大、竞争力较强的国家或地区，以最大限度获得双边自由贸易区的利益。南美大国巴西、阿根廷以及一些非洲国家资源丰富，在经济结构上与我国存在互补性，在农业生产上能够为我国提供未来粮食贸易稳定的粮食产品供应，因此我国可以将这些国家和地区纳入潜在对象国进行评估分析，研究如何推进与他们的区域经济合作。

五　对转基因农作物贸易和技术保护的政策建议

　　（一）对转基因产品进口维持现有政策，但应该建立明确的转基因产品成分标识制度

　　直到目前为止，关于转基因生物产品对人类健康和生态环境的影响，科学界仍未得出一致结论，使这一问题变得十分复杂，很多国家为谨慎起见纷纷制定了相关管理政策，例如欧盟就在对转基因食品的管理上引入风险预防原则。欧盟于 2003 年通过了关于转基因食品和饲料的 1829/2003/EC 条例，严格了转基因产品的标识等管理要求。欧盟第 2001/18/EC 指令对转基因技术的风险预防非常审慎，要求对转基因技术可能造成的人类健康和环境风险进行个案评估，以此为基础来决定是否许可某一转基因技术产品的销售。当成员国基于新信息或科学知识有充足理由认为特定转基因技术产品对人类健康或环境可能造成危害，则可对已取得欧盟境内销售许可的转基因技术产品采取临时禁止措施禁止其销售。

　　我国已通过实施《农业转基因生物安全管理条例》、《农业转基因生物标识管理办法》等对转基因农作物、食品贸易进行管理，我国农业部已先后批准了转基因棉花、大豆、玉米、油菜 4 种作物的进口安全证书，要求 5 大类 17 种转基因农产品必须进行标识。与对转基因产品采取严格管制国家不同的是，显然我国在对转基因产品进行安全审查时并未采取严格的风险预防原则，而且标识制度也很宽泛，没有具体要求转基因含量达到多少以上的食品必须进行标识。

　　我国是否应该采取严格的风险预防措施？对这个问题的回答取决于我国市场是否需要进口转基因粮食。巨额进口量的大豆说明一方面转基因大豆冲击了国内大豆生产，另一方面反映了我国市场对转基因大豆的巨大需求。因

---

① 张鸿：《关于中国实施自由贸易区战略的思考》，《国际贸易》2009 年第 3 期。

此我国在近期内不太可能对转基因产品实行严格的管制措施，但是为了国内消费者利益，应制定出对进口转基因食品成分含量进行标明的标准。

（二）对转基因生物技术应该采取专利模式进行保护

经我国研究水稻专利方面的专家在中国国家专利局专利数据库、欧洲专利数据库及美国专利数据库中进行检索，在专利申请总量上，日本、美国和中国的专利申请量居世界前3位，其中日本申请专利959件占转基因水稻领域专利总量的44%，中国申请785件占专利总量的36%，而美国仅有199件专利提出申请，占总件数的9%。① 由此可知，美国虽然在该领域的研发起步最早，同族专利布局广泛，但其专利的产出数量远低于日本和中国。也说明日本和我国在水稻领域专利居世界领先地位，这也与日本和我国对水稻需求的国情紧密相关。

植物新品种保护法在授权条件、保护方法上与专利法有很大不同，相对而言，植物新品种保护法的授权条件较为宽松，只要该物种具有新颖性、特异性、一致性和稳定性就可获得保护，它与专利法中新颖性所强调的首创性相比要求低得多，而且特异性、一致性和稳定性等条件都相对较为容易满足。专利法的保护范围要比植物新品种权宽得多，一般而言，一切符合条件的与植物相关的发明、技术方案或构思等都可纳入专利权的保护范围之内，这样转基因粮食品种本身的基因、作物的种子等以及培育该转基因作物所用的方法、技术都可得到专利法保护。而植物新品种权仅能保护转基因植物品种本身及其繁殖材料的生产和销售，而转基因粮食生产最有价值的不仅仅是培育出的转基因粮食作物新品种，还包括转基因培育技术和基因本身，植物新品种权显然不能周全地保护发明者在发现、培育基因的所应有的知识产权，相形之下，同时采用专利和植物新品种权制度更能全面保护相关知识产权人利益。②

在我国粮食专利技术已占世界领先地位，申请者和拥有专利者大都为科研院所，不利于转基因专利的产业发展，对转基因品种授予专利可以改变目前状况，提高企业集团研发转基因育种技术的兴趣和积极性。对农民而言，虽然给予转基因品种以专利制度保护不利于农民留种，但是在我国杂交作物品种的推广已使大多数农民养成每个播种季节都购买种子的习惯，农民自己

---

① 刘旭霞、李洁瑜：《转基因水稻产业化中的专利问题分析》，《华中农业大学学报》（社会科学版）2011年第1期。

② 王迁：《植物新品种保护体制研究》，《电子知识产权》2004年第4期。

留种耕种粮食并不能提高产量，因此农民是能够接受获得专利保护的种子的，能够保护农民留种权的植物新品种权制度在我国实际用处并不大。农民接受专利种子的关键在于种子的质量和价格，这就需要国家给予一定补贴和政策扶持能够。总之，专利模式有助于改变我国农业发展模式，推动农业企业集团规模化经营，提高农业生产率。因此对我国来说，可以考虑实行采用专利法专门保护模式，将目前实行的植物新品种权保护制度作为过渡阶段的立法，在适宜阶段再考虑采用专利制度。

第 八 章

构建保障我国粮食安全的贸易规则体系

《国家粮食安全中长期规划纲要（2008—2020 年）》提出我国应在"保障国内粮食基本自给的前提下，合理利用国际市场进行进出口调剂"。该纲要确立了我国未来 20 年粮食贸易的基本战略，即我国粮食供给首先以立足国内为主，其次才是通过贸易调剂补缺。因为作为人口大国将主要粮食供给交由国际市场很不现实，从世界粮食贸易供给来看，国际粮食贸易总量有限，不可能满足中国全部进口的需要。这决定了进口只能是弥补供给缺口而不能替代国内生产，也就意味着国内必须保持相当的生产规模和稳定的价格水平，因此既需要国家采取相应的粮食支持和补贴政策，同时还要保持一定的关税水平，并实施其他贸易保护措施。

第一节　WTO 框架下我国粮食支持体系的完善

一　WTO 框架下我国国内支持措施的使用

WTO 框架下国内支持分为"绿箱"、"黄箱"和"蓝箱"支持，其中"蓝箱"支持主要涉及限产政策下的直接支付，WTO 关于"蓝箱"支持的规定是欧美之间妥协的产物，但在法律上所有成员方都可以采用该措施，中国目前并没有这种支持机制，在我国粮食生产资源有限，需求大于供给，我国今后也不大可能出现粮食大量过剩需要限制生产的情形，因此，"蓝箱"支持的利用空间不大。

在 1999—2001 年基期中，我国一共使用了 6 种"绿箱"支持措施，分别是：一般服务、用于粮食安全目的的公共储备、国内粮食援助、自然灾害救济支付、环境计划下的支付和地区援助计划下的支付。"绿箱"支持数额不断增长，1999 年总支出是 1843. 35 亿元，2000 年达到 2078. 98 亿元，2001 年更是增加到 2423. 32 亿元。2001 年比 1999 年增加了 579. 97 亿元。在"绿箱"支持中，首先"政府一般服务"所占比例较大，1999 年支出是 1091. 10 亿元，2000 年支出是 1212. 3 亿元，2001 年支出是 1450. 45 亿元，以 2001 年的数据，"政府一般服务"约占"绿箱"支持 60%。在政府一般服务支出中，农业基础设施支持比重最大，农业培训服务最小，营销和促销服务尚未列入财政预算。其次，粮食安全储备支出也较大。1999 年支出是 475. 96 亿元，2000 年支出是 537. 99 亿元，2001 年支出是 596. 85 亿元，2001 年支出占"绿箱"支持水平的 25%。[①]

我国的"绿箱"支持水平总体呈增长趋势，不过结构比例有些不合理。在 6 种"绿箱"支持措施中，政府一般服务和粮食安全储备的比例超过"绿箱"支持总量的 85%，其中政府一般服务就占近 60%，按照我国财政支付分类，政府一般服务中有许多支出是行政支出，并非直接与农业生产联系；"绿箱"支持中与生产脱钩的收入支持、收入保险、结构调整补贴等项目是对农民收入给予支持保证的项目，在我国仍为空白。此外，还有一些虽已列入"绿箱"支持的项目也没有实际用于农业投资，如农业基本建设投资中的大部分被用于大江大河治理、城市防洪等水利项目，所以我国的"绿箱"支持水平显然没有西方发达国家高。

在 WTO 框架下，"黄箱"支持包括针对特定产品的国内支持和针对非特定产品的国内支持，对特定产品的综合支持量则由价格支持、不可豁免的直接支付和其他不可豁免的支持措施（包括投入补贴和降低销售成本的措施）三种支持措施下的支持量构成。我国对小麦、大米、玉米和棉花 4 种特定产品实行政府收购价格保护，1999—2001 年对这 4 种产品的价格支持为负值，我国没有向 WTO 通报不可豁免的直接支付，至于"其他不可豁免的支持措施"，我国通报棉花得到了此种支持，而没有给予粮食产品以投入补贴等"其他不可豁免的支持措施"。针对非特定产品的国内支持总量，1999—2001 年分别为 7 亿、7. 45 亿、7. 48 亿人民币。经过计算之后，基期三年内的综合支持总量均为负数，分别是 - 95801、- 92911 和 - 75328（百万人民币）（见表 8 - 1）。

---

① WTO Notification：G/AG/N/CHN/8，31，March 2006.

表 8 - 1　　　　　　　　　**1999—2001 年对具体产品的价格支持**

产品	年度	支持方式	支撑价格（人民币元/吨）	国际价格（人民币元/吨）	支持总量（百万元人民币）
小麦	1999	定价收购价格保护	1254	1698	- 16783
	2000		1136	1698	- 19698
	2001		1124	1698	- 22156
大米	1999	定价收购价格保护	1152	2659	- 67966
	2000		1152	2659	- 67664
	2001		1124	2659	- 46971
玉米	1999	定价收购价格保护	926	1199	- 14606
	2000		936	1199	- 9797
	2001		918	1199	- 8739
总计	1999				- 99355
	2000				- 97159
	2001				- 77866

资料来源：WTO Notification，G/AG/N/CHN/8，31 March 2006.

表 8 - 2　　　　　　　　　**1999—2001 年现行综合支持总量**

产品（包括特定产品和非特定产品）	年度	对特定产品的 AMS（百万 RMB yuan）	现行综合支持总量（单位：100 万人民币）
小麦	1999	- 16783	0
	2000	- 19698	0
	2001	- 22156	0
大米	1999	- 67966	0
	2000	- 67664	0
	2001	- 46971	0
玉米	1999	- 14606	0
	2000	- 9797	0
	2001	- 8739	0
棉花	1999	2854	0
	2000	3503	0
	2001	1790	0
针对非特定产品的国内支持总量	1999	700	0
	2000	745	0
	2001	748	0

续表

产品（包括特定产品和非特定产品）	年度	对特定产品的 AMS（百万 RMB yuan）	现行综合支持总量（单位：100 万人民币）
AMS 总量	1999	-95801	0
	2000	-92911	0
	2001	-75328	0

资料来源：WTO Notification，G/AG/N/CHN/8，31 March 2006.

　　虽然我国"黄箱"支持处于负值状态，但是按照我国入世承诺，我国"黄箱"支持只享有基期农产品总产值 8.5% 的免于削减空间，未来给予我国采取价格支持等措施直接促进粮食生产的空间并不大。根据 2000 年的数据，按农业总产值 8.5% 的微量允许支持标准计算，我国对特定四种产品（稻谷、小麦、玉米和棉花）的支持空间分别为 20.23 亿美元、11.21 亿美元、9.22 亿美元和 4.55 亿美元。如果这四种产品的国内价格分别上涨 0.534 元、0.236 元、0.208 元和 1.38 元，就可把价格支持空间用满，但对非特定产品，按照 1999 年的数据，仍有 121 亿美元的支持空间。[①] 再者，我国"黄箱"支持的方式也存在问题，流通环节补贴比例过高，1998 年以来，每年用于粮、棉、油、糖流通的补贴在 500 亿—700 亿元之间，占农业支持总量的 30%—50%。[②] 流通补贴为间接补贴，虽然国家给予了高额补贴，但补贴并没有让种粮农民真正得到实惠，而是在流通的各个环节中大量流失。这使得我国粮食补贴在政策执行效果上大打折扣。

　　国内支持政策对粮食生产投入不够，使得我国粮食在加入 WTO 之后就面临无法与外国粮食产品竞争的局面，1998—2004 年间我国大宗农产品（大豆、玉米、小麦、大米）的国内市场价格普遍高于国际市场价格，已经不具有竞争优势。据对主要农产品成本计算，2000 年之后我国粮食成本处于上升趋势，尤其是 2002 年后上升趋势特别明显。[③] 在农产品进口中，大宗农产品占主体，这导致我国农产品贸易出现逆差，其中最为明显的就是大豆进口数量大增。

　　因此应及时进行政策调整，应对我国加入 WTO 农产品过渡期满之后来

　　① 农业部软科学委员会课题组编：《加入世贸组织与中国农业》，中国农业出版社 2002 年版，第 295 页。

　　② 产业政策与法规司：《关于完善我国农业国内支持政策的建议》，国研网，2003 年 2 月 12 日。

　　③ 毛凤霞、冯宗宪：《新贸易格局下我国农产品竞争力》，《国际贸易问题》2007 年第 6 期。

自外国农产品的竞争压力。由于我国原来对农业补贴多集中在流通环节，因此应改变补贴方式，将补贴从流通环节转向生产环节，将价格支持转向对农民的直接补贴，以更大程度发挥市场机制作用，提高补贴效率。对"黄箱"支持应在微量支持允许范围内加大价格支持力度，资金支持转向粮棉等重要农产品。

二　我国加入 WTO 过渡期期满之后粮食支持政策的改革

2004 年 3 月 17 日，农业部和财政部共同制定、印发了《农业机械购置补贴资金使用管理办法（试行）》，2004 年 12 月 31 日出台了《中共中央国务院关于进一步加强农村工作提高农业综合生产能力若干政策的意见》，该文件为了提高农业综合生产能力，制定了"两减免、三补贴"的政策，规定减免农业税、取消除烟叶以外的农业特产税，对种粮农民实行直接补贴，对部分地区农民实行良种补贴和农机具购置补贴。2005 年 2 月 8 日的《中共中央国务院关于促进农民增收若干意见》强调要集中力量支持粮食主产区发展粮食产业，促进种粮农民增加收入具体办法是国家从粮食风险基金中拿出部分资金，用于主产区种粮农民的直接补贴。此后国家出台的一系列文件表明我国已经开始注重对粮食生产进行补贴支持，以促进农民增收、保障粮食安全。

以往我国对粮食的保护价收购政策计入"黄箱"支持，按照我国入世承诺，我国可以采取的"黄箱"支持量可以达到基期农产品总值的 8.5%，现在支持空间并不大，良种补贴和农机具补贴则属于生产资料投入补贴，应属于"黄箱"支持措施，而粮食直接补贴是属于"绿箱"还是属于"黄箱"，则需要具体分析，如果是根据粮食实施种植面积发放，就会对粮食产量直接产生影响，则应计入"黄箱"政策。2004 年之后的粮食直补政策对我国的粮食促进作用还是很明显的，2005—2009 年粮食总产量逐年攀升，分别为 49804.2 万吨、50160.3 万吨、52870.9 万吨和 53028.1 万吨。但也有研究认为虽然我国对农业的支持与补贴逐年增加，但对农业生产和贸易的影响仍然非常小。例如，美国农业部经济研究局 2005 年初的报告认为，由于我国农村人口巨大，2004 年实施的农业补贴对增加农民收入影响较小，补贴没有强烈刺激生产者改变种植决定。即便提供补贴，种植粮食仍然不如种植经济作物获利多，如棉花、蔬菜或水果。在很多地区，粮食补贴以前些年种植面积为基础，除非农民认为当年扩大种植面积可以增加将来的补贴，否则增加粮食生产的刺激是很小的。农业税的降低虽然降低了生产成本，但由于无论农民是否种植粮食，农业税均可减征，因此，也不会刺激农民种植更多的粮食。[①]

三 我国粮食国内支持措施体系的完善

新中国成立以来，我国对农业采取抽农补工的政策，使得农业成为非常脆弱的弱质产业，农村与城市的差异日益加大。尽管自 2004 年起我国在部分地区取消征收农业税、农业特产税，但要改善整个粮食生产的条件，切实提高农民的收入水平，仍有待国家财政和金融的大力支持。因此我国粮食国内支持体系的完善可以从以下几个方面入手。

（一）在"绿箱"补贴中，应合理调整各项投入比例，建立完善农业收入支持体系

我们应在继续加大政府一般性服务支出和粮食公共储备支出的基础上，逐步建立和完善农业收入支持体系（如农民收入保险制度、与生产脱钩的直接补贴等）、农业结构调整支持体系（如通过生产者退休计划、资源停用计划及投资援助提供的结构调整援助等）和农业可持续发展支持体系（如环境计划下的支付、地区援助计划下的支付等）。

笔者对湖南永顺县农业补贴做过调研，从调研情况来看，该地区补贴中政府一般服务项目占据了整个对农业投入的一大半，这些项目中行政支出、基础设施建设又花去了绝大部分。诚然对农业的基础投入非常重要，它也是农业生产的基石和根本，但是这些开支在实际运作中存有许多问题，最大的问题就是资金从各种途径流失而没有真正、完全投入到实际的项目中去。在基层财政仅维持"吃饭"的前提下，政府的农业补贴被挪用的现象很难避免，因此必须建立健全有效的监管体制来防范挤占、挪用、转移、乱花乱用补贴现象的发生。

政府一般服务支出中应该逐步增大农技推广的比例，增加对农民培训的支出。我国目前正处于农村人口大规模向城市转移的工业化初期，大量农村劳动力出外打工，农村剩下的大都是一些年长老人和年幼的儿童以及文化程度不高的人，这些人在进行粮食生产时基本上还沿用陈旧过时的技术，劳动生产率不高。所以在问卷调查中，农民在农技推广、粮食直补、农业生产资料补贴、农业生产保险补贴、对农民经济合作组织的补贴等选项中，有

---

① H. Gale, Bryan Lohmar and Francis Tuan, *China's new Farm Subsidies*, USDA – ERS WRS – 05 –01, February 2005.

52%的农户将农技推广作为首要选择。当然，除了加大投入之外，落实好项目，达到良好的效果也是关键。

在WTO"绿箱"补贴中，我国还有几种补贴没有实施过，它们是不挂钩的收入支持、政府在收入保险方面的补贴、结构调整支持（具体为三种）等，为了加大对农业投入，同时也与世贸规则接轨，新的财政预算收支目录已把这些纳入农业支出表内，科目名称为：稳定农民收入补贴、农业结构调整补贴、农业生产保险补贴、对农民合作组织的补贴。

1. 农业生产保险补贴：根据对永顺县的调研，该县已经作为湖南省首批农业保险试点县开展了农业保险补贴项目，因为这项试点是刚刚开始实行，具体效果如何，还有待于实践验证。该县西歧乡投保面积已占该乡种植面积的80%以上，说明这项试点还是很受农民欢迎的。

2. 农业结构调整补贴：该项补贴对农民很重要，由于我国粮食生产自然条件不太好，那么在自然灾害发生或气候、环境变化的情况下，或者在国内外农产品市场变化较大时，让农民及时进行生产结构转化并对之进行补贴，不仅可以减少农民损失，还可以使其从新产品生产中获得收益。

3. 对农民合作组织的补贴：我国农业服务体系极不完善，农民生产、销售都处于极为分散的状态，单位生产成本较高，所以在市场竞争中就处于弱势地位。发达国家的经验表明，农业合作经济组织在弥补政府服务缺陷、充分发挥农民自己的积极性、提高生产效率等方面具有不可替代的优势。从2004年起我国增加了7000万元的农民专业合作组织建设投入，大力扶持和帮助农民建立经济合作组织。但从对永顺县实地考察的情况来看，农民经济合作组织发展情况还处于初期阶段，截至2010年3月，全县共有种植业合作组织40个、养殖业5个、加工业5个、服务业2个，直接加入合作组织会员达4518户，在全县10.3万户农民户中，加入合作组织的仅占3.4%。对加入组织的农户来说，效益非常明显，平均每个成员增收420元，收入增幅比没有入会的农户高出16%。但是目前财政给予补贴支持力度不大，县财政只是在每个经济合作组织成立登记时给予1000元资助，合作经济组织的运作主要靠种植大户、专业户的热心奉献，但这毕竟非长久之计。因此设计、运作好对农民合作经济组织补贴将对农业生产提高层次至关重要。从目前产粮地区的实际情况来看，做好对农民经济合作组织补贴可以从两方面入手，一是加强合作组织的项目申报工作，力争得到各级部门包括农业部、国家计委等上级部门的大力扶持；二是从县级财政中拨出专项贷款贴息，由金融机构对制度健全、经营业绩好的合作组织进行贷款。

（二）"黄箱"补贴中，对主要粮食产品仍应维持保护价收购

"黄箱"中价格支持政策属于要不断削减的项目，但是从实践来看，无论是发达国家还是发展中国家，都把价格支持作为稳定国内农业生产的核心政策，特别是对重点产品，都坚持实行价格补贴政策，以保护这些农产品的生产。我国于 2002 年取消了原有的价格保护政策，并于 2004 年出台了稻谷的最低收购价，我国应该借鉴他国经验，充分利用"黄箱"的政策空间，针对重点产品，特别是大米、玉米、小麦等对国家粮食安全及其重要的土地密集型产品，建立完善的价格支持体系，并深化农产品流通体制改革，逐步减少对流通环节的补贴，把支持与补贴的重点转向粮食生产者的支持和服务，以降低农业生产成本，提高其竞争力。

粮食直补是国家为了发展主产粮区的粮食生产、提高农民种粮积极性而发放的补贴，为此国家专门从粮食风险基金中设立粮食直补专户。粮食直补对提高拥有大面积的种植专户的收入、积极性的效应是非常明显的，但是有些地区地处山区，山多地少，人均耕地面积在许多地方不超过 1 亩，农民种植粮食主要是为了自用，少量用于出售。永顺县农办负责人给笔者算了一笔账，当地农民种田需要 1 个劳力，半年劳作，一亩地产量 1000 斤，收入近 500 元，单位劳动力生产成本太高，加上地理位置的特点，大部分地方不适宜机械化作业，有限的农机补贴也发挥不了效应。所以粮食直补等补贴措施对提高非产粮区农民种粮积极性意义不大，为此国家应该考虑粮食直补的落实效果，对主产粮区的粮食直补可以增加支持力度，而对非主产粮区的粮食生产则可考虑使用价格支持措施鼓励粮食生产。

（三）健全农业补贴的管理体制

我国现行的财政支农管理体制是一种条块分割、分块管理的体制，农业补贴支出资金的预算、分配、拨付管理权集中在财政部门，而与项目实施过程相对应的资金使用管理权则分散在农业、林业、水利、农机等部门，财政部门难以对资金使用过程进行有效管理。而农业地区往往财政比较紧张，有些地方认为农业补贴是软指标，投多少没有硬性约束，对农业补贴往往不能足额到位，相当一部分资金被管理和执行单位截流用于本单位办公条件的改善甚至提高人员福利。据统计，我国政府财政对农业投资中有将近 30% 不能及时到位或根本不能到位，被短时或长期挪作他用。此外，财政对农业补贴的实施缺乏有效的评估监督，项目审批、实施、资金使用过程都没有健全的监督体制。为确保有限的支农补贴得到有效利用，可以考虑在我国推广因素分配法，根据各地区人均收入、GDP、贫困人口、绩效考评等因素计算权

重,最后计算出应该分配给各地的农业补贴数额。由于这些因素实际上是农业补贴实施后效益的综合体现,采用这样的办法能很大改善以往投入补贴比例极不科学的状况。

第二节 运用国际粮食贸易特殊规则保障我国粮食安全

一 完善国营贸易专营粮食制度

依据我国入世议定书附件2A,对涉及粮食安全的小麦、玉米、稻米和大豆油的进口实行国营贸易企业专营制度,小麦、玉米、稻米等粮食由中国粮油食品进出口总公司负责。我国在对大米、玉米、小麦实行国营贸易专营的同时实行配额关税进行保护,我国粮食配额数量自入世后逐渐增加,到2004年达到最高值,从国家发改委2010年第27号公告对2011年粮食、棉花进口关税配额、数量、申请条件和分配原则的确定来看,我国近年粮食配额维持在2004年的数量,没有增加。从表8-3中可以看到,粮食配额内关税很低,如小麦只有1%的关税,而配额外关税则高达65%。并且小麦配额的90%都由国营贸易企业专营,玉米国营贸易企业的配额比例达到60%,大米国营贸易企业的配额比例达到50%。

表8-3　　　　　　　我国粮食配额(2002—2004)

商品名称	年份	配额数量(百万吨)	配额内关税率(%)	国营贸易		非国营贸易		配额外关税率(%)
				配额比例(%)	配额数量(百万吨)	配额比例(%)	配额数量(百万吨)	
小麦	2002	8.468	1	90	7.6212	10	0.8468	71
	2003	9.052	1	90	8.1468	10	0.9052	68
	2004	9.636	1	90	8.6724	10	0.9636	65
玉米	2002	5.850	1—10	68	3.9780	32	1.872	71
	2003	6.525	1—10	64	4.1760	36	2.349	68
	2004	7.200	1—10	60	4.3200	40	2.88	65
大米,短圆粒大米	2002	1.995	1—9	50	0.9975	50	0.9975	71
	2003	2.3275	1—9	50	1.1638	50	1.1638	68
	2004	2.660	1—9	50	1.3300	50	1.33	65

续表

商品名称	年份	配额数量（百万吨）	配额内关税率（%）	国营贸易		非国营贸易		配额外关税率（%）
				配额比例（%）	配额数量百万吨	配额比例（%）	配额数量百万吨	
大米，（长粒）	2002	1.995	1—9	50	0.9975	50	0.9975	71
	2003	2.3275	1—9	50	1.1638	50	1.1638	68
	2004	2.660	1—9	50	1.3300	50	1.33	65
大米总计	2002	3.990	1—9	50	1.9950	50	1.995	71
	2003	4.655	1—9	50	2.3275	50	2.3275	68
	2004	5.320	1—9	50	2.6600	50	2.66	65

资料来源：根据国务院法制办公室编《加入世界贸易组织法文件汇编（中）》整理。

　　实行粮食关税配额和国营贸易专营相结合的制度，能够使得我国根据国内实际情况控制粮食进口的数量，一方面防止国外低价粮食过量进口冲击国内粮食市场，保护国内农民的利益；另一方面国营贸易企业可以在国际市场统一行动，影响粮食定价权，从而进口到价格优惠的粮食产品。

　　1992—1997 年，中国通过国营贸易进出口小麦、玉米和大米年平均达到 1610 万吨，其中进口 820 万吨，出口 790 万吨，从美国进口的粮食平均占到中国粮食进口总量的 31%，占美国粮食出口总量的 35%。其中，小麦为中国进口的主要粮食品种，1992—1997 年为 13 亿美元，年平均进口量为800 万吨左右，占世界市场的 6%—7%。玉米和大米是中国主要的粮食出口品种，1992—1997 年中国出口的玉米和大米分别占世界市场的 9% 和 5%，年均出口收入分别为 7.3 亿美元和 2.3 亿美元。[①] 可见，在入世之前国营贸易在调剂粮食余缺、保障我国粮食安全、保障消费者利益方面就发挥了巨大作用。

　　2006 年以来，国际市场粮价大幅上涨，小麦、玉米、大米、大豆和豆油价格相继创历史新高，在西方国家粮食战略与生物能源战略结合的背景下，未来国际市场粮食供应将长期趋紧，但是在西方国家金融投机集团的操纵下，国际粮价不会平稳运行，而有可能发生剧烈波动。作为国际粮食市场具有巨大购买力的国家，我国要避免在粮食贸易上陷入在铁矿石等能源资源市场被动受卖方高价宰割的困境。国际粮食市场是一个受少数西方跨国粮食

---

　　① 刘剑文：《贸易自由化与中国粮食安全政策》，华中农业大学 2003 年博士学位论文，第 145 页。

垄断集团控制的市场，其中嘉吉、邦吉等四大粮商就控制了全球粮食贸易的60%左右，在这种情况下，要保障中国的粮食安全，就要培养壮大我国的粮食贸易企业，使之有能力与跨国粮食垄断集团抗衡。因此，我国应该继续维持并充分运用国营贸易企业制度。

在 WTO 框架下国营贸易企业规则对国营贸易企业缺乏清晰的可共同接受的定义，某些实体规则还缺乏具体适用的标准，同时 WTO 对 STE 透明度要求也不清楚，哪些 STE 需要通知有疑问。美国实力雄厚的粮食集团具有垄断粮食贸易、攫取高额利润的能力，但是这些组织并非政府通过法律授予其垄断权，而是在自由竞争中通过商业规则发展壮大的，不过美国给予民间农业联合体以反垄断法的例外，可见美国还是鼓励民间性的大型农业企业从事生产贸易，而且美国在新一轮贸易谈判中就回避对跨国垄断集团进行管制，并反对将美国农业联合体认定为国营贸易企业。还有，许多国家采用国营贸易企业制度，就是通过授予其专营权控制进出口达到限制贸易满足国家对粮食等特定产品进行控制的目的，这样国营贸易企业在从事贸易时就不会为纯粹商业利益左右，而 GATT 第 17 条要求国营贸易企业在购买或销售时应只以商业考虑为根据，对何谓"商业考虑"缺乏具体适用标准，2002 年11 月 17 日美国诉加拿大谷物贸易政策案中，专家组的解释扩大了"商业考虑"的含义，也使得 WTO 框架下的国营贸易规则更为宽松。最后，国营贸易企业透明度的履行并不成功，提交问卷调查、完整履行透明度义务的国家较少，即使提交问卷调查，内容也很不完整，没有对国营贸易企业的详细报告。显然现有 WTO 国营贸易企业规则给我国运用国营贸易企业制度对粮食进出口调剂留下了充分的空间。

2009 年我国进口小麦 90.4125 万吨，进口大米 35.681 万吨，进口玉米8.448 万吨，2010 年我国进口小麦 123.066 万吨，进口大米 38.816 万吨，进口玉米 157.32 万吨，而我国粮食进口关税配额分别为：小麦 963.6 万吨，玉米 720 万吨，大米 532 万吨，2009 年、2010 年进口粮食量大大高于前几年，但仍没有将配额使用完毕。关税配额不是必须完成的进口量，我国在分配关税配额时不会单纯为了完成关税配额指标而进口，忽视国内生产和市场状况，因此在我国近年粮食生产充足的情况下不使用完粮食关税配额是应有之义，也是经常发生的情况。问题是我国粮食关税配额有一部分比例是由非国营贸易企业所有，并且承诺每年 10 月以前对国营贸易企业没有使用完的配额将进行二次分配。这样，如果非国营贸易实体所拥有的配额比例全部用完，二次分配后的配额执行情况将最终决定每年粮食进口数量。我国粮食配额如果全部用于进口，进口的粮食将达到2188.6万吨，几乎占到这三种粮食产量的8.2%，如果国际粮价低于我国粮食价格，就会导致大量粮食进口冲击国内粮食市场，也给农民造成损失。我国可以考虑借鉴加拿大、澳大利亚的粮食进出口专营制度，对国营贸易范围的小麦、玉米、大米的关税配额进口实行统一的集中经营体制；对非国营贸易范围的粮食以及大豆、植物油等进口，考虑发动由加工企业和农民组织起来建立行业协会，由行业协会统一协调对外的集体采购制度。我国进口粮食数额巨大，但并未在国际粮食市场上掌握大宗粮食的定价权，采取集中进出口经营方式，有利于我国掌握国际粮食的定价权和谈判的主动权，摆脱被跨国粮商垄断控制的局面。

二　特殊保障措施、出口限制和粮食援助等问题

在其他粮食贸易特殊规则中，能够发挥保障我国粮食安全作用的主要是农产品特殊保障措施，在中国入世承诺清单中，我国承诺大米、硬粒小麦和玉米自2004年1月1日起最终约束税率为65%，对大豆、大麦的实施税率仅为3%，豆油、菜籽油自2006年1月1日的最终约束税率仅为9%。我国承诺对实施税率的任何变更至少实行1年，以提供稳定性，且关税将不高于签订合同时实施的关税，这样大豆、大麦、豆油等因为税率很低就有可能受到西方国家粮食的冲击。在现有法律框架下，我国如果要应对西方国家粮食战略对我国大豆等农产品的冲击，可以采取的救济措施是反倾销、保障措施和反补贴措施，但是我国无权使用农产品特殊保障措施。

从近年来的粮食进出口数据来看，中国粮食产量连续获得丰收，粮食供求形势进一步得到改善。充足的国内生产使得我国近年来主要粮食品种除大豆外的进口量均有所下降，国内稻米、小麦贸易对外依存度较低，而且稻米、小麦的出口大于进口，西方国家粮食战略并没有对我国粮食安全造成不利影响，因此目前我国动用WTO救济措施限制大豆等农产品进口的可能性并不大。

在多哈回合，我国在农产品关税谈判中处于相对不利的地位，新一轮谈判将进一步降低中国农产品关税水平，在今后相当长的时期内，中国的粮食安全、农民就业、增收和农村发展将始终面临较大压力，因此我国必须考虑在多哈回合的农业协议以及区域、双边协议中设置适合我国利益的粮食安全保障机制。由于在市场准入方面，香港会议明确了发展中国家成员可以自主指定适当比例的关系到粮食安全、农民生计与农村发展的产品为特殊产品，可以对这些特殊产品实施更多的保护，这为我国粮棉油糖等大宗农产品提供

了一定的保护空间。

对多哈回合中的特殊保障措施（SSM），我国应主张 SSM 适用的产品范围不宜过宽，应限制在对成员国粮食安全、农民生计有重大影响的敏感产品之内，对我国而言，应包括谷物、植物油、大豆、棉花等大宗产品。但是对 SSM 的触发水平和适用税率则应坚持较低的触发水平和较高的适用税率的原则，具体可以考虑把进口激增 30% 作为触发 SSM 关税超过约束税率的门槛，适用 SSM 的补救性关税不得超过约束水平的 10%—30%。对区域内部的特殊保障措施 SSG，则不宜适用面积过大，我国可以考虑借鉴日本的做法，通过在协定中约定专门针对某几种具体敏感农产品的特殊保障措施即可。

新加入成员待遇方面，《多哈部长宣言》承认对新成员的特殊情况给予特别关注，有助于我国在今后的谈判中争取较大的权利和主动权。

2008—2009 年的粮食危机中许多粮食出口国纷纷采取出口限制或禁止措施，从长远来看，国际粮价将长期在高位运行，出口限制措施将对我国的粮食安全产生不利影响，WTO 对出口限制并没有实质性限制，透明度要求也没有具体时限规定，2004 年框架协议仅仅说要加强关于出口限制的纪律，并没有更具体的内容，并且把出口税列为"成员方有兴趣但未达成一致"的标题下。可见未来达成关于出口限制法律规则的可能性较小，在未来农业谈判取得进展时，中国可以要求增加出口限制的透明度要求。

至于多边贸易体制下的粮食援助规则，其宗旨一直是防止援助国利用援助扩大粮食出口，甚至将粮食援助变成隐形的出口补贴，所以加拿大、澳大利亚等国以及欧盟在 WTO 多哈谈判时要求对最容易造成商业替代的货币化的粮食援助进行削减，对非紧急实物粮食援助从必要性评估到援助形式都做了更严格的约束，而美国的做法是以有偿的方式向受援国销售粮食，以期扩大美国粮食的国际市场，那么在这些西方发达国家之间因为利益诉求差异难以对粮食援助达成统一规则。我国现在已经成为对外粮食援助捐赠国，但是受制于国内粮食生产、消费的实际情况，我国不可能将粮食以捐赠方式大规模输出，所以对于粮食援助贸易规则可以有很灵活的态度。

三　粮食安全约束下我国生物能源政策：对生物能源贸易规则的应有态度

（一）应倡导国际生物能源可持续发展，通过 WTO 推动生物能源贸易自由化，推动粮食大国尽量使用非粮食作物为原料

从保障我国及全球粮食安全的层面出发，各国生产生物能源应该尽量使用非粮食作物，或通过贸易进口具有环境优势、最少危及粮食安全的原料或生物能源。相对于欧美而言，一些热带和亚热带地区因为生长季节周期多、季节长和劳动成本低等因素，更具有生产生物能源的比较优势，例如马来西亚、泰国和印度尼西亚都有丰富的生产生物柴油的原料棕榈油。到目前为止，巴西用甘蔗生产乙醇的总成本是各种类型乙醇生产中最低的，除此之外，巴西以大豆为原料的生物柴油和美国玉米乙醇的净生产成本最低，欧洲生物柴油的生产成本是巴西乙醇的两倍以上。

尽管一些发展中国家具有生产生物能源的比较优势，全球生物能源贸易量极为有限，每年只有全球总产量的 10% 参与国际贸易，其原因在于生物能源产业属于新兴产业，事关国家能源安全、温室气体减排和环境保护等国家重大决策问题，许多国家对本国生物能源产业进行补贴并对进口采取关税壁垒等贸易保护措施，以扶持本国生物能源产业发展，而目前 WTO 规则无法约束各国对生物能源生产极度扭曲市场配置的保护措施。

根据经济学家们运用数据模型计算，如果经合组织国家和其他国家取消所有扭曲贸易的生物燃料政策将可能导致全球乙醇产量和消费下滑约 10%—15%，下滑幅度最大的可能为欧盟（目前每升乙醇支持水平很高）和美国（最大的乙醇产量国）。因强制使用目标仍然存在，在目前这些受到贸易壁垒保护的市场，进口将大幅攀升，而巴西和其他发展中供应国的产量和出口均将有所增加。[①]

由于以欧美为代表的粮食大国大力发展生物能源产业对我国粮食进口安全构成了潜在威胁，因此我国应该推动 WTO 国际生物能源贸易规则自由化，约束扭曲资源配置、危及粮食安全的生物能源生产。

（二）构建 WTO 生物能源贸易规则的现实方案

首先，对生物燃料关税分类争议问题，可以通过世界海关组织修改 HS 分类，将燃料乙醇划归为工业品从而促使各国实行较低的关税。由于 WTO

---

① FAO：《生物能源：前景、风险和机遇》，粮农组织出版物 2008 年（SOFA），第 50—51 页。

成员方可以通过修改《农产品协定》附件 1 来包括或排除世界海关组织 HS 分类中原本不包含在农产品中的货物或原本包含在农产品类别中的货物，这样生物燃料关税削减主要取决于以后谈判的结果。我国应该继续推动将生物能源纳入环境货物类别进行谈判，2001 年《多哈宣言》第 31（iii）段中，WTO 部长级会议要求各成员就"降低或适当时消除有关环境货物和服务的关税及非关税壁垒"展开谈判。目前，WTO 有关环境货物的谈判主要在非农业产品市场准入谈判组之中进行。由于多哈谈判基本处于停滞状态，并且美欧反对将乙醇纳入环境货物，所以短期内谈判取得进展可能性不大，在谈判没有实际进展之前，我国可以先对燃料乙醇进行关税削减，通过市场调剂我国能源需求。在涉及给予进口燃料乙醇国民待遇和最惠国待遇问题上，我国可以将以非粮食为原料的生物能源与以粮食为原料的生物能源区别对待，不过，目前国际市场只有非粮燃料乙醇才具有竞争力，是否对进口乙醇实行国民待遇与最惠国待遇对粮食安全影响不大。

其次，推动国际范围内的生物能源可持续标准的建立，引导生物能源产业以非粮作物为原料。在目前技术条件下美国等大量使用粮食为原料制造生物能源，但这种生产方式对粮食安全的消极影响以及以粮食为原料的生物能源温室气体减排效果均受到广泛质疑，为此美国可再生能源标准提出了使用高级生物能源的时间表，依据这一时间表，未来美国生物能源将逐渐减少使用以粮食为原料的生物能源，而提高使用以纤维素、废料等为原料的生物能源比例。而欧盟生物能源技术标准中含有对生命周期的碳排放的考量，也与原料是否为粮食有关。所以欧美的技术标准虽然给来自巴西等不危及粮食安全的可持续发展生物能源设置了贸易壁垒，但在减少粮食作物为生物能源原料方面的积极作用也值得肯定。欧美的标准值得我国借鉴。我国目前关于生物能源的生产标准没有像欧美那样涉及原料土地标准、多样性标准、原料使用标准，仅仅是产品质量要求，既不能约束我国生物能源的粮食使用比例，对进口产品也无引导作用。

我国在引入欧美标准的同时，还要积极参与协调各国的生物能源技术标准，可以同时采取两个步骤：第一，成员国多边承认其他国家（主要是欧美发达国家）的技术标准，这也与技术贸易壁垒协议的规定相符合；第二，通过国际组织推动可持续标准的全球认可。

再次，可以考虑通过 WTO 理事会决议达成一项可再生能源补贴的专门协议，可再生能源还包括风能、太阳能、海洋能等，其他可再生能源的生产并不危及粮食安全，很多国家同时也对其他可再生能源进行补贴，但是这些补贴更易成为《补贴与反补贴措施协定》（《补贴与反补贴措施协定》）下的可诉补贴。鉴于可再生能源在保障能源安全、应对气候变化乃至推动经济发展等方面具有重要意义，很多学者呼吁修改现有 WTO 补贴规则，恢复不可诉补贴，或者通过 WTO 部长会议或总理事会的一项决定，寻求对生产者的补贴获得在《补贴与反补贴措施协定》下的豁免，然而上述建议并没有考虑生物能源对粮食安全的影响，而且对消耗粮食最多的乙醇燃料的支持很容易通过农业协议的"绿箱"补贴获得豁免，不需要寻求获得在《补贴与反补贴措施协定》下的豁免。因此，笔者认为，虽然整体而言可再生能源补贴需要得到 WTO 补贴规则的许可，但是考虑到粮食安全的重要性高于能源安全，应该对《补贴与反补贴措施协定》与《农业协议》中的补贴规则同时做出修改，或者达成专门针对可再生能源的补贴规则，通过各国承诺清单明确哪些补贴可以实施，哪些可以在一定限额内采取，超过则属于可诉补贴，其中需要特别要求以粮食为原料的生物能源补贴不能获得豁免。

第三节　完善我国的区域粮食贸易规则

如前文所述，在一定程度上进口部分紧缺粮食品种将成为我国保障粮食安全的必然选择，通过国际贸易途径获得粮食是弥补国内供需紧张的一种辅助方式。我国对外缔结区域贸易协定，很大程度将推动区域贸易自由化发展，那么对粮食这一重要产品实施开放还是保护的政策自然对我国的粮食安全会产生重要影响。从我国缔结区域贸易协议的安排来看，有较大粮食贸易额的中国—东盟自由贸易区协议仍对粮食产品实施较为全面的保护，构建了敏感产品关税、保障措施和卫生检疫措施、技术贸易壁垒等多层保护体系，可见我国还是以高度自给作为基本粮食战略。基于上述分析，我国适度进口一些高品质粮食是实现资源配置优化的良性选择，未来我国缔结区域粮食贸易规则还可以考虑对粮食给予更进一步的开放。

一　市场准入

在我国正在谈判的区域贸易协定谈判对象中，还没有粮食大国，由于在政治军事外交乃至经济上我国与美国都存在竞争合作关系，美国也不希望与对其构成挑战的大国签订自由贸易协定，因此可以预见短期内我国不太可能与美国达成自由贸易协定。已有的中国—东盟自由贸易区协定对我国粮食贸易有一定影响，区内大米出口国越南、泰国等都向我国出口大米，而我国已将大米、玉米、面粉、糖、植物油、羊毛、烟草制品等事关国计民生的大宗农产品纳入敏感类给予适度保护，因此我国也不会撤回这些保护性规定。

在我国粮食高度自给、进口粮食适度调节的基本方针下，我国未来与某些南美或非洲粮食资源丰富的国家缔结区域贸易协定时，可以采取适当降低关税、对粮食等大宗敏感农产品采取特殊保障措施进行保护的方式，这样就有对进口粮食的灵活调控权。

二　技术贸易壁垒、动植物检疫措施

中国—新西兰自由贸易协定中的卫生与植物卫生措施、技术性贸易壁垒规则非常详尽，为双方协调各自的卫生检验措施和技术标准提供了详细的规则和程序。第 7 章卫生与植物卫生措施为促进双方卫生与植物卫生议题的交流、磋商和便利双边贸易规定了实施细节，包括确定双方协调信息的主管部门、进行风险分析的程序，共同制定适应地区条件相关原则、标准和程序，信息合作与通知等等。在第 8 章技术性贸易壁垒中不仅要求双方协调技术标准，并及时公布，而且还要求双方都采用国际标准。[①] 这些规则可以作为范本在我国之后的区域协定中继续沿用。

三　限制在内部贸易中使用贸易救济措施

从商务部网站关于我国缔结区域贸易协定的谈判对象来看，南部非洲关税同盟、海湾合作委员会、冰岛、澳大利亚、挪威自由贸易区等是我国正在进行谈判的对象国，这些国家并不是粮食出产大国，在经济结构、能源供应方面与我国存在互补性，所以我国的主要目标是促进出口，确保能源进口。在这种前提下自由贸易协定有利于双方利益实现，约束贸易救济措施、尽量采取 WTO 框架下的救济措施是应有之义。即使我国将来与某些盛产粮食的国家缔结区域协定，我国也应在 WTO 相关协定基础上严格限制采取贸易救济措施的条件，防止其被滥用，从而维护我国作为出口大国的利益。作为各国滥用贸易救济措施的主要对象国，我国在今后仍将保持出口大国地位，频繁的贸易摩擦在所难免。因此，我国应结合谈判对象国、双方贸易结构、经济发展水平等实际情况，制定一些限制性规定，包括限定贸易救济措施的实

---

① 中国—新西兰 FTA 第 8 章第 94 条 1 款：只要有关国际标准已经存在或即将拟就，双方应当使用国际标准，或者使用国际标准的相关部分，作为技术法规和相关合格评定程序的基础，除非这些国际标准或其中的相关部分无法有效、恰当地实现合法的立法目的。

施条件、实施程序和实施期限；限定贸易救济的范围和种类，等等，力求在保护国内产业和限制措施滥用方面取得平衡。

四　在区域协定中增加出口限制透明度要求，保障粮食贸易安全

在 2008 年的粮食危机中，出口限制措施加剧了国际市场的价格波动，包括中国在内的粮食出口国纷纷采取出口限制措施。WTO 对出口限制规则采取了非常宽松的架构，因此粮食净进口国如果想把国际贸易作为自身获得粮食的主要途径，就需要从贸易伙伴那里得到更强有力的保证。当然最佳方案是禁止采取出口限制措施，鼓励各国通过有针对性的直接支持来解决国内粮食安全问题。然而，在粮食危机期间，要想让各国同意禁止采取出口限制是不太可能的，即便同意了也不太可能得到执行。以我国的国情，不可能依赖国际贸易解决我国粮食需求，但是出口限制显然在粮食危机时期对我国也会带来不利影响，因此我国应该考虑在我国以解决能源、粮食资源供应为主要目标而缔结的区域协议中对出口限制措施进行规定，特别是加强规则的透明度，这是最为可行的方案，同时也是很有用的。

第四节　我国粮食产业及粮种产业的法律保障机制

一　在投资条约设置保障性投资规则，给我国外资法留下管制西方跨国集团的管辖权

2008 年 6 月，第四次中美战略经济对话中双方同意启动双边投资保护协定谈判。目前双方已经进行六轮谈判，并已经相互交换了文本草案。在中美BIT 谈判中，美国强调建立在"禁止投资项目名单"基础上涵盖投资准入阶段的"国民待遇"。[1] "禁止投资项目名单"是指明确列出哪些项目外商禁止投资，与"允许投资项目名单"相对。这种立法方式比列举允许投资项目名单更能够打开中国投资开放的大门，因为列举允许投资项目名单的方式表明凡是未列举的都是不允许投资的，这样能够把不允许的范围扩及无限的领域，而采取"禁止投资项目名单"则意味着凡是未在名单中的投资即是允许投资的领域，由于文字表述的局限性以及谈判方的压力，被最终列入"禁止投资

---

① http://www.dayoo.com/roll/201006/21/10000307_102513584.htm, 2011 - 2 - 5.

项目名单"往往是有限的，这种谈判方式等于在东道国准入领域撕开了一道大口子，任何未被列入禁止投资项目名单的都获得准入权，美国将之与准入阶段的国民待遇联系起来，这样美资就获得在广泛领域与中资企业同等进入并设立的权利。这对我国粮食产业链安全是极为不利的，因为一旦我国接受这种条约安排，美国跨国粮食集团即可获得在粮食产业链上下游产业的全面投资权利，而国内中粮集团尚不具备与国际粮商抗衡的实力，甚者，其他西方粮食大国的跨国粮食集团也可以依据其母国与我国的 BIT 最惠国待遇条款享有同等的准入权利，后果就会是国门大开、后患无穷！

为此，结合其他国家投资条约的实践以及一些学者的建议，可以在我国与西方发达国家的投资条约中考虑设置某些具有"防御性"性质的条款。

1. 例外条款的适用

从投资条约的实践来看，为免除国家基于本国安全、重大利益等采取的外资管辖措施被投资者指责为间接征收并诉至于国际仲裁庭的危险，在条约中设置例外条款是最为直接且运用非常普及的安全阀模式。具体来说采取例外条款有以下几种方式：

（1）通过附录规定的例外：许多自由化投资条约在附录中将政府管制措施或者将来可能实施的措施排除在条约规定或某部分规定的适用范围之外。例如，中国和西班牙关于促进和相互保护投资协定议定书就规定了国民待遇的例外，对我国任何现存的与国民待遇不符的措施及其延续、修正不适用于有关国民待遇的规定。这种例外之下的政府措施非常广泛，它既可以将政府的各种管制措施排除在征收、投资者——国家争端解决机制等具有潜在威胁国家外资管辖权的条款之外，还可以保证政府维持、实施或将来实施与投资条约不相符的措施。一般在附录或议定书中规定的例外，涉及的都是在正文中含有自由化内容、需要逐步放宽的措施。

（2）在条约正文中，通过专门的章节或专门的条款列举某项或某类政府管制措施作为整个条约适用的例外：有的条约列举了税收措施、强制许可措施等，如哥伦比亚的范本 BIT 第 2 条第 4 款就规定：本条约的规定不适用于税收措施。可以作为例外的措施还可以包括政府实施的保护环境、劳工、人类健康等方面的措施，它相对于上述附录所规定的例外，反映出政府对某些具体政策如环境保护方面等加强管制的意图，或者体现政府需要拥有税收等政策的自由掌控权。

（3）以 GATT 第 20 条为模板的一般例外：东盟自由贸易协定第 13 条规定：对本条所列措施的实施不得在条件相同的国家之间构成无端的或不合理

的歧视手段或构成对投资流动的变相限制，本协定的任何规定不得解释为阻止成员国采取或实施以下措施：（a）为保护国家安全和公共道德所必需的；（b）为保护人类、动物或植物的生命或健康所必需的措施……这种例外方式一般是在自由贸易协定（含投资内容）中，会产生一系列问题，成员国能否将之作为征收行为的借口？什么是判断"无端的或不合理的歧视"的标准？WTO 贸易法上的判断标准能否借用？这些问题都还没有明确的答案。

（4）美国 2004 年 BIT 范本第 18 条重大安全的例外将履行有关维持国际和平、安全或保护本国重大安全利益方面的义务而采取的措施作为整个条约的例外，既可以给政府为重大利益等实施管制限制外资留下政策空间，也为未来投资环境可能发生的变化寻求合理依据。

我国在双边投资或区域性自由贸易协定中宜继续在附录或议定书中实施国民待遇的例外，沿用现有国民待遇规定的冻结、回撤条款；当然在缔结区域性多边自由贸易协定时，也应该维持 GATT 第 20 条一般例外条款；最后，应借鉴美国 2004 年 BIT 范本第 18 条所规定的重大安全例外，把我国履行有关维持国际和平、安全或保护本国重大安全利益方面义务而采取的措施作为整个条约的例外，给我国政府管制权留下较大的空间。

2. 限定间接征收的范围

自从美国、加拿大政府的管制措施在 NAFTA 下也遭遇了来自投资者提出的间接征收的指控，并引起公众和国内各界的不满和批评之后，美、加政府立即做出反应，在各自新的 BIT 范本中开始对间接征收的认定规定一些标准，来限定征收范围扩大化的趋势，试图在一定程度上保障东道国维护公共利益的正当性。如 2004 年美国—乌拉圭 BIT 附件第 4 条第 1 款规定，应该以事实为基础，逐案考察多种因素认定是否构成间接征收，这些因素包括："1. 尽管缔约一方实施的一个行动或一系列行动对于投资的经济价值具有消极效果，但仅仅根据政府行动的经济影响本身不能认定发生了间接征收；2. 政府行动对明显的、合理的投资赖以进行的干预程度；3. 政府行动的特征。"虽然这三个因素非常抽象，但第一个因素所发出的限制间接征收范围的信号是极其明显的。

此外，美国—乌拉圭 BIT 附件第 4 条第 2 款规定："除非特别情况，缔约一方旨在保护正当的公共福利目标，如公共健康、安全及环境而制定及实施的非歧视性管制行动，不构成间接征收。"而且上述公共福利目标的列举不是穷尽的，列举只是基于更大确定性的考虑。美国 2004 年 BIT 范本第 18 条所规定的重大安全例外不仅可作为整个条约的例外，也能对投资者提出间接征收具有限制作用。这样美国通过对间接征收的例外、重大安全的例外等方式双管齐下，确保国家的经济主权不受威胁。

2004 年，加拿大 BIT 范本作了与美国相似的规定。总之，发达国家已经充分意识到限制间接征收范围的必要性。

我国可借鉴美国—乌拉圭 BIT 的规定对间接征收的范围进行限制，即使政府的某些管制行为对于投资的经济价值具有消极效果，但仅仅根据政府行动的经济影响本身不能认定发生了间接征收，还必须结合政府管制措施的目的、效果等因素进行综合评价。此外，还可订立针对间接征收的例外条款，保证我国保护正当的公共福利目标——如公共健康、安全及环境而制定及实施的措施不被认定为间接征收。

3. 对投资者——国家争端的防御性规定

在 BITs 中，东道国放弃国内管辖而允许投资者直接将争议提交 ICSID 国际仲裁是晚近国际投资自由化发展的一个趋势，但是如果不对投资者——国家争端机制施加适当的限制，东道国可能因遭遇金融危机等重大事件采取各种管制措施时，面临来自外国投资者的如潮诉讼，阿根廷为此就付出了极为惨痛的代价。[1] 因此，针对国际投资的争端解决，我国应该充分利用《ICSID 公约》和《维也纳条约法公约》授予东道国的"逐案审批同意"权、"当地救济优先"权、"东道国法律适用"权、"重大安全例外"权。[2] 那么对于已经在 BIT 中授予外国投资者以直接申请国际仲裁权利，为防止其他国家投资者援用最惠国待遇也要求享有直接申请国际仲裁的决定，我国可以考虑对最惠国待遇的适用范围限制在实体程序，而不适用于争端解决程序，并且施加"不溯及既往"的限制。

4. 序言中增设保护投资以外的公共政策目标条款

依据条约法解释的基本原则，序言可以作为条约实质性条款解释的辅助，传统的国际投资条约都是以促进和保护投资为目的，如 2003 年我国和德国缔结的关于促进和相互保护投资的协定的序言就表述为：缔约双方"愿为缔约一方的投资者在缔约另一方境内投资创造有利条件，认识到鼓励、促进和保护投资将有助于激励投资者经营的积极性和增进两国繁荣，愿

① 蔡从艳：《不慎放权，如潮官司——阿根廷轻率对待投资争端管辖权的惨痛教训》，《国际经济法学刊》第 13 卷第 1 期。

② 陈安：《中外双边投资协定中的四大"安全阀"不宜贸然拆除》，《国际经济法学刊》第 13 卷第 1 期。

加强两国间的经济合作，达成协议如下 ……"由于这类序言强调的是促进缔约双方经济合作和相互投资的优良环境的重要性，那么在投资者对政府管制外资措施产生争议并诉讼到仲裁庭时，仲裁庭对相关条款进行解释认定时，就会优先考虑该措施是否符合序言保护投资的目的，从而做出有利于投资者的裁断。

现在越来越多的投资条约序言中明确规定，投资促进和保护的目标需要尊重其他重要的公共政策目标，这些目标包括健康、安全、环境和消费者的保护，或者国际承认的劳工权利的维护等。如 NAFTA、能源宪章等都有正式的序言（Preamble），列出众多条约希望达到的目标。这当然也值得我国借鉴。

二　通过反垄断法保障粮食产业安全

2011 年我国修订《外商投资产业指导目录》，加强了对外资进入粮油加工产业的限制。不仅所有的食用油脂加工均要求中方控股，限制领域还扩大至大米、面粉加工，粮食收购和储存也新增为外资企业限制进入的领域。

对已经投产运营的外资粮油加工企业，我国应保护他们的正当权益。如果某一外资的市场份额集中构成垄断时，我国可以通过 2008 年实施的反垄断法进行管制。

三　对转基因产品的管理和转基因专利品种权的保护

（一）细化转基因食品标识管理

在我国，由于对转基因技术的认知程度明显不够，未制定对进口转基因食品成分含量进行标明的标准。对转基因食品进行标识有利于保障消费者的知情权和选择权，欧盟、日本等发达国家都规定了转基因食品的强制标识制度，但是美国基于维护转基因制造商利益只是规定制造商可基于自愿原则对转基因食品性质予以说明。我国是转基因生产大国，公众对转基因食物的科学性还存在很多误解，需要国家通过媒体宣传让公众对转基因食物有正确认识，同时本着对公众负责的态度，应进一步完善转基因农产品的标识制度。首先，对要求必须进行标识的 5 大类 17 种转基因农产品可以进一步明确规定标签标识的内容，包括转基因成分的具体含量、来源、可能存在的益处和不良后果、营养价值等等。再次，对要求标识的 17 种转基因农产品之外的转基因农产品，可以规定一个比例要求，达到该比例的必须进行标识，未达到该比例的由厂商自愿进行标识。

（二）要对《专利法》第 25 条进行扩大解释，给予转基因的植物品种
以专利保护

虽然外资尚未对我国转基因粮种专利和种业构成威胁，但是作为粮食安
全基础的种子产业，走自主研发道路，将转基因与杂交技术结合发挥我国自
主科研优势，是作为人口大国的必须选择。目前我国在转基因动植物研发方
面已取得一定成就，为此要加强对我国转基因生物技术的知识产权保护
力度。

我国现行《专利法》2009 年刚进行了修订，依然只有生产植物品种的
方法可以被授予专利权，而将植物专利排除在外，因此转基因植物本身属于
专利法所指的"植物品种"范畴，不能被授予专利权。由于专利制度对转
基因植物发明给予整体有机保护显然比植物新品种制度更有利于保护育种者
利益，对提高我国育种研究院所和企业的积极性进而提升我国转基因植物产
业研发水平都有很大的促进作用，所以我国通过专利法保护转基因生物技术
更为合适。由于专利法修订时间不长，短期内不可能再次修订，现阶段可行
的方案是对《专利法》第 25 条进行扩大解释，将转基因动植物品种包含进
专利保护的范围，这也有利于继续维持我国在转基因研发领域的技术优势。

由于现有专利制度不支持农民的留种权，农民种植转基因作物不得不从
市场购买种子，因此实行专利制度会增加农民经济负担，一些国家专利法规
定农民免责例外的做法值得我国借鉴，我国可以在扩大解释时有条件地允许
农民留种，以平衡育种者和农民之间的利益。

（三）加入《粮食和农业植物遗传资源国际条约》

我国是植物遗传资源大国，加入《粮食和农业植物遗传资源国际条约》
可以使得我国利用多边体制从其他国家获取对我国研究作物和育种所需要的
大量优质的粮农遗传资源，从而培育出优质高效多抗的作物新品种，进而提
高和增强我国的粮食生产能力。同时由于发展中国家可以根据自身情况适度
向多边系统提供相关粮农植物遗传资源，我国对珍稀粮农资源可以不提交多
边系统，从而确保找国对珍稀资源的专有。

主要参考文献

一 中文著作（含译著）

1. 王勇：《国际贸易政治经济学：全球贸易关系背后的政治逻辑》，中国市场出版社 2008 年版。

2. ［美］罗伯特·吉尔平：《全球政治经济学：解读国际经济秩序》，杨宇光、杨炯等译，上海人民出版社 2003 年版。

3. ［美］罗伯特·吉尔平：《世界政治中的战争与变革》，武军等译，中国人民大学出版社 1994 年版。

4. ［美］罗伯特·基欧汉：《霸权之后：世界政治经济中的合作与纷争》，苏长和等译，上海世纪出版集团 2006 年版。

5. 舒建忠：《多边贸易体系与美国霸权》，南京大学出版社 2008 年版。

6. 张振江：《从英镑到美元：国际经济霸权的转移》，人民出版社 2006 年版。

7. ［美］罗伯特·基欧汉、约瑟夫·奈：《权力与相互依赖》，门洪华译，北京大学出版社 2002 年版。

8. 徐更生：《美国农业政策》，中国人民大学出版社 2007 年版。

9. ［美］拉尔夫·戈莫里、威廉·鲍莫尔：《全球贸易和国家利益冲突》，文爽、乔羽译，中信出版社 2003 年版。

10. ［美］布热津斯基：《大棋局：美国的首要地位及其地缘战略》，中国国际问题研究所译，上海人民出版社 2010 年版。

11. 王慧英：《肯尼迪与美国对外经济援助》，中国社会科学出版社 2007 年版。

12. 马有祥主编：《中国与联合国粮农机构合作战略研究》，中国农业出版社 2007 年版。

13. 张文木：《全球视野中的中国国家安全战略》（上、下卷），山东人民出版社 2010 年版。

14. 李秉龙、乔娟、王可山：《WTO 规则下中外农业政策比较研究》，中国农业出版社 2006 年版。

15. 农业部软科学委员会课题组编：《加入世贸组织与中国农业》，中国农业出版社 2002 年版。

16. 赵维田：《世贸组织（WTO）的法律制度》，吉林人民出版社 2000 年版。

17. 龚宇：《WTO 农产品贸易制度研究》，厦门大学出版社 2005 年版。

18. 袁东明、任晶晶：《中国加入 WTO 法律文件解读·农业篇》，地震出版社 2002 年版。

19. 李正东：《世界农业问题研究》第 8 辑，中国农业出版社 2006 年版。

20. 刘笋：《国际投资保护的国际法制——若干重要法律问题研究》，法律出版社 2002 年版。

21. 任泉：《GATT 乌拉圭回合内幕》，世界知识出版社 1996 年版。

22. 张汉林、王曙光：《农产品贸易争端案例》，2003 年第 1 版。

23. 王宏广：《中国粮食安全研究》，中国农业出版社 2005 年版。

24. ［美］罗伯特·吉尔平：《国际关系政治经济学》，杨宇光等译，经济科学出版社 1989 年版。

25. 程国强：《WTO 农业规则与中国农业发展》，中国经济出版社 2001 年版。

26. 中国粮食研究培训中心编著：《中国粮食安全发展战略与对策》，科学出版社 2009 年版。

27. 农业部软科学委员会课题组编：《加入世贸组织与中国农业》，中国农业出版社 2002 年版。

28. 胡靖：《入世与中国渐进式粮食安全》，中国社会科学出版社 2003 年版。

29. ［德］贝亚特·科勒－科赫、托马斯·康策尔曼、米歇勒·克洛特：《欧洲一体化与欧盟治理》，顾俊礼、潘祺昌等译，中国社会科学出版社 2004 年版。

30. 刘景江：《欧共体农业——发展、政策与思考》，经济管理出版社

1991 年版。

31. 澳大利亚初级产品部农业经济局编写：《欧共体的农业政策》，厉为民、熊存开、黎淑英、网易兵摘译，中国商业出版社 1987 年版。

32. 赵昌文、Nigel Swain：《欧盟共同农业政策研究》，西南财经大学出版社 2001 年版。

33. 世界贸易组织秘书处编：《乌拉圭回合协议导读》，索必成、胡盈之译，法律出版社 2000 年版。

34. 金成华：《国际投资立法发展现状与展望》，中国法制出版社 2009 年版。

35. 杜玉琼：《区域经贸合作的法律问题研究》，四川大学出版社 2008 年版。

36. 农业部农产品贸易办公室编：《新一轮农业谈判研究》，中国农业出版社 2005 年版。

37. 张向晨：《发展中国家与 WTO 的政治经济关系》，法律出版社 2000 年版。

38. 聂振邦主编：《2011 年中国粮食年鉴》，经济管理出版社 2011 年版。

39. 聂振邦主编：《2009 年中国粮食发展报告》，经济管理出版社 2009 年版。

二　中文论文（含论文集、博士论文和译文）

1. 贾善和：《全球粮食危机的深层原因、影响及启示》，《经济研究参考》2008 年第 35 期。

2. 周立：《世界粮食危机与粮食国际战略》，《求是》2010 年第 20 期。

3. 陈岩：《冷战后经济全球化与美国的"合作"霸权》，《国际政治研究》2003 年第 4 期。

4. 刘志云：《复合相互依赖：全球化背景下国际关系与国际法的发展路径》，《中国社会科学》2007 年第 2 期。

5. 赵怀普：《从"特殊关系"走向"正常关系"——战后美欧关系纵论》，《国际论坛》2006 年第 2 期。

6. 赵怀普：《战后美国对欧洲一体化政策论析》，《美国研究》1999 年第 2 期。

7. 刘志云：《霸权稳定论与当代国际经济法——一种国际政治经济学视

角的诠释》，《太平洋学报》2007 年第 1 期。

8. 蓝海涛：《当前我国粮食加工业利用外资的突出问题及对策》，《宏观经济研究》2011 年第 5 期。

9. 马述忠、刘文军：《双边自由贸易区热的政治经济学分析》，《世界经济研究》2007 年第 10 期。

10. 兰永海、贾林州、温铁军：《美元币权战略与中国之应对》，《世界经济与政治》2012 年第 3 期。

11. 冯志强：《加拿大粮食经济模式研究》，《消费导刊》2008 年第 24 期。

12. 曲哲：《孟山都 VS 阿根廷》，《农经》2010 年第 11 期。

13. 卢峰：《粮食禁运风险与粮食贸易政策调整》，《中国社会科学》1998 年第 2 期。

14. 朱四海：《粮食安全与国家粮食贸易政策》，《中共南京市委党校学报》2008 年第 6 期。

15. 王国庆：《从多边贸易体系角度谈解决全球价高涨的途径》，《国际经济合作》2008 年第 11 期。

16. 傅兵：《美国农产品出口支持政策研究》，《世界农业》2004 年第 3 期。

17. 冯继康：《美国农业补贴政策：历史演变与发展走势》，《中国农业经济》2007 年第 3 期。

18. 韩春花、李明权：《美国 2008 年农业法中农业补贴政策的主要内容及特点分析》，《世界农业》2009 年第 1 期。

19. 卢先堃：《出口国营贸易与美国反垄断法的农业例外》，《WTO 经济导刊》2005 年第 5 期。

20. 王迁：《植物新品种保护体制研究》，《电子知识产权》2004 年第 4 期。

21. 李剑：《美国植物品种法律保护制度研究》，《法律适用》2008 年第 6 期。

22. 张忠民：《美国转基因食品标识制度法律剖析》，《社会科学家》2007 年第 6 期。

23. 江保国：《WTO 转基因农产品贸易争端第一案述评》，《法商研究》2007 年第 4 期。

24. 钱钰：《欧盟共同农业政策改革及其对 WTO 新一轮农业谈判的影

响》，《中国农村经济》2004 年第 2 期。

25. 罗国强：《欧盟共同农业政策与多哈回合僵局》，《农业经济问题》2007 年第 7 期。

26. 田菊莲：《欧盟共同农业政策改革过程探析》，《世界经济情况》2009 年第 7 期。

27. 张靖：《论对纵向垄断协议的规制》，《湖南师范大学社会科学学报》2008 年第 6 期。

28. 胡迎春、李彦敏：《WTO 与菲律宾农业贸易自由化的负面影响和启示》，《国际关系学院学报》2003 年第 4 期。

29. 余劲松：《TRIMs 协议研究》，《法学评论》2001 年第 2 期。

30. 曲云鹤：《粮食援助国际贸易规则比较》，《中国农场经济》2009 年第 2 期。

31. 闵勤勤：《应对粮食危机，各国招不同》，《时事报告》2008 年第 6 期。

32. 黄志雄：《从国际法实践看发展中国家的定义及其识别标准——由中国"入世"谈判引发的思考》，《法学评论》2000 年第 2 期。

33. 张鸿：《关于中国实施自由贸易区战略的思考》，《国际贸易》2009 年第 3 期。

34. 刘旭霞、李洁瑜：《转基因水稻产业化中的专利问题分析》，《华中农业大学学报》（社会科学版）2011 年第 1 期。

35. 王迁：《植物新品种保护体制研究》，《电子知识产权》2004 年第 4 期。

36. 蔡从艳：《 不慎放权，如潮官司——阿根廷轻率对待投资争端管辖权的惨痛教训》，《 国际经济法学刊》第 13 卷第 1 期。

37. 陈安：《中外双边投资协定中的四大"安全阀"不宜贸然拆除》，《国际经济法学刊》第 13 卷第 1 期。

38. 何颖：《论 WTO 国营贸易规则与中国的入世承诺》，《国际经济法学刊》第 12 卷第 3 期。

39. 漆彤：《〈实施卫生与动植物检疫措施协议〉及相关争端解决案例评析》，《法学评论》2003 年第 1 期。

40. 李辉：《WTO 转基因农产品贸易争端与欧盟转基因产品管制立法评析》，《环球法律评论》2007 年第 2 期。

41. 车丕照、杜明：《WTO 协定中对发展中国家特殊和差别待遇条款的法律可执行性分析》,《北大法律评论》2005 年第 7 卷第 1 辑。

42. 孙玉红:《跨区域双边自由贸易协定的政治经济动机分析》,《世界经济与政治》2008 年第 3 期。

43. 季风:《多哈回合农业谈判的回顾及特点分析》,《世界贸易组织动态与研究》2007 年第 9 期。

44. 刘健男、周立春:《特殊保障机制导致多哈谈判破裂》,《WTO 经济导刊》2008 年第 9 期。

45. 李向阳:《区域经济合作中的小国战略》,《当代亚太》2008 年第 3 期。

46. 朱颖:《美国全球自由贸易协定战略》,《上海师范大学学报》(哲学社会科学版)2008 年第 5 期。

47. 朱颖:《评欧盟全球贸易新战略》,《世界经济研究》2007 年第 8 期。

48. 原牧:《〈洛美协定〉成果甚微》,《世界经济》1984 年第 11 期。

49. 郑先武:《从洛美到科托努——欧盟—非加太贸易体制从特惠向互惠的历史性转变》,《国际问题研究》2003 年第 3 期。

50. 王志本:《从 UPOV 1991 文本与 1978 文本比较看国际植物新品种保护的发展趋向》,《中国种业》2003 年第 2 期。

51. 张小勇:《粮食安全与农业可持续发展的国际法保障——〈粮食和农业植物遗传资源国际条约〉评析》,《法商研究》2009 年第 1 期。

52. 刘旭霞、李洁瑜:《中国转基因作物产业化的知识产权问题思考》,《科学杂志》2011 年第 6 期。

53. 陈安:《中外双边投资协定中的四大"安全阀"不宜贸然拆除——美加 BITs 谈判范本关键性"争端解决"条款剖析》,陈安主编:《国际经济法学刊》第 13 卷第 1 期(2006)。

54. 谢春凌:《外资对我国植物油产业的影响与对策》,《改革与战略》2011 年第 3 期。

55. 李红梅、吕向东:《中国—东盟自由贸易区双迎农产品贸易状况分析》,《世界农业》2010 年第 6 期。

56. 蓝昊、宣亚南:《世界大豆贸易格局的演变及对我国的启示》,《国际贸易问题》2008 年第 6 期。

57. 崔春晓、宣亚南:《中国大豆贸易的影响因素分析与对策思考》,《世界农业》2007 年第 8 期。

58. 秦天宝：《中美农业转基因作物标识之争——生物安全保障措施还是"绿色贸易壁垒"?》，《国际论坛》2002 年第 4 期。

59. 刘旭霞、李洁瑜：《我国转基因水稻产业化中的知识产权问题——对"遭遇国外专利陷阱"的回应》，《生命科学》2011 年第 2 期。

60. 黎霆：《粮食安全约束下的生物能源发展路径》，《中国发展观察》2009 年第 11 期。

61. 程国强：《农业：后过渡期形势严峻》，《瞭望》新闻周刊2005 年第 16 期。

62. 余莹：《国际投资条约自由化背景下防御性条款的设置——对我国 BITs 实践的思考》，《北方法学》2008 年第 3 期。

63. 陈立虎：《区域贸易成员实施保障措施问题研究》，《现代法学》2005 年第 6 期。

64. 张勇、李阳：《北美自由贸易协定对墨西哥农业的影响》，《拉丁美洲研究》2005 年第 2 期。

65. 毛凤霞、冯宗宪：《新贸易格局下我国农产品竞争力》，《国际贸易问题》2007 年第 6 期。

66. Carmen G. Gonzalezg：《〈北美自由贸易协定〉是中国的良好范例吗?——来自墨西哥和美国的经验》，郭蕾译，《江西社会科学》2009 年第 5 期。

67. 薛狄：《国际法对生物燃料问题的多维规制》，吉林大学 2010 年博士学位论文。

68. 陈阵：《美国农产品贸易政策研究》，吉林大学 2009 年博士学位论文。

69. 李晓玲：《WTO 框架下的农业补贴纪律》，华东政法学院 2007 年博士学位论文。

三　网络及报纸中文文献

1. 彭珂珊：《2008 年全球粮食危机与中国粮食安全问题观察》，http：//www. agri. gov. cn/fxycpd/ls/t20090206_ 1213192. htm，2009 - 9 - 29。

2. 程国强：《WTO〈农业协定〉迫切需要改革》，国研网：宏观经济，2008 年 11 月 21 日。

3. 程国强：《多哈回合农业谈判的主要难点与关键问题》，国研专稿，国研网，2009 年 3 月 9 日。

4. 农业部：《进口美国大豆冲击中国大豆生产》，国研网，2009 年9月22 日。

5. 陈健鹏：《谨慎推进转基因粮食作物商业化》，国研网，2011 年2月24 日。

6. 《大规模进口玉米再开闸，转基因作物侵略隐忧初现》，国研网，2010 年8 月11 日。

7. 《农业部农业转基因生物安全管理办公室：农业转基因技术与生物安全问答》，http：//www. gov. cn/gzdt/2010 – 03/15/content_ 1555803. htm，2012 – 2 – 24。

8. 《国家发改委能源局：我国生物液体燃料的生产现状与前景》，国研网，2005 年 12 月 30 日。

9. 《2011 年第一季度菲律宾农业产值同比增长 4.1%》，国研网，2011 年5 月12 日。

10. 《国家发改委农业调研喜忧参半，大豆耕种急剧减少》，《中国经营报》2011 年 7 月 29 日。

11. 汪孝宗、李小晓、李倩：《中国粮食的物种危机：外资谋从源头上控制我国种业》，《中国经济周刊》2011 年 6 月 15 日。

12. 国家知识产权局：《粮食转基因专利被国外控制说不准确》，《法制日报》2009 年 3 月 22 日。

13. 《菲律宾农业自由化的教训及启示》，国研网，2005 年 7 月 7 日。

14. 《产业政策与法规司：关于完善我国农业国内支持政策的建议》，国研网，2003 年2 月 12 日。

15. 陈剑：《中国粮种安全面临挑战》，《环球财经》2008 年第 12 期。

16. 张荣胜、闻有成：《国际粮商进入中国收购小麦，外资新一轮跑马圈地》，《经济参考报》2010 年 7 月 21 日。

四 英文论文、著作

1. Lewontin R. C. , *The Maturing of Capitalist Agricultural*：*Farmers as Proletarian*, Monthly Labor Review, July, 1998.

2. Sun Ling Wang, "Is U. S. Agricultural Productivity Growth Slowing?", *USDA Economic Research Service*, *Amber Waves*, volume 8, issue 3, 2010.

3. James MacDonald, Robert Hoppe, and David Banker . "Growing Farm Size and the Distribution of Farm Payments", *ERS/USDA. ECONOMIC BRIEF*

NUMBER 6. March 2006.

4. Earl O. Heady. "Public Policies in Relation to Farm Size and Structure", *South Dakota Law Review*, Summer 1978.

5. Howard S. Scber, "Agriculture at the Expense of Small Farmers and Farmworkers", *Toledo Law Review*, Spring 1976.

6. Lewontin R. C., "The Maturing of Capitalist Agricultural: Farmers as Proletarian", *Monthly Labor Review*, July, 1998.

7. Toni Harme. "Biofuels subsidies and the law of the WTO", *ICTSD* (*International Centre for Trade and Sustainable Development*), Issue Paper No. 20, June 2009.

8. Philip Mattera, USDA INC: *How agribusiness has hijacked regulatory policy at the U. S. department of agriculture*, Released At the Food and Agriculture Conference of The Organization for Competitive Markets, July 23, 2004, Omaha, Nebraska.

9. Sophia Murphy, "Market Power in Agricultural Markets – Some Issues for Developing Countries, Trade – related agenda, Development and Equity", *Working papers*, *South Central*, 11/1999.

10. Ronald Steenblik, *Biofuels—At What Cost Government support for ethanol and biodiesel in selected OECD countries*, The Global Subsidies Initiative (GSI) of the International Institute for Sustainable Development (IISD). September 2007.

11. Christine Bolling, *U. S. Foreign Direct Investment in the Western Hemisphere Processed Food Industry*. Economic Research Service / USDA. AER – 760.

12. Geoffrey S. Becker, Charles Hanrahan, "U. S. Agricultural Biotechnology in Global Markets: An Introduction", *CRS Report for Congress*, June 19, 2003.

13. Christopher B. Barrett, "Food Aid: Is It Development Assistance, Trade Promotion, Both, or Neither?", *American Journal of Agricultural Economics*, Vol. 80, No. 3 (Aug., 1998).

14. Christopher B. Barrett, "U. S. Food Aid: It's Not Your Parents' Program Any More!", *Journal of Agribusiness Spring*, 2006.

15. Linda M. Young and Philip C. Abbott, "Food Aid Donor Allocation Decisions After 1990", *Canadian Journal of Agricultural Economics*, Volume (Year): 56 (2008).

16. Daniel G. Amstuta, *International Impact of U. S. Domestic Farm Policy*, American Agricultural Economics Association, December 1984.

17. Karl D. Meilke and Harry de Gorter; *An Econometric Model of the European Economic Community's Wheat Sector*, International Agricultural Trade Research Consortium No. 51232.

18. Gene Hasha, *The European Union's Common Agricultural Policy Pressures for Change – An Overview*, Economic Research Service/USDA, WRS – 99 – 2/ October 1999.

19. Going Against the Grain, "The Regulation of the International Wheat Trade from 1933 to the 1980 Soviet Grain Embargo", *Boston College International and Comparative Law Review*, 1982, Vol. V, No. 1.

20. Christopher B. Barrett: "Food Aid: Is It Development Assistance, Trade Promotion, Both, or Neither?", *American Journal of Agricultural Economics*, Vol. 80, No. 3 (Aug. , 1998) .

21. Sophia Murphy, "Market Power in Agricultural Markets – Some Issues for Developing Countries", *South Centre Working Papers*, November 1999.

22. Sophia Murphy, Concentrated Market Power and Agricultural Trade, Discussion Papers, Eco – Fair Trade Dialogue, Discussion Paper No. 1 /August 2006 .

23. Carmen G. Gonzalez, "Institutionalizing Inequality: the WTO Agreement on Agriculture, Food Security, and Developing Countries", *Columbia Journal of Environmental Law*, Vol. 27, 2002.

24. Raj Bhala, "World Agricultural Trade In Purgatory: the Uruguay Round Agriculture Agreement and Its Implications for the Doha Round", North Dakota Law Review, Vol. 79, 2003.

25. Carmen G. Gonzalez, "Institutionalizing Inequality: the WTO Agreement on Agriculture, Food Security, and Developing Countries", Columbia Journal of Environmental Law, Vol. 27, 2002.

26. Michael T. Roberts, "Unique Role of State Trading Enterprises in World Agricultural Trade: Shifting through rhetoric", *Drake Journal of Agricultural Law*, Vol. 6, 2001.

27. Arze Glipo, Val ibal and Jayson Cainglet, *Trade Liberlization in the Philippine Rice Sector*, *Development Forum*, No. 1, Series 2002.

28. Francisco G. Pascual and Arze G. Glipo, WTO and Philippine Agriculture: Seven Years of Unbridled Trade Liberalization and Misery for Small Farmers. Development Forum, No. 1 Series 2002.

29. Cristina C. David, Agricultural Policy and the WTO Agreement: The Philippine Case, Philippine Institute for Development Studies, The PIDS Discussion Paper SerieNO. 97 – 13, May 1997.

30. Liborio S. Cabanilla, Agricultural Trade Between the Philippines and the US: Status, Issues and Prospects, The PIDS Discussion Paper Series No. 2006 – 2005. February 2006.

31. Nicholas C. Baltas, The Common Agricultural Policy: Past, Present and Future, DEOS Working Papers, 2001.

32. Sophia Murphy, Market Power in Agricultural Markets – Some Issues for Developing Countries, South Centre Working Papers, November 1999.

五　网络英文电子文献

1. Vincent Ferraro, Ideals and International Relations: A Talk to the Antioch New England Graduate School, https: //www. mtholyoke. edu/acad/intrel/iraq/ideals. htm, 2009 – 11 – 1.

2. USDA, National Agricultural Statistics Service, LAND IN FARM, Washington Field Office, http: //www. nass. usda. gov/Statistics_ by_ State/Washington/Historic_ Data/economics/landinfm. pdf, 2009 – 11 – 1.

3. Brian Halweil, Where Have All the Farmers Gone? https: //www. worldwatch. org/node/490, 2009 – 11 – 1.

4. Alan J. Webb . Jerry Sharples. Forrest Holland. and Philip L. Paarlberg, World Agricultural Markets and U. S. Farm Policy, www. ers. usda. gov/Publications/aer530/aer530f. pdf, 2009 – 10 – 3.

5. Chris Rittgers, A Review and Analyses of the Export Enhancement Program, http: //ageconsearch. umn. edu/handle/10999, 2009 – 11 – 25.

6. Gloria O. Pasadilla, Effect of preferential trading agreements on agricultural liberalization, http: //www. unescap. org/, 2008 – 4 – 27.

7. Donald M. Barnes and Christopher E. Ondeck, The Capper – Volstead Act: Opportunity Today and Tomorrow, http: //www. uwcc. wisc. edu/info/capper. html, 2010 – 2 – 25.

8. Ian M. Sheldon, Trade and Overseas Investment in the Food Processing Industry, http://s3. amazonaws. com/zanran_ storage/www2. montana. edu/ContentPages/17442827. pdf, 2010 - 3 - 15.

9. Chris Bolling, Javier Calderon Elizalde, and Charles Handy, U. S. Firms Invest in Mexico's Processed Food Industry. http://pdic. tamu. edu/pdicdata/pdfs/frmay99g. pdf, 2010 - 5 - 25.

10. Alan J. Webb. Jerry Sharples. Forrest Holland. and Philip L. Paarlberg, World Agricultural Markets and U. S. Farm Policy, www. ers. usda. gov/Publications/aer530/aer530f. pdf, 2009 - 10 - 3.

11. Won W. Koo, Jeremy W. Mattson, Hyun J. Jin, Richard D. Taylor, and Guedae Cho, Effects of the Canadian Wheat Board on the US Wheat Industry, http://agecon. lib. umn. edu, 2010 - 8 - 3.

12. Geoff Cockfield, From the Australian Wheat Board to AWB Limited: Collective Marketing and Privatisation in Australia's Export Wheat Trade, http://eprints. usq. edu. au/3963/, 2010 - 8 - 3.

13. Christopher B. Barrett, Food Aid and Commercial International Food Trade, Background paper prepared for the Trade and Markets Division, OECD. March 2002. http://aem. cornell. edu, 2010 - 8 - 20.

14. Carl - Johan Be lfrage, Food Aid from the EU and the US-its consequences for local food production and commercial food trade, http://www. agrifood. se/Files/SLI_ WP20063. pdf, 2009 - 11 - 25.

15. Sophia Murphy, Concentrated Market Power and Agricultural Trade, EcoFair Trade Dialogue. New Directions for Agricultural Trade Rules. www. ecofairtrade. org, 2009 - 11 - 30.

16. Actionaid International, Power hungry: six reasons to regulate global food corporations. http://www. actionaid. org. uk/_ content/documents/power_ hungry. pdf, 2009 - 8 - 20.

17. Edward G. Cale and Osear Zaglits, Intergovermental Agreements Approach to The problem of Agricultural Surpluses, http://heinonline. org, 2010 - 3 - 20.

18. NC Baltas, The Common Agricultural Policy: Past, Present and Future, http://aei. pitt. edu/2221/, 2010 - 4 - 10.

19. Steve McCorriston. Perspectives on the state trading issue in the WTO ne-

gotiations, www. agtradepolicy. org/output/resource/STE2. pdf, 2007 – 8 – 10.

20. Vincent H. smith, Regulating STEs in the GATT: An Urgent Need for Change? Evidence from the 2003 – 2004 US – Canada Grain dispute. http: //www. ampc. montana. edu/policypaper/policy12. pdf, 2007 – 8 – 20.

21. Steve McCorriston, Perspectives on the state trading issue in the WTO negotiationst, www. agtradepolicy. org/output/resource/STE2, pdf.

22. USDA, FarmBill, 2008, http: //www. ers. usda. gov/FarmBill/2008/, 2009 – 7 – 25.

23. Tim Ruffer and Paolo Vergano, An Agricultural Safeguard Mechanism For Developing Countries, www. dfid. gov. uk, 2010 – 7 – 20.

24. Dayong Yu, The Harmonized System – Amendments and Their Impact on WTO Members' Schedules, http: //www. wto. org/english/res _ e/reser _ e/ersd200802_ e. pdf, 2011 – 6 – 10.

25. Coordinator, Géraldine Kutas, Luiz Fernando do Amaral, AndréM. Nassar, EU and U. S. Policies Biofuels: Potential Impacts on Developing Countries, http: //www. gmfus. org/archives/eu – and – u – s – policies – on – biofuels – potential – impacts – on – developing – countries, 2011 – 6 – 10.

26. Chris Bolling, Javier Calderon Elizalde and Charles Handy, U. S. Firms Invest in Mexico's Processed Food Industry. http: //pdic. tamu. edu/pdicdata/pdfs/frmay99g. pdf, 2010 – 5 – 25.

27. John Wainio, Mark Gehlhar, and John Dyck, Selected Trade Agreements and Implications for U. S. Agriculture, http: //www. ers. usda. gov/publications/err – economic – research – report/err115. aspx, 2010 – 10 – 5.

28. Thomas L. Vollrath and Charles B. Hallahan, Reciprocal Trade Agreements Impacts on Bilateral Trade Expansion and Contraction in the World Agricultural Marketplace, http: //www. ers. usda. gov/publications/err – economic – research – report/err113. aspx, 2009 – 8 – 28.

29. Gloria O. Pasadilla, Preferential Trading Agreements and Agricultural Liberalization in East and Southeast Asia, http: //dirp4. pids. gov. ph/ris/dps/pidsdps0602, 2008 – 5 – 28.

30. Mónica Kjollerstrom, The special status of agriculture in Latin – American free trade agreements, http: //region – developpement. univ – tln. fr/fr/pdf/R23/R23_ Kjollerstrom. pdf. p77, 2009 – 8 – 29.

31. Inkyo Cheong and Jungran Cho, Market Access in FTAs: Assessment Based on Rules of Origin and Agricultural Trade Liberalization, http://www. rieti. go. jp/jp/publications/dp/07e016. pdf, 2009 – 10 – 3.

六 国际组织出版物

1. FAO：《农业生物技术：是否在满足贫困人口的需要?》，粮农组织出版物 2004 年（SOFA）。

2. FAO：《粮食展望：全球市场分析》，2011 年 6 月，2011 年 11 月。

3. FAO：《农产品贸易与贫困贸易能为穷人服务吗?》，粮农组织出版物 2005 年（SOFA）。

4. FAO：《国际粮价波动如何影响各国经济及粮食安全?》，粮农组织出版物 2011 年（SOFI）。

5. FAO：《生物能源：前景、风险和机遇》，粮农组织出版物 2008 年（SOFA）。

6. WFP：《联合国世界粮食计划署在中国：1979—2009：互助合作三十年》，WFP 出版物。

7. UNCTAD：《2009 年世界投资报告》。

8. WTO Agriculture negotiations：*The issues*, *where we are now*, 1 December 2004.

9. WTO Secretariat background paper：*Special Agricultural Safeguard*, G/AG/NG/S/9/Rev. 1.

10. WTO：*European Communities-Measures Affecting the Approval and Marketing of Biotech Products-Reports of the Panel*, WT/DS291/R. WT/DS292/R. WT/DS293/R, 29 September 2006.

11. WTO, *EC – Hormones*, WT/DS26/AB/R, WT/DS48/AB/R.

12. WTO：*European Communities-Measures Affecting the Approval and Marketing of Biotech Products-Reports of the Panel*, WT/DS291/R. WT/DS292/R. WT/DS293/R. 29 September 2006.

13. WTO：*Canada-Measures Relating to Exports of Wheat and Treatment of Imported Grain*, Panel Report, WT/DS276/R, 6 April 2004.

14. WTO：*Canada-Measures relating to exports of wheat and treatment of imported grain*, *Report of the Appellate Body*, WT/DS276/AB/R, 30 August 2004.

15. WTO Background Paper, *Special Agricultural Safeguard*. 19 February 2002, G/AG/NG/S/9/Rrev. 1.

16. WTO: *Revised Draft Modalities for Agriculture*, Annex K, TN/AG/W/4/Rev. 4, 6 December 2008.

17. WTO: *European Economic Community Subsidies on Export of Wheat Flour*, *Report of the Panel* (*unadopted*), 21March1983, SCM /42.

18. WTO: *Cairns Group Proposal to the Uruguay Round Negotiating Group on Agriculture*, 26 October 1987, MTN, GNG/NG5/W/21.

19. WTO: *ACP – EU Partnership agreement*, *Report of the Parties to the Agreement under the Decision of* 14 November 2001, WT/L/504, 5 December 2002.

20. *The World Bank. Realizing the Development Promise of the Doha Agenda*, *Global Economic Prospects* 2004, The World Bank.

21. International Grains Council: *Food Aid Convention*, 1976. Food Aid Convention, 1999.

22. International Grains Council: 60 *years of successive agreement*, GEN (08/09) 4, June 2009.

23. UNCTAD: *Making Certification Work for Sustainable Development*: The Case of Biofuels, UNCTAD/DITC/TED/2008/1.

24. UNCTAD: *World Investment Repoert* 2005.

25. UNCTAD: *Latest DeveLopments in investor-state Dispute settLement*, IIA ISSUES NOTE, No. 1, March 2011.

26. UNCTAD: *Latest Developments in Investor-State Dispute Settlement*, UNCTAD/WEB/DIAE/IA/2009/6/Rev1.

27. OECD: *An Analysis of Officially Supported Export Credits in Agriculture*, OECD, 2000.

28. Uruguy Recourse to Article XXIII, *Report of the Panel adopted on* 16 *November* 1962, BISD 11S/95.

29. International Centre for Trade and Sustainable Development (ICTSD): *Negotiations at the WTO*: *Post – Cancun Outlook Report*.

30. The Statement of the Egyptian Delegation at the 37 series of the Meetings of the Assemblies of Member States of WIPO, *The WIPO Patent Agenda Must Promote Development*, South Centre Bulletin 48.

31. WTO, *State Trading Enterprises in World Agricultural Trade*, WTO/

WRS – 98 – 44/December 1998.

32. *U. S. – Argentina Bilateral Investment Treaty.*

33. *Grains Trade Convention* 1995.